국어 교과서와 국가 이데올로기
Korean textbooks and national ideology

글누림 학술 총서 1

국어 교과서와 국가 이데올로기

강진호 김신정 김예니 방금단 오성철
장영미 정영진 차혜영 최윤정 한영현 허재영

책을 내면서

글을 시작하면서 지난여름에 겪었던 개인적 일화 한 편을 꺼내보기로 한다. 미국 중부의 한 도시에서 자동차로 시카고를 여행할 당시의 일이다. 우리 가족이 잠시 머물고 있던 미조리 주의 콜롬비아라는 소도시에서 북쪽 끝에 있는 시카고까지는 자동차로 7시간 정도 걸리는 상당히 먼 거리였다. 가족을 태우고 아침 일찍 길을 떠난 후, 초행의 낯섦도 잊은 채 부지런히 가속페달을 밟으면서 시카고가 있는 북쪽을 향해서 속도를 올렸다. 끝없이 펼쳐지는 광활한 지평선과 옥수수 밭, 간간이 스쳐 지나가는 농가의 이국적 풍경들이 잠시 눈의 피로를 잊게 했지만, 갈수록 따분해지는 느낌을 지울 수는 없었다. 그렇게 5시간 이상을 달렸을 때였다. 나는 뜻하지 않게 정체모를 불안감이 점점 가슴 속에 차오르는 것을 느낄 수 있었다. 운전 피로감이 아닌 그 불안감은 나 자신이 끝없이 '북'으로 가고 있다는 사실에서 발생한 어떤 미묘한 정서였는데, 나는 그것이 일종의 공포감이라는 것을 알고 순간 당황했던 것이다. '이렇게 장시간 북으로 달리면 눈앞에 철조망이 가로막고 있지는 않을까?', '그 철망 너머에서 총알이 날아오지는 않을까?' 미국이라는 거대 제국의 한복판에서 떠올리기에는 너무나 어처구니없는 생각이었지만, 그 순간 나는 내 의식 깊숙이 잠자고 있던 반공주의의 섬뜩한 실체와 조우했던 것이다.

공산주의를 직접 겪고 전쟁의 참상을 체험한 것도 아니고, 그렇다고 그들로부터 물질적 손해를 입은 것도 아니건만, '빨갱이' 하면 일단 부정적 이미지를 떠올리는 것이 전후 세대들의 일반적인 특징이다. 분단 반세기를 살면서 끊임없이 겪어온 남북한 간의 적대와 갈등, 계속으로 주입받은 북에 대한 적대감은 마음속의 응어리가 되어 외부의 자극이 주어졌을 때 조건반사적인 감정 반응을 일으킨 것이다. '빨갱이' 콤플렉스라고나 할까? 최근 6자 회담의 진전과 함께 남북한 간의 화해 분위기가 고조되고 있음에도 불구하고 북한에 대한 신뢰감이 쉽게 회복되지 않는 것은 그런 감정과 관계될 터이다. 이 글에서 교과서를 분석하면서 다시 한번 확인한 것은 그런 의식이 형성된 주된 이유가 교과서와 교육에 있다는 사실이다.

이 책에서 '국어 교과서와 국가 이데올로기'를 문제 삼는 것은 교과서를 규율하는 근본원리의 하나가 '국가주의'라는 데 있다. 교육이 국가권력을 유지하는 핵심 기제이자 동시에 재생산의 수단인 것은 분명하지만, 우리의 경우는 그 정도와 양상이 다른 나라보다는 한층 심각하고 전면적이었다. 정권이 바뀔 때마다 교과서의 내용이 바뀐 것은 물론이고 심지어 정권을 정당화하기 위해서 이데올로기를 의도적으로 조작하여 교육의 근본이념으로 활용해 오기도 하였다. 이승만 정권은 출범과 더불어 사회과 교과서를 '일민주의(一民主義)'로 도배하다시피 했고, 박정희 정권은 근대화 정책을 시행하면서 '새마을운동'을 금과옥조인 양 교과서의 핵심 단원으로 수록하였다. 우리의 말과 언어생활 전반을 관장하는 '국어과'의 경우도 예외가 아니어서, 단정기 '국어' 교과서의 경우 필자 대부분은 당시 정권의 실세로 군림하던 인사나 정치화된 문인들이고, 그로 인해 교과서는 마치 정권의 이념과 가치를 선전하는 홍보책자와도 같은 모습을 보여주었다. 1968년에 제정된 '국민교육헌장'은 국가주의 기율의 가공할 상징이 아니던가? 정권은 정권의 정당성을 유지하기 위해 국가에 순응하는 전체주의적이고 반공주의적인 인간을 만들고자 했고, 그것을 교과서를 비롯한 교육 현장 전반에 강요한 것이다.

교과서는 일종의 정치적 텍스트라고 할 수 있다. 교과서는 일정한 목표와 의도를 갖고 편찬된 것이기 때문에 완성체로서의 텍스트라는 측면과 함께 교재로서의 상호적 기능에 의한 비완성체로서의 텍스트적 성격을 동시에 갖고 있다. 텍스트가 우리에게 제공해 주는 것은 문장들의 연쇄로 표출된 언어의 표면적 구조일 뿐이지만, 언어의 이해 과정을 중심으로 생각하자면, 이러한 표면적 구조는 심층적인 의미 내용에 의해 재구조화된다는 사실이다. 그런 관계로 텍스트를 바르게 이해하기 위해서는 텍스트의 결락 부분들을 메워 나가는 능력이 무엇보다 필요하다. 텍스트 상의 공백들을 메워 가면서 텍스트의 의미 내용을 재구조화하는 능력을 기르는 것은 한편으로 '국어' 교육의 중요한 목표이기도 한데, 이 책에서 필자들이 주목하고자 했던 것은 그와 같은 심층의 측면이다. '국어' 교과서를 정치적 텍스트로 바라본다는 것은 텍스트의 의미 내용의 재구조화의 양상을 정치적 시각에서 바라본다는 것이고, 그런 이해를 바탕으로 교과서에 작용한 다양한 정치적 기율의 실체를 해명해 보고자 하는 것이다. 하지만 정치적 텍스트로 '국어' 교과서를 분석한다고 하지만, 실제 우리의 기억 속의 '국어' 교과서는 대체로 '언어교육'을 위한 가치중립적 텍스트, 이념을 전제하지 않는 지식 전달의 매체로 간주되는 경우가 많다. 많은 사람들은 '국어' 교과서하면 먼저 '언어교육'을 떠올린다. 언어 사용과 관계되는 포괄적인 교육은 '국어교육'의 고유한 정체성을 구성하는 핵심 요건인 것은 분명하다. 하지만 이 '언어'라는 말이 함축하는 문제성은 단순히 학생들에게 언어를 교육하고, 그것을 생활에서 유용하게 활용한다는 차원에 그치는 것은 아니다. '언어'의 문제성은 무엇보다 '사상과 감정'을 '언어'를 통해서 표출한다는 간단한 사실에서도 확인될 수 있듯이, 언어를 통해서 '사상과 감정'은 호명되고 구성되며, 그런 점에서 언어교육은 단순한 언어교육만은 아닌 것이다.

일찍이 피에르 부르디외(P. Bourdieu)는 '교육'은 상징 권력이 만들어지는 장소라고 말한 바 있다. 부르디외는 특히 '언어'를 통한 상징 권력에 주목했는데, 상징 권력이란 주어진 것을 말을 통해 형성하고 사람들로 하여금 보고 믿게 만들며, 세계에 대한 전망을 확신시키거나 변형시키고, 그리하여 세계에 대한 행위와 세계 그 자체를 바꾸는 힘을 갖는 마술적 권력이라고 말한다. 이런 상징 권력은 그것이 인지되었을 때 즉, 자의적으로 오인되었을 때만 행사가 가능하다. 따라서 언어를 통한 상징 권력은 언어적 힘을 통해 권력(힘)을 획득하고, 그것을 사람들로 하여금 스스로 믿게 만든다. 언어는 의사소통을 위한 단순한 도구가 아니라 권력과 이데올로기를 실어 나르는 매우 정치적이고 복잡한 체계이고, 궁극적으로는 권력을 행사하기 위해 필요한 이데올로기를 주입시키는 유력한 도구인 것이다. 이를 전제한다면, '국어' 교과서 내에 언어 지식을 전달하는 가치중립적 단원이 배치되어 있다고 하더라도, 그것은 '국어' 교과서의 순수성과 가치중립성을 증명하는 것은 아닐 것이다. 오히려 그 안에 권력의 담론은 더욱 내밀하고 견고하게 숨어 있을 가능성이 내재되어 있다. 그렇지만 이 작업은 명료하게 이루어지는 성질의 것이 아니다. 국가의 권력과 이데올로기는 매우 정교하면서도 강고해서 쉽게 드러나지도 또 쉽게 무너지지도 않는 완고한 성채와도 같은 특성을 갖고 있기 때문이다.

국가가 지향하는 이데올로기를 주입하는 특수한 방식으로 언어교육을 생각할 경우 '국어' 교과서 내의 단원들은 그 다양성에도 불구하고 결국은 국가가 요구하는 인간형의 창출이라는 상위의 목표에 수렴될 공산이 크다. 물론, 교과서를 편찬하기 위한 교육 지침이 마련되어 있지만, 그 교육 지침이란 기실 국가가 훈육하고 관리하기 위한 '국민 만들기'의 근거로 작동하는 까닭에 교과서는 하나의 상징적 판옵티콘이 될 가능성이 농후한 것이다. 7차 교육과정까지 '국어 교과'가 '국정(國定)'으로 되어 있다는 것은 상징 권력의 작용이 국가라는 절대적 권위체에 의해 배타적이고 전일적으로 행사되었다는 것을 의미한다. "언어 시장이 공식적일수록 검열의 강도는 높고, 지배집단의 지배력은 확대된다"는 부르디외의 말처럼, '국정'이라는 것은 공적인 제도를 통해서 언어 상황을 합법적으로 통제한다는 것이고, 따라서 지배집단의 통제는 한층 직접적이고 절대적이라는 것을 말해준다. 그 동안 교과서를 비판하는 행위가 마치 국가의 이념과 정통성을 비판하는 것이고, 궁극적으로는 체제를 비판하는 것으로 오인되었던 것은 그런 사실과 관계될 것이다. 교과서에 수록된 글들은 모두 훌륭한 것이므로 비판의 대상이 될 수 없다는 믿음이 아직도 주변에서 완강하게 작동하고 있다. 하지만 그런 식의 믿음은, 기존의 교과서가 다양한 가치와 사고를 부정하고 특정 가치와 사고만을 전일적으로 관철시켜 왔다는 사실을 떠올려 보자면 얼마나 잘못된 것인가를 알 수 있다.

정부는 지난 2월 '교육인적자원부 고시 제2007-79호'에 의거해서 <국어과 교육과정>을 공포하였다. 이른바 '제8차 교과과정'으로 불리는 이 교육과정을 통해서 "국어 교과는 한국인의 삶이 배어 있는 국어를 창조적으로 사용하는 능력과 태도를 길러 국어를 정확하고 효과적으로 사용하게 하고, 미래 지향의 민족의식과 건전한 국민 정서를 함양하게 하며, 국어 발전과 국어 문화 창달에 이바지하려는 뜻을 세우게 하기 위한 교과"라고 교과의 성격을 천명하였다. 말하기, 듣기, 읽기, 쓰기, 언어(문법), 문학 등의 교육 내용을 통해서 자기의 의사를 남에게 효과적으로 전달하고 남의 의견을 소중히 여기고 이를 비판적으로 수용하며, 올바른 언어 사용을 위한 언어 지식을 습득하고, 문학작품의 올바른 이해와 감상 능력을 기른다는 이러한 교육목표는 사실 시대적인 변화에도 불구하고 여전히 유효한 것이라 할 수 있다. 디지털 매체가 발전하고 세계화의 흐름이 사회 전반을 휩쓸고 있다고 하더라도, 인간의 삶은 근원적으로 개체적 소통과 교류에 바탕을 두고 있고, 따라서 '언어교육'은 그 자체로 소중할 수밖에 없다. 중요한 것은, 1차 교육과정부터 반복적으로 천명되고 있는 이러한 목표가 교육 현장에서 실질적으로 구현되고 시행되기 위한 진지한 배려와 성찰이라 할 수 있다. 기존 교과서에 대한 냉정한 반성이 필요하고 그것이 현실적으로 구현되기 위한 세심한 배려가 필요한 것이다. 정부는 지난 6월 20일 국어와 역사(국사·세계사), 도덕 중고교 교과서가 정부가 아닌 민간 출판사 주관으로 집필돼 학교별로 2009~2010년 이후 일선 학교에서 배우게 된다고 발표하였다. 이에 따라 조만간 새로운 형태의 '국어' 교과서가 여러 주체들에 의해서 편찬될 전망이다. 기존 '국어' 교과서의 성격과 문제점을 냉정하게 분석하고 비판하는 과정을 통해서 우리는 보다 진전된 형태의 교과서를 구안하고 편찬할 수 있을 것이다.

『국어 교과서와 국가 이데올로기』는 크게 세 항목으로 구성되었다. 먼저, '교육정책과 국어 교과서'에서는 국어 교과서를 편찬하게 된 국가의 정책과 교육 방침 등을 총체적으로 개괄한다. '국어' 교과서를 편찬하는 데 깊숙이 개입한 국가의 이념과 그것을 반영한 교육정책이 어떤 식으로 국어 교과서에서 드러나고 있는지를 살피는 것은 '국어' 교과서의 '이데올로기적 측면'을 세부적으로 분석하기 위한 선행 작업으로 이해해도 좋을 것이다.

「'국어' 교과서의 정책과 이데올로기 변천」은 해방 이전, 개화기와 일제 식민지 시대의 교육정책까지 거슬러 올라가 교과서에 드러나는 국가 이데올로기적 측면을 분석하고 있다. 개화기와 일제 식민지 시대를 통과하며 제작된 '국어' 교과서는 주로 당시의 국가적 이념과 목표를 수행하기 위한 도구적 교과로 존재했다. 특히, 일제 강점기에는 일본어 교과서가 '국어' 교과서를 대체했으며 조선어와 교과서는 '조선어급 한문(朝鮮語及漢文)'으로 명칭이 바뀌면서 언문 단원을 줄이는 방식으로 개발되었다. 이것은 일제가 조선 통치를 원활히 하기 위해서 '황국식민화'를 위한 전략적 방법으로 교과서를 이용했다는 것을 잘 말해준다. 「국어과 교육과정의 변천과 교과서의 구현 양상」에서는 해방 이후부터 7차 교육과정까지 국어 교과서는 국가주의로의 동원을 합리화하고 내면화하는 기재로서 활용되었다는 것을 보여주고 있다. 이 글은 교과서가 우리에게 심어 주는 이데올로기가 어떤 사상과 이념의 지반 위에 성립되었고, 국가가 국어 교과서를 통제하고 관리하면서 목적하는 바가 무엇인지 등을 분석하면서, '반공주의와 국가주의', '국가 발전주의', '애국 담론', '산업화' 등으로 요약될 수 있는 국가정책의 변화가 '국어' 교과서에 어떻게 구현되었는가를 살피고 있다. 「'국민 만들기'와 '국어' 교과서」와 「박정희의 국가주의 교육론과 경제성장」에서는 교과서에 국가 이데올로기가 전면적으로 개입하고 정착된 박정희 정권 시기의 '국어' 교과서를 분석하고 있다. 「'국민 만들기'와 '국어' 교과서」는 1차에서부터 3차 교육과정까지의 '국어' 교과서를 대상으로 하여 '국가주의 규율'이 드러나는 양상을 분석한다. 이 시기에는 박정희가 정력적으로 추진했던 개발주의가 반공주의와 결합해서 극도의 파시즘적인 국가 체제를 형성했던 때로, 박 정권은 조직적으로 진행한 '인간개조'와 '사회개조'의 작업을 일선 현장에서 주도하면서 새로운 '국민'의 창출에 몰두했던 것을 확인할 수 있다. 「박정희의 국가주의 교육론과 경제성장」에서는 1960, 70년대 한국의 경제성장과 교육의 관계를 연결짓는 매개고리로 박정권의 국가주의 교육을 설정하고, 박정희의 발전 교육론이 갖는 국가주의적 성격을 분석하고 있다.

　두 번째 단원은 '국어 교과서와 이데올로기의 구현 양상'으로서 이 단원을 통해서 알 수 있는 것은 국가 이데올로기가 매우 다양한 방식으로 변주되어 '국어' 교과서 안에서 작동하고 있다는 점이다. 특히, '반공주의', '민족주의', '애국주의' 등으로 표방되는 국가 이데올로기는 초등·중등·고등학교 '국어' 교과서를 망라하여 반복·확대 재생산된 것을 확인할 수 있다.

　첫 글인 「반공 이데올로기와 '국어' 교과서」에서는 미군정기에서 전쟁기까지의 '국어' 교과서를 대상으로 '반공주의'가 정착되고 구현되는 과정을 분석하고 있다. '군정기'에서는 해방 후 혼란을 수습하고 민족국가의 기틀을 마련하고자 하는 열정으로 좌파와 우파가 망라된 형태의 교과서가 편찬되었으나, 단독정부가 수립되고 이승만 정권의 일민주의가 강화되면서 점차 반공주의가 강화되며, 6·25 전쟁을 겪으면서는 한층 노골적으로 반공주의를 설파하고 있음을 보여준다. 「'국어' 교과서에 드러난 민족주의의 구현 양상」에서는 '민족주의'가 국어 교과서에 구현된 양상을 '단정기'에서부터 '3차 교육과정기'까지의 '국어' 교과서를 대상으로 분석하고 있다. '민족주의'라는 도구를 바탕으로 학생들을 국가가 원하는 국민으로 동원하는 메커니즘을 살피면서, 그것이 '일민주의', '반공주의', '국가 발전주의'라는 이데올로기와 어떻게 결합되고 있는가를 분석하고 있다. 한편, 「탈식민주의와 '국어' 교과서」에서는 '단정기'와 '군정기' '국어' 교과서를 분석 대상으로 해서, '국어' 교과서에서 목격되는 '일제 잔재'의 문제를 살피고 있다. 미국의 묵인 아래 다시 정권의 중심으로 재편성된 일제 치하의 관료들이 '식민적 잔재'를 적극적으로 '기억'하지 않은 채 진보주의와 낙관주의적 전망에 편입되어 일제시대의 제국주의적 열망을 그대로 답습하고 있다고 설명한다. 「주체의 소멸과 권력의 메커니즘」에서는 권력의 메커니즘에 의해서 주체가 소멸되는 방식을 1차에서부터 4차 교과과정까지의 초등 '국어' 교과서'를 중심으로 분석하고 있다. 여기에서는 국어 교과서의 텍스트에서 드러나는 권력의 미시적 작동이 주체의 자율성과 능동성을 박탈하고 국가를 위해 모든 것을 희생하도록 촉구한다고 말하고 있다. 특히, 군부 독재 시기에서는 권력자들이 반공주의와 애국주의 등을 이용하여 학생들이 무조건적으로 국가를 위해 희생하고 충성하도록 하는 텍스트를 '국어' 교과서에 배치했는데, 그 대표적인 사례가 '이순신 성군 만들기'라고 말한다. 마지막으로 「교과서 속의 어린이상(像)과 국가」에서는 '교수요목기'에서부터 '4차 초등 국어 교과과정'까지의 초등 '국어' 교과서에 드러나 있는 '어린이상'에 대해서 구체적으로 분석한다. '철수와 영이'라는 새로운 어린이상의 등장과 '일하는 어린이와 쿠데타', '근면, 자조, 협동하는 새마을 어린이', 그리고 '도덕적이며 자주적인 어린이상'

의 등장 과정을 고찰하고 있다.

마지막 장에서는 '국어' 교과서에 작용하는 미의식의 문제를 천착하고 있다. '국어' 교과서에는 언어교육뿐만 아니라 문학교육도 중요한 부분을 차지하고 있는데, 특히 문학작품들이 보여주는 미의식은 때론 순수한 것, 가치중립적인 정신적, 감정적 작용으로 이해하는 경향이 있다. 하지만 '국어 교과서와 미의식' 단원에 실려 있는 세 편의 논문들은 미의식마저 국가 이데올로기를 구축하는 데 중요하게 기여하고 있음을 말해주고 있다.

「한국 현대소설의 정전화 과정 연구」는 '순수'와 '민족'을 끌어 들여서 텍스트를 배열하고 그것을 통해서 '정전'이 성립되도록 기능하는 이데올로기적 양상에 초점을 맞추고 있다. 이러한 정전화가 본격적으로 이루어진 시기는 현대소설이 집중적으로 실리고, 이데올로기적 차원이 강조되었던 시기인 3차와 4차, 즉 유신 체제와 5공화국의 시기이다. 이 당시에 실린 현대소설들을 살펴보면 대부분 향토적 서정성과 종교적 구경을 추구하는 '순수문학'과 민족애와 조국애를 강조하는 내용이고, 이를 통해서 이른바 '교과서 문학', '교과서 작가'가 자리를 잡았다고 말한다. 「'국어' 교과서의 미의식과 국가 이데올로기」에서는 단정기, 전쟁기의 국어 교과서가 제공하는 미적 경험이 국가 이데올로기의 주입과 어떠한 관련을 맺고 있는지 밝히고 있다. 여기서는 국가 이데올로기와 거리가 먼 듯해 보이는 미적 경험이 어떻게 조직되었는가를 살피고, 그것이 어떻게 국가 이데올로기에 흡수되는가를 보여주고 있다. 「교과서 수록 시의 여성 재현 양상」에서는 7차 교육과정에 초점을 맞춰 문학 교과서에 수록된 시를 중심으로 여성의 재현 양상을 분석하고 있다. '여성 화자'의 재현 양상, 남성 작가의 시에 드러나는 '대상화된 여성'의 재현 양상, 여성 작가의 시에서 드러나는 '여성의 재현' 양상이라는 세 가지 측면의 분석을 통해서, 이 글은 교과서가 재현하는 것은 성별화된 여성, '여성'이 한국 문학의 정전성을 구성하는 데 배제되었다는 사실을 확인해주고 있다.

　이 책이 기획된 것은 2005년도였다. 당시 필자는 건국대학교에서 대학원 강의를 하면서 '국어' 교과서를 대상으로 한 다양한 분석을 시도했었는데, 학기를 마친 뒤 성신여대 학생들과 함께 그 내용들을 심화시켜 단행본을 묶는 게 어떤가 하는 생각을 했었다. '국어' 교과서와 관련되는 연구가 의외로 부족하다는 생각과 8차 교과과정에서는 '국어'가 '국정'에서 '검인정'으로 바뀔지도 모른다는 얘기가 흘러나오던 시점이었다. 지난 1년 간 필자는 연구년으로 미국에 머물렀지만, 두 대학의 학생들은 꾸준히 토론을 진행하면서 논문의 내용을 다듬고 보완했던 것으로 안다. 이 책은 그런 논의의 결과물이다. 물론 여러 가지로 미숙하고 또 부족한 점이 많이 눈에 띈다. 그럼에도 불구하고 이런 논의들은 향후 교과서 연구의 중요한 촉매가 될 수 있으리라 믿는다.

　책을 묶는 데 선뜻 동의하고 옥고를 주신 허재영, 오성철, 김신정, 차혜영 선생님께 감사드린다. 이분들의 글로 인해 이 책은 조금이나마 부끄러움을 벗을 수 있었다. 또, 제반 실무를 담당한 정영진과 한영현 양, 그리고 미흡한 원고를 예쁜 책으로 꾸미고 만들어준 글누림출판사의 권분옥 선생님과 최종숙 사장님의 따스한 배려와 고마움도 잊을 수 없다.

2007년 여름, 강진호

차례

책을 내면서_5

Ⅰ. 교육정책과 '국어' 교과서

'국어' 교과서 정책과 이데올로기 변천 | 허재영 21
1. 머리말 21
2. 근대계몽기 교과서 정책과 이데올로기 23
3. 일제강점기 교과서 정책과 이데올로기 31
4. 건국기 교과서 정책과 이데올로기 39
5. 교육과정기 교과서 정책과 이데올로기 44
6. 맺음말 49

국어과 교육과정의 변천과 교과서의 구현 양상-중·고등 교과서를 중심으로 | 김예니 53
1. 왜 '국어' 교과서인가 53
2. 반공주의의 전면화와 국가주의의 발호 56
3. 국가주의적 애국 담론의 전면화 64
4. 국가 발전주의를 위한 인간상 실현 71
5. 공교육의 위기와 변화된 산업 체계를 준비하는 교과서 76
6. 자유로운 '국어' 교과서를 위해 81

'국민 만들기'와 '국어' 교과서-1~3차 교육과정의 '국어' 교과서를 중심으로 | 강진호 83
1. 반공의 감정과 교육 83
2. 발전주의 교육정책과 '국어' 교과서 88
3. 미래 지향적인 멸사봉공의 주체 96
4. 심정적 애국주의와 반공주의 103
5. 통과의례로서의 교과서 109

박정희의 국가주의 교육론과 경제성장 | 오성철 115
1. 머리말 115
2. 교육 팽창과 경제성장 그리고 정치 118
3. 박정희의 발전 교육론 123
4. 맺음말 138

Ⅱ. '국어' 교과서와 이데올로기의 구현 양상

반공 이데올로기와 '국어' 교과서 – '교수요목기'의 '국어' 교과서를 중심으로 | 강진호 143
    1. '국어' 교과서와 반공주의 143
    2. 미군정기 : 좌우합작의 민족주의적 교과서 149
    3. 단정기 : 우익 중심의 반공주의적 교과서 158
    4. 전쟁기 : 반공의 정착과 친미주의 168
    5. 과거의 확인과 교정의 의지 175

'국어' 교과서에 드러난 민족주의 구현 양상 – 단정기에서 3차 교육과정기까지 | 방금단 179
    1. 민족주의와 '국가 만들기' 179
    2. 핏줄 의식의 강조와 일민주의적 민족주의 182
    3. '아, 적'의 이분법적 세계와 반공주의적 민족주의 186
    4. '잘 살아 보세' 슬로건과 발전적 민족주의 192
    5. 미래의 민족 담론과 '국어' 교과서 197

탈식민주의와 '국어' 교과서 – 군정기, 단정기 '국어' 교과서를 중심으로 | 한영현 201
    1. 해방과 식민지의 잔재 201
    2. 탈식민주의와 민족주의 202
    3. 낙관주의와 전통주의 208
    3. 권력 주체들의 의도와 탈식민주의의 한계 217
    4. 탈식민의 가능성과 '국어' 교과서 222

주체의 소멸과 권력의 메커니즘 – 1~4차 초등 '국어' 교과서를 중심으로 | 장영미 225
    1. 초등학교 교육과 권력의 작동 225
    2. 민족주의와 반공주의 그리고 애국주의 227
    3. 윤색된 애국주의와 거세된 주체 230
    4. 반공주의의 전면화와 주체의 희생 237
    5. 주체성 발현을 위한 초등 '국어' 교과서 245

교과서 속의 어린이상(像)과 국가 – 교수요목기에서 4차 초등 '국어 교과서를 중심으로 | 최윤정 249
    1. 들어가며 249
    2. 교과서 속의 어린이 251
    3. 맺으며 272

Ⅲ. '국어' 교과서와 미의식

한국 현대소설의 정전화 과정 연구
— 중·고등학교 '국어' 교과서와 지배 이데올로기의 관련성 | 차혜영 277
1. 들어가며 277
2. 문학교육과 현대소설의 위상 279
3. 한국 현대소설의 정전 확립의 논리 285
4. 모더니티 프로젝트와 한국적인 것 296

'국어' 교과서의 미의식과 국가 이데올로기 — 단정기·전쟁기 교과서를 중심으로 | 정영진 299
1. 서론 299
2. 텍스트들의 배치와 미적 경험의 구성 303
3. 관조와 주체성의 문제 308
4. '미'와 시간에 대한 인식 313
5. 결론 317

교과서 수록 시의 여성 재현 양상 — 제7차 교육과정 교과서를 중심으로 | 김신정 319
1. 서론 319
2. 젠더화된 화자, 초월적 여성의 기호 323
3. '버림받은 여성'의 이중적 기호 332
4. 여성의 '여성', 이상화된 여성성 337
5. 여성과 문학의 정전성 344

[부록] 시대별 '국어' 교과서 개발 현황 _349
찾아보기 _363

I
교육정책과 '국어' 교과서

'국어' 교과서 정책과 이데올로기 변천 　허재영

국어과 교육과정의 변천과 교과서의 구현 양상 　김혜니
　－중·고등 교과서를 중심으로

'국민 만들기'와 '국어' 교과서 　강진호
　－1~3차 교육과정의 '국어' 교과서를 중심으로

박정희의 국가주의 교육론과 경제성장 　오성철

‖ 허재영 ‖

'국어' 교과서 정책과 이데올로기 변천

1. 머리말

 교육이 이루어지기 위해서는 교사와 학생, 그리고 교재가 있어야 한다. 교재란 교육을 위한 재료로서 교육할 내용을 담고 있는 도구이다. 교재의 범위는 매우 넓지만, 그 가운데 핵심이 되는 것은 교과서이다. 교과서란 '교과용 도서'의 준말로 공교육의 목표와 내용, 교수-학습의 원리, 평가의 방향 등을 집약적으로 담고 있는 교육용 재료이다.
 교과서의 중요성은 근대식 학제가 도입된 시점부터 널리 인식되어 왔다. 특히 국가 차원에서의 교과서 정책은, 교육정책의 핵심이 될 뿐만 아니라 교육 현상을 집약적으로 나타낼 수 있다는 점에서, 국가 교육정책 가운데 가장 중요한 위치를 차지하여 왔다.
 우리나라에서 교과서 정책이 처음 출현한 것은 1895년 7월 19일 발포된 '소학교령'이라고 할 수 있다. 칙령 제145호로 발포된 '소학교령' 제15조에서는 "小學校의 教科用圖書는 學部의 編輯한 外에도 或 學部大

臣의 檢定을 經혼 者를 用함"이라고 규정하여, 학교 제도에서 국가 차원의 교과서 정책이 적용되고 있음을 밝히고 있다.

국가 차원에서의 교과서 정책은 교과서의 개발, 보급, 사용 전반에 걸쳐 이루어진다. 예를 들어 교과서의 개발에서는 교과서 발행 및 저작과 관련된 제반 절차를 의미하며, 보급에서는 교과서 채택 및 보급 기관과 관련된 정책이 필요하다. 뿐만 아니라 교과서의 구입과 사용 방법 등도 정책과 밀접한 관련을 갖는다. 이처럼 국가 차원의 교과서 정책은 국가의 개입 정도에 따라 '국정제', '검정제', '인정제', '자유발행제'로 나누어 접근할 수 있다. 그렇지만 교과서 정책을 단순히 국정이나 검인정 여부만을 가지고 논의할 수는 없다. 왜냐하면 교과서 정책은 궁극적으로 국가의 교육정책과 교육 이념을 반영하는 장치이기 때문이다. 더욱이 국어과는 도구 교과이자 내용 교과로서의 성격을 띤다는 점에서 국가의 교육 이념을 반영하는 정도가 매우 높다.

이 글은 근대식 학제가 도입된 이후로 전개된 국어과 교과서 정책의 흐름을 개괄하고, 각 시대별 교과서 정책에 나타난 이데올로기의 특징을 살피는 데 목적이 있다. 교과서 정책은 각 시대의 교육 이념과 교육 제도의 영향 아래에서 이루어진다. 따라서 이 글은 각 시대의 교육 이념과 제도, 교과서 개발과 보급에 대한 개괄적인 기술을 목표로 한다. 허재영(2005ㄱ)에서 밝힌 바와 같이 국어 교육정책 연구는 두 가지 전제를 필요로 한다. 그 가운데 하나는 국어 교육정책 연구의 대상을 확정하는 일이고, 다른 하나는 국어교육의 변화 과정을 정리하기 위해 적절한 시대 구분을 하는 일이다. 정책 연구 대상으로는 '국어교육의 목적과 목표의 변화', '국어교육 실행을 위한 제도 연구', '국어교육 관련 교재 및 교과서 연구', '국어교육 평가에 대한 연구' 등이 있을 수 있다. 이들 각 분야의 정책 변화에 대해서는 민현식(2005)에서 비교적 체계적으로 기술된 바 있으며, 국어 교육정책 연구사에 대해서는 허재영(2005ㄱ)

에서 개괄한 바 있다. 이 가운데 가장 많은 비중을 차지하고 있는 교과서 연구는 강윤호(1974), 박붕배(1987), 국립중앙도서관(1979, 1982), 한국교과서연구재단(1999, 2001), 이종국(1991) 등의 기초 연구가 있었으며, 이종국(2001), 허재영(2006ㄱ)에서는 정책적인 측면에서 교과서 문제를 다룬 바 있다.

이들 선행 연구에서는 대체로 1895년 근대식 학제의 도입을 기점으로 각 시대별 국어 교육정책이나 교과서 개발 상황을 다루고 있다. 특히 국가나 정치 체제의 변화가 국어 교육정책의 기반을 이룬다는 점에서, 대부분의 선행 연구에서는 이를 기준으로 시대를 나누고 있다. 이를 고려하여 이 글에서는 근대계몽기(1895~1910), 일제강점기(1910~1945), 건국기(1945~1955), 교육과정 이후(1955~)로 나누어 고찰하기로 한다.

2. 근대계몽기 교과서 정책과 이데올로기

(1) 교과서 정책

근대계몽기 교과서 정책은 1895년 근대식 학제가 도입된 이후부터 실시되었다. 그 이전에는 자율적인 교재 편성 시기로, 정부가 내놓은 규제, 관리, 장려 정책이 존재하지 않았다. 다만 1880년대 이후로 교재 개발의 필요성을 느낀 선교사나 선각자들에 의해 몇몇의 교재가 만들어지기도 하였다. 예를 들어 『ᄉ민필지』와 같은 지지서(地誌書)가 있다.

1895년 학부 관제가 제정된 이후로 교과서 문제는 학부의 담당 업무였다. 1895년 3월 25일 공포된 학부 관제에 따르면, 교과서 업무는 편집국의 관장 사무였다. 이에 따라 이 시기에는 처음으로 국가가 관여하는 교과서의 개발이 이루어졌다. 이와 같은 제도는 이 시기 공포된 각급 학교령을 통해서도 확인된다.

✔ 근대식 학제 도입기의 학교령의 교과서 규정
ㄱ. 소학교령(1895. 7. 22.)
第十五條 小學校의 敎科用圖書는 學部의 編輯훈 外에도 或 學部大臣의 檢定을 經훈 者롤 用홈.
ㄴ. 중학교 규칙(1900. 9. 3.)
第二條 生徒에게 在學中 敎科書룰 借給ㅎ고 必要훈 紙筆墨을 支給홈이라
第四條 中學校 各科에 敎課書는 學部에서 編輯훈 外에도 或 學部大臣의 檢定을 經훈 者룰 用홈이라

근대식 학제의 도입은 '사범학교→ 소학교→ 중학교'의 순서로 이루어졌다. 사범학교의 경우는 교과서에 관한 규정이 없으나, 소학교와 중학교의 경우는 '학부'가 교과서 편찬의 주체이자 감독 기관임을 뚜렷이 밝히고 있다.

이 시기 소학교의 학과목은 <독서>, <작문>, <습자>였는데, 실제 개발된 교과서는 『국민소학독본』(1895), 『소학독본』(1895), 『신정심상소학』(1897)과 같은 독본류였다.[1] 그런데 이 시기의 교과서 정책을 구체화한 법적 근거는 발견되지 않는다. 참고로 1895년(개국 504년)의 회계안에서 학부 본청의 소요 금액이 35,477원 가운데, 교과서 인쇄비가 5,000원이었음을 확인할 수 있다. 그 밖의 교과서 관련 국가정책 기록은 발견되지 않는다.

근대계몽기의 교과서 정책에 큰 변화를 보인 시점은 1906년 전후이다. 이 시기는 통감부의 지배를 받는 시기로, 국가의 교육정책 전반에

---

[1] 이들 독본류에 대한 서지 및 특성에 대해서는 강윤호(1977), 박붕배(1987), 이종국(1991, 2001) 등에 비교적 자세히 언급되어 있다.

걸쳐 철저한 통제가 이루어졌다. 이에 따라 교과서 개발 및 검인정 등이 통감부의 지배하에 놓이게 되었다.

먼저 1906년 8월 27일에 공포된 '보통학교 시행령' 제31조에 따르면, "보통학교 교과용 도서는 학부에서 편찬한 것을 사용하되, 특별한 경우에는 학교장이 학부대신의 인가를 받아 학부 편찬 이외의 도서를 사용"할 수 있도록 규정하였다. 이와 같은 규정에서 교과서의 개발 주최는 학부이며, 학부 편찬 이외의 교과서는 학부대신의 인가를 받도록 하였다.[2] 이러한 통제는 1908년 '검인정제'를 도입함[3]으로써, 더욱 강화되었다. 그 과정에서 교과서의 내용에 관한 조사가 이루어졌는데, 이를 기준으로 검정 기준을 삼았다. 그 내용은 다음과 같다.

✔ 교과서의 내용에 관한 조사

學部에셔 各學校의 敎科用圖書를 檢定홈에 當ᄒᆞ야 左의 三方面으로 審査ᄒᆞᄂᆞᆫ 方針을 取홈 甲 政治的 方面 此方面은 左開諸點에 著眼홈

(1) 我國과 日本의 關係 幷 兩國 親交를 沮礙ᄒᆞ고 又ᄂᆞᆫ 非議홈이 無ᄒᆞᆫ지
(2) 我國 國是에 違戾ᄒᆞ야 秩序와 安寧을 害ᄒᆞ고 國利民福을 無視홈과 如ᄒᆞᆫ 言說이 無ᄒᆞᆫ지
(3) 本邦에 固有ᄒᆞᆫ 國情에 違홈과 如ᄒᆞᆫ 記事가 無ᄒᆞᆫ지
(4) 奇矯ᄒᆞ고 誤謬ᄒᆞᆫ 愛國心을 鼓吹ᄒᆞᄂᆞᆫ 事가 無ᄒᆞᆫ지
(5) 排日思想을 鼓吹ᄒᆞ고 又ᄂᆞᆫ 특히 邦人으로 ᄒᆞ야곰 日人 及 他外國人에 對ᄒᆞ야 惡感情을 抱케 홈과 如ᄒᆞᆫ 記事 及 語調가 無ᄒᆞᆫ지
(6) 其他 言論이 時事論評에 涉ᄒᆞᆫ 事가 無ᄒᆞᆫ지

---

2) 이 규정은 소학교령에 따른 '소학교 교칙 대강'(1896)에는 보이지 않는 규정이다. 이 점을 고려할 때, 1906년 이전의 교과서 정책은 정부가 모든 것을 통제하는 제도는 아니었다. 그러나 통감 시대에 이르러서는 각급 학교의 교과서를 통감부의 통제 아래 두었음을 확인할 수 있다.

3) 교과용 도서 검인정 규정은 1908년 8월 28일 공포되었다. 이에 대해서는 허재영(2003ㄴ)을 참고할 수 있다.

　　　　乙 社會的 方面 此方面은 左開諸點에 著眼홈
　(1) 淫雜, 其他 風俗을 壞浮케 홈과 如혼 言辭 及 記事가 無혼지
　(2) 社會主義와 其他 社會의 平和를 害케 홈과 如혼 記事가 無혼지
　(3) 妄誕無稽혼 迷信에 屬홈과 如혼 記事가 無혼지
　　　　丙 敎育的 方面 此方面은 左開諸點에 著眼홈
　(1) 記載事項에 誤謬가 無혼지
　(2) 程度 分量 及 材料의 選擇이 敎科書의 目的혼 바에 適應혼지
　(3) 編述의 方法이 適當홈을 得혼지

　이상과 같은 기준에 따라 교과용 도서를 조사한 결과를 교육적인 면에서 5가지 사항으로, 정치적인 면에서 9가지 사항으로 발표하였다. 이를 바탕으로 할 때, 당시의 검정 기준은 애국애족하는 사상을 배제하고, 친일적인 색채를 띠도록 하였으므로, 당시의 민간에서 제작한 교과용 도서는 수난4)을 맞게 되었다.

(2) 국어 교과의 정립과 이데올로기

　1895년 소학교령에서는 '국민교육의 기초와 생활상 필요한 보통지식과 기능을 전수하는 것'을 목표로 표방한 바 있다. 이는 소학교 교육이 국민성과 지식 및 기능 중심의 교육에 있었음을 의미하는데, 이러한 사상은 개화사상을 이어받은 것이라고 할 수 있다. 이는 중학교의 '실업에 취코져 하는 인민에게 정덕이용후생하는 중학교육'을 목표로 한 점도 마찬가지라고 할 수 있다. 이와 같은 목표 아래, '교칙대강'이나 '규칙'에서는 각 교과목의 교수 요지를 밝힘으로써 교과 교육이 구체적으로 실시되었다. 그 가운데 국어과와 관련을 맺고 있는 교과목은 '독서,

---

4) 당시의 검정 신청 및 인가에 대해서는 한국교과서연구재단(2001 : 43)을 참고할 수 있으며, 금서에 대해서는 이종국(1991)을 참고할 수 있다.

작문, 습자'였으며, 사범학교의 경우는 '국문'이 교과목으로 개설되었다. 그런데 이러한 학교령과 규칙에서 교과목의 요지 및 교과 정도에 대한 규정을 일정하지 않다. 소학교의 경우는 비교적 자세히 나타나 있으나, 중학교의 경우는 교과목만 명시되어 있을 뿐이며, 사범학교의 경우도 간략히 제시되어 있을 뿐이다. 이들 교과목의 요지 및 교수 내용을 규정한 조항을 살펴보면 다음과 같다.

✓ 독서, 작문, 습자 관련 규정
ㄱ. 소학교 독서와 작문 : 소학교 교칙 대강
  第三條 讀書와 作文은 近으로 由ᄒᆞ야 遠에 及ᄒᆞ며 簡으로 由ᄒᆞ야 繁에 就ᄒᆞᄂᆞ 方法에 依ᄒᆞ고 몬져 普通의 言語와 日常須知의 文字 文句 文法을 讀方과 意義를 知케 ᄒᆞ고 適當ᄒᆞᆫ 言語와 字句를 用ᄒᆞ야 正確히 思想을 表彰ᄒᆞᄂᆞ 能을 養ᄒᆞ고 兼ᄒᆞ야 知德을 啓發홈을 要旨로 홈
  尋常科에ᄂᆞ 近易適切ᄒᆞᆫ 事物에 就ᄒᆞ며 平易ᄒᆞ게 談話ᄒᆞ고 其 言語를 練習ᄒᆞ야 國文의 讀法 讀書 綴字을 知케 ᄒᆞ고 次第로 國文의 短文과 近易ᄒᆞᆫ 漢文 交ᄒᆞᄂᆞ 文을 授ᄒᆞ고 漸進ᄒᆞ기를 從ᄒᆞ야 讀書 作文의 敎授時間을 分別ᄒᆞᄂᆞᆫ디 讀書ᄂᆞ 國文과 近易ᄒᆞᆫ 漢文 交ᄒᆞᄂᆞ 文과 日用書類 等을 授홈이 可홈
  讀書와 作文을 授ᄒᆞᄂᆞ 時에ᄂᆞ 單語 短句 短文 等을 書取케 ᄒᆞ고 或 改作ᄒᆞ야 國文使用法과 語句의 用法에 熟ᄒᆞ게 홈이 可홈
  讀本의 文法은 平易케 ᄒᆞ야 普通國文의 模範됨을 要ᄒᆞᄂᆞ 故로 兒童이 理會ᄒᆞ기 易ᄒᆞ야 其 心情을 快活 純情케 홈을 採홈이 可ᄒᆞ고 또 其 事項은 修身 地理 歷史 理科 其他 日用生活에 必要ᄒᆞ고 敎授에 趣味를 添ᄒᆞ미 可홈
  作文 讀書와 其他 敎科目에 授ᄒᆞᆫ 事項과 兒童의 日常 見聞ᄒᆞᆫ 事項과 及 處世에 必要ᄒᆞᆫ 事項을 記述호디 行文이 平易ᄒᆞ고 旨趣가 明瞭케 홈을 要홈
  言語ᄂᆞ 他敎科目의 敎授에도 항상 注意ᄒᆞ야 練習케 홈을 要홈

第四條 習字는 通常文字의 書호는 法을 知케 호고 運筆에 習熟케
홈을 要旨로 홈
尋常科에는 國文과 近易호 漢字물 交호는 短句와 通常의 人名 物名
地名 等의 日用文字와 及 日用書類물 習케 홈이 可홈
高等科에는 前項의 事項을 確호며 日常適切호 文字물 增加호고 쏘
日用書類물 習케 홈이 可홈…
習字물 授호는 時에는 別로히 姿勢물 定호고 執筆과 運筆을 正케
호야 字行은 正行히 호며 運筆은 힘뻐 速케 홈을 要홈
<u>他敎科目의 敎授에 文字물 書호는 時에도 쏘호 其 字形과 字行을
正호게 홈을 要홈</u> …
ㄴ. 중학교 : 중학교 관제
第四條 中學校에 學科 及 程度에 其他 規則은 學部大臣이 定홈이라
ㄷ. 사범학교
國文：講讀 …　　　習學：楷行草의 三體 及 其敎授法
作文：日用書類 記事文 及 論說文 (띄어쓰기, 밑줄-필자)

이를 참고할 때, 소학교의 '독서'와 '작문'은 두 개의 교과목으로 제시되어 있지만 실제로는 연계하여 가르쳤을 것으로 추정된다. 이는『국민소학독본』이후로 개발된 다양한 독본류 교재가 존재하는 데 비해, 작문류 교재가 따로 발견되지 않기 때문이다.[5] 이를 고려할 때, 독서와 작문은 동일한 목표 아래, 수업 방식을 달리했을 가능성이 높으며, 이 두 교과목을 위한 교과서로는 다양한 독본류가 활용되었을 것으로 보인다.

이러한 교육목표에 근본적인 변화가 일어난 시점은 통감 시대에 이르러서이다. 통감 시대의 각급 학교 관련 규정은 다음과 같은 법령에 따라 이루어졌다.

---

[5] 작문류 교재가 책자로 발간된 것은 원영의(1908),『초등작문법』(탑출판사 영인)에 이르러서인 것으로 보인다.

통감 시대의 각급 학교 관련 법령

관 제	1905. 3. 1.	勅令 22號	學部官制	官報 號外
사범학교	1906. 8. 21.	勅令 41號	師範學校令	官報 第3546號
	1906. 9. 1.	學部令 20號	師範學校 施行規則	官報 第3547號
보통학교	1906. 8. 21.	勅令 44號	普通學校令	官報 第3546號
	1906. 9. 4.	學部令 23號	普通學校 施行規則	官報 第3549號
고등학교	1906. 8. 21.	勅令 42號	高等學校令	官報 第3546號
	1906. 9. 3.	學部令 21號	高等學校 施行規則	官報 第3548號
고등여학교	1908. 4. 2.	勅令 22號	高等女學校令	官報 第4037號
	1908. 4. 10.	學部令 9號	高等女學校令施行規則	官報 第4044號
사립학교	1908. 9. 1.	勅令 62號	私立學校令	官報 第4065號
	1908. 9. 1.	學部令 44號	私立學校補助規定	官報 4065號 附錄
기타	1908. 9. 1.	勅令 63號	學會令	官報 第4065號
	1908. 9. 1.	學部令 16號	敎科用圖書檢定規定	官報 4065號 附錄

이 가운데 '보통학교령'의 총칙 제1조에서는 "學徒의 身體發達에 留意ᄒ야 道德敎育 及 國民敎育을 施ᄒ고 日常生活에 必要ᄒᆫ 普通知識과 技藝를 授홈으로써 本旨를 홈이라."라는 규정을 두어, 이 시기 교육의 목표가 도덕 교육, 국민 교육에 있었음을 명시하고 있다. 이는 도덕 교육과 국민 교육을 표방함으로써 통감부의 교육 통제가 강화됨을 의미한다.

이러한 교육 이념과 목표의 설정은 교과서 정책을 통하여 구체화된다. 1895년 갑오개혁 당시의 교육 이념과 목표가 1905년 전후에 급격히 변화하는 것과 마찬가지로, 교과서 이데올로기도 두 시기를 전후하여 큰 차이를 보이는 것은 당연한 것으로 보인다.

먼저 갑오개혁 당시의 교과서 개발은 일정한 정책이 없는 상태에서, 고전이나 외국의 서적을 번역하는 형식의 교재 개발이 이루어졌다. 이러한 점은 학제 확립이 급속도로 이루어져 이에 맞는 적절한 교재를 개발할 여력이 없었고, 또 교재 개발 과정에서 일본인 교육 행정가들의 의견이 반영된 점도 있었을 것이다. 이에 대해서는 『신정 심상소학』

(1896) 서문에 들어 있는 다음 내용을 통하여 짐작할 수 있다.

> ✔ 新訂 尋常小學 序
>
> 學ᄒᆞᄂᆞᆫ 者ㅣ 젼혀 漢文만 崇尙ᄒᆞ야 古를 學ᄒᆞᆯ 뿐 아니라 時勢를 혜아려 國文을 參互ᄒᆞ야 또흔 수도 學ᄒᆞ야 智識을 넓일 것시니 我國의 世宗大王게으셔 ᄒᆞ샤대 世界各國은 다 國文이 有ᄒᆞ야 人民을 開曉ᄒᆞ되 我國은 홀노 업다 ᄒᆞᄉᆞ 特別히 訓民正音을 지으ᄉᆞ 民間에 廣布ᄒᆞ심은 婦孺와 與儓라도 알고 ᄭᆡᄃᆞᆺ기 쉬운 然故ㅣ라 卽今 萬國이 交好ᄒᆞ야 文明의 進步ᄒᆞ기를 힘쓴즉 敎育의 一事가 目下의 急務ㅣ라 玆에 <u>日本人 輔佐員 高見龜와 麻川宋次朗으로 더부러 小學의 敎科書를 編輯ᄒᆞᆯᄉᆡ 天下萬國의 文法과 時務의 適用ᄒᆞᆯ 者를 依據ᄒᆞ야 或 物象으로 譬喩ᄒᆞ며 或 圖畵로 形容ᄒᆞ야 國文을 尙用ᄒᆞᆷ은</u> 여러 兒孩들을 위션 ᄭᆡᄃᆞᆺ기 쉽고ᄌᆞ ᄒᆞᆷ이오 漸次 또 漢文으로 進階ᄒᆞ야 敎育ᄒᆞᆯ 거시니 므릇 우리 羣蒙은 國家의 實心으로 敎育ᄒᆞ심을 몸바다 恪勤ᄒᆞ고 勉勵ᄒᆞ야 材器를 速成ᄒᆞ고 各國의 形勢를 諳鍊ᄒᆞ야 竝驅自主ᄒᆞ야 我國의 基礎를 泰山과 磐石갓치 措置ᄒᆞ기를 日望ᄒᆞ노이다 建陽元年 二月 上澣 (밑줄-필자)

위의 서문에 나타난 바와 같이, 초기의 교과서 개발에는 일본인 교육 행정가의 견해가 많이 반영되었으며, 교육 내용도 만국과의 교유를 위한 재료가 중심이 되었음을 확인할 수 있다. 이러한 경향은 『국민소학독본』, 『소학독본』, 『신정 심상소학』의 내용을 통해서도 짐작할 수 있다. 그렇지만 이 시기의 교과서는 문식성 향상이라는 차원과 애국심 고취라는 두 가지 기능을 수행하는 데 우선적인 목표를 두었다고 볼 수 있다. 이를 위해 흔들리는 국운 속에서 도덕과 전통 윤리를 존중하고, 농업, 광업, 산업, 지리, 역사, 자연과학 등의 학문을 소개하는 역할을 국어 교과서가 담당하도록 하였다.

이러한 흐름은 통감 시대에 와서 변화를 보이기 시작했는데, 그 가운데 대표적인 것이 『보통학교 학도용 국어독본』(1907~1908)이다. 김혜정

(2006)에서 분석한 바와 같이 이 교과서는 통감부의 간섭 아래 개발된 것으로, 일본에 있는 대일본주식회사를 거쳐 발행되었다. 따라서 '도덕 교육'과 '국민 교육'을 강조한 통감 시대의 교육 이념을 가장 잘 반영한 교과서라고 할 수 있는데, 그 가운데 중요한 변화는 산업 문물(우편국, 기차, 정거장, 시계 등), 직업, 지리, 역사 관련 내용의 강화라고 할 수 있다. 이러한 변화는 외견상으로는 전시대의 애국계몽사상을 반영한 교과서와 유사한 것처럼 보일 수도 있으나, 통감 시대의 산업 정책을 홍보하고 한국사에서 외침을 강조하는 역사관을 반영하며, 통감부의 활동을 홍보(제8권 제17과)하는 식민 초기의 정책을 반영한 교과서로 볼 수 있다.

3. 일제강점기 교과서 정책과 이데올로기

(1) 교과서 정책

일제강점기는 조선어과를 제외한 모든 교육이 일본어로 이루어졌다. 그 과정에서 일본어 교과서가 국어 교과서의 자리를 대신하였으며, 조선어과 교과서는 '조선어 급 한문(朝鮮語及漢文)'으로 명칭이 바뀌면서, 언문 단원을 줄이는 방식으로 개발되었다.

일제는 식민 초기부터 조선에서의 교육을 위해 각종 조사 연구를 진행하였다. 1910년 9월 11일 동경제국교육회 조선교육부주사위원회에서 공포한 조선교육 조사 방침은 다음과 같다.

✓ 조선교육방침(『매일신보』, 1910. 9. 11)
第一 敎育勅語의 趣旨를 普悉케 호고 日本과 朝鮮間에는 從來로 特別
    혼 關係가 有호즉 兩國의 合倂은 當然혼 運命됨을 了解케 호고

且 日本의 臣民이 되야 文明혼 舞臺에 活躍케 홈에는 朝鮮人民의
發展上 莫大혼 利益되는 希望을 與홀 事
第二 日本語의 普及으로써 急務롤 作하야 此에 全力을 注홀지니 此를
實行홀 方法은 左와 如홈
一 初等敎育에는 諺文漢文을 全廢하고 本語롤 用홀 事
二 日本語 敎習學校에는 適當혼 補助를 與홀 事
三 師範學校를 增設하야 日本語에 熟達혼 敎員을 多數 養成홀 事
四 各種 專門學校에서도 日本語로써 正則을 삼을 事
五 日本語로써 官用語를 삼을 事
六 日本文으로 작혼 家庭書類의 普及홀 方針을 講究홀 事
第三 敎科書의 編纂은 特히 重大혼 者인즉 總督이 直轄홀 機關을 設하
야 從事케 홀 事

위에 나타난 바와 같이, 이 시기의 교과서 정책은 식민 교육의 취지를 실현하는 수단일 뿐만 아니라, 그 자체가 매우 중요한 일로 인식되었다. 이러한 교과서 정책은 일본어 보급, 교과서 개발, 교과서 관리라는 세 가치 차원으로 진행된 것으로 볼 수 있다. 그 가운데 일본어 보급은 위의 제2조에 나타난 바와 같이, 각종 학교의 교육 용어를 일본어로 하고, 일본어로 된 교과서를 개발하며, 일본어로 된 일반 가정 서류를 보급하는 일로 요약된다. 이와 같은 방침에 따라 1911년 조선교육령이 공포된 이래의 각종학교 규칙에 포함된 교과용 도서 규정에서는 '조선총독부에서 편찬한 교과서를 사용하는 것을 원칙으로 하되, 그러한 도서가 없을 때에는 조선총독의 검정을 받은 교과용 도서나 조선총독의 인가를 받은 도서를 사용'하도록 하였다.

교과용 도서의 검정 규정은 1912년 6월에 공포되나, 그 이전부터 교과용 도서의 조사가 이루어졌으며, 이에 따라 이른바 '불량도서'를 조사하여 각 사립학교에서 사용하지 못하도록 하였다. 예를 들어 1911년 2월의 내무부장관 우사미(宇佐美勝夫)의 훈령을 참고할 수 있다.

✓ 교수상의 주의 병 자구 정정표(『매일신보』, 1911. 2. 22)

京鄕各地方 私立學校에서 不良훈 敎科書를 改版訂正호야 施行케 홀 意로 內務部長官 宇佐美勝夫 氏가 各道 長官에게 發訓注意케 홈은 己報 호얏거니와 學務局에서 舊學部 編纂 普通學校用 敎科書와 舊學部 檢定 及 認可의 敎科用圖書에 關호는 敎授上 注意 幷 字句訂正表를 左와 如히 製定頒布호얏더라

一 舊學部編纂 及 檢定의 圖書는 勿論이어니와 舊學部로셔 使用 認可를 與훈 圖書로 十分 其 內容을 審査훈 者라도, 今回 朝鮮은 大日本帝國의 一部分이 된 故로, 今後 朝鮮에 在훈 靑年 及 兒童을 學修홀 敎科書는 其 內容이 頗(파)히 不適훈 者이 有홈에 至훈지라 然이나 今에 遽히 此等 多數훈 圖書를 修整改版홈은 容易훈 事이 안임으로 써, 先此 右圖書 中 敎材의 不適當훈 者와 又는 語句의 適切치 못훈 者에 就호야 注意書 及 訂正表를 製호야 敎授者의 參考에 資호노니 官公私立을 不問호고 何學校에셔던지 宜當히 此에 依據호야 敎授홀 지니라
二 敎授者는 注意書 中의 各 注意事項을 熟讀훈 後, 其 趣旨를 不誤토록 愼重히 敎授홀지며 又 正誤表에 依호야 學徒 各自의 敎科書를 適宜훈 方法으로써 訂正 敎授홀지니라
三 舊學部 編纂 普通學校用敎科書에 對훈 注意書에는 修身書, 日語讀本, 國語讀本 及 習字帖 中 不適當훈 敎材에 就호야 一一히 敎授上의 注意를 與호고 舊學部 檢定 及 認可의 圖書에 對훈 注意書에는 此等圖書 中에 現훈 不適當훈 事項을 槪括 列擧호야 一般的 注意를 與홀 事로 호노라
四 注意書 中에 與훈 事項內 韓國合倂의 事實, 祝祭日에 關한 件, 新制度의 大要 等 爲先 敎授홈을 要홈으로 因호는 者는 반다시 注意를 與훈 當該科에 不限호고 適宜훈 時期에 繰上 又는 繰下에 敎授홈도 無妨호니라 …(중략)…
六 曩에 舊學部로셔 發한 通牒에 依호야 從來의 日語는 國語로 호고, 國語는 朝鮮語로 호야 措處홀 事로 定호게 되얏슴으로, 日語讀本, 國語讀本과 여훈 名稱은 此를 改홀 必要가 有호고 又 學部 檢定 及

認可의 圖書 中 其 名稱에 '大韓' '本國' 等의 文字룰 用홈은 不可ᄒ
나 如斯ᄒ 名稱上의 訂正은 수에 暫時 此를 寬假ᄒ노라…(이하 생략)

이와 같은 교과서 통제의 본질은 '합병(강제침탈)의 사정', '풍속 교화' 등을 내세워 식민 노예 교육6)을 실시하는 데 있었다. 이러한 입장에서 일제는 각종 저술가를 협박7)하는 한편, 교과서 검인정 제도를 공포하게 되는데, 검인정 규정의 주된 내용은 다음과 같다.

✔ 교과서 검인정 규정(조선총독부령 제112호, 1912. 6. 1)
敎科用圖書 檢定 規程
第一條 敎科用圖書의 檢定은 普通學校, 高等普通學校, 女子高等普通學校, 實業學校 又는 私立學校의 生徒用 又는 敎師用圖書에 適홈을 認定ᄒ는 것으로 홈
前項 敎師用圖書라 홈은 敎授홀 事項, 敎授上 注意及應用에 關ᄒ는 事項 等을 記載ᄒ 圖書 又는 生徒에게 示홈을 目的으로 ᄒ는 掛圖類를 謂홈
第二條 敎科用圖書의 發行者는 其圖書의 檢定을 朝鮮總督에게 申請홈을 得홈
前項의 請願者가 朝鮮內에 住所를 有치 아니ᄒ 째는 檢定에 關ᄒ는 一切 事項을 代理케 ᄒ기 爲ᄒ야 朝鮮內에 住所를 有ᄒ 者에게 就ᄒ야 代理人을 定홈이 可홈 但 此 境遇에는 檢定 願書에 委任狀 謄本을 添ᄒ야 提出홈이 可홈 …(중략)…
第五條 第二條에 依ᄒ야 檢定을 請願ᄒ 圖書 中 瑣少ᄒ 修正을 加ᄒ면 檢定을 與홈을 得홈으로 認ᄒ는 것이 잇는 째는 其 修正을 要홀 箇所를 檢定請願者에게 指示홈이 可홈

---

6) 이 용어는 박붕배(1987)에서 사용한 용어를 차용하였다.
7) 예를 들어 『매일신보』 1910. 11. 25일의 사설은 '저술가 급 서포영업자에게 경고함'이라는 제목이 달려 있다. 이 사설은 교과서 저작자나 서점 영업자들이 총독부의 방침을 따르지 않고, 소아의 지각을 흐리고 있음을 경고하는 내용이나 실제로는 식민 통치를 거부하는 사람들을 지칭한 것으로 해석할 수 있다.

…(중략)…

第八條 檢定을 得호 圖書는 每冊表紙 又는 扉等(비등)의 見易處에 左의 事項을 記載홈이 可홈

一 檢定年月日

二 朝鮮總督府檢定濟

三 目的으로 ᄒᆞ는 學校

四 生徒用 敎師用의 區別(掛圖에 限ᄒᆞ야 此를 省홈) …

第十三條 朝鮮總督이 必要타 認ᄒᆞ는 때는 檢定호 圖書의 修正을 命홈이 有홈

第十四條 左의 各號의 一에 該當ᄒᆞ는 때는 朝鮮總督은 圖書의 檢定을 繳消홈이 有홈

一 第八條, 第九條 又는 第十二條 第一項의 規定에 違反호 때

二 第十三條의 命令에 從치 아니호 때

三 檢定圖書로 朝鮮總督府에 納付호 圖書에 比ᄒᆞ야 紙質, 印刷 又는 製本이 粗惡호 것을 發賣홀 때

四 其 內容이 敎科用에 不適當호 때 …(이하 생략)

위의 규정을 고려하면, 조선총독은 교과서의 개발, 제작 과정, 배포 과정에서 어느 때라도 통제를 할 수 있다. 달리 말해, 제14조에 따르면 검정 과정뿐만 아니라 발매 과정에서의 관여가 가능한 셈이다.

이와 함께 조선총독부는 기존의 도서를 대상으로 인가 여부를 판정했는데, 이러한 제도는 검인정 제도가 처음 실시된 통감 시대부터 존재했다. 이러한 규제는 검인정 신청을 한 것 가운데, 불인가된 것과 기존의 검인정을 무효화한 것, 내부대신의 요청으로 발매를 금지하게 한 도서 등으로 나누어 규정되어 있다.

(2) 교과서 개발과 이데올로기

일제강점기의 교과서 개발 주최는 조선총독부였다. 조선총독부는 식민 초기부터 교과서 개발에 주력하여, 1912년에는 각급 학교의 일본어과와 조선어과에 해당하는 교과서 개발을 완료하였다. 이와 같은 실정은 1911년 12월 28일자의 '교과용 도서 일람표'를 통해서도 확인된다. 이 일람표는 각종 사립학교에서 조선총독부 출판의 교과용 도서를 사용할 경우 인가를 받지 않고도 신고만으로 사용할 수 있도록 하는 취지에서 공포되었는데, 이에 따르면 『국어독본』(8책), 『국어보충교재』(1책), 『조선어독본』(8책), 『한문독본』(4책), 『습자첩』(4책)이 발행된 것으로 확인된다. 이와 같은 교재 개발은 보통학교를 중심으로 이루어졌으며, 고등보통학교나 여자고등보통학교의 경우는 이보다 약간 늦은 시기에 개발된 것으로 보인다.

조선총독부의 교재 개발은 1911년부터 본격적으로 시작된 것으로 보이며, 교육령 변화에 따른 학제 변화를 반영하여, 그에 해당하는 교과서 개발을 진행하였다(부록의 개발 상황 참고). 흥미로운 점은 일제강점기의 경우 각급 학교마다 교과목이 설정되면, 그에 따른 교과서 운영 방침을 명시하고, 이에 따른 교과서 개발을 진행하거나, 그러한 진행이 어려울 경우 문부성 교과서를 사용하는 방법과 검인정 교과서를 사용하도록 하는 방법을 취함으로써, 모든 교과 운영을 통제할 수 있었다.

이러한 통제 속에서 개발된 조선어과 교과서에서는 국가, 민족, 역사적인 것이 배제되고 일본인화 교육, 실업 교육을 담은 내용과 일상의 언어 사용 기능을 대상으로 한 내용이 중심을 이루었다. 이러한 흐름은 일본어 보급 정책의 변화와도 밀접한 관련을 맺는데, 예를 들어 박붕배(1987)에서 주목한 바와 같이, 1910년대의 교과서에서는 인명, 지명 등이 일본식 독음을 취하다가 1920년대 교과서에서는 조선어 독음을 취하게 되고, 다시 제3차 교육령 이후에는 일본어 독음을 취하는 방식도 그 중의 하나이다. 또한 1910년대 '한문'을 조선어과에 합쳤다가, 1920년대 분리한 뒤, 다시 합치는 방식을 취한 것도 한자를 일본어 보급의 수단으로 사용했음을 의미한다.

이처럼 일제강점기의 조선어과는 일본인화 교육에서 제2외국어로 다루어졌고, 그 내용도 식민 지배 이데올로기를 반영하는 것으로 구성되었다. 이러한 이데올로기는 1938년 개정 교육령 이후에 더욱 강화된다. 이 시기 식민 정부의 각급 학교 교육 요지는 다음과 같다.

✓ 개정 교육령에 따른 소학교, 중학교 교육의 요지
ㄱ. 소학교 규정(관보, 1938. 3. 15.)
 第一條　小學校ハ兒童身體ノ健全ナル發達ニ留意シテ國民道德ヲ涵養シ國民生活ニ必須ナル普通ノ知能ヲ得シメ以テ忠良ナル皇國臣民ヲ育成スルニカムベキモノトス
ㄴ. 중학교 규정(관보, 1938. 3. 15.)
 第一條　中學校ハ男子ニ　必須ナル高等普通教育ヲ施シ特ニ國民道德ヲ涵養シ以テ忠良有爲ノ皇國臣民ヲ養成スルニカムベキモノトス
ㄷ. 고등여학교 규정(관보, 1938. 3. 15.)
 第一條　高等女學校ハ女子ニ　必須ナル高等普通教育ヲ施シ特ニ國民道德ヲ涵養, 婦德ノ養成ニ意ヲ用ヒ良妻賢母タルノ資質ヲ得シメ以テ忠良至醇ナル皇國女性ヲ養成スルニカムベキモノトス

이러한 이데올로기에 따라 개발된 수의과 <초등조선어독본>은 군국주의 이데올로기를 뚜렷이 드러내고 있는데, 현재 발굴된 제2권의 내용을 소개하면 다음과 같다.

초등조선어독본 권2의 내용

과	내 용
1	일장기(히노마루, 사용일, 의미하는 바)
2	사방의 의미와 천황폐하에 대한 공경
3	어휘(까치, 꾀꼬리, 끌, 딸기, 뺨, 뽕나무, 썰매, 숙, 찔레꽃)
4	한글 음절표
5	산술 공부
6	어휘(왕골, 원숭이, 활, 횃대, 괭이, 궤, 과리, 꿩, 꽹과리)
7	한글 음절표
9	우리 집 묘사 및 식구(가족)
10	애국일(진흥회관에서 국기를 달고, 국가를 부르고, 천황폐하 만세부름)
11	추석
12	받침
13	벼농사 짓기
14	명치절
15	개미와 벳장이(우화)
16	조선의 기후
17	겹받침
18	음절표
19	군인 지원을 한 오빠에게 국어(일본어)로 편지 쓰기

『초등조선어독본』은 교과서 정책이 국가의 전면적인 통제 아래 놓였던 이 시기의 교과서 내용이 '황국 신민', '국민 도덕(이 때의 도덕은 일본화를 위한 마음가짐을 의미함)'을 충실히 실현하는 것으로 구성되어 있음을 확인할 수 있다.

4. 건국기 교과서 정책과 이데올로기

(1) 교과서 정책

건국기의 국어 교과서 정책은 미군정기(1945~1948), 정부 수립기(1948 ~1950), 전시기(1950~1953), 전후(1953~1957)에 따라 큰 차이가 있다. 이는 미군정기의 교과서 정책은 일제강점기 조선어 말살 정책의 결과, 우리말로 이루어진 교과서가 없었을 뿐만 아니라, 군정의 주체가 이민족이었다는 점에서, 우리말로 된 교과서를 어떻게 개발할 것이냐라는 문제부터 시작되는 데 비해, 정부 수립 이후로는 군정기의 문교 정책을 어떻게 계승할 것인가, 전시 체제 속에서 국어과 교육을 어떻게 할 수 있는가, 전후의 교육 재건은 어떻게 해야 하는가 등의 시대별 과제가 달랐기 때문이다. 이러한 과정에서 각급 학교 개교, 교과서 개발, 학제 변화 등이 맞물리면서 정부 차원뿐만 아니라 민간 차원의 교과서 개발도 활발하게 이루어졌다. 그 결과 다양한 교과서 개발이 이루어졌으나 이는 역설적으로 교과서 개발 실태조차 파악하기 힘들 정도의 교과서 난립을 가져왔다. 그러나 건국기의 혼란 속에서도 교과서 개발 및 보급은 점진적으로 체계를 갖추어 가기 시작하는데, 이를 각 시기별로 정리해 보면 다음과 같다.

첫째, 미군정기의 교과서 정책은 1945년 10월 6일 군정청 내에 학무과를 두면서부터 시작되었다. 이 학무과는 1946년 3월 1일까지 모두 여섯 차례의 기구 개편이 있었으며, 같은 해 7월 10일 문교부 사무분장 규정에서 편수국을 두어 교과서 업무를 전담하도록 하였다.[8] 그러나 '학무과 → 문교부 편수과'로의 직제 개편이 이루어졌다고 해도, 실질적으로 필요한 교과서 개발 업무를 모두 총괄할 수는 없었다. 그렇기 때

---

8) 이에 대해서는 한국교육문제연구소(1974) 제1부를 참조할 수 있다.

문에 미군정기의 교과서 개발은 민간단체에 위촉하거나, 개인이 저작한 교재를 검인정하여 사용하는 경우가 많았다. 더욱이 <교수요목>이 제정되고 편수국 업무가 자리를 잡아가기 전에는 우선적으로 민간단체에 위촉하여 교과서 개발을 맡겼다.9) 그 결과 국어과와 공민과는 조선어학회에서 교과서 개발을 맡았으며,10) 국사과는 진단학회에서 교과서를 개발하였다. 이와 같은 민간단체의 교과서는 저작자가 민간단체이지만 발행권은 군정청 문교부에 있었다. 그 이후 1947년의 <교수요목> 제정은 정책적으로 교육제도의 정비와 교육 내용의 체계화를 가능하게 하였는데, 그 결과 교과서 개발 주체도 민간단체에서 군정청 문교부의 소관으로 바뀌었다. 이러한 모습은 국어과의 경우 1948년 1월에 발행된 『중등국어』(1·2·3의 3권)로 나타난다. 그러나 이 시기 교과서 활용 실태는 조선어학회에서 만든 『중등국어교본』(상·중·하 3권)과 문교부에서 개발한 『중등국어』(1·2·3)가 혼용되었음을 알 수 있는데, 이는 『중등국어교본』(하)가 1948년 10월까지 발행되었다는 데서 확인할 수 있다. 뿐만 아니라 개인의 저작물도 교과서로 널리 활용되었다.

둘째, 정부 수립 이후 교과서 정책은 1949년 교육법 제정 이후에 손질된 교과서 검인정 제도 및 국정 교과용 도서 편찬 규정에 의해 변화를 겪는다. 미군정기의 교과서 검인정 제도는 '학무국 편수과 → 문교부 편수국'의 업무에 해당하였으며, 3년 동안 총 334건이 출원되어 174건이 검인정된 것으로 나타난다. 그러나 전진성(1948)에서 밝힌 바와 같이, 교과서 내용이 조잡할 뿐만 아니라, 급속히 다량의 교과서 제작이 이루

---

9) 허재영(2005ㄴ)에서는 이 시기 초중고등학교의 국어과 교과서 목록을 제시한 바 있다. 당시의 국어과는 1947년 9월 1일 제정 공포된 <교수요목>에 의거하여, 국어, 작문, 문법 교과서가 다양하게 개발되었음을 알 수 있는데, 아직까지도 전모를 파악하는 데 한계가 있다.
10) 이에 대해서는 한글학회(1970 : 299~300)를 참고할 수 있다. 이때 개발된 교과서로는 『초등국어교본』(상·중·하), 『한글교수지침』, 『중등국어교본』(상·중·하), 『초등공민』(상·중·하), 『중등공민』(상·하)가 있다.

어짐으로써 체계적인 검인정이 어려웠기 때문에, 국정 교과서 개발 및 검인정 제도의 정비가 시급했던 것으로 보인다. 이 점에서 정부 수립 이후 1949년 교육법이 제정 공포되었고, 1950년 4월 29일에는 대통령령으로 '국정 교과용 도서 편찬 규정'을 공포하고, '교과용 도서 검정 규정'도 함께 공포하였다. 이 두 규정에 의해 이 시기 이후의 교과서 개발은 국정 체제와 검인정 체제가 뚜렷하게 구분된다.

셋째, 전시기의 교과서 개발 및 보급은 제도상 중요한 변화를 보이지는 않는다. 그러나 중등교육의 경우 학제 개편에 따른 교과서 개발이 필요할 수밖에 없었고, 전시 체제라는 시대 상황에서 교과서 개발이 자유롭게 이루어지기 어려웠다. 그렇기 때문에 전시기의 교과서는 국제연합한국재건위원단(운크라)의 종이 지원에 따라 이루어졌으며, 사정 여하에 따라 즉자적으로 출판 보급된 것으로 보인다. 이 점에서 전시기의 교과서는 서로 다른 학년과 학기의 교과서 내용이 겹치거나, 겹친 내용에 '보충 교재'라는 명칭의 글을 첨가한 형태의 교과서 제작이 이루어진 경우가 많다. 이 점에서 전시기의 교과서 발행은 그 전모를 파악하지 못한 상태에 있다. 그러나 전시기의 『중등국어』와 『고등국어』가 각 학년별 1학기용과 2학기용 두 권씩 제작되었으며, 1951년부터 1953년 초까지 이 교과서가 활용되었다는 점은 실제 자료를 통하여 확인할 수 있다.

넷째, 전후의 교과서 정책은 제도상의 큰 변화는 보이지 않는다. 이는 전후 복구와 재건이 이 시기의 주요 과제였기 때문이다. 그렇지만 중학교 국어과 교과서의 경우 『중등국어』에서 『중학국어』로, 고등학교의 경우 학년-학기별 교과서에서 학년별 교과서로의 변화를 보인다. 더욱이 『중학국어』의 경우는 이전에 보이지 않던, 단원별 편제를 하였다는 점은 발전적인 모습으로 보인다. 또한 『고등국어』의 경우는 제1차 교육과정이 제정 공포되어 새로운 교과서가 개발되기 이전까지인 1956~1957년까지는 과별 편제의 교과서가 사용되었다.

(2) 교과서의 이데올로기

건국기의 교과서는 미군정기의 '국민학교령', 정부 수립기의 '교육법' 등에 명시된 교육 이데올로기를 반영한다. 1946년 군정청 문교부에서 제정한 각급 학교의 교육 목적은 다음과 같다.

✔ **미군정기 각급 학교의 교육 목적**
ㄱ. 국민학교 : 第一條 國民學校는 弘益人間의 精神으로써 初等普通敎育을 베풀어 愛國精神이 透徹하고 誠實有能한 民主國家의 公民을 育成함으로써 目的함.
ㄴ. 중학교 : 第一條 中學校는 中學校令에 基하여 左記方針으로써 高等普通敎育 又는 實業敎育을 實施하여 國家에 有爲한 中堅公民을 育成함.
　一, 民族的 自尊의 氣風과 國家的 友如協調의 精神을 具全한 國民의 品性을 陶冶함.
　二, 實踐躬行과 勤勞力作의 精神을 强調하고 忠實한 責任感과 互相愛助의 公德心을 發揮케 함.
　三, 固有文化를 醇化昂揚하고 科學技術의 獨自的 創意로써 人類文化에 貢獻함을 期함.
　四, 國民體位의 向上을 圖하며 堅忍不拔의 氣魄을 涵養함.
　五, 崇高한 藝術의 鑑賞創作을 高調하며 醇厚圓滿한 人格을 養成함.
　六, 女子에 있어서는 女性天賦의 長點을 發揮케 하며 婦德을 涵養케 함.

이처럼 미군정기의 각급 학교 교육에서는 홍익인간의 이념, 또는 민주국가의 공민 양성, 국가주의, 과학 기술 실천, 예술 창작 등을 교육 이념으로 삼았다. 이를 토대로 1947년에 공포된 <교수요목>에서는 국어과의 요지를 다음과 같이 밝히고 있다.

✔ **교수요목의 국민학교 교수 요지**

국어는 일상생활에 필요한 말과 글을 익혀, 바른 말과 맞는 글을 잘 깨쳐 알게 하고, 또 저의 뜻하는 바를 바르고, 똑똑하게 나타낼 수 있도록 힘을 길러 주고, 아울러, 지혜와 도덕을 북도두어, 국민된 도리와 책임을 깨닫게 하며, 우리 국민성의 유다른 바탕과 국문화의 오래 쌓아온 길을 밝히어, 국민정신을 담뿍 길러 내기에 뜻을 둔다.

각급 학교의 교육 목적과 <교수요목>의 요지를 바탕으로 할 때, 미군정기의 교육 이데올로기는 '공민교육', '민주교육', '국민정신'을 토대로 한다. 이러한 흐름은 이 시기 교과서의 내용을 통해 확인할 수 있다.

그런데 교과서에 내재된 국가 이데올로기의 변화에서 주목할 만한 시점은 1949년 정부 수립기이다. 왜냐하면 이 시기 개발된 국정 교과서는 미군정기의 교과서와는 큰 차이가 있기 때문이다. 이를 증명하는 것이 건국기 5차례에 걸쳐 개발된 교과서의 내용 중복도이다. 구체적인 자료를 바탕으로 내용 중복도를 조사하면 다음과 같다.

중등 국정 국어과의 내용 중복도

(단위 %)

	중등국어 1~3	중등국어 ①~⑥	전시 중등국어	전시 고등국어	중학국어	고등국어
중등국어교본	41	11	11	6	11	5
중등국어1~3		18	17	2	15	2
중등국어①~⑥			39	75	40	80
전시 중등국어					78	해당없음
전시 고등국어					해당없음	68

이 표에서 확인할 수 있듯이, 미군정기『중등국어』1~3은 앞선 교과서인『중등국어교본』을 41% 계승하고 있다. 그런데『중등국어』①~⑥에서는 중복률이 11%로 떨어지며,『중등국어』1~3의 중복률도 18%에

불과하다. 그렇지만 전시기의 중등국어나 고등국어, 전후의 중학국어와 고등국어가 『중등국어』①~⑥과 일치하는 비율은 75, 40, 80%에 이른다. 더욱이 전시기 교과서 가운데 중 고등학교 별로 한 권씩 빠져 있다는 점을 고려한다면, 일치 정도는 더욱 높아짐을 알 수 있다. 이와 같은 중복률을 고려할 때, 정부 수립 직후에 개발된 『중등국어』①~⑥은 건국기의 중등국어 교과서의 내용적인 기준이 되었을 것으로 판단된다. 달리 말하면, 『중등국어교본』이나 『중등국어』1~3의 내용 구성이 『중등국어』①~⑥에 와서 상당수 바뀌었고, 그 이후의 교과서는 이 교과서를 계승하고 있다는 의미이다. 이러한 차원에서 정부 수립 당시의 국어과 교과서의 내용 분석은 이 시기 교과서 이데올로기 형성 과정을 분석하는 기준이 될 수 있다. 특히 이 교과서에서는 좌익 활동에 관심을 가졌던 사람들의 글이 대거 탈락하고, 일부 친일파의 글을 비롯하여 우익계 인사들의 글이 대거 포함되었음도 드러난다.

5. 교육과정기 교과서 정책과 이데올로기

(1) 교과서 정책 변천

교육과정 개정은 교과서 제도의 변천과도 밀접한 관련을 맺는다. 우리나라의 교과서 제도는 국정(1종) 도서와 검정(2종) 도서를 근간으로 하고 있으며, 부분적으로 인정 도서의 길을 열어 놓았다. 이와 같은 제도가 변화해 온 과정을 표로 나타내면 다음과 같다(한국교과서연구재단, 2002 : 18).

교육과정 변천에 따른 교과서 제도의 변천

구 분	주 요 내 용
1~2차 교육과정기 (54~73)	• 교과용 도서의 종류 : 국정, 검정, 인정 • 국정 도서 : 초등학교 교과서, 중학교 및 고등학교 국어, 국민윤리, 국가 이념 반영 과목, 실업에 관한 과목 중 문교부 장관이 지정한 것 • 검정 신청 자격 : 저작권자 또는 출판사 • 검정 합격 종수 : 제한 없음(2차 7종) • 교과용 도서 저작 검인정령(77. 8. 21. 폐지)
제3차 교육과정기 (73~81)	• 교과용 도서의 종류 : 1종, 2종, 인정 도서 • 1종 도서 : 초등학교, 중학교 교과서 및 지도서, 실업계 고등학교의 교과서 및 지도서, 인문계 고등학교 교과목 중 국어, 국민윤리, 국사 및 사회과 교과서 • 검정 신청 자격 : 저작자로 제한 • 2종 합격 종수 : 5종으로 제한 • 교과용 도서에 관한 규정 제정(77. 8. 22.)
제4차 교육과정기 (81~87)	• 2종 도서 확대 : 중학교의 국어, 도덕, 국사, 사회과 외의 도서 및 고등학교 일부 도서의 2종화 • 2종 도서 출판업자 자격 요건 강화 • 2종 도서 유효 기간 연장 : 5년에서 2년 범위내 연장 가능
제5차 교육과정기 (87~92)	• 2종 합격 종수 확대 : 5종에서 8종으로 * 중학교 5종, 고등학교 8종
제6차 교육과정기 (92~97)	• 2종 합격 종수 확대 : 중학교 5종에서 8종으로 고등학교 절대 평가에 의해 18종까지 • 초등학교 영어가 검정 대상에 포함됨
제7차 교육과정기 (98~)	• 2종 도서의 학년별 / 연차별 검정(일관 검정보다 집필 기간 많이 확보) • 유효 기간이 다음 교육과정 개정시까지로 확장됨에 따라 주기적 검정 실시 필요 • 교과서 출판의 전문화 지향 • 2종 도서의 검정 업무 : 교육부와 한국교육과정평가원 공동 주관

제1차 교육과정으로부터 제7차 교육과정기까지 국어과 교과서는 『국어』를 국정으로 개발되었고, 중학교 『작문』, 『문법』, 고등학교 선택과목은 검정 도서로 개발되었다.

이러한 교과서 제도는 교과서 개발 및 발행, 교과서 공급, 교과서 채택 등과 밀접한 관련을 맺는다. 예를 들어 제4차 교육과정기까지의 국정 교과서는 개발권자와 저작권자, 발행권자가 문교부로 통일되었으나,

제5차 교육과정기부터는 일부 개발권을 연구소로 이관하기도 하였다. 현행 국정(1종) 도서의 경우 교육인적자원부가 저작권을 갖고 있으나 개발 주최는 동일하지 않다. 중학교의 경우는 고려대학교와 한국교원대학교가 개발 주최이며, 고등학교는 서울대학교 국어교육연구소가 개발 주최이다. 발행권도 몇 차례 변화를 거쳤는데, 현재는 국정 교과서도 일부 출판사에 발행권을 넘겨준 상태이다. 또한 2종 도서의 저작 및 발행은, 저작자가 2년간 20종 이상의 도서를 출판한 실적이 있는 출판사와 약정을 체결하고 검정을 출원하도록 하였다.

교과서 공급 제도도 국영 공급 대행자(국정교과서주식회사)를 두었다가, 1998년 이후 공기업의 민영화 방침에 따라 '대한교과서주식회사'가 공급 업무를 대행하였으며, 2001년부터는 자율 공급 원칙을 표방하였다. 이에 따라 2002년 10월부터는 국정 교과서는 '대한교과서주식회사'에서 담당하고, 검정 교과서는 '한국검정교과서협회'에서 담당하고 있다.

이와 함께 교과서 채택(선정)은 학교장의 권한으로 되어 있으나, 실제로는 교과 모임 및 학교 운영위원회 등의 협의에 의해 이루어지는 경향이 높다.

(2) 국어과 교과서와 이데올로기

국어과 교과서는 국어교육뿐만 아니라 학교교육의 근간을 이룬다. 이는 국어과의 성격이 언어 교과, 도구 교과, 내용 교과, 문화 교과, 사고 교과로서의 특징을 갖는다는 점에서 자연스러운 일이 될 것이다. 따라서 국가 차원의 교과서 정책에서 국어과가 차지하는 비중은 매우 높다. 이러한 인식은 문교부(1962)에서도 확인된다.

✔ 국어과 교과서의 내용
교과서는 <u>교육과정의 목표를 달성하기 위한 자료</u>이며, <u>국가의 이</u>

념을 반영하는 것이기 때문에 교과서는 국어교육의 하나의 <u>표준이
요, 자료요, 때로는 어느 정도의 지침도 될 수 있다.</u>

  국어과 자체의 목적은 이런 자료를 이용하여 인간을 만들어 내는 것이기 때문에, 자료는 부수적인 위치에 있는 듯하나. 반대로 자료의 선택이 알맞을 때는 더욱 목표를 달성하기 용이하다고 볼 수 있다. 그러므로 학교에서는 그 자료에 의한 중점을 가려서 당면 과제를 강조한다는 것은 통념이라고 볼 수 있다.

  그렇다고 하여도 교육과정이 요구하는 방향을 무시하고 정도에 맞지 않거나 실정에 맞지 않는 것을 그대로 학습시킬 수는 없다. 어려운 말이나 내용은 아동에 맞도록 새겨져야 한다. …

이처럼 '국어' 교과서가 교육과정, 국가 이념 반영, 교육의 표준, 자료, 지침 제공의 역할을 담당한다고 할 때, 국어과에 내재하는 이데올로기 형성의 주된 요인은 국어과 교육과정의 목표, 국가 체제 및 운영 원리에서 찾아야 할 것이다.

이를 고려할 때, 각 교육과정에 드러난 국어과 교육의 목표를 살펴볼 필요가 있다. 예를 들어 중학교 국어과의 성격 및 목표에 대한 진술을 살펴보면 다음과 같다.

국어과 교육과정 변천에 따른 교육목표

차수	고시일	국어과의 성격 또는 목표
제1차	1955. 8. 1.	…중학교 교육의 목적은 국민학교에서 받은 교육의 기초 위에 중등 보통 교육을 과하는 것이라 하였고…그리하여 국어과의 교육목표로는 "일상생활에 필요한 국어를 정확하게 이해하며, 사용할 수 있는 능력을 기른다."는 것과 "인간 생활을 명랑하고 화락하게 하는 문예에 대하여 기초적인 이해와 기능을 기른다."는 것의 두 가지가 이에 해당함을 알 수 있다. …(중략)… 중학교에서는 그것을 더욱 발전 확충시키어 중견 국민으로서 필요한 성품과 자질을 기르는 동시에, 그들에게 사회에서 필요한 직업에 관한 지식과 기능을 가지게 하고, 감정을 바르게 하며, 공정한 비판력을 기르도록 하여야 할 것이다.… (국민학교) 국어교육의 사명은 첫째 학습자의 언어 능력을 발달시켜서 모든 학습을 원만히 하며, 둘째로 국어 문화를 전하여 문화적 교양을 섭취케 하며, 셋째로 언어생활을 개선 향상케 하는 데 있다.

제2차	1963. 2. 15.	중학교에서는 국민학교의 국어교육의 목표를 더욱 발전 확충시키어 중견 국민으로서 필요한 품성과 자질을 기르는 동시에 그들에게 사회에서 필요한 직업에 관한 지식과 기능을 가지게 하고, 감정을 바르게 하며, 공정한 비판력을 기르도록 하여야 할 것이다. …
제3차	1973. 8. 31.	(가) 일상생활에 필요한 국어 사용의 기능을 신장하고 성실한 태도를 길러서 효과적인 언어생활을 영위할 수 있게 한다. (나) 국어를 통하여 지식과 경험을 넓히고 문제를 해결하는 힘을 길러서 <u>발전하는 사회에 적응하고 스스로 앞길을 개척</u>할 수 있게 한다. (다) 국어를 통하여 바르게 사고하고 <u>자주적</u>으로 판단하는 힘과 풍부한 정서와 아름다운 꿈을 길러서 원만하고 유능한 개인과 <u>건실한 국민</u>으로 자라게 한다. (라) 국어 존중의 뜻을 높이고 국어로 표현된 우리 문화를 사랑하게 하여, <u>민족 문화 발전</u>에 이바지하려는 마음을 굳게 하도록 한다.
제4차	1981. 12. 31.	국민학교 교육 성과를 발전시키고 국어와 민족 문화에 대한 관심을 깊게 한다. 1) 말과 글을 통하여 생각과 느낌을 효과적으로 표현하고 이해하며, 합리적인 판단력을 기른다. 2) 국어에 관한 체계적인 지식을 기른다. 3) 문학에 관한 기초적인 지식을 습득시키고, 문학작품 감상력과 상상력을 기르며, 삶의 다양한 모습을 이해하게 한다.
제5차	1987. 3. 31.	국어 생활을 바르게 하고, 국어와 민족의 언어 문화에 대한 이해와 관심을 가지게 한다. 1) 말과 글을 통하여 생각과 느낌을 정확하게 표현하고 이해하게 한다. 2) 국어에 관한 기초적인 지식을 익히고, 국어를 정확히 사용하게 한다. 3) 문학에 관한 기초적인 지식을 갖추고, 문학작품 감상력과 상상력을 기르게 한다.
제6차	1992. 6. 30.	(성격) 국어과는 언어 사용 기능을 신장시키고, 국어에 관한 기본이 되는 지식을 가지게 하며, 문학의 이해와 감상 능력을 길러주는 교과이다. 또한 국어과는 국어의 발전과 민족의 언어 문화 창조에 이바지하려는 뜻을 세우고, 올바른 민족 의식과 건전한 국민 정서를 함양하는 교과이다. …
제7차	1997. 12. 30.	제7차 국어과 교육과정은 국어과의 성격을 "한국인의 삶이 배어 있는 국어를 창의적으로 사용하는 능력과 태도를 길러, 정보사회에서 정확하고 효과적으로 국어 생활을 영위하고, 미래 지향적인 민족 의식과 건전한 국민 정서를 함양하며, 국어 발전과 국어 문화 창달에 이바지하려는 뜻을 세우게 하기 위한 교과"로 규정하였다 초등1학년~고등1학년까지 동일한 목표 설정)

제1차 교육과정의 국어과 목표에 대한 진술에서 확인할 수 있듯이, 교육과정기 국어과 이데올로기는 '국어 이해'와 '국어 사용'에 초점이

맞추어져 있었다. 또한 이를 구현하기 위한 중요한 수단으로 '문예'를 강조한 점이 특징인데, 이를 바탕으로 국어과가 '사회 형성 기능', '인간 형성 기능', '문화 전달 기능'의 세 가지 역할을 할 수 있다고 보았다. 그럼에도 이 시기 교과서에는 국어 이해와 사용뿐만 아니라 구체적으로는 '국가주의', '반공주의', '실업 정신의 강조' 등과 관련된 내용이 다수 포함되어 있다. 이는 궁극적으로 국가 체제 및 운영 원리가 국어과 교과서의 이데올로기 형성 요인으로 작용하고 있음을 의미한다. 특히 국어과의 이데올로기 형성에서 제3차 교육과정은 '자주', '건실한 국민', '민족 문화'를 강조함으로써 국가 이데올로기를 충실하게 반영하고 있음을 알 수 있다. 이종국(2005)에서 밝힌 것처럼, 이 시기의 국어과 교과서에는 갈등적 징험이 매우 강하게 나타난다.

이러한 흐름 속에서 제4~5차 교육과정의 국어과는 '국어 지식'과 '국어 사용', 그리고 '문학'을 강조하는 체제를 유지하였으며, 제6~7차 교육과정에서는 국어 사용 기능을 주된 목표로 설정하고 국어 문화를 후순위로 돌려 진술하였다. 이처럼 교육과정에서 국어 사용 기능을 강조하게 된 데에는 기능 중심의 국어교육학 발달과 같은 요인도 작용하였지만, 그와 함께 80년대 이후의 교과서 이데올로기에 대한 갈등 상황이 크게 작용했다고 볼 수 있다.

6. 맺음말

교과서는 가르치는 자(교사)와 배우는 자(학생)의 상호 교감을 위한 수단이 된다. 즉 교육 매체로서의 교재가 갖는 일반적인 기능이 집약된 매체가 교과서인 셈이다. 그런데 교과서의 가치는 단순한 교육 매체로서의 기능뿐만 아니라 교육 가치가 있는 내용을 집약적으로 선정 조직한 매체라는 특성을 갖는다. 이 때 교육 가치는 국가나 교육 기관의 교육 목적과 목표를 반영하며, 그로 인해 교과서의 위상은 국가나 교육 기관을 배경으로 한다.

이러한 점은 각국 및 각 시대별 교과서의 위상을 달리하는 요인이 된다. 왜냐하면 민주국가에서는 교육 목적 및 목표 설정이나 교육 내용의 선정 조직 과정에서 민주적 절차가 지켜질 수 있으므로, 교과서 제도도 민주적이다. 이에 비해 전체주의 국가에서는 국가 차원의 교육 목적과 목표가 절대적 가치를 지니므로, 교과서의 위상도 절대적일 수밖에 없다. 이 점에서 정치 체제와 교과서는 매우 밀접한 관계가 있으며, 민주국가일지라도 교과서가 교육 권력으로 작용한다는 비판이 존재할 수 있다. 이러한 요인이 교과서 이데올로기 형성으로 이어진다.

이 글은 국어 교과서 정책의 변천 과정을 통해 각 시대별 교과서에 내재하는 이데올로기의 특징을 검토하고자 하는 의도를 가진 글이다. 이러한 의도에서 이 글은 근대식 학제의 도입에 따른 각급 학교령과 교과서 개발·보급, 통감 시대의 교과서 검인정 제도, 일제강점기 각종 교육령에 따른 교과서의 개발·보급, 건국기의 교육 이념과 국어과 교과서의 내용, 교육과정기의 교과서 정책과 이데올로기 등을 검토하고자 하였다.

그러나 교과서 이데올로기를 분석하기 위해서는 좀더 체계적인 접근이 요구된다. 그 가운데 대표적인 것은 교과서를 어떤 관점으로 바라보는가, 교과서 제도는 왜 필요한가, 그리고 교과서의 이데올로기 형성에 관여하는 복합적인 요인은 무엇인가 등을 체계적으로 고찰할 수 있을 때, 교과서의 내용 분석을 통한 내재적 이데올로기를 분석할 수 있다고 믿기 때문이다. 따라서 '국정제는 권위적이고 강압적이며, 자유 발행제는 가장 이상적'이라는 단순 도식형 교과서관만으로는 교과서의 본질적 가치를 이해하는 데 한계가 있다.

민주국가에서의 교과서관은 열린 교과서를 지향한다. 열린 교과서는 민주적 절차에 의해 교과서가 개발·보급되며, 교과서에 대한 비판도 자유롭다. 이러한 차원에서 교과서가 지녀야 할 본질적 기능은 1) 교육 매체로서의 기능, 2) 교육 목적 및 목표에 부합하는 가치 있는 교육 내용을 제공하는 기능, 3) 교수·학습 방법 및 평가의 원리를 제공하는 기능, 4) 교육 경험을 제공하는 기능 등을 본질로 한다. 교과서 정책과 교과서 제도는 이러한 교과서의 본질적 기능을 뒷받침하는 데 필요하다. 이를 고려한다면 교과서 이데올로기 비판은 교과서의 본질과 기능을 충실히 수행할 수 있도록, 정책적인 차원의 비판 기능을 수행한다는 의미를 갖게 될 것이다.

‖ 김예니 ‖

국어과 교육과정의 변천과 교과서의 구현 양상
― 중·고등 교과서를 중심으로

1. 왜 '국어' 교과서인가

근대의 교육이란 '국가'의 주도 하에 '학교'라는 체제에서 이루어지는 '교수·학습활동'을 일컫는다. 그리고 이런 근대의 교육을 실천하는 과정에서 대부분의 학교와 교사는 교과서를 활용한다. 교과서는 학생들이 학습해야 할 교육 내용을 담고 있고, 학생 평가의 기준이 된다. 그래서 많은 학생들은 '국가' 주도 하에 만들어진 교과서의 내용을 '경전'처럼 수용하는 경향이 있다. 입시 경쟁에서 우위를 점하기 위해서는 교과서를 '객관적 진리'의 담지체로 사고하면서 무비판적으로 수용하는 편이 훨씬 유리하기 때문이다. 하지만 푸코의 담론 개념을 굳이 운운하지 않더라도 학교라는 제도를 통해 사회적으로 실천되는 언어를 면밀히 살펴보면 그 안에는 노예성과 권력이 뒤섞여 숨어 있음을 확인할 수 있다. 이런 사실은 우리의 교육법만 살펴보면 쉽게 확인할 수 있다. "대학, 사범대학, 전문대학, 각종 학교를 제외한 각 학교의 학과와 교과는 대통령령으로 교육과정은 교육부 장관이"(교육법 155조 1항) 정한다는 조항은 국가권력이 교과서를 통제·관리하고 있음을 보여주는 결정적인 대목이라 하겠다. 그렇다면 우린 다음과 같은 문제를 제기해 볼 수 있다. 과연 국가가 교육과정 제정과 교과과정의 구체적 내용인 교과서 편찬을 주도하는 것은 올바른가. 그리고 교과서가 우리에게 심어주는 이데올로기는 과연 어떤 사상과 이념의 지반 위에 놓여 있는가. 국가가 교과서를 통제·관리하면서 목적하는 바는 무엇이며 우리가 내면화하게 되는 가치는 무엇인가. 이상의 질문에 대해 국어 교과서를 중심으로 그 대답을 찾아가보도록 하겠다.

'국어' 교과서는 사회, 도덕, 국사 등의 교과와 함께 오랜 세월 국정 교과서, 단 하나의 교과서로 제작되어 왔다. 사회과에 비하면 국가 개입의 노골성은 덜하지만 국정 교과서라는 점에서 '국어' 교과서 역시 국가의 적극적 개입 대상이었다. 때론 국가의 목소리가 직접적으로 드러나기도 했고, 때로는 지극히 간접적인 방식으로 국가의 의도가 관철되기도 했다. 이런 모습은 일제시대부터 확인할 수 있다. 일본은 조선의 서당에서 담당하던 교육을 개편하면서, 일제의 국민을 양성할 목적으로 학교라는 교육제도와 시설을 통해 근대적 교육을 체계화하였다.[1] 일본

---

[1] 우리나라의 경우, 1910년 8월 일제의 합병조약이 발표되고 9월 조선 총독부관제가 공포되면서 1911년 9월 1차 조선교육령이 나와 학제개편이 이루어졌는데, 이때부터 근대적 교육이 시작되었다고 볼 수 있다. 1차 조선교육령으로 국어급 한문이 조선어 급 한문으로 전락하기는 했지만 일어와 같이 조선어가 아직은 필수과목으로 지정되어 있었다. 하지만 1919년 12월 교육제도의 일부가 고쳐지고, 1922년 2월 2차 조선 교육령이 발포되면서 조선어가 정규 과목이기는 했으나, 보통학교에서는 일어를, 고등보통학교에서는 일어를 숙달시키는 것을 목적으로 일어 교육에 중점을 두기 시작했다. 그리고 1937년 7월 중일 전쟁 이후, 일제는 조선어를 본격적으로 탄압하기 시작하는데, 1938년 3월에 3차 조선교육령이 발표된다. 3차 조선교육령에서는 조선어를 수의 과목으로 고쳤고, 더 나아가 그해 4월부터는 조선어를 아예 못 가르치게 할 뿐만 아니라, 교내외에서 그 사용조차 금지하기에 이르렀다. 이 부분은 정준섭의 『국어과 교육과정의 변천』(대한교과서 주식회사, 1995, 6~9면)을 참조.

은 체제의 안정을 위해 일본어를 국어로 지정했고, 조선어를 필수과목으로 두었다. 하지만 일본은 대동아전쟁을 계기로 조선에 강력한 식민정치를 단행하는데, 이 과정에서 필수과목이었던 조선어는 선택과목으로 전락하다 아예 조선어 말살 정책에 의해 억압되었다. 일제는 군국주의적인 방식의 학교교육과 조선어 말살을 통해 식민지 조선을 효과적으로 통치하려 했고 조선인들을 황국의 신민으로 조직하고자 했던 것이다. 물론 해방이 된 후, 대한민국 정부가 주체가 되어 한국의 말과 글을 국어로 채택하여 본격적인 학교교육을 실시하였지만 우리는 위의 사례를 통해 교육 자체가 가진 속성에 대해 반성적으로 사고할 필요가 있다. 교육 주체가 바뀌었다고 교육의 속성 자체가 바뀌는 것은 아니기 때문이다.

광복 이후부터 오늘에 이르기까지 한국의 교육과정은 무려 일곱 차례 변화를 겪었다. 그 과정에서 많은 학자들은 국어교육과 교육과정에 대한 다양한 정의를 내려왔고, 각 차수의 교육과정이 갖는 의미를 설명했다. 논자마다 제각각 차이가 있기는 하지만 대체로 국어교육이란 "첫째, 국가가 정한 국어과 교육과정에 의거하고, 둘째, 학교의 교육계획에 따라 셋째, 교사와 학생 사이에서 의도적, 체계적으로 이루어지는 교육"이라고 정의한다.[2] 또한 국어과 교육과정이란 국어교육의 내용과 국어교육의 목표, 기본적인 교수 방침을 모두 포괄하는 것으로 국어교육을 설계하고 운영하는 가장 기본이 되는 틀이라고 정의한다. 하지만 이렇게 가치중립적으로 보이는 정의들의 행간을 읽어보면, 국가 주도의 교육과정과 교과서에 대한 비판적 시각은 찾아보기 힘들다. 이데올로기 장치로서의 학교를 당연시하는 것처럼 교과과정에 국가 이데올로기가 관철되는 과정을 지적하지 못한 채 논의가 진행되는 경향이 있었던 것

---

2) 정준섭, 앞의 책, 14면.

이다. 국어교육과 국어과 교육과정의 정의가 이렇다 할 때, 지금 우리가 국어과 교육과정의 변천과 국어 교과서에 관심을 보태는 것은 어떤 의미를 갖는가. 교육이 국가 이데올로기 장치라고 했을 때 국어·문학교육이 담당하는 역할은 무척 중요한 지위를 차지한다 할 수 있다. 그렇다면 좀더 이 문제에 대한 심각함을 느끼며 논의에 동참할 필요가 있을 것이다. 7차례의 개정을 거듭하면서 국어과 교육과정은 지식의 변화, 사회 여건의 변화, 교육 이론의 발전 그리고 현존하는 교육 프로그램의 적절성에 대한 반성과 평가 등에 따라 끊임없이 바뀌었다.3) 그렇다면 지금까지 7차례의 개정은 각각 누가, 어떤 목적으로, 무엇을 고치고자 했던 것인지 살펴봐야 할 것이다. 그리고 시대적 변화가 국어 교과서에 어떻게 반영되었는지 검토·연구함으로써 우리의 국어교육을 반성적으로 되돌아 볼 수 있어야 할 것이다.

2. 반공주의의 전면화와 국가주의의 발호
― 교수요목기부터 1차 교육과정까지

해방 직후 교육 이념은 미 군정청의 '일반 명령 제4호'와 '교수요목'에서 찾아볼 수 있다. 미 군정청은 오천석을 비롯한 교육계의 지도자 7인(후에 3인 추가)4)으로 한국교육위원회를 조직하고, 45년 9월17일 이 위원회의 건의로 '일반명령 제4호'를 공포하였다. 이 '일반명령 제4호'에 따라 시달된 '신조선의 조선인을 위한 교육방침'에는 "교수 용어를 한

---

3) 노명완·정혜승·옥현진, 『창조적 지식기반사회와 국어과 교육 ― 교육과정 모형 탐구를 중심으로』, 박이정, 2003, 79면.
4) 김성달, 현상윤, 유억겸, 백낙준, 김활란, 김성수, 최규동 등 7명으로 발족하고 후에 윤일선, 조백현, 정인보가 추가되어 10명으로 구성되었다.

국어로 할 것과 조선의 이익에 반하는 교과목은 일체 교수를 금한다."
는 지시와 "평화와 질서를 당면의 교육목표로 하고, 일본 제국주의적 색채를 일체 말살하도록" 하는 교육의 일반 방침이 드러나 있다. 교수요목기의 국어과 교육과정에 대해 정준섭은 다음과 같이 그 특성을 설명하고 있다.

> 첫째, 교과의 지도 내용을 상세히 표시하고, 기초 능력을 배양하는 데 주력하였다. 둘째, 교과는 분과주의를 채택하였으며, 체계적인 지도와 지력의 배양에 중점을 두었다. 셋째, 우리나라의 교육목표인 홍익인간의 정신에 입각하여 애국 애족의 교육을 강조했으며, 일본 강점기의 잔재를 정신면에서나 생활면에서 시급히 제거하는 데 각별한 노력을 하였다.[5]

이 시기 기초 능력의 배양이란 한글 보급과 문맹 퇴치를 의미한다. 한글 보급과 문맹 퇴치는 국어과 교육의 우선순위였다. 그래서 교육목표가 국어 사용 능력의 신장, 문화 창조, 국민정신 함양 이렇게 세 가지였지만, 교과 구성에서부터 수업에 이르기까지 국어교육은 한글 구사 능력 증진을 위한 교육에 중점을 두었다. 물론 문학작품과 문학 지식, 언어 지식이 함께 교과서의 목차를 구성하고 있기는 했지만, 이들은 읽기 자료로서 도구적 성격이 강했다. 교과서에 수록된 소설의 경우, 전체 소설 중에서 갈등에 해당하는 대목을 제외한 부분만이 제시되었는데 이는 이념적 갈등의 문제를 감안하더라도 문학작품의 감상을 목적으로 한 텍스트 선정이라고 보기는 어렵다. 이는 문학교육의 중요성에 대한 인식이 아직 존재하지 않았기 때문이기도 한데 그만큼 당시 한글 습득을 최우선의 당면 과제로 설정했던 상황을 보여주는 것이기도 하다. 특히, 각 단원마다 제시되어 있는 '익힘' 문제를 살펴보면 글의 풍부한 이

---

5) 정준섭, 앞의 책, 40면.

해를 묻는 것보다는 단어의 뜻을 알고 활용해 보는 것을 중심으로 구성되어 있다. 또한 군정청 문교부에서 제시한 <중학교 국어 교수요목>을 보면 '교수의 주의'에 받아쓰기를 실시할 것을 요구하고 있는데, 그 만큼 당시 국어과 교육은 한글 습득에 집중되었던 것을 알 수 있다.

다음으로 교과서에 수록된 텍스트들의 내용을 살펴보면, '국민정신 함양'이라는 목표 아래 국가 이데올로기를 직접적으로 반영한 논설문이 많은 부분을 차지하고 있다는 특징을 찾을 수 있다. 군정기의 『중등국어교본』6)의 경우 국가에 이바지할 주체로서 '청년'을 호명하고 그 청년의 덕목으로 근면과 성실 그리고 공동체 의식을 강조하면서, '청년'은 배움에 힘써야 한다고 역설하고 있다. 덧붙여 국민들이 가져야 할 교양으로서 의식주에 관한 지식과 위생의 중요함을 강조하기도 한다. 이런 주제는 특히 국가를 세우는 단계에서 많이 등장하는 경향이 있는데 이는 교양 있는 국민 형성의 첫 단계라 할 수 있다. 교과서를 통해 학습되는 주체들을 공동체의 일원으로 호명하고 그들이 갖추어야 할 기본 소양을 교육함으로써 국가 형성의 단초를 마련하고자 하는 의도라 할 것이다. 이상을 살펴봤을 때 교수요목기의 교과서는 해방 공간의 특성을 고스란히 보여주는데 교과서 편찬자에서부터 수록된 글의 필자까지 이념적 대립을 피하면서 한 쪽으로 치우치지 않기 위해 노력한 흔적이 보인다는 점, 그리고 국민 형성에 필요한 최소한의 교양을 제시함으로써 국어 교과서는 국가 이데올로기의 장치로서의 역할을 수행하고 있다는 점 등을 확인할 수 있었다.

하지만 이후, 남한은 단독선거를 통해 이승만을 대통령으로 한 단독 정부를 수립하였고, 이와 때를 같이 하여 단독정부의 문교부는 새 국어 교과서를 편찬했다. 이 때 제작된 교과서는 이전 시기와 큰 차이를 보

---

6) 군정청 문교부, 『중등국어교본』(상·중·하), 1945.

여주는데 군정기 교과서보다 단정기 교과서는 적극적으로 국가 이데올로기를 반영하였고 정부의 논리가 보다 직접적으로 드러나는 경향을 보였다. 단정기의 문교부는 근대적 국가의 시민이 되기 위한 기본 요건을 갖추는데 국어교육의 목표를 설정하였다. 이 시기 교과서는 좌·우 인사의 형평성을 고려했던 군정기 교과서와는 다르게, 우익 인사를 중심으로 교과서를 편찬했고, 이승만의 일민주의를 비롯한 본격적인 국가 이데올로기를 교수하게 함으로써 혼란한 시국을 정권 중심으로 안정시키려 했던 것이다. 단정기의 『중등국어』(1)7)을 보면 「일민주의」라는 제목의 논설문을 볼 수 있다. 그 논조를 보면, 모든 긍정적 가치를 일민주의로 귀결하여 이승만 대통령이 만든 이 일민주의를 사회적으로 구현하자는 내용인데 이는 어려운 시기를 지도자 중심으로 단결하여 극복하자는 국가의 목소리가 직접적으로 드러난 예라 할 수 있다. 이와 함께 일제시대 독립 운동가의 삶이나 청산리 전투와 같은 일화, 그리고 신라의 화랑이나 이순신에 대한 이야기가 계속적으로 교과서를 채우고 있는데, 이는 이승만 정권이 일제 잔재 청산에 실패했던 현실과 대조적이다. 이는 교과서에 일제 청산의 내용을 담음으로써 훼손된 정통성을 회복시키려는 정권의 노력으로 해석할 수 있고, 당대 국민들의 요구가 일제 청산에 있었음을 보여준다. 이승만 정권도 이를 적극적으로 수용하지 않고는 정권의 정당성을 획득하기 어려웠던 것이고 그 만큼 반일의 내용을 담은 텍스트는 이 시기 교과서의 많은 부분을 차지하고 있는 것이다.

그리고 이 시기 교과서에 수록된 「청년에게 고함」8)을 보면 청년의 역할로 규정한 내용이 이전 시기와 다르다는 것을 확인할 수 있다. 단정기의 특징은 청년을 개인이 아닌 집단으로 조직하려는 데 그 목적이 있다

---

7) 문교부, 『중등국어』(1), 1950. 4. 1(등록 연원일 1947년 9월 30일).
8) 문교부, 『중등국어』(5), 1950. 4. 1(등록 연원일 1947년 9월 30일).

고 할 수 있다. 군정기 청년이 열심히 공부하여 공동체에 이바지하는 인간상이었다면, 단정기의 청년은 조직된 힘을 바탕으로 반공주의에 앞장서는 인간상으로 변한다. 이렇듯 교과서 내에 전체주의적인 성격은 한층 강화되는데, 청년들의 조직을 통해 반공주의를 적극적으로 선전하려는 이승만 정권의 의도인 것이다. 좌·우의 대립을 고려하던 군정기와는 달리 전쟁 이후의 이데올로기 지형은 반공주의로 경도되는 모습을 보여주는데 '청년'의 의미 변화는 이를 단적으로 보여주는 사례라 하겠다.

하지만 단정기 교과서는 오래 가지 못했다. 좌·우의 대립은 국토의 분할에서 멈추지 않고 전쟁으로 치닫게 된 것이다. 6·25를 겪으면서 이승만 정권은 새로운 교과서를 필요로 했다. 전쟁기 교과서의 특징은 반공주의의 전면화로 볼 수 있겠다. 전쟁기 교과서에서 이를 잘 보여주는 부분은 중국과 미국에 대한 태도의 변화가 나타난 대목이다. 단정기 교과서에는 「북경의 인상」9)이라는 텍스트가 담겨 있는 반면, 6·25 전쟁 이후 교과서에서는 중국 관련 텍스트가 모두 빠졌다. 이는 중국에 대한 인식이 전쟁을 겪으면서 변했음을 보여준다.10) 그리고 교과서 편찬 초기부터 많은 영향을 받은 미국과 연합군, UN에 대한 이야기는 계속적으로 등장하면서 세계 평화를 위해 그들이 한 노력과 함께 그들이 우리에게 어떤 도움을 주었는지를 강조하고 있다. 이는 당시 정권의 국제정세에 대한 입장을 반영하고 있는 것으로 전쟁기 교과서는 제2차 세계대전을 우방 미국과 연합군이 이끈 민주주의의 승리라고 표현한다.11) 그 밖에도 전쟁기 교과서에서는 문학 텍스트의 수가 늘어났고 단원의 시작 부분에 학습 목표를 제시하고 있다. 이는 '국어' 교과서가 이전보다 더 체계화되었음을 보여준다. 하지만 문학 텍스트 목차를 보면, 모윤

---

9) 문교부, 『중등국어』(4), 1950. 4. 1(등록 연원일 1947년 9월 30일).
10) 강진호, 「반공주의의 규율과 국어 교과서(1945~1954년의 '국어' 교과서를 중심으로」, 『민족문학사연구』28, 2005. 7.
11) 문교부, 「새 나라의 건설과 교육」, 『고등국어』(2), 1957.

숙의 시「국군은 죽어서 말한다」12)와 유치환의 시「원수의 피로 씻은 지역」,13) 종군기자의 글인「탄막을 뚫고」14) 등으로 구성되었는데 전쟁의 참상을 고발하여 반공주의로 나아갈 수 있도록 정서적으로 심정적으로 고무하는 작품 중심임을 확인할 수 있다. 이는 이데올로기적인 입장을 중심으로 텍스트를 선정했음을 보여준다. 결국, 문학 텍스트의 수적 증가는 문학교육의 중요성에 대한 인식에서가 아니라 반공주의를 위한 미학적 도구였던 것이다.

하지만 전쟁기 반공 이데올로기의 전면화는 시작에 불과했다. 이승만 정권은 전쟁 이후 모든 분야의 안정을 도모하는 시기에 1차 교육과정(1955~1963)을 제출했다. 1차 교육과정은 사회 개선 의지를 강조하고 있는데, 이것은 당시의 시대적 상황이 교육을 통하여 전쟁으로 파괴된 국가를 부흥시키려 한 까닭이다. 전쟁은 인명과 재산뿐 아니라, 국민들을 도덕적 불감증으로 몰아 넣었는데 정부는 반공 교육과 도의 교육을 통해 국가 이데올로기를 수립하고 이를 통해 이반된 민심을 통합하려 하였다. 그리고 경제적 복구를 위해 교육 차원에서는 수업 이수 시간의 30% 이상을 실업 교과로 배치할 것을 주장하면서 생산성 향상과 직업 교육을 강조했다.15)

특히, 1차 교육과정은 미국 교육과 한국 교육의 영향 관계를 잘 보여주는 교육과정이라 할 수 있다. 1차 교육과정은 미국 진보주의 교육 사조의 영향을 많이 받았는데, 1948년에 설치된 중앙교원훈련소(T. T. C.)와 세 차례에 걸친 미국 교육 사절단의 내한, 조오지 피바디 사범대학 교수단의 7년 간(56~62년)에 걸친 교사 양성과 교사 재교육 활동이 이를

---

12) 문교부,「시를 읽자」,『중학국어』(3-1), 1953.
13) 문교부,「시의 세계」,『중학국어』(2-1), 1953.
14) 문교부,「신문의 글」,『중학국어』(2-1), 1953.
15) 김성기・함수곤,「총론의 변천」,『한국 교과 교육과정의 변천-고등학교』, 대한교과서주식회사, 1990.

증명한다.16) 진보주의 교육사조란 듀이의 철학에 근거한 것으로 피교육자의 생활이 교육과정의 핵심이 되어야 한다는 주장과 함께 생활 중심 교육을 강조한 교육 이념이었다. 그래서 이 시기 중학교 국어과 교육과정은 "새로운 국어교육은 현대인의 언어생활의 실제를 대상으로 해야 하며, 학생들의 언어생활의 모든 면이 국어교육의 목표 달성에 이용되어야 할 것"이라고 말했다. 그럼으로써 학생들로 하여금 일상생활에 필요한 국어를 정확하게 이해하며 이를 사용할 수 있는 능력을 갖추게 하고, 국어교육이 그들의 사회생활의 필요성에 응하는 것이 되게 하여야 한다는 것이었다.17) 이는 고등학교 국어과 교육과정에도 비슷하게 드러난다. 그래서 1차 교육과정의 고등학교 교과서를 보면 학년마다 국어에 대한 지식을 다룬 단원18) 하나와 함께 다양한 종류의 글이 동시에 배치되는 특성을 발견할 수 있다. 예를 들어, 고등학교 2학년 교과서의 경우, '말하기와 쓰기' 단원에서 말하기·쓰기의 중요성을 강조하면서 축사, 편지, 일기를 예시로 제시하고 있다거나, 그 외에도 수필과 기행문, 영화와 연극, 독서 등, 다양한 형태의 글과 매체를 통해 말하기, 쓰기, 읽기의 방식을 제시하고 있는 것이다. 그래서 이 시기 국어교육의 목적은 문답, 토의, 좌담, 방송, 전화 등의 말하기와 듣기, 기록, 노오트, 문자에 의한 발표 및 사전, 참고서의 이용, 독서 지도, 도서관의 이용 등 읽기에 관한 것이 두루 학습되어야 한다고 말하고 있다. 이는 예전과는 달리 각종 언론과 매체의 인프라가 구축되어 대중에게 꽤 많이 보급된 상황이었으므로 이에 대한 학습이 필요했던 것으로 보인다. 그리고 이

---

16) 김진호, 「국어 교과서의 반민족성」, 『역사비평』, 여름호, 1988.
17) 정준섭, 앞의 책, 62~63면.
18) 국어지식에 대한 단원으로는 「국어에 대한 이해」(문교부, 『고등국어』(Ⅰ), 대한교과서주식회사, 1960), 「국어·국자의 변천」(문교부, 『고등국어』(Ⅱ), 대한교과서주식회사, 1960), 「국어의 장래」(문교부, 『고등국어』(Ⅲ), 대한교과서주식회사, 1960)가 있다.

는 졸업 후에 각각 다른 직업 생활을 가지게 될 학생들에게 그들이 종사할 직업에 따르는 특수한 언어 기술을 체득하게 하는 효과를 노리는 것이기도 했다. 바로 이런 언어생활의 교양을 통해 중견 국민으로서의 교양을 갖추게 되는 것이다. 이런 식으로 실용성을 강조하는 태도는 중학교 교과서 전반에 나타난 특징이라고 할 수 있다.

하지만 문학 텍스트의 경우, 이전 시기보다 더 교묘한 방식으로 활용하여 정서적 경험마저 국가 이데올로기에 수렴하려는 의도를 읽을 수 있다. 1차 교육과정의 중학교 편 <우리나라의 교육 목적과 국어교육>(문교부, 1955)을 보면, "심미적 정서를 함양하여 숭고한 예술을 감상 창작하고 자연의 미를 즐기며, 여유의 시간을 유효히 사용"하자는 내용을 찾아볼 수 있다. 이는 다른 조항들에 비해 이전 시기에는 나타나지 않았던 조항으로 예술의 심미적 특성을 강조하면서 예술의 기능을 제한하고 있다. 이 시기 중·고등학교 교과서를 보면 문학작품의 양은 대체로 적은 편으로 실용적인 글이 더 많은 비중을 차지하고 있다. 더군다나 그나마 실려 있는 문학작품은 주로 자연이나 계절에 대한 미감을 노래한 시, 소설, 수필이 대부분이다. 그리고 소설의 경우, 고등학교 1학년 교과서에 나오는 심훈의 「상록수」를 제외하고는 거의 고전소설이라는 점이 특이한 점이라 하겠다. 이는 '숭고한' 예술은 현실의 갈등에서 벗어난 자연의 미를 표현한 것을 뜻하고, 현실적 문제를 뛰어넘어 보다 정신적인 가치나 미적 특수성을 강조해야 더 좋은 문학이라는 가치관의 표현으로 해석 가능하다. 그래서 예술이 숭고하다는 입장과 이는 현실과 동떨어진 것이라는 태도를 동시에 내면화함으로써 문학의 사회적 기능을 제한하는 효과를 노리는 것으로 보인다. 이런 이유로 예술은 숭고하지만 여유 시간을 활용할 때 유용한 것일 뿐, 국어교육의 본래적 목적은 생활에서 실용적으로 쓰일 수 있는 언어생활을 중심으로 학습하는 것에 있다는 결론이 내려지는 것이다.

3. 국가주의적 애국 담론의 전면화
― 2차 교육과정부터 3차 교육과정까지

이승만의 부정선거로 4·19 의거가 일어났고, 정치적 혼란기를 지나 박정희의 5·16 군사쿠데타가 일어난다. 이미 4·19의 경험을 가진 국민들을 다시 새로운 정권으로 통합하기 위해서는 이에 적합한 교육과정이 필요하게 되었고 이 시기 제2차 교육과정이 공포된다. 2차 교육과정은 여전히 미국 진보주의 교육 사조의 영향 아래 있었고 1차 교육과정보다 생활 중심 교육과 경험 중심 교육을 더욱 강조했다.[19] 그리고 2차 교육과정을 통해 박정희 정권은 민주적 신념과 반공정신, 민주적 생활을 발전시킬 수 있는 인간 양성에 적합한 학습 경험을 기조로 내세워 국민들의 분열된 정서를 국가 중심으로 통합하고 이를 바탕으로 경제 성장에 전 역량을 집중시키고자 했다.

> 고등학교 국어과 학습의 목표는 (1) 사회적인 요구에 적합한 것이어야 하고, (2) 개인적인 언어생활의 기능을 쌓는 것이어야 하며, (3) 중견 국민으로서의 교양을 갖추는 것이 되어야 할 것이다.[20]

위는 2차 교육과정의 고등학교 국어과 학습 목표로, 여기서 사회적인 요구에 적합한 것이어야 한다는 것은, 민주국가의 국민으로서 언어생활을 훌륭하게 할 수 있어야 함을 말하는 것인데 말하기, 듣기, 쓰기, 읽기 등 모든 언어활동이 정확하고 세련된 것이 되어야 한다는 것이다. 이런 목표 달성을 위해 2차 교육과정의 중학 '국어' 교과서에는 1학년

---

19) 이경환·박제윤·권영민, 『한국 교육과정의 변천』, 대한교과서 주식회사, 2002, 70면.
20) 문교부, 「문교부령 제121호 고등학교 교육과정」, 1963. 2. 16 제정공포.

1학기 '사전 사용법'과 5단원 '즐거운 회화', 그리고 1학년 2학기 '낭독과 발표'를 배치했다. 특히 1학년 1학기 5단원 '즐거운 회화'는 시나리오 「잘 사는 길」과 함께 단원을 구성했고, 1학년 2학기 '낭독과 발표'는 일기, 메모, 희곡과 같은 글들이 함께 배치되었다는 점이 특징적이다. 이는 전 학년이 마찬가지인데 다양한 글을 통해 읽기, 쓰기, 말하기 학습을 다양하게 경험하고 이를 통해 세련된 언어생활을 도모하여 국가의 일원으로서 국민이 갖추어야 할 기초적인 능력을 교육시키고, 국어교육의 실용성을 강조하여 다양한 직업 능력을 개발하고 필요한 인력을 육성코자 했던 것이다. 하지만 1차 교육과정과 마찬가지로 언어생활이 강조된 것에 반해 문학교육에 대한 인식은 이전 시기와 크게 달라지지 않았다. 중학교 교과서에 실린 문학작품의 수는 여전히 적을 뿐만 아니라 예술의 심미성을 강조하는 경향이 계속 이어지고 있었다. 그 대표적인 예가 중학교 3학년 1학기의 황순원의 「소나기」이다.[21] 전원적이고 향토적인 배경을 서정적으로 묘사하면서 순박한 시골 소년과 어여쁜 도시 소녀와의 애틋한 사랑을 그린 「소나기」는 아름답고 본질적인 것으로서의 사랑을 비사회적이고 비도시적인 전원 및 향토의 이미지와 연결하면서 10년 간 중학교 교과서에 빠짐 없이 실렸고 그 과정에서 「소나기」는 한국 문학 내 하나의 정전으로 이념화되었던 것이다.[22] 이는 우리의 문학교육이 문학의 사회성을 배척하면서 심미성만을 편협하게 강조한 예라고 할 수 있을 것이다.

이처럼 2차 교육과정은 1차 교육과정과 비슷한 모델의 교육과정을 유지하고 있어 비슷하게 겹치는 대목이 많은 편이다. 하지만 2차 교육과정에 와서 더욱 특화된 부분이 있는데, 그것은 "독립 자존의 민족적

---

21) 고등학교 교과서의 경우, 1차 교육과정과 거의 비슷하여 2차 교육과정의 교과서만이 가진 특별한 변화를 찾기는 어렵다.
22) 이와 관련한 내용은 차혜영의 「한국소설의 정전화과정 연구」 참조.

기풍과 아울러 국제 협조의 정신을 함양할 수 있는 구체적인 학습 경험"을 국어과 학습 목표로 제시한 점이다. 중학교 3학년 1학기 국어 교과서를 보면, 1단원 '의사 발표'에 소단원으로 「3·1 정신」, 「한국 학생의 정신」, 「게티즈버어그 연설」, 「민주주의와 언론」이라는 텍스트를 담았다. 「3·1 정신」, 「한국 학생의 정신」은 민족의 독립과 자존을 강조하면서 이를 위한 소명이 학생에게 있으며 학생은 민족자존과 독립을 위해 공동체 의식을 함양하여야 한다는 결론을 짓고 있다. 그리고 「게티즈버어그 연설」, 「민주주의와 언론」은 우리의 전통이 미국식 민주주의에 있음을 전제하면서 소련과 중국과 같은 사회주의 국가에는 언론의 자유가 없지만 우리에게는 이런 자유가 있기에 자신의 의사를 제대로 밝히는 것이 중요하다고 주장하고 있다. 특히, 「민주주의와 언론」에서 소수의 의견이 옳을 수도 있다는 주장으로 끝을 맺으면서 윈스턴 처칠이 군력 증강을 통해 독일을 견제하자고 했던 예가 제시되어 있는 것은 의미심장하게 읽히는 대목이다. 이런 예는 고등학교 교과서에도 나타나는데, 2차 교육과정의 고등국어 1학년 교과서 중 3단원의 '민족과 사상'에 김기석이 쓴 「민족의 진로」를 보면 "공산주의 공세에 뚫리지 않고, 향락주의 공세에 뚫리지 않고, 봉건주의 공세에 뚫리지 않고, 비관주의 공세에 뚫리지 않고" 새로운 형의 민족성을 만들자면서 "자유민주주의 노선과 도덕주의 노선, 협동주의, 평화주의 노선"을 주장한다. 이런 모습은 이전 시기보다 좀더 본격적으로 반공 교육이 진행되고 있다는 것과 5·16 군사쿠데타를 5·16 혁명이라고 주장하는 정권의 의도를 반영한 것으로 군사적으로 강한 정부가 공산주의도, 민족적 어려움도 이겨낼 수 있다는 의도를 드러낸 예라 할 것이다. 또한 이는 이전 정권과 스스로를 차별화하면서 이전 정권에 비해 현 정권이 더 높은 도덕성을 가지고 있다는 주장을 통해 스스로의 정통성을 인정받고자 한 예라고 할 수 있을 것이다.

2차 교육과정이 5·16 군사쿠데타로 정권을 획득한 박정희 정권의 정당성을 강변하는 내용을 교육과정령에 반영했다면, 3차 교육과정은 3선 개헌을 거쳐 1972년 10월유신헌법의 제정을 통해 장기 집권의 길을 연 독재 정권의 현실적 명분을 내세우기 위해 교육과정의 개편을 통한 국민정신교육의 강화를 도모하려는 측면이 컸다.[23]

  우선, 교육과정이 개정된 외적인 계기로는 1957년 10월 소련의 첫 인공위성 발사로 미국에서 소위 스푸트닉 충격(Sputnik shock)이라는 새로운 용어가 생길 정도의 자극을 받으면서 이전 교육과정에 대한 반성이 일었는데, 이 때 재평가를 통해 새롭게 모색된 교육과정이 우리나라에 수입된 것이다. 동·서 냉전과 함께 지식의 양이 폭증하게 된 현실에 발맞추어 학교교육에서도 기존의 교육 방식을 지양하고, 학생들에게 지식의 기본 구조를 파악케 하고 나아가 지식의 개발에 필요한 지식 탐구의 방법과 기술, 그리고 태도를 길러 주는 것[24]을 목표로 학문 중심 교육과정이 미국에서 만들어졌고 10년의 시차를 두고 한국에서도 학문 중심 교육과정을 실시하게 된 것이다. 제3차 교육과정에서 특이한 사항은 언어의 사용을 사고의 차원으로까지 올려 강조하고 있다는 점이다. 다시 말하면, 언어 사용을 통해서 사고 계발을 강조하고 있다는 것이다. 이는 이전에 언어생활 자체가 중요했던 것과 대조적인데, 학문 중심 교육과정은 언어생활 그 자체가 아닌 언어에 대한 기본적인 지식을 강조하면서, 이를 통해 언어에 대한 지식 체계를 습득하고 보다 높은 사고 영역으로 나아가는 데 교육의 목적이 있었다. 당시 개정된 중학교 국어과 교육과정의 교과 목표를 살펴보면 다음과 같다.

---

23) 김진호, 앞의 글.
24) 함종규, 『한국교육과정변천사연구』, 교육과학사, 2003, 384~386면.

✓ 가. 목표

(1) 일반 목표

첫째, 일상생활에 필요한 국어 사용의 기능을 신장하고 성실한 태도를 길러서, 효과적인 언어생활을 영위할 수 있게 한다.

둘째, 국어를 통하여 지식과 경험을 넓히고, 문제를 해결하는 힘을 길러 발전하는 사회에 적응하고, 스스로 앞길을 개척할 수 있게 한다.

셋째, 국어를 통하여 바르게 사고하고 자주적으로 판단하는 힘과 풍부한 정서와 아름다운 꿈을 길러, 원만하고 유능한 개인과 건실한 국민으로 자라게 한다.

넷째, 국어 존중의 뜻을 높이고, 국어로 표현된 우리 문화를 사랑하게 하여 민족 문화 발전에 이바지하려는 마음을 굳게 하도록 한다.25)

고등학교 국어과 교육과정도 이와 같은 맥락에 놓여 있다. 제3차 고등학교 국어과 교육과정은 국어 기능(언어 사용 기능) 강화를 통한 사고력 계발, 가치관 교육 강화를 목표로 삼고 있었다. 특히, 국어과 특유의 지식 체계로서 '어학에 관한 내용', '문학에 관한 내용'도 반드시 선정해서 지도할 것을 규정하고 있다. 이전에는 중학교 3년 과정에서 한두 차례, 고등학교 3학년 과정에 한두 차례 배치되었던 언어 지식과 문학 지식에 대한 텍스트가 3차 교육과정에 와서는 각 학기마다 한 단원 이상을 차지하고 있는 방식으로 변화를 보여줬다.26)

---

25) 문교부, 「문교부령 제325호 중학교 교육과정」, 1973. 8. 31 개정 공포
26) 『중학국어』(1-1) 언어와 민족 / 문학이야기(1) - 「문학이야기(정병욱)」, 『중학국어』(1-2) 아름다운 우리말(1) - 「언어에 대하여」(강윤호), 「국어 이야기」(남광우), 『중학국어』(2-1) 문학 이야기(2) - 「국문학이야기」(이병주), 『중학국어』(2-2) 아름다운 우리말(2) - 「국어의 특질」(허웅), 「국어생활의 향상을 위하여」(이숭녕), 『중학국어』(3-1) 문학이야기(3) - 「국문학 이야기」(조연현), 『중학국어』(3-2) 국어의 역사(이기문). 그 밖에도 고등학교 교과서에는 더 많은 단원이 문학과 언어에 대한 지식을 소개하고 있다.

이 사실로 미루어 보아 종래의 교육과정이 언어 사용 기능을 주된 내용 영역으로 설정하여 강조한 것과 다르게 3차 교육과정에서는 이른바 언어교육, 문학교육에 관한 내용을 국어교육의 내용요소로 서서히 함께 인식하기 시작했음을 보여주는데, 이는 제4차 교육과정에서는 더욱 심화되어 언어, 문학이라는 독자적인 내용 영역으로 설정되기에 이른다.

다음으로 3차 교육과정의 가장 뚜렷한 특징은 국민교육헌장이 제정·공포되면서 이것이 3차 교육과정의 이념이 되었다는 점이다. 3차 교육과정은 1) 창조의 힘과 개척의 정신(개인 윤리면), 2) 협동 정신(사회도덕 윤리면), 3) 국민정신(국민윤리면)을 최대한 향상시키려는 목표[27]를 가지고 있는데, 이는 3차 교육과정이 지식·기술 교육의 쇄신을 통해 기본 능력의 배양, 기본 개념의 파악, 판단력과 창의력의 함양, 산학 협동 교육의 강화를 꾀하려고 했을 뿐만 아니라, 가치관 교육도 병행하여 강조하고 있다는 것을 뜻한다. 특히, '제재 선정의 기준'[28]으로 사고력, 정서 순화, 주체성, 개척 정신, 봉사·협동 정신, 민족 주체성, 국가관 등 가치 교육 강화를 위한 내용을 국어과 교육의 제재 선정의 기준으로 제시한 것은 이를 잘 보여준다. 고등학교 교과서를 보면, 1학년 교과서 중 곽종원의 「청춘은 조국과 더불어」라는 희곡과 2학년 교과서 중 「나의 소원」, 「국토와 역사」, 그리고 3학년 교과서 중 「자기의 발견」과 박종홍의 「한국의 사상」, 김원룡의 「한국의 미」, 태완선의 「경제개발 전략의 기조」가 바로 가치관 교육 강화를 위한 텍스트라고 할 수 있다. 이는 문교부의 표현에 따르면, 민족 주체 의식의 고양, 전통을 바탕으로 한민족 문화의 창조, 개인의 발전과 국가의 융성과의 조화를 통해 국민적 자질의 함양을 목적하는 텍스트들이다. 이 글들은 주체 의식과 국민 윤리를 강조하면서 타성에 젖은 생활상을 반성할 것을 주장한다.[29] 이

---

27) 문교부, 「문교부령 제325호 중학교 교육과정」, 1973. 8. 31 개정 공포.
28) 문교부, 앞의 글.

렇듯 민족주체성과 국가관을 강조하면서 애국심을 갖자는 주장은 교과서 곳곳에서 확인할 수 있는데, 이런 주장은 개인의 의미를 퇴색시키고 국가를 위해 헌신하는 애국자가 될 때에만 국민으로서의 의미를 획득한다는 강력한 국가주의를 형성한다. 그 중에서도 특히, 태완선의 「경제개발 전략의 기조」30)를 보면 국가가 목적하는 국민적 자질의 함양이 무엇인지 알 수 있는데, 이 텍스트는 72년 비상계엄령을 선포한 이후, 10월유신개헌을 단행한 상황에서 경제적 번영을 위해서는 "유신 과업이 성공적으로 수행되고, 정치적 안정과 경제개발을 위한 영도력이 더욱 공고히 되어야 한다"는 주장을 담고 있다. 정권의 정당성을 노골적으로 주장한 예라 할 것이다. 이 밖에도 『중학 국어』(2-2) 교과서에 실린 「새마을 이야기」라는 텍스트는 정권이 주도하는 '새마을운동'을 홍보하면서 지도력 있는 지도자의 중요성과 그를 중심으로 하는 협동 정신을 강조하고 있다. 이렇듯 2차, 3차 교육과정의 '국어' 교과서에는 박정희로 상징되는 민족적 지도자의 리더십을 강조하면서 국민의 자질로 애국심과 협동 정신을 요구한다. 이는 급격한 경제성장의 동력이 될 국민들의 결집을 위해 개인의 희생을 정당화하고 모든 불만을 무마하면서 국민들을 국가가 제시한 하나의 기조 하에 순응시키려는 강력한 국가 이데올로기의 밑거름이 되는 것이다. 이렇듯 권위적 국가권력이 자신의 정권 유지를 위해 군사력을 동원뿐만 아니라 교과서를 통한 이데올로기 공세를 펼친 것을 보면, 교과서를 비롯한 교육과정 자체가 국가 이데올로기 형성에 주된 역할로 활용되었음을 확인할 수 있을 것이다.

---

29) 강경호, 「제3차 교육과정기의 국어과 교육」, 『건국어문학』15, 1991.
30) 문교부, 『인문계 고등학교 국어』(3), 대한교과서주식회사, 1975, 282~289면.

4. 국가 발전주의를 위한 인간상 실현
― 4차 교육과정부터 5차 교육과정까지

박정희 암살 이후, 12·12 사태를 통해 군부가 정권을 장악했고, 5·18 민주화운동을 거쳐 제5공화국이 출범하게 되었다. 이런 시대적 격랑 끝에 제4차 교육과정이 공포된다. 제4차 교육과정은 제3차 교육과정이 국어과 고유의 목표를 교과 목표의 수단으로 제시하고 모든 교과의 공통 목표를 국어과 교육의 궁극 목표로 제시했다고 비판한다. 그리고 국어 교과의 목표를 언어(사용) 기능, 언어(지식), 문학 영역으로 나누어 제시하고 이를 국어과 고유의 목표라고 강조한다. 1차 이후 언어 구사 능력을 강조했던 교육과정과 다르게 4차 교육과정에는 문학 영역을 독자적으로 신설했다는 것이 차별적이라 하겠다. 이런 변화는 특히, 고등학교 국어 교과서를 통해 확인할 수 있는데, 이전 시기에 비해 문학의 비중이 대폭 늘어난 것을 확인할 수 있다. 하지만 여전히 시 부분에서는 김소월, 한용운을 비롯하여 청록파와 시문학파, 그리고 서정주, 40년대 저항시인들의 작품이 주축인데, 소위 순수문학을 중심으로 식민지 시기 시작품이 주를 이루고 있다. 소설 역시 황순원의,「학」, 알퐁스 도데의「별」, 김동리의「등신불」을 싣고 있는데, 현실적 갈등의 문제보다는 예술적 순수함을 중심으로 사고하는 작가의 작품을 다루고 있다는 점에서 이전과 다르지 않은 태도를 보여주고 있다.[31]

---

31) 다만, 하나 특이한 점은 황순원의 작품 중「학」을 선택하였다는 것과 그 중 마지막 부분을 교과서에 실었다는 점이다. 남북의 화해라는 상징을 담고 있는 부분이기도 하고, 그 수준이 남한이 수용할 만한 수준이었기에 용인되었던 것도 있겠지만 분명 특이한 부분임에는 틀림없다. 하지만 이에 대해 김진호는 교과서에 실린「학」이 분단극복에 대한 진지한 모색 없이 심정적인 호소를 통해 비현실적 결론을 맺었다는 점에서 오히려 분단 상황을 고착화할 수도 있다고 우려했다. 이와 관련한 논의는 김진호의 앞의 글 참조.

오히려 이 시기 교육과정의 특징으로는 제5공화국이 국정 지표로 밝힌 '민주주의의 토착화', '정의 사회의 구현', '복지사회의 건설을 위해 민주 사회', '고도 산업 사회', '건전한 사회', '문화 사회', '통일 조국'을 목표로 삼아 이러한 사회를 건설하기 위한 인간상으로 '건강한 사람', '심미적인 사람', '능력 있는 사람', '도덕적인 사람', '자주적인 사람'을 길러 내는 것을 교육과정의 목표로 설정했다는 것이다.32) 특히, 이는 교육과정이 목표하는 인간상을 제시하고 있다는 점에서 이전 시기와 구별된다. 그렇다면 교육과정에서 목표한 인간상의 실제 모습은 어떤 것일까? 1학년 고등학교 '국어' 교과서에 실린 정달영의 「세계로 진출하는 한국」33)과 1학년 2학기 중학 국어 교과서에 실린 김정흠의 「우리의 미래」,34) 2학년 1학기 중학 '국어' 교과서에 실린 「내일을 위한 대계」,35) 2학년 2학기 중학 '국어' 교과서에 실린 김광희의 「평화의 축제」,36) 그리고 3학년 1학기 중학 '국어' 교과서에 실린 김진현의 「내일을 위한 대계」,37)을 보면 이를 살펴볼 수 있다. 이 텍스트들은 현재의 경제적 성장을 성과로 평가하면서 이제 더욱 분발하여 세계로 향해야 한다고 주장하면서 미래에 대한 낙관적 전망을 보여준다. 그리고 국제화 시대에 서울 올림픽을 준비하고 있는 한국의 위상을 높게 평가하면서 자긍심을 북돋아주는데, 올림픽의 성공적 개최와 국가 발전을 위해 더욱 국민적 단결을 도모해야 한다고 주장한다. 즉, 교육과정이 제시한 인간상은 국제적 위상을 높이기 위해 더욱 단결하고 보다 경제적으로 성장할 수 있도록 노력하는 인간상인 것이다. 이런 텍스트들의 내용은 군사 쿠데

---

32) 문교부, 「문교부령 제442호 국어과 교육과정」, 1981.
33) 한국교육개발원, 『고등학교 국어』(1), 대한교과서주식회사, 1984.
34) 한국교육개발원, 『중학 국어』(1-2), 대한교과서주식회사, 1984.
35) 한국교육개발원, 『중학 국어』(2-1), 대한교과서주식회사, 1984.
36) 한국교육개발원, 『중학 국어』(2-2), 대한교과서주식회사, 1984.
37) 한국교육개발원, 『중학 국어』(3-1), 대한교과서주식회사, 1984.

타와 5·18 광주민주화운동으로 정통성을 인정받지 못하던 군사정권이 경제성장과 세계적 위상의 향상을 내세워 현재 이룩한 성과를 체제 유지의 안정된 기반으로 구축하고자 하는 의도가 반영된 것으로 해석할 수 있는데, 이런 의도로 보다 체제에 적합한 인간상을 교육의 목표로 내세웠던 것이라고 볼 수 있다.

제5차 교육과정은 10·26 사태와 5·18 민주화운동, 그리고 6·10 항쟁과 6·29 선언 등으로 체제 유지를 위한 국민정신을 교육할 필요성이 대두되면서 발표되었다. 더불어 정보화 사회에 대응하기 위한 교육목표 역시 시급한 상황이었다. 그래서 제5차 교육과정에서 강조된 것은 첫째, 기초 교육의 강화, 둘째, 정보화 사회에 대응하는 교육의 강화, 셋째, 교육과정의 효율성 제고였다. 「고등학교 국어과 교육과정 해설서」(문교부, 1989, 84~86면) 및 「국어 생활」에서 제시하고 있는 내용을 중심으로 5차 교육과정의 특징을 정리하면, 첫째로 국어과는 언어 사용 기능을 발달시키고자 하는 교과라는 것이다. 여기서 기르고자 하는 언어 기능은 언어나 언어 기능 혹은 언어 구사와 관련된 지식의 교수라기보다는 이같은 지식의 활용인데 이것이 5차 교육과정의 핵심이다. 제5차 국어과 교육과정은 국어교육의 배경 학문으로 상정되어 왔던 언어학, 문학, 수사학의 지식, 개념, 원리 등에 대한 이해보다는 학생들의 언어적 성장을 중요한 교육적 성취로 인식한다. 그래서 '자신이 어떻게 언어를 사용하고 있는가'에 대한 실재적인 자기 인식을 위해 학생들의 직접적인 언어활동 참여와 자신의 언어 사용 과정에 중점을 두었다. 이는 언어 사용 기능 영역에서 실제의 언어생활을 소재로 학습활동을 선정한 것을 보면 확인할 수 있다.[38] 이렇듯 당시의 국어과 교육과정이 지식 그 자체보다는 이해와 표현 사이의 정신적 활동에 집중하면서 지식의

---

38) 박영목·한철우·윤희원, 『국어교육학 원론』, 박이정, 2003, 93면.

활용을 목적으로 했다는 것은 국어과 교육이 보다 일관성 있는 체계를 갖추기 위해 노력했다고 할 수 있는 대목이다. 즉, 이질적인 세 학문인 언어학, 문학, 수사학의 복합체로서 국어 교과를 구성했던 제4차 국어과 교육과정에 대한 비판을 통해, 제5차 국어과 교육과정에서는 언어 사용 기능을 핵으로 하여 국어과 교육을 체계화하려 했던 것이다. 이런 언어 사용 기능의 신장을 궁극적 목표로 하는 교과를 기능 중심의 방법 교과라고 할 수 있다. 이 기능 중심의 방법 교과로의 개편은 언어 기능 신장을 목표로 기초 교육을 강화하기 위한 것이었다. 그리고 관심을 가져야 할 언어를 문장이 아닌 담화나 텍스트로 보았다. 이는 언어를 객관적 대상으로 생각하지 않고 사람들이 사용하는 매체로 보았다는 의미이다. 즉, 언어 기능의 신장은 동시에 매체를 다루는 능력의 신장을 의미하며 이것이 바로 정보화 사회에 필요한 능력이라고 판단하였던 것이다. 결국, 이런 교육이라는 것은 학생들의 참여를 유도하는 방식의 수업이어야만 하고, 이제 교실 내에서 주되게 이야기하는 것은 교사가 아닌 학생이 되어야 했던 것이다.[39]

하지만 이런 목표 설정과 교육과정의 개편에도 불구하고, 체계화의 노력은 온전히 실현되지 못했다. 초등학교 교과서가 '말하기·듣기', '읽기', '쓰기'의 세 종류의 책으로 나누어진 것과는 다르게 중·고등학교는 각 영역별로 단원이 구성되었는데, '언어' 영역의 단원은 여전히 지식 중심으로 구성되어 있었다.[40] 이런 사정은 문학의 경우도 마찬가지였다. 독자 중심 수용 문학 이론을 받아들여서 교사의 해석이 아닌 학생의 텍스트 참여를 목적으로 문학교육이 바뀌어야 한다는 애초의

---

39) 노명완·정혜승·옥현진, 『창조적 지식기반사회와 국어과 교육』, 박이정, 2003, 94면.
40) 그 중 문학 관련 지식을 목표로 하는 단원의 경우, 3차 교과서의 내용 단원과 성격이 거의 같다. 이상의 논의는 『국어과 교육의 이론과 실제』(손영애, 박이정, 2004, 90~92면) 참조.

목표41)와는 달리, 감상을 목표로 하는 단원에서도 감상을 이끄는 구체적인 장치보다는 문학에 관한 개념 지식을 더욱 중시하고 있는 것을 확인 할 수 있었다. 하지만 더욱 큰 문제는 학생들로부터 끌어내려고 했던 감상이 무엇이었나 하는 점이라 할 수 있다. 이 시기 국어 교과서에 실린 작품들을 먼저 살펴보면, '충'과 '효'를 주제로 한 시조와 가사가 시의 대부분을 차지하고 있고, 고등학교 1학년 '국어' 교과서에 실린「낙엽을 태우면서」라는 이효석의 수필과「인연」이라는 피천득의 수필, 유치진의 희곡「조국」,「청춘은 조국과 더불어」,「원술랑」, 그리고 정한숙의 소설「금당벽화」등이 있다. 이 작품들은 하나같이 과거의 작품이거나 현실과는 무관한 서정을 노래한 작품이거나 국가 발전을 위한 개인의 희생을 미화하는 작품들이다. 여전히 교과서에 실린 작품들은 현실에 대해 모호한 인식을 가지고 있거나 관념적인 모습을 보여주고 있고, 애국주의를 정서적인 측면에서 강조하는 방식을 드러내고 있는 것이다.

  물론 제 5차 국어과 교육과정에서 정보화 사회에 대응하는 교육의 강화와 교수·학습 상황에서의 주체를 교사가 아닌 학생으로 삼는다는 목표가 설정되었다는 것은 이전 시기와는 다른 색다른 목표로서 정보에 대한 교육과 학습자 중심의 교육 등에 대한 고민이 존재했음을 짐작하게 해준다. 하지만 이는 제5차 교육과정의 목표를 구체화하기에는 인적으로나 물질적으로나 모든 역량이 성숙하지 못한 단계였음을 확인할 수 있게 했다. 더불어 문제적인 것은 역시 학생을 주체로 삼는 교육 모델을 제시하였다고 하더라도 그 학생에게 무엇을 내면화하려 했는가 하는 점일 것이다. 4차 교과서에 수록되었던 김진현의「나라의 힘과 경제」는 여전히 5차 교과서에도 수록되어 있으며 문학의 경우도 청록파

---

41) "문학에 대한 이해와 작품을 올바로 이해하고 감상하는 데 초점을 두되, 문학 지식에 대한 평가보다는 작품을 해석하고 감상하는 능력"에 비중을 둬야 한다는 제5차 국어과 교육과정의 '지도 및 평가상의 유의점'을 보면 알 수 있다.

시인들과 김남조, 김춘수, 서정주, 정한모와 이은상, 피천득, 김동리, 유치진 등의 작품이 중복되어 실려 있는데 이는 5차 교육과정 역시 4차 교육과정과 동일한 지반 위에 놓여 있음을 보여주는 근거라고 할 수 있다. 5차 교육과정이 4차와 다르게 변화된 시대상으로 정보화 사회를 전망하고 이에 대비하는 국민 형성을 위한 청사진을 마련했다는 의의가 있기는 하지만, 4차 교육과정의 연장선상에서 5차 교육과정 역시 크게 벗어나지 못하고 있음을 확인할 수 있을 것이다.

5. 공교육의 위기와 변화된 산업 체계를 준비하는 교과서
― 6차 교육과정부터 7차 교육과정까지

제6차 교육과정의 구성 방침은 첫 번째 "도덕성과 공동체 의식이 투철한 민주 시민을 육성한다."이다. 두 번째 구성 방침은 "사회의 변화에 대응할 수 있는 창의적인 능력을 개발한다."이다. 이 시기는 과학 기술이 급속히 발전하고 정보화가 빠르게 진전되고 있었는데 이러한 변동에 대응하기 위해 창의력, 사고력, 판단력, 상상력, 직관력 등이 강조되기 시작했다. 무엇보다도 앞에서 제시한 창의력, 판단력과 같은 고등 정신 기능은 제6차 교육과정에서 새로운 시대에 적합한 인재에게 필요한 능력으로 우선순위에 두는 것이었다. 세 번째 구성 방침은 "학생의 개성, 능력, 진로 등을 고려하여 교육 내용과 방법을 다양화한다"이다. 교육의 다양성, 융통성, 탄력성을 확대해 나가야 한다는 것이다. 이는 제6차 교육과정이 경직되고 대량 생산을 목적으로 획일적이었던 지금까지의 '산업 모델' 교육에서 벗어나 '인간 모델' 교육으로의 전환을 지향한다는 것이다. '소품종 다량 생산 체제'가 아닌 '다품종 소량 생산 — 다품종 변량 생산 체제'로의 변화를 전망하면서 인간 모델 교육은 변화된 산업 체제에 적합한 인력을 양성하기 위한 교육으로 교육 소비자의 다양성과 개별성, 인간성이 존중되는 교육을 목표로 삼아야 한다는 입장이다. 마지막으로 네 번째 구성 방침은 "교육과정 편성·운영 체제를 개선하여 교육의 질 관리를 강화한다"이다. '교과서 중심 학교교육'을 '교육과정 중심 학교교육'으로 전환하여 의도된 교육과 실현된 교육을 접근시키는 교육의 질 관리를 강화하려는 것이 정책 변화의 핵심이다.

이상의 교육과정 구성의 기본 방침에서 제6차 교육과정의 강조점은 도덕성과 창의성에 있다. 우선, 도덕성의 경우 문민정부는 그 이전 정권과는 성격이 다름을 분명하게 하기 위해 도덕성과 민주성을 강조할 필요가 있었다. 이는 이전 시기와 현재를 구분해주는 준거이면서 세상의 변화는 곧 개혁이라는 등식을 성립시켰는데, 김영삼 정권은 도덕성과 민주성의 강조를 통해 개혁적 이미지를 구축하고자 했던 것이다. 그리고 창의성은 80년대 경제의 비약적인 발전 이후, 제조업 대공장 중심의 산업구조를 변화시킬 필요성과 고부가가치 산업에 대한 이해가 높아지면서 강조되었다. 이런 정치적, 경제적 변화는 제6차 교육과정에서 도덕성과 창의성의 강조로 결과했다. 이런 시대적 변화의 흐름은 특히, 「정보사회와 인간의 생활」[42]에 잘 드러나 있다. 이 글에서는 주로 텔레비전과 컴퓨터라는 매체가 인간 생활에 어떤 영향을 끼치는지 거론하고 있다. 이 글의 표현대로 "텔레비전은 우리를 개방하고, 컴퓨터는 우리를 해방"시키는데, 이는 "정보란 모두에게 개방"되어 있어서 정보의 적절한 활용이야말로 "단순 정신노동에서 우리를 해방"시킨다는 것이다. 이렇듯 정보와 정보를 개방할 수 있도록 만드는 매체, 과학 기술에 대한 설명의 행간을 읽어보면, 이 글에는 단순 정신노동에 대한 지양과

---

42) 서울대학교 국어교육 연구소, 『고등학교 국어』(하), 대한교과서주식회사, 1996.

개방된 정보를 활용할 수 있는 개인의 창의성이 강조되고 있다.

하지만 내용상의 변화보다 더 눈에 띄는 것은 정책의 변화다. 제6차 교육과정은 공통 필수과목 수를 줄이고, 한 과목 당 한 주에 들어야 하는 수업 시간을 줄였다. 대신에 선택과목을 확충했는데,[43] 이런 변화는 국어과에도 나타나서 공통 필수과목인 『국어』 외에도, 선택과목 또는 과정별 선택과목으로 『화법』, 『독서』, 『작문』, 『문법』, 『문학』을 설정했다. 이전 시기와의 차이라고 한다면 교과목 배정의 권한을 중앙 정부가 아닌 지방 자치 단체와 학교장에게 분산했다는 것이다.[44] 그리고 이때부터 영어를 비롯한 선택과목을 중심으로 민간 출판사가 참여할 수 있도록 출판의 권한이 확대되었다. 드디어 교과서에 대한 국가의 개입을 축소하기 시작한 것이다. 또한 창의성을 위해 자율 학습[45]이 가능한 교과서를 내세우면서 교과서 중심, 서적·문서 지식 일변도의 교육방법을 과감하게 개혁해 나가야 한다고 주장하기에 이르렀다. 이런 변화는 대학 입시 제도의 변화를 불러왔고 1994년부터는 수학능력시험을 실시하게 된 것이다.

1992년 발표된 제6차 교육과정은 시대의 변화와 교육관의 변화, 그리고 국가 개입의 축소라는 굵직한 변화를 확인할 수 있는 교육과정이었다. 하지만 정책적 변화나 애초 제6차 교육과정이 목표했던 것과는 다르게 현실 교육에는 아직 과감한 개혁이 이루어지지 않고 있었다. 여전히 설명문이나 논설문 등은 너무 '교육적'이고 '설명적'인 목적의 글이 위주이며, 문학작품의 경우 많은 작품이 이전과 비슷한 기준과 내용으

---

[43] 물론 제6차 교육과정까지는 실제 학생들이 직접 선택할 수 있는 과목이란 거의 없었다. 고작 학생들이 선택할 수 있었던 것은 제2외국어를 어떤 언어로 할 것인가 결정할 수 있는 권한 정도였다.
[44] 정준섭, 『국어과 교육과정의 변천』, 대한교과서 주식회사, 1995, 229~230면.
[45] 자율 학습이란 학생 스스로 공부해야 할 목표를 찾고, 그 목표에 도달하기 위한 과정을 스스로 해결해 나가며, 자신이 공부한 결과를 주체적으로 판단해 보는 학습방법을 말한다. 손영애, 『국어과 교육의 이론과 실제』, 박이정, 2004, 213면.

로 선택되었다.

  6차 교육과정에서는 냉전적 사고방식을 강요하거나 국가정책의 홍보를 위한 텍스트가 이전에 비해 많이 사라졌고 국가 이데올로기는 교묘해지긴 했으나 노골적으로 직접 드러나는 방식을 지양했다. 이는 민주화의 진전과 함께 교과서를 만드는 주체가 정부가 아닌 위탁된 연구소가 되면서 국가의 개입이 축소된 결과라 할 수 있는데 이런 특징은 7차 교육과정에서도 계속 이어진다.

  제7차 국어과 교육과정의 큰 특징 중의 하나가 '국민 공통 기본 교육' 기간의 설정이다. 즉, 초등학교 1학년부터 고등학교 3학년까지를 일관된 교육과정으로 본 것이다. 따라서 중학교 1학년인 학생이 제7차 교육과정부터는 7학년이 되는 것이다. 이는 초등학교와 중학교, 고등학교 사이의 단절을 극복하기 위한 것이며 학생의 성숙 중심이 아닌 교육 중심으로 교육과정을 만들겠다는 교육관의 변화를 보여주는 것이다. 또한 국민 공통 기본 교육을 1학년부터 10학년까지 함으로써 국민 교육 권리의 연장을 꾀하는 것이다.[46] 이는 국민들의 교육의 권리가 확장되었다는 것과 동시에 정부의 지식 기반 사회로의 이행이라는 발전 전망이 결합한 결과라 할 것이다. 다음으로 제7차 교육과정의 또 다른 특징으로 수준별 교육과정의 도입을 들 수 있다. 이는 교육을 수요자 중심의 교육 체제로 바꾸고 지역 및 학교의 자율성을 확대하면서 국가 수준에서 교육의 질을 관리하겠다는 의지의 표현이라고 볼 수 있다. 이는 21세기 지식·정보사회에 적응할 수 있는 능력 함양을 위한 것으로 이를 현실화하기 위해서는 교육 내용과 방법을 다양화하고 교육과정 평가 체제가 확립되어야 한다는 것이다.[47] 이는 학생 사이의 개인차를 인정함으로써 학생의 수준에 맞는 교육 서비스를 제공하겠다는 의지일 수도 있

---

[46] 노명완·정혜승·옥현진, 앞의 책, 103~115면.
[47] 박영목·한철우·윤희원, 앞의 책, 97~108면.

지만, 학생의 능력을 학업 성적을 중심으로 평가하여 교육에 차등을 두겠다는 우열반의 문제를 안고 있기도 하다. 종종 '자립형 사립 고등학교'[48]의 문제가 사회적으로 불거지는 것을 보면 이런 혐의는 더욱 짙어질 수밖에 없는데 이런 문제가 제7차 교육과정에서 가장 쟁점적인 부분이다.

논의를 좁혀서 제7차 교육과정의 '국어' 교과서를 구체적으로 살펴보면, 문학 교과서의 경우 제6차 교육과정의 문학 교과서가 '문학작품의 이해'와 '문학작품 감상의 실제'를 분리하여 제시했던 것과 다르게, 이 둘을 통합적으로 이루고자 '문학의 수용과 창작'을 그 내용으로 하고 있다. 즉, 문학작품을 읽고 해석하는 데서 탈피하여 작품에 대하여 적극적으로 반응하고, 그것을 내면화하는 과정으로 발전시키기 위해서다. 그리고 이런 경향은 '국어' 교과서에서도 드러난다. 예를 들어, 민족성을 강조하거나 자연의 아름다움을 노래하는 식민지 시대의 시들은 많이 줄어든 반면, 다양한 주제의 최근 시들이 많이 소개되고 있다는 점, 그리고 TV로 방영되었던 '허준'의 일대기를 그린 『소설 동의보감』을 비롯하여 오정희, 박완서와 같은 여성 소설가들의 소설이 실리고 있다는 점은 교과서 내 문학작품의 범위가 폭넓어졌고 학생들의 흥미를 유발하기 위해 애쓰고 있다는 것을 확인할 수 있다. 그리고 기성 문인들의 작품 외에 비전문가가 쓴 글이나 학생들의 작품이 읽기 자료로 제시되고 있으며 실제 글을 써 볼 것을 요구하는 학습활동을 통해 '창작'이 강조되고 있다는 것을 확인할 수 있다. 하지만 실제 교실에서 이런 형식의 수업이 이루어지고 있는지는 미지수다. 수행평가를 비롯하여 이전

---

48) 고교 평준화를 반대하는 논자들의 주장으로 고등학교 입시를 통해 소수의 엘리트를 양성할 수 있는 교육 체제의 실천방식으로 '자립형 사립 고등학교'가 논의된 적이 있다. 그리고 2001년 6월 27일에는 교육부가 '이상적 학교 선정 시범 운영안'을 발표하면서 귀족형 공립학교에 대한 논란이 일어나기도 했다.

보다 학생들에게 창작을 통한 국어교육을 실시할 수 있는 여건을 마련되었지만 입시에 강박되어 있는 현실을 감안했을 때 여러 가지 우려가 생기는 것도 사실이다.

6. 자유로운 '국어' 교과서를 위해

과거 문맹률이 높았던 우리의 사정과 권위적인 국가권력으로 인해 국어 교과서는 단편적 지식의 주입과 함께, 객관적인 지식으로서 언어생활이나 언어에 대한 지식만을 강조하는 경향을 보였다. 또한 그 외에 국어과 영역이라고 할 수 있는 부분, 특히 문학은 그 비중이 낮거나 문학작품이 교과서에 실려도 읽기 생활을 위한 자료 수준에 머물렀던 것을 확인할 수 있었다. 이때 읽기 자료로 선택된 문학의 경우 숭고한 예술로서 사회 비판과는 거리를 둔 작품, 현실과 정신의 이분법을 통해 정신적 세계의 앙양에 가치를 둔 작품이 위주였고 권위적인 국가권력은 이런 작품을 정전화함으로써 다른 경향의 작품들을 주변화하였다. 하지만 교육이 국가로부터 상대적인 자율성을 확보함에 따라 이런 경향이 점차 줄어들면서 문학교육의 중요성이 강조되고, 문학적 감수성을 함양하기 위한 교육에서부터 현실 비판적 문학까지를 아우르는 균형감을 갖추게 되었다. 월북 작가들의 작품이 실린 지 오래되었고, 노골적인 정권의 홍보나 도발적인 반공 이데올로기를 주장하는 글들은 찾아보기 어려워졌으며 과거 식민지 작가에 국한되었던 작품 선정이 동시대 작가와 아마추어 작가에게까지 그 범위가 확대되었다.

그렇다면 '국어' 교과서 안의 국가주의는 아예 없어졌는가. 질문 자체가 억지스러울 수 있고 학교 제도가 이미 이데올로기적 국가 장치라

했을 때, 국가주의가 사라진 '국어' 교과서란 형용 모순일 수도 있다. 하지만 최소한 이를 자각하고 지양하며 보다 국가주의로부터 자유로운 국어 교과서를 만들기 위해 최선을 다하는 것은 우리에게 중요한 문제일 것이다. 최근의 교과과정 역시 세계화에 대한 이해라든가, 정보 산업에 필요한 언어생활과 정보 산업에 적합한 인재를 위한 감수성 훈련 등을 통해 국가가 홍보하고 주력하고자 하는 이데올로기를 내면화할 것을 보다 세련된 방식으로 요구하고 있다. 제5차 교육과정에서부터 제7차 교육과정까지 중요하게 언급되고 있으며 교육과정의 전제가 되는 시대적 인식은 "정보사회와 지식 기반 사회"인데 이는 앞서 말했듯이 이 시대의 가치가 변화하고 있음과 산업구조의 변화, 그리고 이 사회가 길러내야 할 인간상이 변화하고 있다는 것을 의미하면서 동시에 이전의 방식으로는 더 이상 국민들을 동원해 낼 수 없다는 국가적 인식으로 볼 수도 있다. 하지만 이런 변화, 역시 민주화의 진전이 이루어낸 결과이면서 동시에 우리에게 남은 과제일 것이다.

그렇다면 우리의 교과서가 나아가야 할 방향은 무엇일까. 여전히 국어 교과서는 국정 교과서이다. 그리고 교육과정 역시 정부가 계획하고 있는 실정이다. 그런 의미에서 국가로부터의 교과서의 자율성은 과거에 비해 상대적으로 나아졌다는 평가는 가능하다. 하지만 여전히 정권의 이데올로기적 도구로서 학교교육이 활용되고 있다면 교과서의 자율성은 보다 확대되어야 한다는 주장 역시 가능하다. 6차 교육과정부터 점차 정부는 외각의 연구소나 출판사들에게 교과서 제작의 역할을 이양하고 있고 『문학』 교과서처럼 하나의 교과서가 아닌 여러 출판사에 의한 다양한 교과서가 출판되고 있는 상황이다. 이런 변화가 국가 개입의 축소를 불러왔다면, 교과서 편찬 주체의 다양화는 정치권력이 개입함으로써 발생하는 교육 내용의 왜곡을 막아주는 보다 효과적인 대안은 아닐까.

‖ 강진호 ‖

'국민 만들기'와 '국어' 교과서
-1~3차 교육과정의 '국어' 교과서를 중심으로

1. 반공의 감정과 교육

　공산주의를 직접 겪고 전쟁의 참상을 체험한 것도 아니지만, '빨갱이' 하면 일단 부정적 이미지를 떠올리는 것이 전후 세대들이 보이는 1차적인 반응이다. 분단 반세기를 살면서 끊임없이 겪어 온 남북한 간의 반목과 갈등, 계속적으로 주입받은 북에 대한 적대감은 마음속의 응어리가 되어 외부의 자극이 주어졌을 때 조건반사적인 감정반응을 일으킨 것이다. '빨갱이' 콤플렉스라고나 할까? 최근 6자 회담의 진전과 함께 남북한 간의 화해 분위기가 고조되고 있음에도 불구하고 북한에 대한 신뢰감이 쉽게 회복되지 않는 것은 그런 집단 무의식과 관계될 것이다. 이 글에서 교과서를 분석하면서 재차 확인한 사실은 그런 의식이 형성된 주된 원천이 교과서와 교육에 있다는 점이다. 우리들의 의식 깊숙이 내재되어 있는 공산주의에 대한 증오심과 그에 수반하는 애국주의적 열정은 두 개의 쌍끌이 어선처럼 교과서를 규율하는 원리였다고나 할

까? 한편에서 반공주의를 말하면, 다른 한편에서는 애국주의를 말했다. 정권에 의해 강요된 그 두 개의 계선이 길항하면서 정권은 의도하는 '국민'을 만들 수 있었고, 그 결과 국민들은 무조건적인 반공 의식의 그 물망에 갇혀 길들여져 왔던 것이다.

'국어' 교과서에서[1] 국가주의 관련 담론이[2] 전면적으로 등장한 것은 박정희 집권기인 2차 교과과정(1963~1973)에서였다. 이승만 정권 하의 1차 교과과정(1955~1963)의 '국어' 교과서에는 국가 이데올로기와 관계된 담론들이 상대적으로 적게 나타난다. 단정기까지만 하더라도 '일민주의(一民主義)'를 강요하는 내용이 여럿 있었지만 1차에서는 거의 사라지고 없는데[3] 그것은 무엇보다 정치적 측면을 배제하고 국어교육 본래의 성격과 목표를 확립하려는 초기 입안자의 의지에서 비롯된 것으로 보인다. 「유·엔과 우리나라」, 「아메리까 통신」, 「현재의 암흑시대를 극복하려면」과 같은 전쟁기의 특수한 상황을 담고 있는 글들이 삭제된 것은 공산주의에 대한 적대감이 상대적으로 완화되고 전후의 사회 분위기를 일신하려는 의도와 관계될 것이다. 실제로, 교과과정이 정비되고 교과서의 검인정 업무가 행정적으로 체제를 갖춘 것은 1955년 신교육과정(1차)이 시행되면서부터였다.[4] 사회과와는 다른 국어과의 정체성이 확립

---

1) 이 글에서 분석대상으로 삼은 것은 1차에서 3차 교과과정까지 인문계 고등학교에서 사용된 『국어』(1-3년용) 교과서이다. 5·16 군사정변 다음 해인 1962년에 교육과정의 전면적인 개편이 있었고, 1963년 2월 15일자로 초중고등학교 및 실업고등학교의 교육과정이 공포되어, 초등학교는 1964년부터 1966년까지, 중학교는 1966년에, 고등학교는 1968년에 전 교과목의 교과서가 개편 발행되었다. 자세한 서지사항은 각 인용문의 하단에 각주로 밝힌다.
2) 여기서 '국가주의'란 국가에 의해 강요된 이데올로기를 총칭하는 말이다. 반공주의와 애국주의, 개발주의 등은 그 하위개념으로 국가에 의해 강요된 여러 이데올로기 중의 하나이다. 국가주의란 편의상 'nationalism'으로 번역한다.
3) 미군정과 단정기의 『국어』 교과서에 대해서는 졸고 「반공주의의 규율과 '국어' 교과서」(『민족문학사연구 28』, 2005.7) 참조.
4) 최태호, 「편수비화」, 『교단』(39호), 1970. 3, 16면.

되고 국가의 이념이나 정책을 소개하는 단원들은 사회과로 이관되어 반공 교육은 『반공독본』과 같은 사회과 부교재를 통해서 이루어진 것이다. 그런데, 이와는 달리 2차 교과과정에는 정권의 정치적 의도가 전면적으로 투사되어 드러나는데, 그것을 무엇보다 정권을 잡은 뒤 지식인들을 대거 동원해서 정권의 이데올로기를 창출하고 그것을 홍보해야만 했던 군사정권의 특수성에 따른 것이다. 그런 사실은 우선 국어과 교육의 목표를 임의로 조정한 데서 확인이 되는데, 가령 1차 교과과정에서 제시된 국어과 교육목표의 하나는 "학생들의 개별적인 소질과 능력의 차이를 중시한다."였다. 오늘날에도 충분히 통용될 수 있는 이런 목표는 그렇지만 2차 교과과정에서는 흔적도 없이 사라지고, 대신 다른 목표와 중첩되는 내용으로 교체되어 있다.

✓ 1차 교과과정 국어과 교육목표
1. 남의 생각을 빠르게 받아들이고 그것을 정확하게 판단한다.
2. 자기의 생각을 남이 쉽게 이해할 수 있도록 분명히 그리고 능란하게 발표한다.
3. 언어에 대한 개념을 명확히 하여 매일 매일의 생활에 당면하는 여러 가지 문제를 효과적으로 성의껏 해결할 수 있도록 한다.
4. 주의 깊게 관찰하고, 정확하게 해석하여, 자기의 의견을 결정하는 버릇을 가지게 한다.
5. 방송, 영화, 연극, 소설 등을 바르게 평가하고, 그릇된 것을 알아낼 수 있는 식견을 가지게 한다.
6. 여러 가지 독서 기술을 체득하고 독서의 즐거움을 안다.
7. 의사 표시의 사회적인 방편으로서의 언어 기술을 체득하고, 아울러 인생의 반영으로서의 문학작품을 감상하고 창작하는 힘을 기른다.
8. 학생들이 장래에 사회에 나가 언어생활 면에서 직업인으로서의 기능을 충분히 발휘할 수 있도록 지도한다.

9. <u>학생들의 개별적인 소질과 능력의 차이를 중시한다.</u>
10. 국민적인 사상 감정을 도야한다.
11. 우리의 언어 문화에 대한 바른 이해를 가지게 한다.
12. 국어에 대한 이상을 높이고, 국어 국자 문제에 대한 관심을 가지게 한다. (밑줄-인용자)5)

2차 교과과정에서는 1차의 9번이 삭제되고 대신 "지식이나 정보를 얻기 위하여 책을 읽고, 취미를 기르기 위하여 독서하는 습관을 가지도록 한다."는 구절이 삽입되어 있는데, 자세히 보면 그 내용은 6번과 거의 동일하다. '독서 기술을 체득하고 독서의 즐거움을 안다'는 6번과 '책을 읽고, 독서하는 습관을 가지도록 한다'는 9번은 동어반복이라 해도 지나치지 않을 정도다. 말하자면 2차 교과과정에는 거의 동일한 내용의 목표가 두 개나 삽입되는 난맥상을 보이는데, 이는 9번을 삭제하면서 다른 항목과의 중첩 여부를 고려하지 않고 임의로 대체한 결과로, 정치적 판단에 따른 졸속행정의 단적인 사례라 하겠다.6)

이 글에서 특히 주목하는 것은 2~3차 교과과정의 『국어』 교과서에 수록된 국가주의와 관계되는 담론들이다. 이 시기는 박정희가 정력적으로 추진했던 개발주의가 반공주의와 결합해서 극도의 파시즘적인 국가체제를 형성했던 때로, 그런 사실은 무엇보다 박 정권의 전제적 교육정책과 그에 의해 편찬된 교과서의 수록 필자들을 통해서 확인이 된다. 5·16 군사정변 후 박정희 정권은 경제개발 5개년 계획을 추진하면서

---

5) 교육부, 『국어과·한문과 교육과정기준』, 교육부, 2000, 301~329면.
6) 이런 사실은 당시 편수관들의 회고에서 두루 확인이 된다. 당시 4·19와 5·16이라는 큰 격변을 거치면서 거의 모든 편수관이 공채를 거쳐 새로 부임했는데, 그 과정에서 전임자와 후임자간의 인계인수가 제대로 되지 않았다고 한다. 어디에 무슨 자료가 있는지 알 수 없었고, 심지어 교과서 편찬과정에서 14명의 편수관이 전공이 아닌 다른 과목까지도 겸해서 담당했다고 한다. 자세한 것은 이승구의 「편수행정의 발자취 ; 표기자료의 개발을 중심으로」와 곽상만의 「편수행정의 발자취 ; 남자에게도 '가정영역'을 학습하게 하였다」(『교과서연구』 33호, 1999. 12) 참조.

국가・사회적으로 대대적인 변혁을 꾀했는데, 그 과정에서 교육과정 또한 개편해서, 1963년 2월 문교부령으로 초・중・고등학교 및 실업계 고등학교의 교육과정을 전면적으로 개정하였다. 그에 따른 당연한 결과로 교과서 또한 전폭적인 수정이 가해졌고, 그렇게 해서 1차『국어』에 보이지 않던 새로운 필자들이 대거 등장한 것이다. 2~3차『국어』에서 국가 이데올로기를 전파하고 있는 박종홍, 김기석, 최호진, 이은상 등은 박정희가 쿠데타에 성공한 이후 조직한 '국가재건최고회의'와 그 산하 기관인 '재건국민운동본부'의 고문이나 자문위원으로 활동했던 정권의 핵심 이데올로그들로, 이들은 박 정권에 의해 조직적으로 진행된 '인간개조'와 '사회개조'의 작업을 일선 현장에서 주도하면서 새로운 '국민'의 창출에 일조하였다. 다음으로는, 이들에 의해 수행된 국가주의적 기율의 구체적인 내용이다. 그것은 크게 두 가지로 정리할 수 있는데, 하나는 논설과 수필의 형태를 통해서 국가의 이념과 가치를 전파하면서 국가에 대한 절대적인 지지와 충성을 강요한 경우이고, 다른 하나는 희곡과 소설 등 문학작품을 통해 심정적(혹은 주정적) 애국심과 반공주의를 고취한 경우이다. 박종홍, 김기석 등을 중심으로 한 전자와 이은상, 유치진을 중심으로 한 후자를 통해서 '조국 근대화'와 '민족 중흥'의 슬로건을 실천하는 국가주의적 가치와 이념이 체계적으로 전파된 것을 볼 수 있는데, 전자가 논리적이고 이념적인 측면에서 '국민'을 주조하고자 했다면, 후자는 정서적이고 심정적인 차원에서 '국민'의 감정을 새롭게 창출하고자 하였다. 이런 활동들은 사고와 논리뿐만 아니라 감정과 정서까지 국가 이데올로기를 주입시키고자 했던 정권의 강압적이고 비교육적인 의도를 단적으로 보여주는 것으로, 오늘날까지도 우리의 몸과 마음을 지배하는 애국주의와 반공주의의 뿌리가 어디에 있는가를 시사해준다. 그런 맥락에서 이 글은 '나'(혹은 주체)를 구성하는 국가적 기율의 상흔을 탐색하는 과정이기도 하다. 교과서라는 자양분을 먹고 성장한 '나'의 존재란 바로 그 거대한 기획의 산물인 까닭이다. 이런 탐사를 통해 우리는 '국어' 교과서까지도 국민 규율의 장으로 활용했던 지난 정권의 전제적 행태와 그 기율의 부정적 실체를 확인하게 될 것이다.

2. 발전주의 교육정책과 '국어' 교과서

5·16 군사정변은 단순한 정체의 변혁만을 뜻하는 게 아니라 산업과 경제, 문화와 사회 전반의 구조적 변화를 의미하는 것이었다. '이 나라 사회의 모든 구악과 부패를 일소하고 퇴폐한 국민도의를 바로잡기 위하여 청신한 기풍을 진작시키는 국민운동의 선봉적인 역할'을 하겠다는 군사 정권의 결의는 궁극적으로 사회와 국민 전반을 개조하고자 한 일종의 근대적 기획이었다. 비록 타율적이고 강압적인 방식으로 진행되어 많은 문제를 야기했지만, 혁명의 기본 목표를 인간개조에 두었다는 것은 새로운 '국가' 형태에 맞는 '국민'을 창출하고 궁극적으로는 사회개조를 꾀하겠다는 근대적 의도를 담은 것이었다. 당시 국가재건최고회의가 발표한 4가지의 문교시책에는 그런 정권의 의도가 간결한 형태로 집약되어 있다.

① 간접 침략의 분쇄
② 인간개조를 위해 정신혁명, 교육혁명, 교육행정 쇄신
③ 빈곤타파를 위해 생산기술 교육 강조
④ 문화혁신[7]

---

7) 교육50년사 편찬위원회, 『교육 50년사』, 교육부, 1998, 174면.

이 네 가지의 강령은 사회 개혁의 선행조건으로 인간개조를 내세운 것으로, 교육은 인간 행동의 계획적 변화라는 개념에 바탕을 두고 있는데, 이는 문교부령 제119호(1963. 2)에서 강조한 자주성(국가 민족의 자주성)과 생산성(실업교육, 실과교육, 과학 기술교육), 유용성(유용한 사회인이 되고 자활할 수 있는 실천인)과 맥을 같이 하고 있다.8) 정권은 이를 바탕으로 학교라는 제도와 장치를 이용해서 국가의 이념을 체현한 국민이라는 개조(改造)인간9)을 만들어내고자 했던 것이다.

2차 교육과정의 『국어』에 그 어느 시기보다 정부의 정책과 관련된 내용들이 많이 수록된 것은 그런 교과과정을 바탕으로 교과서가 편찬된 데 따른 당연한 결과로 이해할 수 있다. 교과서는 문교부가 제정한 교육과정에 의거해서 편찬되고 일선 학교에서 시행되는데, 그 일련의 과정이 강력하고 중앙집권적인 정권에 의해 조율된 관계로 정부는 교과서를 정권의 유력한 홍보 매체로 이용하였고,10) 더구나 '국어과'의 경우는 '국정(國定)'이었던 관계로 그런 의도를 현장에서 한층 용이하게 관철시킬 수 있었다. 한 편수관의 회고대로, 교과서를 만드는 과정에서 편수관들은 "온갖 국가 사회적 요구를 반영"하지 않을 수 없었는데, 특히 행정 각 부처로부터 그 부처에 맞는 여러 정책들을 수록하라는 요청을 적극적으로 받았다고 한다.

> 도덕 교과서는 온갖 국가 사회적 요구를 반영해야 하는 교과서가 되었다. 당시에 행정 각 부처에서 교과서에 반영해 달라는 요청이 쇄도하였다. 혼분식 장려는 물론 재무부에서는 저축의 필요성을, 체신

---

8) 중앙대 부설 한국교육문제연구소, 『문교사』, 1974, 315~318면.
9) 니시카와 나가오, 윤대석 역, 『국민이라는 괴물』, 소명출판, 2002, 43면.
10) 교과서 편찬과정에 대해서는 「중·고등학교 국어과 교육의 문제를 진단한다」(『목 먹어문 1』, 동대국어교육과, 1987)와 「한국 교과서 정책의 교육사적 이해」(양진건, 『한국교육사학』23, 2001), 「교과용 도서 편찬제도」(노희방, 『교과서연구』44, 2005)를 참조할 수 있다.

부에서는 문패의 중요성을, 국방부에서는 국토방위의 신성함을, 그리고 중앙정보부에서는 반공 교육을 강조해 달라는 것이었다. 그리고 이때부터 새마을 정신과 유신이념은 도덕 교과서의 중요 내용이 되었다.11)

2차와 3차의 '국어' 교과서에서 1차에서 볼 수 없었던 정권 주변의 인사들이 대거 수록된 것은 그런 사실과 관계될 것이다.

사실, 5·16을 일으킨 군인들은 초기부터 국가 재건을 표방하기는 했지만 구체적인 정책 대안을 갖고 있지 못했고, 더구나 그들은 구정치인들을 모두 권력에서 배제했던 까닭에 국정 수행 상 필수불가결한 전문지식과 경험을 학계 인사나 전문 행정 관료에 의존하지 않을 수 없었다. 그래서 박정희는 쿠데타 초기부터 각종 자문위원회, 평가단 등의 명목으로 많은 지식인을 정책의 입안과 수립 과정에 동원했는데,12) 교과서에 글을 올리고 있는 필자들의 상당수는 이 때 동원된 지식인들로 특히 '국가재건최고회의'와 그 산하단체인 '재건국민운동본부'에 깊이 관여했던 인사들이다.13)

---

11) 안귀덕, 「편수행정의 발자취 ; 도덕과 교과서 개편」, 『교과서연구』(34), 2000. 6. 참조.
12) 정용욱, 「5·16쿠데타 이후 지식인의 분화와 재편」, 『1960년대 한국의 근대화와 지식인』, 선인, 2004, 173면.
13) 재건국민운동본부 중앙위원회 명단은 다음과 같다.
1962년 2월 15일 현재 ; 김기석(국민교육분과위 위원장), 김범부, 김성식, 김정기, 김팔봉, 장재갑, 이청담, 이태영, 박광, 박종홍(국민교육분과 위원), 함석헌, 김상협, 홍종인, 배민수, 유영모, 윤일선, 김재준, 이형석, 이항녕, 이홍렬, 이효, 마해송, 이현익, 오재경, 오영진, 윤형중, 고재욱, 장준하, 장세헌, 정석해, 장형순, 조홍제, 이경하, 이관구, 윤갑수, 김사익, 장돈식, 김성수(축산인), 이세기, 김치열, 정태시, 이규철, 유달영(재건국민운동본부장), 한신, 정사량, 고황경, 정희섭, 이영춘, 이희호, 김명선.
1963년 5월 현재 ; 고재욱, 윤경섭, 김대경, 김사익, 김승한, 김영진, 김팔봉, 김학묵, 박도필, 윤재철, 유치진(국민교도 중앙위원), 윤형중, 이관구, 이병직, 이종대, 이진묵, 이판호, 이항령, 이효, 장돈식, 전선애, 정남진, 정재환, 정진오, 정충량, 한경직, 한영교, 황광은.

당시 '국가재건최고회의'14)는 군사정권 시기의 최고 권력기관으로, 박정희 정권 탄생의 산파 역할을 담당했던 단체였다. 군사 쿠데타의 성공 직후 성립된 국가재건최고회의는 정치, 경제, 사회·문화, 재건기획, 법률 등 5개 분과위원회로 구성되어 군정 초기의 정책 수립을 위한 각종 자문역할을 수행했는데, 참여 인사는 무려 470여 명에 이르며 대부분이 언론인, 대학교수, 문인 등을 망라한 저명인사들이었다. 1961년 6월에 설립된 '재건국민운동본부'는 이 단체의 산하기관으로, 모법인 국가재건최고회의법의 폐지로 1964년 7월 사단법인 '재건국민운동중앙회'로 재발족하여 교도사업, 인보(隣保)운동, 향토개발, 자조활동의 지도 및 지원, 청소년 및 부녀지도사업을 실천한 단체였다. 1980년 12월 새마을운동조직육성법의 제정·공포로 새마을운동 조직에 흡수되기까지, 이 조직은 관변단체로서 군사정부의 국가 재건의 이념을 일반 민간에 전파하고 계몽하는 역할을 수행한 것으로 알려져 있다.15) 정리하자면, 국가재건최고회의가 국민적 정통성의 확보와 지지, 사회 통제를 위해 사회·경제정책 등 각종 국가정책을 시행하였다면, 재건국민운동본부는 국민 복지와 국민의 도의·재건의식을 높이기 위한 활동들을 일선 현장에서 실천한 형국이다.

『국어』 교과서에 수록된 이들 단체에 관여했거나 당시 관료를 역임했던 인사들의 글을 살펴보면 대략 다음과 같다.

박종홍 : 「사상과 생활」(2차 1학년)
「한국의 사상」(2차 3학년, 3차 3학년)

위 명단은 허은의 「5·16 군정기 재건국민운동의 성격」(『역사문제연구』, 역사비평사, 2003. 11) 49~51면에서 인용하였다.
14) 국가재건최고회의에 대해서는 차영훈의 「국가재건최고회의의 조직과 활동」(경북대 사학과 석사, 2005) 참조.
15) 정용욱, 「5·16쿠데타 이후 지식인의 분화와 재편」, 『1960년대 한국의 근대화와 지식인』, 선인, 2004, 159~160면.

김기석 : 「민족의 진로」(2차 1학년)
최호진 : 「국민경제의 발전책」(2차 2학년)
박익수 : 「우리 과학 기술의 진흥책」(2차 3학년)
이은상 : 「피어린 육백리」(2차 1학년)
박형규 : 「유비무환」(2차 3학년, 3차 3학년)
         「새마을운동에 관하여」(3차 2학년)
유치진 : 「청춘은 조국과 더불어」(3차 1학년), 「조국」(3차 2학년)
손명현 : 「어떻게 살 것인가」(3차 1학년)
유달영 : 「슬픔에 관하여」(3차 2학년)
신문사설 : 「조국 순례 대행진에 붙임」(3차 2학년)
태완선 : 「경제개발 전략의 기조」(3차 3학년)
이한빈 : 「창조적 지도력의 역할」(3차 3학년)

'국민경제의 발전책' '우리 과학 시술의 진흥책' 등 제목부터 『국어』 교과서와는 어울리지 않지만, 흥미롭게도 그런 내용의 단원들이 전체의 1/4을 상회할 정도로 많으며, 또 2차에 비해 3차 교과서에서 훨씬 늘어나 있다. 2차에 수록된 인물들은 대체로 재건국민운동본부에 관여했던 인사들이지만, 3차에는 거기다가 경제 관료들이 추가되어 있음을 볼 수 있다. 박종홍, 김기석, 이은상, 유치진, 유달영 등은 모두 이들 단체에서 중앙위원이나 고문으로 활동했고, 태완선, 이한빈 등은 행정부의 고위 관료로 일선 현장에서 정책을 수행했던 인물들이다. 여기서 흥미를 끄는 것은 박 정권의 이데올로기를 입안하다시피 한 박종홍, 김기석, 이은상 등이다.

2차부터 6차 교과과정(1992~1997)까지 30년 이상 '국어' 교과서에 글이 올라 있는 최장수 필자의 하나인 박종홍(1903~1976)은 1932년 경성제국대학 철학과를 졸업한 뒤 1961년 국가재건최고회의 계획위원과 문교재건 자문위원을 역임하면서 '국민교육헌장'의 제정에 깊이 관여했고, 1970년 12월에는 대통령 교육문화담당 특별보좌관을 역임했던 인물이다.16) 그는 모든 철학적 사색의 방향을 민족의 독립과 번영 그리고 통일을 위한 사상적 지도 이념과 원리의 해명에 집중했는데, 그에게 있어서 민족 공동체의 독립과 번영은 단순한 정치 이데올로기가 아니라 역사적 사건과 인간 행위를 평가하는 가치판단의 기준이었다.17) 그가 틀을 잡다시피 한 '국민교육헌장'의 핵심 대목인 "나라의 융성이 나의 발전의 근본임을 깨달아, 자유와 권리에 따르는 책임과 의무를 다하며, 스스로 국가 건설에 참여하고 봉사하는 국민정신을 드높인다."는 구절은 그의 사상과 가치를 집약한 것이라고 해도 지나친 말이 아니다. '국어' 교과서에 수록된 위의 「사상과 생활」과 「한국의 사상」은 모두 그런 생각의 연장선상에 놓여 있다. 김기석(1905~1974)은 정주의 오산학교를 졸업한 후, 오산중학에서 교편생활을 하다가 월남, 한국교육학회 초대회장(53), 도덕재무장운동(MRA) 국제대회 한국대표(59)를 지낸 뒤 1963~1964년 국가재건최고회의 의장 고문과 재건국민운동본부 국민교육분과위원장을 역임하면서 박정희 정권의 국민윤리와 도덕 교육을 주도한 인물이다.18) 그는 현대를 낡은 것이 지나가고 새로운 것이 오는 '격정의 시대'로 규정하고, 오랜 동안의 게으른 잠에서 깨어나 자리를 차고 씩씩히 일어나 맞아야 한다고 생각하였다. 그러기 위해서는 무엇보다 우리들 자신의 '새로운 기풍'을 세우지 않으면 안 되는데, 그것을 김기석은 '생산성의 도덕'이라고 말한다. 즉, 새로운 생활을 생산하고, 새로운 문화를 생산하고, 새로운 태도와 새로운 방식을 생산하는 '창조와 건설의 이상주의'가 바로 국민 도덕이 되어야 한다는 것이다.19) 위의 「민

---

16) 홍윤기, 「박종홍 철학연구」, 『역사비평』, 역사비평사, 2001 여름, 185면.
17) 이병수, 「열암 박종홍의 정치참여의 동기와 문제점」, 『시대와 철학』, 한국철학사상연구회, 2004 봄, 139면.
18) 김기석의 윤리·도덕관에 대해서는 『현대정신사』(김기석, 바울서신사, 1956년) 참조.
19) 김기석, 「신세대의 도덕」, 『현대정신사』, 바울서신사, 1956, 220~234면.

족의 진로」에서 '새로운 형의 인간, 새로운 형의 민족성'을 강조한 것은 그런 사실의 연장에 놓여 있다. 한편, 이은상(1903~1982)은 박종홍과 쌍벽을 이루는 박정희 정권의 핵심 이데올로그로, 일제 강점 하에서 주로 민족주의적 정조의 시조를 창작한 시인이었지만, 해방 후에는 돌연 정권의 이데올로그로 변신해서 1960년에는 대통령 선거 문인유세단이 되어 이순신과 같이 고난에 처한 이 나라를 구할 사람은 이승만밖에 없다는 연설을 했고, 박정희 정권이 들어서면서부터는 박정희를 찬양하는 글들을 여럿 집필하면서 문화행정 자문위원이 되어서 민족문화협회장을 역임하였다. 그는 또한 박정희가 본격적으로 추진한 '이순신 영웅 만들기'에 앞장섰던 인물이기도 한데, 그가 이렇듯 정권의 충복이 되어 활동했던 것은 그 역시 국가와 민족을 모든 가치의 중심에 두는 생각을 갖고 있었기 때문이다. 육당의 뒤를 이어 시조부흥운동에 참여하면서 '조선적인 것'에 깊은 관심을 드러냈던 민족주의적 사고방식이 식민지 시대에는 시조의 형태를 취하다가 해방 후에는 몸소 정치 일선에 뛰어든 형국이다.[20] 「피어린 육백리」에서 보이는 애국주의적 열정과 반공의식은 그런 사실의 연장에서 이해될 수 있다.

이 외에도 「국민경제의 발전책」을 쓴 최호진은 1958년 부흥부(현 경제기획원) 고문을 지내면서 박정희 정권의 핵심사업이었던 '경제개발 7개년 계획' 중 전반기 3개년 계획을 입안하는 데 기여한 인물이고,[21] 태완선(1915~1988)은 제2공화국의 부흥부 장관 및 상공부 장관을 지낸 뒤 1965년 민주당 당무회의 의장을 거쳐 1971년 건설부 장관, 1972년 부총리 겸 경제기획원 장관을 역임했고, 이한빈(1926~2004)은 1958년 재

---

20) 이은상의 시조에 대해서는 이승원의 「이은상 시조의 위상」,(『인문논총』10, 서울여대인문과학연구소, 2003. 8) 및 김상선의 「노산 이은상 시조론」,(『국어국문학』93, 국어국문학회, 1985. 5) 참조.
21) 최호진, 「나의 학문 나의 인생」, 『역사비평』, 혁사비평사, 1991 여름.

무부 예산국장, 1961년 재무차관을 지낸 뒤, 1979년에는 부총리 겸 경제기획원 장관으로 박정희 정권의 중요 경제 업무를 담당했던 인물이다. 류달영(1911~2004)은 1930년대에는 『상록수』(심훈)의 주인공 최용신과 함께 농촌계몽운동을 벌였으며 최용신이 세상을 떠난 뒤 『농촌계몽의 선구 최용신의 소전』을 쓴 인물로 널리 알려져 있지만, 1962년 재건국민운동본부 본부장을 역임하고 4H클럽 명예부총재를 지내는 등 박 정권에 깊숙이 관여했던 인물이다. 유치진(1905~1974)은 식민치하 극예술연구회를 발족시키고, 희곡 「토막」, 「소」 등을 발표하면서 명성을 얻었으나, 8·15 후에는 「자명고」와 「원술랑」 등의 역사극과 반공을 주제로 한 「나도 인간이 되련다」 등의 작품을 발표하면서 박정희 정권의 국가재건최고회의에 관여하고 국립극장장, 반공통일연맹 이사를 역임했던 인물이다.

  2차와 3차 『국어』 교과서에 수록된 이들의 작품은 고전을 제외한 전체 글의 1/4을 상회할 정도로 다수를 차지하고 있어 마치 사회과 교과서를 떠올리게 한다. 그래서 국어과 교육목표의 하나로 제시된 '국민적인 사상 감정을 도야하도록 한다.'는 항목은 주로 이들에 의해서 구현되었다고 해도 과언이 아닐 정도다. 이들이 하나같이 미래 지향적인 국민의식의 함양을 강조하고, 멸사봉공과 효의 실천을 주문한 것은 새로운 국민의 이미지를 구축해서 인간을 개조하고, 그것을 바탕으로 공산당과 맞서고 있는 현실의 고난을 극복하자는 취지로 이해할 수 있다. 그런 점에서 이들의 주장은 동일자를 구성하는 논리이자 이질적인 타자를 배제하고 부정하는, 근대적 의미의 '국민 만들기' 과정이라 해도 지나친 말은 아닐 것이다. 이들의 주장에서 보이는 '국민'이 인종 개념(ethnicity)으로서의 그것이 아니라 작위적(作爲的)으로 구성된 '상상의 공동체'로 드러나고, 또 그것을 역설하는 방법이 계몽 담론의 형태를 취하는 것은 그런 이유라 할 수 있다. 따라서 이들의 행위는 강상중의 용어를 빌리자면 일종의 '정치적 작품'22)이고, 알튀세 식으로 말하자면 '주체의 호명'인 셈이다.

3. 미래 지향적인 멸사봉공의 주체

혁명의 주도 세력들은 대체로 국가의 주인이라는 생각을 갖고 자신의 비전에 맞게 국가와 국민들을 창출하고자 하며, 그것을 통해서 자신들의 정체성을 만들고자 한다.23) 새로운 영지에 깃발을 꼽고 그 전역을 자기 영토화하는 식인데, 이런 사실은 박정희 정권 또한 예외가 아니었다. 박정희는 인간개조와 사회개조의 기치를 높이면서 자기 보존적인 정책을 주도하면서 궁극적으로 조국의 근대화와 민족 중흥을 달성하기 위한 강력한 국가주의적 교육 이념을 내걸었다. 교육은 내일의 역사를 담당할 세대가 참다운 가치관을 도야할 수 있는 본질적인 길이자 동시에 민족 중흥의 성패가 바로 이 교육에 달려 있다는 것을 온 국민에게 확신시키고자 한 것이다.24) 1차 교과과정의 '국어과 교육목표'로 제시되었던 "9. 학생들의 개별적인 소질과 능력의 차이를 중시한다."는 내용을 삭제한 것이나, 박종홍과 김기석 등이 사적 이해를 초월한 멸사봉공의 주체, 과거에 얽매이지 않은 미래지향적 주체를 강조한 것은 모두 그런 사실과 관계된다. 「사상과 생활」과 「한국의 사상」, 「유비무환」, 「민족의 진로」, 「국민경제의 발전책」, 「우리 과학 기술의 진흥책」, 「새마을운동에 관하여」, 「경제개발 전략의 기조」, 「창조적 지도력의 역

---

22) 강상중, 임성모 역, 『내셔널리즘』, 이산, 2004, 36면.
23) 베네딕트 앤드슨, 윤형숙 역, 『상상의 공동체』, 나남출판, 2007, 206~207면.
24) 교육50년사 편찬위원회, 『교육 50년사』, 교육부, 1998, 219~212면.

할」 등이 공통적으로 담고 있는 내용은 바로 미래 지향적 국민의식의 함양이다.

「사상과 생활」에서 박종홍이 '사람의 특성'을 정의하면서 글을 시작하는 것은 그런 점에서 매우 시사적이다. 박종홍은 "사람은 혼자서 살 수 없다. 서로 돕고 의지하면서 살도록 되어 있기 때문에, 한 가족이나 이 겨레의 운명과는 달리 나 개인의 행복만을 따로 생각할 수 없다."고 한다. 말하자면 사람은 '사회적 존재'인 까닭에 개인의 삶과 민족의 삶은 긴밀하게 결합되어 있고, 그래서 개인의 운명은 민족 국가에 종속되고 "사상은 국가 민족의 이념으로까지 진전"해야 한다고 한다. 이런 주장은 개인의 삶을 철저하게 민족 국가와 연관 속에서 이해한 것으로, 어떤 사회·문화적 가치보다도 국가와 민족의 가치가 중요하고 앞서야 된다는 주장으로 정리할 수 있다. 국민이란 무(無)에서 날조된 단순한 허구가 아니라 과거의 전통이나 집단 기억 등을 바탕으로 창조되는 '상상적 존재'라면, 박종홍은 '국가의 이념'을 민족과 국가를 구성하는 정체성의 핵심 요건으로 본 것이다. 이런 사실은 한 연구자의 지적처럼, 박종홍은 모든 철학적 사색의 방향을 민족 공동체의 독립과 번영 그리고 통일을 위한 사상적 지도 이념과 원리의 해명에 두었고, 철학자의 실천 역시 이 한 가지 목표를 위해 대중들을 고무하고 각성시키는 데 있다고 생각했다는 사실과[25] 연결되어 있다. 그래서, 박종홍이 말하는 '국가의 이념'은, "우리 민족이 나아가야 할 길은 어떠한 길이 되겠는가?"라는 단원 안내문과 연결해서 볼 때, 국가의 발전과 안위를 우선시하고 개인을 거기에 종속시키는 전체주의적 주체(혹은 국민)의 구축 과정이라는 것을 알 수 있다.

박종홍이 "미래와의 관련에 있어서 현재를 파악하려는 태도"(「한국의

---

[25] 이병수, 「열암 박종홍의 정치참여의 동기와 문제점」, 『시대와 철학』(15), 한국철학사상연구회, 2004 봄, 139면.

사상」)가 무엇보다 중요하다고 말한 것은 그런 생각의 연장선상에 놓여 있다. 말하자면, 현재의 참뜻은 한갓 현재에만 얽매임으로써 살려지는 것이 아니고, "희망에 찬 미래에 대한 계획 아래 현재가 긴장된 건설로 전진할 때 비로소 그의 과거는 새로운 뜻을 가지고 빛날 수도 있다."는 것. 그래서 박종홍은 우리한테 내재되어 있는 과거에 대한 퇴영적 사고의 사례들을 하나하나 나열하고 비판하는데, 이는 일찍이 양계초가 새로운 '중국'을 건설하기 위해 우선 중국인의 내면에 존재하는 노예근성을 극복해야 한다는 주장을 떠올리게 한다.26) 이를테면, 한국은 여러 정치적·사회적 변화를 겪으면서도 능동적으로 발전하지 못했고, 또 지정학적 특성으로 인해 중국이나 일본 등 주변국에 의해 민족의 운명이 좌우되었다고 생각하는 사람이 많은데, 이는 "너무나 애상적인 견지"에서 사물을 본 데 따른 것이다. 한국은 반도이기 때문에 대륙과 섬나라의 틈바구니에서 고난의 역사를 마치 운명적으로 받아 온 것으로 생각하는 태도는, 이탈리아와 그리스 반도의 찬란한 문명을 생각해 볼 때 전혀 근거가 없는, 스스로를 "얕잡아 헐뜯는 좋지 못한 버릇"에 불과하다는 것. 일제의 식민사관을 비판하려는 의도를 담고 있는 이런 내용을 통해서 박종홍은 과거의 역사 속에 깃들어 있는 우리의 '과학적 창의성'을 개발하고 북돋아주어야 한다고 말하고, 그것이 곧 '한국의 사상이 뚜렷한 의의와 보람'을 드러내는 방법이라는 사실을 강조한다.27)

---

26) 요시자와 세이치로, 정지호역, 『애국주의의 형성』, 논형, 2006, 11면.
27) 박익수 역시 「우리 과학 기술의 진흥책」(『국어』(Ⅲ)의 202~208면)에서 비슷한 견해를 펼치고 있다. 여기서 박익수는 "우리 민족이 옛날부터 과학 기술에 대한 훌륭한 소질을 가지고 있으면서, 그것을 발전시키지 못한 가장 큰 원인으로 지적되는 것의 하나는, 자기의 지식과 기술을 일반에게 공개하려 하지 않고, 세습적으로 후손에게 비전(秘傳)할 생각을 가졌었다는 사실이다. 이러한 생각은, 과학 기술을 진흥시키는데 커다란 장해가 된다는 것을 인식하지 않으면 안 된다."고 하면서, 민족의 왜곡된 특성을 근대 국가에 맞게 조정하기를 주문하고 있다.

한국에는, 실학사상과 더불어, 서양의 과학이 처음으로 수입되었다. 과학은 오늘도 서양 것을 배우기에 바쁘다. 무엇보다도 시급히 배워야 할 것만은 사실이다. 그러나, 우리 한국 사람에게 과학적 창의성이 본디 없었던 것이 아님은, 국민 학교 학생들도 잘 안다. 거북선이나 활자의 발명을 모를 어린이가 없겠기 때문이다. 정책이나 그 밖의 이유로 해서 이러한 면이 계승, 발전되지 못하였다고 하여, 우리 한국 사람에게 과학적 소질이 본디 없었다고 할 수는 없다. 소질이 없는 바 아니요, 사상이 고정, 완결되어 있는 것도 아니다. 그러하니, 우리 본래의 건설을 꾀하는 견지에서, 그 새싹을 찾아내어 다시금 북돋우어 줌이 무엇보다도 필요한 것이다.28)

이런 주장들은 결국 국민들이 갖고 있는 과거의 '퇴영적 사고'를 바로잡고 미래에 대한 진취적 기상을 소유한 '국민'을 만들고자 하는 계몽적 의도로 이해할 수 있다. 주지하듯이, 근대 국가의 '국민'이 지닌 공통점의 하나는 '과거의 기억'이다. 과거의 기억은 개인의 사회화나 집단의 결속, 사회적 정통성의 유지와 그에 대한 도전의 과정에서 국민의 정체성을 지키는 결정적인 요인이 되고, 그래서 국가는 그것을 적절하게 통제해서 국민의 정체성을 확립하고자 의도한다.29) 새롭게 정권을 장악하고 국가 만들기에 매진했던 군부의 입장에서 볼 때 무엇보다 시급했던 것은 아직도 미심쩍은 시선을 거두지 않고 있는 국민들의 의구심을 털어버리고 자신이 처한 환경을 둘러보고 미래를 향해 매진하는 전향적 '국민'이었을 것인데, 박종홍의 글은 그런 사실을 논리적으로 설명해주고 있는 셈이다.

김기석은 「민족의 진로」에서 그것을 보다 구체화시켜서 설명하는데, 그는 무엇보다 '낡은 한국'과 '새로운 한국'을 명확하게 구분하고자 한

---

28) 박종홍, 「한국의 사상」, 『국어』(Ⅲ), 문교부, 1973년판, 200~201면.
29) 강상중, 이경덕·임성모 역, 『오리엔탈리즘을 넘어서』, 이산, 1997, 160면.

다. '낡은 한국'과 '새로운 한국'의 경계를 김기석은 서재필의 독립협회에서 찾는데, 그것은 서재필이 1896년 미국에서 돌아와 독립문을 세우고, 독립협회를 만들고, 독립신문을 간행하는 등 "낡은 한국과 새로운 한국을 갈라놓"은 계기를 제공했기 때문이라고 한다. 근대사회로의 진입을 염두에 둔 듯한 이런 주장을 바탕으로 김기석은 '새로운 한국'은 독립협회에서 시작하여 3·1 운동, 8·15 광복, 6·25 사변과 4·19 의거, 5·16 혁명을 거쳐 오늘에 이르렀다고 말하는데, 이는 궁극적으로 박정희 정권이 독립 운동의 정신을 이어받은 역사적 정통성의 계선 위에 놓여 있다는 사실을 암시해준다. 남과 북이 대치하는 상황에서 정권의 정통성마저 미흡했던 박정희와 서구 열강들의 틈바구니에서 외롭게 급진개화론의 기치를 내세웠던 서재필을 동일시하여 정권의 정당성을 확보하고자 의도한 것이다. 이러한 경계 짓기는 '국가'란 본래부터 존재했던 것이 아니라 오랜 시간 동안 정치·경제·사회적 상황 속에서 변동하면서 구성되고 또 재구성되는 역사적 산물이라는 사실에 비추어 볼 때, 새로운 국가를 만들고자 하는 일종의 정략적 언술이라 해도 과언이 아니다. 그래서 김기석은 이 정통성의 계선에서 이승만 정권을 냉정하게 배제하는 차별화를 시도한다. 김기석은 계승해야 할 대상이 서구의 물질주의나 기계문명, 사회주의 혁명과 마찬가지로 '일민주의'도 결코 아니라고 한다. 김기석의 글 또한 일민주의와 같은 전체주의를 지향하고 있으면서도 이승만 정권을 부정하는 이런 아이러니는 구악일소를 기치로 내건 박정희 정권의 쇄신 정책과 일정하게 관계되는 것으로 보인다. 박정희 정권은 '복지국가 건설'의 기치를 내걸고 재건국민운동이 벌였던 사업을 통해 이전 정권과의 차별성을 부각함으로써 정당성을 얻고자 했고, 그래서 이른바 구악을 일소하는 등 이전 정권의 부정성을 과감히 청산하고자 했다. 이런 사실을 상기해 보면 김기석이 물질주의를 국민의 전진을 가로막는 가장 큰 적으로 지목하고 도덕적 재무장을 주장했던 이유가 한층 분명해지는 것이다.

　정인보의 「나라를 사랑하는 마음」을 수록한 것은 멸사봉공을 실천한 모범적 사례를 제시하려는 의도와 관계될 것이다. 이 글은 1949년 3월 의 「이충무공순신기념비」를[30] 개제한 것으로, 여기서 정인보는 이순신 을 '충과 효'의 전형으로 제시한다.[31] 정인보에 의하면, 이순신의 행동 을 지배한 것은 무엇보다 '멸사봉공'의 정신이다. 그것은 몇 개의 일화 를 통해서 구체화된다. 가령, 관직에 들어선 이후 이순신은 아무도 왜란 을 걱정하지 않는 상황에서 홀로 장래를 헤아려서 전쟁 준비를 하였다. 거북선을 만들고 천지현황 등의 자호를 가진 대포와 승자 장총과 갖가 지 맹렬한 화전을 만들어서 비밀히 시험을 하고 바다 목을 건너지르는 철쇄를 치고 망대를 쌓았다. 또 삼도통제의 명을 받았을 당시 이순신은 통제사가 실상은 군량이나 기계 하나 제대로 갖추어지지 않은 상태의 빈 이름뿐이라는 것을 알았다. 하지만 이순신은 둔전을 일구고 물고기 를 잡고, 소금을 만들고, 질그릇까지 만들어 팔면서 군사들을 먹이고 무 기를 준비하였다. 손수 총통을 만들고 밤이면 화살을 다듬는 등 모범을 보임으로써 군사들의 마음을 살 수 있었던 것이다. 또한 장군은 싸움에 서도 '사(私)'를 잊는 모범을 보여서, 사천전투에서는 적탄이 어깨를 뚫 은 채로 해가 지도록 군을 지휘하였다. 병사들이 안으로 드시라 하면 장군은 "내 목숨은 하늘을 믿는다. 어찌 너희더러만 적봉을 당하라 하

---

30) 『담원 정인보 전집』1, 연세대출판부, 1983년, 400면.
31) 『국어』 교과서에 이순신이 등장한 것은 미군정기부터이다. '군정청문교부' 간행 의 『중등국어교본』 중권에 이선근의 「이순신과 한산도 대첩」이 수록되어 있다. 이후 전시 교과서인 『고등국어』(Ⅰ)(문교부, 1953)에 이상백의 「인간 이순신」이 수록되어 있다. 전자는 이순신의 해전을 영국의 넬슨 제독과 비교해서 소개하며, 후자는 제목처럼 이순신의 인간적인 면모를 중심으로 그의 기적과 신비를 경탄 할 것이 아니라 '순결한 인간성과 인간적인 노력'으로 이해하고 흠모해야 한다는 내용이다. 이후 1차 교과서에는 사라졌다가 2차 『국어』에 위의 정인보 글이 수록 되어 있다. 영웅적인 측면(미군정기)에서 인간적인 측면(전쟁기)으로, 다시 영웅적 인 측면(2차)이 강조되는 식이다.

랴."고 하면서 몸을 돌보지 않고 지휘를 계속하였다. 이순신이 적탄에 쓰러진 노량전투는 이순신의 나라 사랑의 마음을 상징적으로 보여준 극적 사건으로 서술된다. 즉, 이순신은 순천서 나올 왜군들의 길에 복병을 늘어놓고 몸소 마주 나와 들어오는 적을 노량에서 만났다. "이 원수가 없어진다면 죽어 한이 없겠나이다."는 생각에서 필사의 전투를 벌여 200여 척을 격파했는데, 그 과정에서 적탄이 좌액에 박혀 쓰러지게 되었다. 하지만 이순신은 "싸움이 급하다. 나 죽었다고 말하지 말라."는 말을 남기고 절명하고 만다. 개인의 생명에는 조금의 관심도 보이지 않은 채 오직 나라를 구하겠다는 일념에서 죽음까지 마다하지 않은 것이다.

이순신은 또한 효자의 전형으로 제시된다. 이순신은 어머니가 그립고 안부가 궁금해서 많은 밤을 앉아서 새웠다. 또 정유년 4월 초, 이순신은 백의종군으로 권율의 진중으로 가는 길에 아산 선산을 들렀다가 어머니를 만나기 위해서 사흘을 보내기도 하였다.

이런 내용을 서술하면서 정인보는 궁극적으로 '이순신은 성자이다'라는 극찬을 아끼지 않는다.

> 공은 명장이라기보다도 성자다. 그 신묘불측이 오직 지성측달에서 나온 것이다. 다시 말하면, 공은 성자이므로 명장이다. 누구나 공을 닮으려거든, 먼저 국가 민족 앞에 일신의 사가 없어야 할 것을 알라. 저 고택을 바라며 이 앞길을 보라. 나도 한번 따라 보리라는 마음이 나지 아니하는가.[32]

'나라를 사랑하는 마음'이라는 제목처럼, 이 글에서 정인보가 궁극적으로 강조하는 내용은 바로 '멸사봉공'의 정신이다. 이순신의 행동에는 "일신의 사가 없"다는 것, 그것이 바로 이순신을 성자이자 명장으로 만

---

32) 정인보, 「나라를 사랑하는 마음」, 『국어』(Ⅲ), 문교부, 1973년판, 86면.

든 요체라는 것이다.

　이런 주장을 박정희 체제와 연결해서 보자면, 이순신은 단순한 영웅이 아니라 국민이 존경하고 본받아야 할 실천궁행의 모델이라는 것을 알 수 있다. 더구나 이순신은 용맹한 장수였을 뿐만 아니라 효자였다. 말하자면 충과 효를 결합해서 실천한 모범적 인물이었는데, 이 역시 박정희 정권에서 강조한 충효의 덕목과 연결되어 있다. 자식이 부모에게 효를 하듯이, 국민은 국가에 충을 해야 한다는, 국가에 대한 절대적인 복종의 윤리에 다름 아닌 것이다. 손명현이 「어떻게 살 것인가」에서 소개한 방한암 선사와 오봉의 일화 역시 멸사봉공의 덕목과 관계되어 있다. 6·25 당시 작전상 절을 태워야 하는 절박한 상황에서 방한암 선사는 절을 수호하기 위해서 단좌한 채 절명한 것은 "신념을 위하여 신명을 도(賭)한 높은 행동"으로 칭송되며, 사람의 목을 베어 제사를 지내는 악습을 없애기 위해 스스로 그 제물이 된 오봉의 행동은 "가르침을 펴고자 생명을 초개처럼 버린 거룩한 행동"으로 서술된다. '어떻게 살 것인가'라는 제목 아래 그 두 일화가 소개된 것은 멸사봉공의 살신성인만이 그 "훌륭한 대답"이라는 사실을 말하기 위한 전략인 것. 여기에 이르면 이들이 그려낸 '국민'의 모습은 사적인 이해관계를 초월하고 미래를 향해 전진하는, 말을 바꾸자면 국가의 정책에 순응하는 '신민(臣民)적 존재'로서의 '국민'이라는 것을 알 수 있다.

4. 심정적 애국주의와 반공주의

　사상과 이념의 차원에서 국가주의를 설파했던 박종홍 등과는 달리 이은상을 비롯한 문인들은 그것을 심미적 차원에서 정서화하는 역할을 수행하였다. 이은상은 2차 『국어』 교과서에 5편, 3차에서 2편과 번역시 3편을 수록하여[33] 박종홍에 버금가는 박정희 정권의 이데올로그라는 사실을 보여주고 있다. 이승만에서 박정희, 그리고 전두환 정권으로 이어지는 그의 정치적 편력은 시조 시인이라기보다는 발 빠른 정치꾼의 모습을 보여주는데, 그가 그렇듯 민첩하게 변신할 수 있었던 것은 무엇보다 그의 사고 체계가 근본적으로 국가주의적 특성을 갖고 있었기 때문이다. 박정희 정권에 의해 국가적 프로젝트 차원에서 전개된 '이순신 영웅 만들기'의 1등 공신이기도 한 이은상은 일찍이 『성웅 이순신』[34]에서 민족과 국가를 모든 사고의 중심에 둔 인물로서의 이순신을 창조한 바 있다. 『성웅 이순신』에서 이은상이 주목한 것은 인간이란 철저히 민족과 국가의 이해 아래 예속된 존재라는 점, '나라 있고 내가 있다'는 식의 국가관을 체현하지 못하면 '인간다운 인간'이 결코 될 수 없다는 것이었다.[35] "고지가 바로 저긴데 예서 말 수는 없다."는 이은상의 시구가 아직도 생생한 것은 "고난의 운명을 지고 역사의 능선을 타고" 있는 우리 민족과 국가의 운명을 환기하는 그것의 강렬한 정서 때문일 것이다.

『국어』 교과서에 수록된 글 역시 그런 이은상의 생각을 구체적으로 보여주는데, 가령 「시조와 자유시」의 다음과 같은 구절은 그가 얼마나 철저하게 국가와 민족을 중심에 두고 생각하는가를 말해준다.

이은상 : 그렇습니다. 시를 사랑하는 국민, 적어도 시정신을 숭상하

---

[33] 2차 『국어』 (I) ; 「시고를 보내고 나서」(편지), 「고지가 바로 저긴데」(현대시조), 「심산 풍경」(현대시조), 「피어린 육백 리」(기행문), 「시조와 자유시」(대담), 3차 『국어』 (1) ; 「고지가 바로 저긴데」, 「한 눈 없는 어머니」, 「강에는 눈만 내리고」(역시), 「가을 산길」(역시), 「임을 보내며」(역시)
[34] 이은상, 『성웅 이순신』, 횃불사, 1969.
[35] 이은상의 '이순신'에 대해서는 이상록의 「이순신 – 민족의 수호신 만들기와 박정희 체제의 대중 규율화」(『대중독재의 영웅 만들기』, 휴머니스트, 2005)를 참조하였다.

는 국민은 아름답고 고상한 국민입니다. 거기에는 믿음과 희망과 사랑과 평화가 깃들어 있기 때문입니다. 국민 생활을 정서화하고 또 그 정서를 순화하는 것은 가장 아름답고 고귀한 결과를 가져오는 운동입니다. 더구나, 우리 민족은 오랜 역사를 통해서 시를 사랑해 온 자랑할 만한 민족입니다. 시조 같은 정형시의 작법을 보급시켜서, 모든 국민들이 이것을 즐겨 짓는 것으로써 하나의 아름다운 민풍을 일으켰으면 싶습니다. 이것이 바로 생활의 문학화, 문학의 생활화인 것입니다.[36)]

시를 숭상하는 마음이 곧 '국민 생활을 정서화' 하는 '운동'이라는 주장은 외견상 큰 문제 될 게 없는 발언이다. 하지만 그 운동의 주체를 '국민'으로 설정하고 있다는 데서, 글의 논조와 어투를 헤아려 볼 때, 심상치 않은 의미를 감지하게 된다. 사실, 시를 사랑하는 사람이라면 누구나 '시 정신'을 숭상할 수 있고, 또 믿음과 희망과 사랑과 평화의 마음을 배태하고 있을 것이다. 그렇지만 그런 행위의 주체가 '국민'이고 그것이 종국에는 '민풍(民風)'이 되어야 한다는 주장에는, 시를 통해서 국민의 정서를 새롭게 만들고자 하는 이데올로그다운 면모가 짙게 드리워져 있음을 알 수 있다. 그런 생각을 갖고 있었던 까닭에 이은상은 서정시를 설명하면서도 '국민'과 '민풍'이라는 말을 자연스럽게 토로한 것이다.

「피어린 육백 리」는 국가와 민족에 대한 이은상의 이런 애정이 깊게 투사되어 있다. 그런데 그 애정은 단순한 사랑이 아니라 아름다운 국토와 그것을 피로 물들인 공산당을 대비하면서 국토를 신앙의 차원으로 고양한 우국적 열정에 의해 뒷받침되어 있다. 이은상의 눈에 비친 '국토'의 이미지는 무엇보다 '순결함'으로 정리된다. '국토'는 "밝은 빛, 맑

---

36) 박종화·구상, 「시조와 자유시」, 『국어』(Ⅰ), 문교부, 1973년판, 198면.

은 기운"이 굽이쳐 흐르고 물소리가 가슴 속의 티끌을 대번에 씻어주는 곳, 치열한 격전이나 피비린내와는 거리가 먼 곳이다. 그래서 친소도 없이, 은원도 없이, 싸우다 말고 총을 던지고 냇물에 발이라도 담그고 앉아 도란도란 이야기를 하고 싶은 "그림보다 더 아름다운" 곳으로 제시된다. 국토는 또한 단순한 산하가 아니라 국민을 하나로 묶는 공간이자, 국민을 국민으로 만드는 정체성의 중요한 터전이기도 하다. "산 첩첩 물 겹겹 아름다운" 국토는 "고난을 박차고 일어서"는 민족의 역사와 운명을 함께해 온 존재이고, "태양같이 다시 솟는 영원한 불사신"이기도 하다. 불사신처럼 국토와 함께 해온 게 우리 민족이라는, 국토의 절대화, 신앙화라고나 할까? 그렇지만 이은상이 발 딛고 있는 현실은 '헤어진 군복 조각을 걸친 허수아비'가 앙상하게 서서 새를 쫓는 곳으로 변했고 또 철조망과 쇠말뚝이 앞길을 가로막고 있다. 갈래야 갈 수 없고, 만지고자 해도 만질 수 없는 곳, 그렇다고 바다를 건너서 갈 수 있는 곳도 아니다. 그런 상황에서 목격한 길가에 세워져 있는 전적비는 이은상이 가야 할 길의 좌표를 지시하는 역사의 교훈으로 의미화된다. "피 발린 비석이요, 눈물어린 비석"이지만, 거기에는 국군이 영웅적으로 공산군과 싸워 이 지역을 점령하게 되었다는 사적(史蹟)이 새겨져 있다. 휴전선이 이만큼이나마 북으로 높이 올라온 것은 바로 그들의 고귀한 희생이 있었기 때문이라는 것, 그래서 국토를 지키기 위해서 공산군과 싸운 국군의 행동은 '영웅적'인 것으로 칭송되고, 심지어 옛날 이스라엘 민족이 이집트의 속박에서 벗어나 "카나안 복지를 향"했던 것처럼 '이상 세계를 만들기 위한 온갖 고난 극복의 행진'으로 미화된다.

그런 전적지를 지나 "향로봉"을 향하는 이은상의 도정은 그래서 비장한 정조에 사로잡히게 된다. '1293m, 600리 휴전선' 밑에서 가장 높은 봉우리에 불과하지만, 거기에 이르는 도정은 결코 높은 봉우리 하나를 등정하는 수준에 머무르지 않는다. 남과 북의 강토 전체를 조감하는, 민족의 운명을 투시하는 유비적 존재가 바로 향로봉이다. 향로봉 정상에 올라 내려다본 남북 강산은 그래서 장엄한 아름다움으로 그를 압도하고, 그 벅찬 감격의 순간에 터져 나온 다음과 같은 시구는 '불안과 초조와 회한 속에서 슬픔만을 되새길 수 없다'는 국토 정화(淨化)의 간절한 염원을 담게 된다.

> 승리를 위해 해를 머무르게 한
> 여호수아의 기도를 들으신 주여!
> 공전하는 역사의 바퀴를
> 오늘도 여기 멈춰 주소서.
>
> 불안과 초조와 회한 속에서
> 다만 슬픔을 되새기면서
> 바람결에 흰 머리카락을 날리며
> 헛되이 늙게 하시나이까!
>
> 주여! 이 땅에 통일과 자유와 평화를
> 비 내리듯, 꽃 피우듯 부어 주소서.
> 그 땅에서 단 하루만이라도
> 그 땅에서 살게 해 주옵소서.37)

국토 곳곳에 물들어 있는 피비린내를 씻고 소라고둥 모양으로 산굽이를 돌아 오르는 과정에서 만난 비는 바로 '티끌'을 씻어내기 위한 일종의 정화수와도 같다. 비를 맞고 씻긴 산의 이미지가 "순녹색의 신선의 궁전"으로 다가오는 것은 그런 의례를 통해서 국토의 순결성을 꿈꾸는 간절한 염원이 투사되어 있기 때문이다. 그런데, 그것은 국토에 대한 합리적 조망이 아니라 심미적 정서에 의해 환기된 애국적 열정이라는

---

37) 이은상, 「피어린 육백 리」, 『국어』(Ⅰ), 문교부, 1973년판, 82면.

점에서 일종의 주술과도 같다. 향로봉을 감싸고 내리는 '비'를 통해서 '티끌'을 씻어내겠다는 것은 순결의 이미지를 다시 재생시키겠다는 간절한 소망이고, 그런 염원에서 향로봉을 답파한 까닭에 등정 뒤의 막다른 여정에서 도달한 것은 뜻밖에도 국민의 대오각성이라는 주술적 다짐이다. 동해의 파도를 마주해서 언제까지고 울고만 섰을 수는 없다는 것, 차라리 돌아가서 할 일을 찾아야 한다는 것, 곧 민족과 인류를 이 '역사의 함정'으로부터 구하기 위해서 "민족 전부가, 인류 전체가 모두 나서서 스스로 제가 저를 구출하기에 온갖 정성을 다해야 한다"는 것이다. 말하자면 국민적 각성을 통해서 새로운 국민으로 거듭나야 한다는 것으로, 김기석이 「민족의 진로」에서 언급한 '새로운 인간형, 새로운 형의 지도자, 새로운 형의 민족성'과 동질의 견해임을 알 수 있다.

애국심이란 본래 논리적 설득력을 갖고 있기보다는 감정에 호소하는 성격이 강하다. 국토의 순결성을 회복하기 위해 애국적 국민으로 거듭나야 한다는 주장은 국토에 대한 근원적 귀속의식을 일깨워 '국민'이 장차 어떻게 살아야 하는가에 대한, 이를테면 '국민의 이상적 상'을 제시하려는 의도를 내재하고 있다. 박형규가 「유비무환」에서 우리 민족이 생존권을 유지하고 빛나는 내일을 향해 전진하기 위해서는 '유비무환'의 정신을 깨닫고 개개인이 올바른 국가관과 정신 자세를 확립해야 한다는 주장과 같은 맥락이다. 더구나 이 두 글은 모두 공산주의라는 타자를 전제하고 있다. 주체의 인식은 언제나 타자의 존재를 필요로 하듯이, 두 사람은 모두 공산주의라는 적대적 타자를 통해서 국토에 대한 사랑, 애국적 열정을 대비적으로 표현하고 있다. 공산주의에 대해서 날카롭게 경계를 긋고 그들에 의해서 국토와 민족이 오염되었다는 것을 상기시키는 것은 공산당이 우리 국토와 민족이 갖고 있는 본원적 순결성을 훼손시켰고 그래서 우리는 그들을 척결함으로써 이전의 순결성을 회복해야 한다는 믿음을 전제한 것이다.

그런 점에서 이은상과 박형규는 "우리의 피를 흘리지 않고서 나라를 지키는 수도, 통일을 이룩하는 수도 없는 법"이라고 절규하는 「청춘은 조국과 더불어」(유치진)의 주인공 '연길'을 떠올리게 한다. 6·25가 발발하자 학병에 지원해서 전장으로 떠나는 연길과 그의 애인 옥란의 비감한 사랑을 소재로 하고 있는 이 작품에서 유치진이 궁극적으로 말하고자 하는 것은 '조국을 위해서는 죽어도 한이 없다'는 맹신적 애국심이다. "내가 죽어서 나라가 평안하고 통일이 이룩된다면, … 그래서, 우리 어머님께서 사실 수 있다면, 난 몇 백 번 죽어도 한이 없어. 옥란이, 내가 죽었다고 서러워 말고, 우리 어머님 뵙거든, 연길인 씩씩하게 싸우다 죽었다고 말해 줘."38)라는 애절한 절규는 사실은 내용 없는 거짓 진술에 불과하다. 전장에 나가기도 전에 미리 죽음을 예언하는 경솔함이나, '나라'의 실체도 모른 채 '죽어도 한이 없다'고 외치는 것은 행위의 진정성을 떠나서 국가를 맹신하는 공허한 애국주의에 다름 아닌 것이다. 이은상이 국토 기행을 통해서 표현하고자 했던 국토 정화의 의지와 애국적 열정 역시 이와 크게 다르지 않다는 점에서, 이들이 의도했던 바는 국토와 국가에 대한 근원적 귀속의식을 바탕으로 한 심정적 애국주의라는 사실을 다시금 확인하게 된다.

5. 통과의례로서의 교과서

  이 외에도 교과서에는 당시 박정희 정권의 정책을 홍보하거나 암시하는 내용의 글들이 다수 수록되어 정권이 의도한 '국민 만들기' 작업

---

38) 유치진, 「청춘은 조국과 더불어」, 『국어』(1), 문교부, 1983년판, 109면.

이 전방위적으로 행해졌다는 것을 보여주고 있다. 사회 비판적인 내용의 시와 소설을 배제하고 이른바 주관적인 순수와 서정을 주된 내용으로 하는 문학작품만을 선별해서 수록한 것이나 분단을 극복하려는 의지보다는 북한에 대한 적개심과 멸공의 정신만을 고취하고자 하는 내용의 글이 여럿 수록된 것은 국어과 교육의 본래 목표라기보다는 정권의 국가적 기율과 관계될 것이다.39) 이 가운데서 국가주의와 관련해서 특히 시선을 끌었던 것은 천관우의 기행문 「그랜드 캐넌」과 케네디의 취임사인 「대통령 취임사」이다.

「그랜드 캐넌」은 1차부터 수록되어 있었으나 「대통령 취임사」는 2차에 추가된 것으로, 이들 글에서 목격되는 것은 친미적 감정과 미국에 대한 맹신의 정서이다. 가령, 천관우는 글 전반에서 광활하고 웅장한 미국 대륙에 대한 경이와 찬탄의 감정을 거침없이 토로한다. 즉, 애리조나 피닉스에서 대협곡의 관문인 플래그 스태프까지 가는 동안 시시각각으로 변하는 풍경과 기후를 묘사하면서 천관우는 그 조화의 무궁함에 소름끼치는 전율을 느끼고, 서쪽 하늘의 빨간 낙조를 보고는 "비경(秘境)을 찾아드는 감개를 억누를 수가 없"다고 흥분을 감추지 못한다.

> 눈앞에 전개되는, 아 황홀한 광경! 어떤 수식이 아니라, 가슴이 울렁거리는 것을 어찌할 수 없습니다. 이 광경을 무엇이라 설명해야 옳을는지, 발밑에는 천인의 절벽, 탁 터진 안계에는 황색, 갈색, 회색, 청색, 자색으로 아롱진 기기괴괴한 봉우리들이 흘립(屹立)하고 있고, 고개를 들면 유유한 창천이 묵직하게 드리우고 있습니다.

---

39) 2차 교과서에서는 소설로 「뽕나무와 아이들」(심훈)과 「별」(알퐁스 도데) 그리고 시나리오 「마지막 한 잎」(오우 헨리)이 수록되어 있지만, 3차에서는 작품수가 늘어서 국내소설로 「금당벽화」(정한숙), 「등신불」(김동리), 「빈처」(현진건)가 추가되어 있다. 반공주의를 설파하거나 시사하는 글로는 본문에서 살핀 것 외에도 「산정 무한」(정비석), 「나의 고향」(전광용), 「나의 명절」(김붕구), 「조국」(정완영) 등이 있다.

…(중략)…
　천지의 유구함을 생각하노니,
　서러워라, 나 홀로 눈물만 지네.
　라고 한, 옛 사람의 글귀가 언뜻 머리를 스치면서 까닭 모를 고요한 흥분에 사로잡히는 것입니다.40)

　선경(仙境)에 든 듯한 감격에서 혼자 창연히 눈물 흘리는 옛 사람의 심경에 젖어드는 지은이의 감정은 정비석이 망군대에 올라 토로한 "아! 천하는 이렇게도 광활하고 웅장하고 숭엄하던가!"(「산정무한」에서)라는 구절을 능가한다. 이 격한 감정을 접하면서 독자들은 미국에 대한 외경과 선망의 감정을 갖지 않을 수는 없을 것이다. 그런데, 더욱 흥미로운 것은 케네디의 「대통령 취임사」가 이런 동경심에 대한 미국의 화답(?)과도 같은 내용을 담고 있다는 사실이다. 1961년 1월 20일 의회에서 행한 연설문을 번역한 이 글에서, 케네디는 대통령 취임사답게 미국이 처한 상황을 설명한 뒤 향후 정책의 방향을 말하는데, 여기서 케네디는 "어떤 친구라도 도울 것이며, 어떤 적에게라도 대항할 것"이라는 사실을 강조한다. 미국의 생존과 자유의 성취를 공고히 하기 위해서는 어떤 희생이라도 치를 것이라는 주장에 뒤이어 표명된 이런 견해는, 실상 반공주의적 노선을 더욱 공고히 해서 공산국가에 맞서 싸우자는 미국의 대외 정책을 천명한 것으로 이해할 수 있다. 하지만, 앞의 천관우의 글과 연결짓고 또 미국의 원조와 협력이 절대적으로 필요했던 박정희 정권의 상황을 고려하자면, 그것은 박 정권에 대한 후원의 언사로 읽어도 지나치지 않을 것이다. 인류 보편의 이념이나 이상을 담고 있는 것도 아닌 일개 외국 대통령의 취임사를 수록한 데서 그런 정치적 의도를 찾아내는 것은 필자만의 지나친 억측은 아닐 터이다.

---

40) 천관우, 「그랜드 캐년」, 『고등국어』(Ⅱ), 문교부, 1971년판, 87면.

교과서에 수록된 글이 갖는 위력은 '모두 훌륭한 글이므로 비판의 대상이 될 수 없다'는 믿음을 전제한다는 데 있다. 대부분의 사람들은 교과서에 실린 글이면 어떤 것이든 감히 의심을 품으려 들지 않는다. 더구나 교과서는 학생들이 배워야 할 교육 내용을 담고 있고, 학교의 모든 수업과정에서 이용되며, 학생 평가의 기준을 설정하는 원천이기도 하다.[41] 그런 점에서 교과서는 개별적 존재인 개인을 '국민'으로 구성하기 위한 1차적인 통과의례라 할 수 있다. 박정희 정권이 2차와 3차에 걸쳐 대대적으로 교육과정을 개편하고 교과서를 재구성했던 것은 그런 이유로 설명할 수 있을 것이다.

하지만, 교과서는 개별 주체의 자발성에 바탕을 둔 것이 아니라 사회 구조적으로 강제된 일종의 제도적 장치라는 점에서 주체의 능동성과 자율성을 구속하는 억압적 성격을 동시에 갖고 있다. '국정'이라는 제도를 통해서 교과서의 내용이 획일적으로 규제되고 특정한 이념과 가치만이 무비판적으로 주입됨으로써 학생들은 다양한 가치와 사고를 접할 가능성 자체를 차단당하는 것이다. 지금까지 살핀 것처럼, 박정희 정권은 교과서를 통해서 '민족 중흥의 역사적 사명을 다 하는 것이야말로 개인의 지상 과제'라는 식의 전체주의적 사고와 '때려잡자 공산당!'식의 맹목적 반공 의식을 강력하게 전파하였다. 전방위적으로 행해진 이런 국가주의적 규율을 통해서 박정희는 정권의 정통성을 마련하고 그에 복무하는 '국민'들을 만들 수 있었던 것이다. 물론 이런 사실은, 시각을 달리하자면, 세계 최고의 교육열에 힘입어 경제 대국으로 성장한 오늘의 한국을 존재하게 만든 '국민'의 형성 과정으로 이해할 수도 있다. 독재와 부패와 억압으로 요약되는 불행한 기간이었음에도 불구하고 이승만에서 박정희로 이어지는 근대화의 도정은 한편으로 한국 사회가 치

---

41) 김진호, 「국어 교과서의 반민족성」, 『역사비평』, 역사비평사, 1988 여름, 262면.

러야 할 불가피한 성장통으로 볼 수도 있다. 하지만 그럼에도 불구하고 그것을 비판적으로 이해해야 하는 것은 그 기율의 내용과 방향이 적절하지 않았다는 데 있다.

몇 해 전 월드컵을 지켜보면서 받았던 감동과 충격의 양가감정은 그런 사실과 관계된 것이었다. 월드컵을 지켜보면서 놀랐던 것은 4강까지 오른 한국의 축구 실력보다도 '붉은 악마'로 상징되는 대중들의 광적인 흥분과 일체감이었다. 전국을 붉게 물들인 '붉은 악마'가 표상했던 것은 전 국민들의 마음 깊숙이 각인되어 있는 애국주의적 열정이었다. '대~한민국'이라는 연호(連呼)에는 '축구'를 매개로 한 국가에 대한 소속감과 자부심, 미래 지향적인 의지 등이 내재되어 있었고, 그것은 '대한민국의 국민'이라는 애국적 파토스에 바탕을 둔 것이었다. 그런데 그 한편에는 일상 깊숙이 침투해 있는 국가주의적 정념 또한 깊게 도사리고 있었다. 일상이란 관습적인 행위로 구성된 공간이며 그 공간에는 무의식적인, 다시 말해 신체화된 다양한 실천들이 존재하기 마련이다. 한국인의 정체성은 이런 신체화된 실천들 속에서 상상되고 검증되며 확인되는데, 그것을 구성하는 중요한 요소는 교육을 통해서 강제된 각종 국가주의적 기율이다. 규칙적인 리듬과 강력한 파토스를 담고 울려 퍼진 '대~한민국'이라는 외침은 바로 교과서의 기율을 신체에 아로새긴 '개조인간'[42]의 모습을 연상시켰던 것이다. 물론, 인간은 자신의 선택과는 무관하게 민족 구성원의 한 사람으로 태어나고, 그의 개체적 삶 역시 자신이 속한 국가의 생존과 번영을 떠나서는 성립할 수 없다. 그래서 자신이 속한 국가를 사랑하고 그것의 번영을 소망하는 것은 어쩌면 당연한 일이기도 하다. 그렇지만 문제는 그런 애국주의가 종국에는 일본 극우파들에게서 목격되는 전체주의적 호전성과 연결되어 있다는 점이다. 박

---

42) 니시카와 나가오, 윤대석 역, 『국민이라는 괴물』, 소명출판, 2002, 43면.

정희 정권의 비도덕성이 지탄받을 수 있는 것은 국민의 자질과 특성을 정권이 요구하는 하나의 방향으로만 몰아갔다는 그 저열성에 있는 것이다.

교과서를 분석하는 것은 우리의 일상과 신체 속에 구조화된 국민, 국가권력, 집단무의식의 발원지를 찾아내는 작업과도 흡사하다. '국민 만들기'라는 치밀한 국가적 기획의 매트릭스(matrix) 위에서 교과서는 그 역할에 충실히 복무한 매체였던 셈이다. 국민이란 무의식적으로 각인된 국가적·이념적 집단이라는 점, 미국으로 이민 간 조승희 개인의 문제에 대해 한국 국민이 집단적 죄의식을 느껴야 했던 반응의 배경 또한 이와 무관하지 않을 것이다. 그렇다면 우리 안에 도사린 이 실체와 어떻게 싸움을 벌어야 할 것인가?

‖ 오성철 ‖
박정희의 국가주의 교육론과 경제성장

1. 머리말

 이 글은 60, 70년대 한국의 경제성장과 교육 간의 관계를 주제로 한다. 한국 경제성장의 주된 요인의 하나로 국민의 높은 교육열과 풍부한 양질의 노동력을 떠올리는 것은 이미 상식이 되어 있다. 국가 역시 같은 시기에 경제성장을 견인하기 위해 발전 위주의 교육정책을 전개했다고 알려져 있다. 1998년 교육부에 의해 간행된 『교육 50년사』에서는 1961년에서 1980년까지의 시기를 '발전론적 교육 이념의 지향' 시기로 규정하여 다음과 같이 정리하고 있다.

 5·16 군사정변 이후 수립된 군사정권은 강력한 정치 수단을 통해 전 영역에 걸쳐 경제성장 제일주의를 표방하였다. 이러한 경제성장 제일주의에서 교육은 그러한 정치적 이념을 국민교육을 통해 인식시키는 역할을 맡게 되며, 다른 한편으로는 경제성장을 주도해 나갈 인력을 개발하는 역할을 맡게 되었다. 그러나 1960년대 후반에 이르면

서 그와 같은 경제 지상주의적 입장은 반동에 부딪쳤으며, '제2경제' 개념이 등장하면서 한국적 민주주의 교육론, 국적 있는 교육론이 대두되었다. … '제2경제'란 그간 강조해 온 교육정책에 대한 반성, 즉 경제성장과 국가 발전에 기여하는 교육의 강조가 지나치게 물질적 가치의 숭상과 경제 제일주의의 풍조로 흐르고 있다는 반성과 우려에서 나온 것이었다. 이러한 반성과 함께 국민교육의 장기적이고 건전한 방향 설정과 시민 생활의 건전한 생활 윤리 및 가치관의 확립이야말로 민족 만년의 대계를 위해서 절실히 필요하다는 공동의 인식이 형성되었다. 즉 국민교육헌장은 제2경제 개념의 수립이 근대화 과정에서 가장 시급한 교육의 과제라고 하는 인식이 교육 장전으로 구체화된 것이라 할 수 있다.[1]

요약하면, 한국 교육에서 발전 교육정책은 5·16 군사정변 이후 박정희 정권에 의해 본격적으로 시작되었는 바, 1960년대 전반에는 경제성장을 위한 교육정책이 강조되었으나 1960년대 후반에 이른바 '제2경제' 개념의 등장과 함께 경제성장보다는 '가치관 형성'을 위한 국민 교육에 강조점을 두는 방향으로 수정이 가해졌고, 그 분기점을 이룬 것이 「국민교육헌장」의 제정과 실현이라는 것이다. '발전론적 교육 이념 지향의 시기'는 학교교육, 특히 중등교육이 급격하게 팽창한 시기이기도 하다. 중학교 취학률은 1960년에 33.8%에서 1980년에는 95.1%로 급등하였고, 고등학교 취학률 역시 1960년에는 19.3%에서 1980년에는 63.5%로 급등하였다.[2] 이는 비교적 단기간에 한국 중등교육 규모가 선진 자본주의 국가 수준으로 올라섰다는 것을 의미하며, 동시에 노동력의 학력 수준이 급격하게 상승하였음을 보여주는 것이다. 그리고 60, 70년대는 한국 경제가 양적으로 고도의 성장을 이룩한 시기이기도 하다.

한편에서는 국가에 의해 발전 교육정책이 주도적으로 추진되었으며

---

1) 교육50년사편찬위원회, 『교육50년사』, 서울 : 교육부, 1998, 77~81면.
2) 통계청, 『통계로 본 한국의 발자취』, 서울 : 통계청, 1995.

그와 동시에 교육 팽창이 괄목할 만한 규모로 전개되었다는 사실, 또 다른 한편에서는 고도의 경제성장이 전개되었다는 사실, 이 세 가지 현상이 같은 시기에 전개되었다고 하는 것은 우연이 아님은 분명하다. 그 세 요인은 어떠한 방식으로든 상호 인과적인 연관을 맺고 있을 것이다.

이러한 세 요인 간의 상호 연관을 설명하려는 시도가 없지는 않다. '부존 자원이나 토착 자본 등이 부족한 한국이 단기간 내에 경제성장에 성공한 가장 큰 비결은 교육을 통한 인적 자원의 개발에 있으며, 그 과정을 국가가 주도하였다'고 하는 믿음은 이미 상식이 되어 있다. 국가의 적극적인 발전 교육정책으로 인해 교육이 팽창하고, 양질의 풍부한 인적 자원이 개발됨으로써 경제성장이 이루어질 수 있었다는 설명 방식은 단순한 상식에만 그치는 것이 아니라, 인간 자본론(human capital theory), 근대화론(modernization theory) 등의 발전 교육론에 의해 이론적으로 뒷받침되기도 한다. 국가의 발전 교육정책 → 교육 팽창 → 근대화된 인적 자원 양성 → 노동 생산성 향상 → 경제성장(소득 증대) 등의 인과 관계 사슬이 인간 자본론이나 근대화론을 통해 한국의 경제성장과 교육 간의 관계를 설명할 때 공리로 작용한다. 이러한 설명은 기본적으로 타당한 것이다. 국가가 실업 교육의 강화로 대표되는 발전 교육정책을 전개하여 공업 부문에 요구되는 인력 양성에 어느 정도 성과를 거둔 것도 사실이며, 무엇보다도 교육 팽창을 통하여 문해 능력과 근대적 생산의 규율을 체득한 노동력이 단기간에 대규모로 배출된 것도 사실이다. 이것이 경제성장의 중요한 토대로 작용했다는 것은 이미 여러 연구를 통해 입증된 바 있다.

그런데 이러한 설명 방식으로 충분한 것일까? 60, 70년대는 교육 팽창과 경제성장의 시기이기도 하지만, 동시에 권위주의적인 정치 체제 하에서 민주주의가 억압된 시기이다. 같은 시기에 교육은 생산성 향상을 위한 실업 교육으로만 특징지을 수 있는 것이 아니라, '국민교육헌장'과 '국기에 대한 맹세' 등의 의식, 교련과 체력장 등의 군사 훈련, 충무공 이순신과 이승복 동상 설립과 영웅화 등 이른바 국가주의적 교육으로 특징지을 수 있다. 권위주의적 정치 체제에 의해 주도적으로 전개된 이와 같은 국가주의 교육은 경제성장과 교육 간의 인과 관계에서 또 다른 주요한 매개 요인으로 작용했을 가능성은 없을까?

다른 한편, 교육 팽창이라는 요인이 국가의 발전 교육정책이나 경제성장과 갖는 인과 관계 또한 기존의 통상적인 설명 방식으로만 해명되기 어렵다. 한국 교육의 팽창이 국가의 발전 교육정책의 일환으로 국가에 의해 주도되었다고 보기 어려운 측면이 있고, 교육 팽창의 방향이 경제성장에 순기능을 하는 쪽으로만 전개되었다고 단언하기 어려운 점도 있다. 국가의 교육정책, 민간 부문의 교육열, 교육 팽창, 경제성장 간에는 기존의 통상적인 설명으로는 이해되기 어려운 보다 복잡한 관계가 있지 않을까? 이 글은 이러한 의심에서 출발한다.

2. 교육 팽창과 경제성장 그리고 정치

인간 자본론에서 말하는 대로, 국가가 경제성장을 위하여 의식적으로 교육 팽창을 주도했다면, 팽창에 필요한 비용을 예컨대 무상 의무교육, 공교육의 형태로 국가가 주로 부담했어야 한다. 아울러 국가의 수요에 맞추어 교육 기회를 조절하고 통제하는 정책이 시행되었어야 할 것이다. 물론 60, 70년대에 국가가 교육 팽창의 비용을 일부 부담한 것도 사실이고, 교육 팽창의 내용과 규모를 발전의 수요에 맞추어 조정하려 시도하기도 했다. 그러나 실지로 60, 70년대의 중등 및 고등교육 팽창의 내용을 들여다보면, 국가가 팽창을 주도하였다고 보기 어려운 점이 있다. 한국 중등교육 팽창은 그에 필요한 비용을 사적인 부문에 전가시키는 '유상 중등교육의 팽창', 그리고 '사학에의 의존' 등을 특질로 한다.[3] 이는 교육 팽창을 주도하는 힘이 국가가 아니라 민간 부문의 교육열에 있었음을 의미하는 것이다. 개인들은 사회 이동과 계층 상승의 동기를 갖고, 실지로 국가가 제공하는 교육 기회의 수준을 훨씬 상회하여 교육 팽창을 요구하였고, 이는 국가로 하여금 발전 교육정책의 구상을 양보하면서라도 정치적인 동기에서 교육 팽창을 용인할 수밖에 없게끔 하는 요인으로 작용하기도 하였다. 민간 부문의 교육열은 국가의 발전 교육정책의 구상과 순조롭게 접합되지 못하는 경우까지 발생했다. 예컨대 박정희 정권은 1960년대 초반에 중등 및 고등교육을 받은 고급 인력의 과잉 배출 위험성을 인식하여 고급 인력의 실업을 줄이는 방안의 하나로 인문고와 실업고의 비율을 1980년도에 30 : 70으로 한다는 목표를 설정하였다.[4] 박정희 자신이 1965년 10월 국회에서의 시정 연설에서 교육 팽창과 관련하여 "지금 우리는 교육의 양적 팽창을 극력 억제하고 질적 발전을 지향해야 할 전환 단계에 놓여 있읍니다. 그러므로 명년도부터는 인구 자연 증가에 의한 의무교육이나 일부 불가피한 중등교육을 제외하고는 그 확충을 억제할 것이며, 사회 수요에 알맞고 생산성이 높은 인적 자원의 개발을 꾀하고자 합니다"(「1966년도 예산안제출에 즈음한 시정연설문」, 1965. 10. 19.)[5]라는 방침을 자신있게 천명하였음에도 불구하고, 이 방침은 성공적으로 관철되지 못하였다. 박정희가 사망한 해인 1979년에 인문고 대 실업고 비율은 56.7 : 43.3이었다. 경제적인 수요를 상회하는 비실업적 성격의 중등교육이 정부가 아닌 민간의 힘으로 팽

---

3) 김기석, 「유상중등교육의 팽창」, 김신일 외(편), 『한국교육의 현단계』, 교육과학사, 1989.
4) 김영봉 외, 『한국의 교육과 경제발전(1945~75)』, 한국개발연구원, 1980, 44~45면.
5) 대통령비서실(편), 『박정희대통령 연설문집 2 : 제5대편』, 서울 : 대한공론사, 1973(b), 490면.

창하였으며, 국가는 그것을 막을 수 없었다. 오히려 중학교 무시험제도 나 고교 평준화 제도와 같은 파격적인 입시 정책을 통해 비실업적인 중등교육의 폭발적인 팽창을 허용할 수밖에 없었다. 이러한 팽창 정책의 이면에는 교육을 통한 인적 자원 개발이라는 발전 교육론적 고려가 아니라, 교육 기회의 확대를 통한 국민의 불만 해소라는 정치적 고려가 작용하였다고 보아야 한다.

생산성 향상을 위한 교육이라는 명제는 어떠한가. 한국 교육의 경우, 60, 70년대에 학교교육을 통하여 근대적인 가치와 경제성장에 필요한 생산 능력을 지닌 인간을 양성하였다는 명제를 전면적으로 부인할 수는 없을 것이다. 기본적으로 교육을 통해 국민 대다수가 문해 능력을 배양한 것은 사실이다. 그러나 실지로 동 시기 학교의 교육 내용을 분석해 보면, 특별히 학교의 교육 내용이 근대성이나 생산성 향상을 중심으로 재편되었다고 보기 어려운 점이 있다.

> 한국의 교과 내용에서는 특정한 기능의 교수나 공적으로 장려되는 가치관 교육에 있어서 근대화를 촉진하는 내용이 다른 나라에 비하여 크게 부각되지 않는다. 즉, 다른 나라보다 한국에서 더욱 노동력의 이동을 증대시키고, 분업화를 촉진하며, 과학 기술과 지식을 증대시켜 발명·발견과 급속한 응용 능력을 증진시키며, 기업가 능력의 향상과 사회 변화에 대한 국민의 적응력을 향상시키는 등 근대화에 기여하도록 교육되지 않는다.6)

국가는 학교의 교육과정을 구성하고 통제할 수 있는 권한을 지니고 있으며, 따라서 학교의 교육 내용을 생산성 향상 및 근대성 함양을 촉진하는 방향으로 재구성할 수 있을 것이다. 그런데 김영봉 등은 한국의 학교교육 내용에서 과학 기술과 지식의 증대, 사회 변화에 대한 국민의

---

6) 김영봉 외, 앞의 책, 1980, 146~147면.

적응력 향상 등 근대적인 가치와 태도를 강조하는 내용이 전혀 없는 것은 아니라 할지라도 그것이 다른 개발도상국에 비해 두드러지는 것은 아니라는 결론을 내린다. 오히려, 동시기 한국 교육에서 독특한 점은 그와 같은 근대적 가치 이상으로 반공과 국가주의적 요소가 강했다는 것이다. 이 점에 기초하여 김영봉 등은 다음과 같은 시론적 설명을 시도한다.

> 한국의 교육 확대와 경제 발전은 국가 발전사의 독특한 사건들이다. 이들 두 현상 간에는 어떤 관계가 존재하지만 그 관계는 단순한 인과관계나 촉진적 결합이 아니다. 전통적인 인간을 근대적인 인간으로 변형시키고 인적 자원을 형성함으로써 교육이 경제성장을 가져왔다고 결론짓기에는 실증적 증거가 미흡하다. 한국 사회의 다른 부문에서도 교육 부문과 필적할 만한 변화는 있었으며 이러한 균형된 변화가 국가 발전 과정에 기여하였음은 물론이다. 한국의 교육이 경제면에서 근로자의 능력을 향상시키기 위하여 기술 향상에 대한 반응으로서 확장되었다고 보기는 어렵다. 1960년대의 경제적 호황을 예견하여 교육 인구를 미리 증가시켰다고 보기도 어렵다. 이것은 물론 문자를 해득하고 상당한 교육을 받은 근로자가 풍부했기 때문에 60년대의 경제 발전이 촉진되었다는 결론을 부정하는 것은 아니다. 보다 명백한 사실은 **한국 교육이 학생과 성인을 포함한 국민의 기본적인 태도를 강력한 중앙집권적 정부에 부합하도록 사회화시키는 역할을 수행하였다**는 점이다. 정부가 교육을 경제 발전에 기여하도록 진흥시키기는 하였지만 70년대까지의 일반적 추세에 있어서 기술 습득과 서구인이 흔히 규정하는 발전적 가치관의 함양보다는 학생을 자주 독립 국가로서의 미래의 한국과 일치시킴에 보다 치중하였다. 따라서 교육의 확대는 취업을 위하여 교육 기회를 확대해야 한다는 사회적 요청과 새로운 경제 및 정치 제도를 지원하기 위한 여망에 따라 이루어진 것이다. 우리는 교육이 한국의 근대화에 결정적인 역할을 수행했다는 사실을 확신한다. 즉, 한국 교육은 정부가 국가에 부과된 근대화 정책을 강력하게 수행해 나가는 데에 조력한 것이다.[7]

한국의 60, 70년대 경제성장의 가장 중요한 메커니즘이 저곡가, 저임금 정책을 기초로 한 수출 드라이브형 경제 구조에 있었음은 주지하는 사실이다. 이러한 국가의 경제 정책은 자원 분배의 계층별 불평등과 노동자 농민 계층의 불만과 갈등을 필연적으로 유발하게 된다. 그러한 불만과 갈등을 억누르고 중앙집권적인 정부의 경제 정책에 대한 동의를 창출하는 것이 경제성장 지속의 주요한 관건이 되는 것이며, 이러한 동의 창출 과정은 효율적인 경제적 인력 양성이나 합리적이고 능동적인 근대적 인간 양성 과정과 비록 무관한 것은 아니라 할지라도 실지로 구분되는 별개의 과정, 즉 정치 통합의 과정이라고 할 수 있을 것이다.

이상과 같은 설명은 교육과 경제성장을 인과적으로 연결하는 핵심적인 매개 고리로 '정치'가 작용하고 있음을 시사하는 것이다. 한 연구에서는 한국의 발전 교육의 주요한 특질을 '권위주의적(authoritarian), 발전지향적(developmental), 간섭주의적(interventionist) 성격을 지닌 국가가 경제 및 교육의 제 측면을 강하게 통제한 점'으로 포착하고 있다.[8] 박정희 시대에 국가 혹은 정치가 교육에 어떤 방식으로 영향을 미치고 그것을 지배했는가를 포착하는 데에는 여러 가지 방법이 있을 수 있다. 이 글에서는 국가 지도자로서의 대통령의 교육 관련 담론을 분석의 대상으로 설정한다. 보다 구체적으로 박정희 대통령이 행한 각종 연설, 연두교서 등에 나타난 교육 관련 담론의 성격과 내용을 분석한다. 박정희의 연설문 내용이 곧바로 교육 현실로 반영되지는 않을 것이다. 그 과정에는 여러 가지 매개 요인이 작용한다. 또한 대국민 연설이 지닐 수밖에 없는 기본적인 성격, 즉 일반적인 설득력을 지닌 다소간 추상적인 언설

---

7) 김영봉 외, 앞의 책, 1980, 246~247면.
8) 김영화 외, 『국가 발전에서의 교육의 역할 분석 연구(I) - 연구 모형의 설정과 해방 이후 한국 교육의 전개 과정 분석(1945~1995) -』 연구보고 RR 96-5, 한국교육개발원, 1996, 30면.

과 논리 구조를 염두에 둔다면, 박정희의 교육 관련 연설 자체로부터 박정희 시대의 교육의 성격을 도출해 낸다는 것에는 무리가 따른다. 한편으로 박정희의 연설문은 박정희의 생각이라기보다는 당시 교육 관련 이데올로그들의 생각이라는 해석도 가능하다. 그럼에도 불구하고, 권위주의적인 정치 체제에서 권력이 최정점의 국가 지도자에게 집중되어 있었다는 점을 고려할 때, 박정희가 교육과 관련하여 어떠한 담론을 전개했는가를 분석하는 것은 60, 70년대 교육의 성격을 파악하는 출발점이 될 것이다.

3. 박정희의 발전 교육론

(1) 박정희 발전 교육론의 국가주의적 단초

1961년 5월 16일의 군사 정변을 통해 정권을 장악한 박정희는 「국가재건최고회의」라는 임시적인 군사 정부를 구성하였다. 이는 박정희가 민정 이양과 군으로의 복귀라는 애초의 약속을 번복하여 대통령 선거에 출마, 당선된 후 1963년 12월에 제3공화국이 출범할 때까지 지속된 군사 정부였다. 당시 「국가재건최고회의」는 주로 구악 일소와 질서 유지라는 단기적인 개혁 정책에 주력하였지만, 이후 제3공화국과 제4공화국에서도 계속 이어지는 장기적인 국가 발전 계획도 또한 구상하였다. 1962년 1월의 「제1차 경제개발5개년계획」이 그 대표적인 예이다. 그 연장선상에서 62년 1월 「시정방침 연설」에서 박정희는 최초로 자신의 본격적인 발전 교육 구상을 발표한다.

건설기에 적합하도록 교육제도를 쇄신하고 문교정책을 조절하여 민족정신을 고취할 것이며 생산기술 교육을 강화할 것입니다. 의무교육에 있어서는 적령아의 완전 취학을 기할 것이며, 중·고·대학생의 정원을 가급적 국가 수요 계획에 따라 책정할 것입니다. 혁명과업 수행 대열에 민족의 총역량을 집중시키기 위해 국민 조직과 국민 훈련을 강화하여 승공 민주 이념을 확립할 것이고, 국민 도의와 민족정기를 앙양하여 국민정신을 진작하기 위한 범국민 운동을 전개할 것입니다. 국민의 지식수준의 향상과 민주 사상의 고취를 위해 전국적인 문맹 해소와 계몽운동을 촉진할 것이고, 이에 따라 근로정신을 위시한 도의 진작에 치중할 것입니다. (「1962년도 시정방침 연설」, 1962. 1. 5.)9)

국가 수요 계획에 따른 중등, 고등교육 정원 조정 정책과 함께 생산기술 교육의 강화, 국가 수요에 따른 교육 팽창 규모의 조정, '승공 민주 이념'에 입각한 국민정신 진작, 지식수준의 향상 및 민주 사상의 고취 등을 골자로 하는 발전 교육정책에의 의지가 표명되었다. 1963년 12월 제3공화국의 발족과 함께 박정희가 대통령에 취임한 이후에도 이러한 교육정책의 목표는 동일하게 강조되었다. 1964년 「대통령 연두교서」에서는 교육정책의 목적이 다음과 같이 천명되었다.

조국의 근대화와 민족 중흥을 다짐하는 거국적 혁신 운동의 정신적 뒷받침을 담당하여야 할 문교 행정은, 첫째, 자주 자립을 지향하는 국민정신과 도의심을 함양하고, 둘째, 국민의 생활 혁신과 민족 중흥의 터전을 닦기 위하여 산업·과학·기술 교육을 적극 진흥하며, 셋째, 민족혼의 고취를 위하여 민족 문화 예술의 향상 발전을 도모할 것인 바… (「대통령 연두교서」, 1964. 1. 10.)10)

---

9) 대통령비서실(편), 『박정희대통령 연설문집 1 : 최고회의편』, 서울 : 대한공론사, 1973(a), 165면.
10) 대통령비서실(편), 앞의 책, 1973(b), 32~33면.

앞서와 마찬가지로 국민정신과 도의라는 요소가 산업 과학 기술 등의 요소와 함께 강조되는 한편으로, '민족'이라고 하는 개념이 새롭게 대두된다. 한편, 박정희는 기존의 교육에 대한 비판에 기초하여 자신의 교육론을 부각시키는 논리를 취하는데, 그것을 보여주는 흥미로운 연설이 1964년 2월의 「전국 교육감 회의 치사」이다.

> 지금까지의 교육은 개인적 공리에 입각한 입신양명주의에서 벗어나지 못한 감이 있으며, **사회적 봉사보다도 이기주의라는 개인 위주의 교육**에 치우친 경향을 나는 지적하고자 합니다. 현 시점에서 우리는 특히 사회적 봉사와 협동의 정신을 함양시킴으로써 국가와 민족에 대한 개인의 올바른 위치와 사명을 일깨워, 조국에 대한 사랑과 더불어 민족적 유대 의식을 견고히 하여 나가야 하겠으며, **지식과 기술의 편중보다도 인격의 도야**를 통한 민주 시민의 건전한 정신적 자세를 하루속히 확립시켜 나가야 하겠읍니다. (「전국 교육감 회의 치사」, 1964. 2. 17.)[11]

이 치사에서는 몇 가지 덕목들이 이항 대비 구조를 이루어 비교되고 있다. 개인적 공리는 사회적 봉사와 대립되며, 이기주의는 민족적 유대 의식과 대비되고, 지식과 기술의 편중은 인격의 도야와 대비되고 있다. 전자는 구 교육의 폐단을 가리키며 후자는 제3공화국의 교육 방침을 지시한다. 여기서 흥미로운 것은 근대성의 주요한 요소라 할 수 있는 '공리적 개인' 혹은 인간 자본론에서 말하는 생산적인 인력의 주요 요소인 지식과 기술이 부차적인 것으로 간주되고 있으며, 심지어 그것은 이기주의와 연결되어 부정적인 뉘앙스로 다루어지기도 한다. 그와 대비되어 국민정신교육이라는 '정치 통합'적 목적이 더욱 중요한 것으로 강조되고 있는 것이다. 경제성장을 위한 지식과 기술의 필요성을 부정했다고

---

11) 대통령비서실(편), 앞의 책, 1973(b), 45~47면.

할 수는 없다. 그러나 그것은 어디까지나 국가주의적인 맥락 안에서만 의미를 부여받았다. 박정희의 발전 교육론이 갖는 국가주의적 단초가 1960년대 전반기에 이상과 같은 이항 대비 속에 배태되어 있었다고 볼 수 있다. 이러한 이항 대비 논법은 이후 박정희의 교육 관련 담론에서 반복, 강화되어 간다. 그 과정에서 결정적인 분기점을 이루는 것이 1968년도 「국민교육헌장」의 발포이다.

(2) 「국민교육헌장」 발포와 국가주의 교육론의 강화

박정희의 발전 교육론은 이른바 '제2경제'라고 하는 매우 독특한 개념을 통해 발현되기에 이른다. 1968년 연두 기자회견에서 박정희는 '제2경제'라는 새로운 개념을 제시하고, 그에 대해 다음과 같은 설명을 덧붙였다.

> <제2경제>란 말은 지금까지 우리가 사용했던 학술적 용어도 아니고 어떠한 학문적인 그런 개념을 가진 용어도 아닙니다. 내가 생각해낸 한 단어인데 이것이 부적당하다면 적당한 말로 고쳐도 무방하다고 생각합니다. 다만, 그 뜻은 우리가 경제를 건설하는 데 있어서 **눈에 보이는 외형적인 또는 물질적인 면에 대해서 우리가 노력하는 동시에 정신적인 자세가 올발라야만 「경제 건설이다」, 「근대화 운동이다」 하는 것이 효과적으로 촉진이 되지 않겠느냐** 하는 그런 취지입니다. … 종전에 우리가 말하던 증산이다, 수출이다, 건설이다, 소위 통념적인 경제를 하나의 <제1경제>라고 이름을 붙일 수 있다면, 지금 말한 눈에 보이지 않는 정신적인 면이라든지, 또 우리의 마음가짐 등 우리 국민이 근대화를 하는 데 있어서의 철학적인 바탕 또는 기조 등을 <제2경제>라고 해 볼 수도 있지 않겠느냐 이러한 이야기입니다. (「연두 기자회견」, 1968. 1. 15.)[12]

---

12) 대통령비서실(편), 『박정희대통령 연설문집 3 : 제6대편』, 서울 : 대한공론사, 1973(c),

스스로가 밝힌 대로 '제2경제' 개념은 박정희 자신이 생각해낸 전대미문의 용어였다. 그것은 위의 기자회견에 따르면 국민의 '정신 자세' 혹은 '마음가짐'을 가리키는 것인 바, '제2'의 '경제'라고 명명된 이유는 경제 건설이나 근대화를 촉진할 수 있는 철학 혹은 정신을 의미하기 때문이라는 것이 그의 설명이었다. 여기까지만 본다면 '제2경제'의 의미는 사회 근대화론에서 말하는 '근대성'이나 '합리성'을 가리키는 것이라고 추측할 수도 있다. 그러나 '제2경제'의 의미는 그와는 다른 것이었다. 그것은 '민족주의', '국가주의' 이데올로기를 의미하는 것이었다. 1988년 문교부의 『문교40년사』는 이를 다음과 같이 지적하고 있다.

> 1964년에 발족한 제3공화국 정부는 '조국의 근대화'와 '민족의 중흥'이라는 슬로건을 내걸고 민족주의, 국가주의의 교육 이념을 보다 전면에 부각시켰다. 민주주의의 교육 이념이 어느 면에서는 다소 퇴색될 수밖에 없는 시대적 상황이었던 것은 부인하기 어려운 사실이었다. 1960년대 후반에 들어와 이른바 '제2의 경제'가 강조되었다. 그것은 '제1의 경제'가 주로 물질적 측면에서의 근대화를 강조하고, 경제개발 계획의 추진으로 경제의 성장과 공업화의 추진에 역점을 두었던 것과는 대조적으로 근대화와 민족 중흥의 정신적 기반을 보다 공고히 하고자 하는 것이었다. 1967년, 1968년에 창조된 '제2의 경제'를 더욱 발전시키고, 국민의 정신 혁명을 교육을 통하여 이룩하고자 하는 데에서 국민 교육 헌장의 제정은 실현된 것이었고, 그것은 교육 이념에 있어 민족주의, 국가주의 이념을 더욱 부각시키고자 하는 것이었다.13)

'제2경제' 개념은 개인적인 근대성, 합리성이라기보다는 민족주의, 국가주의 교육 이념을 경제성장과 연결시키기 위해 구안된 개념이었으

133~134면.
13) 文敎40年史編纂委員會, 『文敎40年史』, 문교부, 1988, 7~8면.

며, 앞 절에서 언급한 이항 대비 가치 중에서 전자가 아닌 후자에 해당되는 것이었다. 그리고 이 '제2경제' 개념을 모태로 하여 만들어진 것이 「국민교육헌장」이다. 당시 한국의 지도급 지식인과 교육자들이 제정 과정에 대거 참여하였고, 국회에서도 만장일치로 통과된 '교육 장전'으로 나타난 「국민교육헌장」은 다음과 같았다.

국민교육헌장

우리는 민족 중흥의 역사적 사명을 띠고 이 땅에 태어났다. 조상의 빛난 얼을 오늘에 되살려, 안으로 자주 독립의 자세를 확립하고, 밖으로 인류 공영에 이바지할 때다. 이에, 우리의 나아갈 바를 밝혀 교육의 지표로 삼는다.

성실한 마음과 튼튼한 몸으로, 학문과 기술을 배우고 익히며, 타고난 저마다의 소질을 계발하고, 우리의 처지를 약진의 발판으로 삼아, 창조의 힘과 개척의 정신을 기른다. 공익과 질서를 앞세우며 능률과 실질을 숭상하고, 경애와 신의에 뿌리박은 상부 상조의 전통을 이어받아, 명랑하고 따뜻한 협동 정신을 북돋운다. 우리의 창의와 협력을 바탕으로 나라가 발전하며, 나라의 융성이 나의 발전의 근본임을 깨달아, 자유와 권리에 따르는 책임과 의무를 다하며, 스스로 국가 건설에 참여하고 봉사하는 국민 정신을 드높인다.

반공 민주 정신에 투철한 애국 애족이 우리의 삶의 길이며, 자유 세계의 이상을 실현하는 기반이다. 길이 후손에 물려줄 영광된 통일 조국의 앞날을 내다보며, 신념과 긍지를 지닌 근면한 국민으로서, 민족의 슬기를 모아 줄기찬 노력으로, 새 역사를 창조하자.

1968년 12월 5일

전문 393자로 구성된「국민교육헌장」의 발포와 함께 문교부는 '국민교육헌장독본' 265만 부를 발간하여 각급 학교와 기관에 배부하고, 초등학생을 위한 '헌장 그림책'도 130만 부를 발간·배포하는 등「국민교육헌장」의 대국민 보급에 주력하는 한편, 그 밖에도 전국의 학생, 공무원들에게「국민교육헌장」을 암송하게 하였고 행사에는 반드시 그 전문을 낭독하게 하였으며, 헌장 이념을 담은 영화와 음반까지 제작·보급하는 등 전면적인 노력을 기울였다.[14] 박정희는 매년「국민교육헌장」선포 기념식에 참석하여 축사를 낭독하는 적극성을 보이는가 하면, 연두교서나 기자회견, 기타 중요한 연설 기회 때마다「국민교육헌장」의 정신을 강조하였다.

　「국민교육헌장」은 이후 1990년대 중반까지 한국 교육의 이념을 지배한 가장 중요한 문서였다. 그것의 의의는 예컨대 문교부에서 편찬한『한국교육삼십년』에서, "우리나라의 새로운 국민상, 즉 교육이 지향할 바 이상적인 국민상을 진술하고 제시했다는 데 있다. 국토의 통일과 산업경제의 근대화, 민족문화의 창달로 민족 중흥의 대과업을 완수하고 영원한 국가 발전을 이룩하기 위하여 그 근간이 되는 우리의 정신적 기반과 건전한 국민 생활 윤리와 가치관이 집약된 새로운 국민상을 밝혀서 국민 교육의 기본 이념으로 하고자 이를 제시한 것이다"[15]라고 평가되었으며, 이러한 평가는 그것이 폐지될 때까지 결코 변하지 않았다.

　「국민교육헌장」의 이념에 대한 독해 작업 자체가 쉬운 일은 아니며, 그것의 제정 맥락과 그에 참여한 지식인들의 이념에 대한 정치한 분석을 요구하는 작업이다. 그러나 유감스럽게도 그와 같은 시도가 충분히 이루어지지 못하고 있다. 이는 후일의 과제로 미루고, 다만 본고에서는「국민교육헌장」이 박정희 자신의 교육론 속에서 어떻게 이해되고, 활용

---

14) 교육50년사편찬위원회, 앞의 책, 1998, 82면.
15) 韓國敎育三十年編纂委員會, 앞의 책, 1980, 19면.

되었는가를 표면적으로 다루는 데 그치고자 한다. 사실, 헌장에 제시된 덕목은 매우 다양하다. 그 안에는 '자주 독립'과 '인류 공영', '창조와 개척'과 '경애와 신의', '자유와 권리'와 '책임과 의무', '나의 발전'과 '나라의 발전', '반공'과 '민주' 등의 가치가 병렬적으로 제시되어 있다. 따라서 그 자체만으로는 노골적인 배타적 민족주의나 비민주적 국가주의를 표방한다고 보기 어렵다. 그런데 상이하고 때로 상호 대립하거나 모순될 수도 있는 가치가 병렬적으로 제시되고는 있으나, 이러한 다양한 덕목들 중에서 어떤 요소가 어떠한 맥락에서 강조되는가에 따라 「국민교육헌장」의 실체적 성격이 달라질 수 있다. 박정희는 어떤 맥락에서 헌장을 이해하고, 활용했던 것일까.

예컨대 1970년 연두 기자회견에서의 박정희의 언설을 살펴보자. 여기서 그는 개인과 국가 간의 관련을 다음과 같은 비유로 설명한다.

> <나>라는 우리 개인을 우리는 이것을 <소아>라고 합니다. <나>를 확대하고 연장한 것이 국가인데 그 국가를 우리는 보통 <대아>라고 합니다. 우리는 나라를 말할 때 우리나라라고 말하고, 내 나라 너의 나라, 이렇게 하지는 않습니다. 우리나라의 <우리>라는 개념 속에는 <나>와 <너>가 다 들어 있읍니다. 우리나라라는 것은 <나>와 <너>와 모든 것이 다 합쳐서 된 것이며, **나를 확대한 것이 즉 우리 국가입니다. 우리 민족이라고 할 때의 우리도 역시 마찬가지로서 우리 민족이라는 것은 <나>를 확대한 <대아>인 것입니다.** 그렇기 때문에 국가가 잘 되는 것은 결국은 내가 잘 되는 것이며, 민족이 잘 되는 것도 결국은 내가 잘 되는 것이며, 국가를 위해서 내가 희생을 하고 봉사를 하는 것은 크게 따지면 내 개인을 위해서 봉사하는 것이고, 우리 자손을 위해서 희생하는 것이다, 그렇기 때문에 우리가 국가를 위해서 충성을 하는 것은 미덕이다, 가장 보람있는 일이다, 이렇게 생각할 수가 있는 것입니다. (「연두 기자회견」, 1970. 1. 9.)[16]

---

16) 대통령비서실(편), 앞의 책, 1973(c), 686면.

'국가는 <나>를 확대한 <대아>이므로, 개인의 운명은 국가의 운명과 일치된다. 따라서 국가를 위한 희생과 봉사는 개인을 위한 희생과 봉사이다'라는 논리에 입각하여 개인과 국가 간의 관계를 주장한다. 여기서 개인과 국가는 독립적인 두 실체 간의 대등하고 호혜적인 관계가 아니라 전자가 후자에 종속되는 관계로 설정된다. 요컨대 그 기본 원리는 '사회유기체설'에 입각한 국가주의인 것이다. 박정희의 이러한 국가관은 「국민교육헌장」의 이해와 활용의 전제로 작용하였다. 이를 보다 분명하게 보여주는 것이 1971년 12월 5일에 이루어진 「국민교육헌장 선포 삼주년 기념식」에서의 연설이다.

> 우리는 이 헌장의 한 구절 한 구절을 빠짐없이 실천해야 하겠지만, 특히 오늘의 국내외 여건에 비추어 볼 때, 민족의 공동 운명 의식과 조국애를 강조한 구절은 다른 어느 구절보다도 더 깊이 명심하여 실천 궁행해야 하겠읍니다. 즉 「나라의 융성이 나의 발전의 근본임을 깨달아, 자유와 권리에 따르는 책임과 의무를 다하며, 스스로 국가 건설에 참여하고 봉사하는 국민정신을 드높인다」라고 한 것이 바로 그것입니다. 이것은 국가의 발전과 영광 속에서 개인의 성장과 행복의 길을 추구한다는 확고한 국가관을 일깨우고, 의무를 다하는 사람만이 권리를 주장할 수 있고, 책임을 완수하는 자만이 자유를 누릴 수 있다는 자유 이념의 진리를 명백히 한 것입니다. 지나친 개인 위주의 생각, 즉 나라와 민족이야 어떻게 되든 나 혼자만 잘 되면 그만이라는 퇴폐적인 생각과, 자기의 책임과 의무는 이행하지 않고 자유와 권리만을 앞세우는 그릇된 풍조가, 국가의 안정과 발전을 저해하는 요인이 되고 있는 최근 세태의 일면을 눈여겨 볼 때, 이 헌장 구절에 대한 각별한 인식과 생활화는 무엇보다도 시급한 일이라고 믿습니다. (「「국민교육헌장」 선포 제3주년 기념 치사」, 1971. 12. 5.)[17]

---

17) 대통령비서실(편), 『박정희대통령 연설문집 4 : 제7대편』, 서울 : 대한공론사, 1973(d), 86면.

박정희에게 있어서 「국민교육헌장」은 오로지 한 문장, 즉 "나라의 융성이 나의 발전의 근본임을 깨달아, 자유와 권리에 따르는 책임과 의무를 다하며, 스스로 국가 건설에 참여하고 봉사하는 국민정신을 드높인다"라는 문장으로 집약될 수 있는 것이었다. 이 문장에 나타난 제 덕목은 병렬적인 것이 아니라 가치상의 선후 관계를 지니는 것으로 해석되고 있다. 여기에 깔려 있는 '개인' 대 '국가', '권리' 대 '의무', '자유' 대 '책임'의 이항 대비는 1964년 연설에서의 '이기주의' 대 '사회적 봉사', '지식과 기술 편중' 대 '인격 도야'라는 이항 대비가 한층 국가주의적 성격을 농후하게 하는 방식으로 반복 변주된 것이라고 볼 수 있다.

헌장에 대한 이상과 같은 '국가주의적'인 선택 해석과 강조에 더하여, '민족주의적'인 선택적 해석과 강조도 이루어졌다. 1972년 3월의 「지방장관회의 유시」에서 박정희는 '안으로 자주 독립'과 '밖으로 인류 공영'이라는 대목에 관하여 다음과 같은 해석을 내렸다.

> 우리 국민교육헌장에 보면 이러한 대목이 있읍니다. 「안으로 자주 독립의 자세를 확립하고 밖으로 인류 공영에 이바지한다」는 말이 나옵니다. 안으로 자주 독립의 자세를 확립한다는 것은 우선 우리나라 교육의 일차적 목적은 자주 독립 국가로서의 올바른 자세와 자질을 갖춘 국민을 만들라는 것입니다. 그리고 난 다음에, 우리가 또 인류 공영에 이바지할 수 있는 분야에까지 발전해 나가야 된다는 것입니다. 우선 대한민국이라는 이 국가의 국민으로서 자주 독립을 우리가 지켜 나갈 수 있는 국민으로서의 자질, 그러한 소실을 갖춘 그런 국민을 양성해야 된다는 뜻이라고 나는 해석합니다. 우리 국가와 우리 사회가 필요로 하는 인간을 만드는 데 첫째 목적을 두고 여기에 역점을 둬야 되겠으며, 그리고 난 뒤에 인류 사회에 공헌하거나 기여할 수 있는 분야까지 발전을 해 나가는 것이 궁극적인 목적이라고 보는 것입니다. (「제1회 지방장관 회의 유시」, 1972. 3. 7.)[18]

---

18) 대통령비서실(편), 앞의 책, 1973(d), 167~168면.

눈여겨보아야 할 것은 안 '과' 밖이라는 공간적 비유가 안 '그리고 난 후의' 밖이라는 시간적 비유로 전화되는 대목이다. 공간적 비유에서는 안과 밖은 동시에 공존할 수 있다. 그러나 시간적 비유에서는 가치 공존이 아니라 가치 상의 선후 관계가 강조된다. 인류 공영에 앞서서 먼저 자주 독립을 이루어야 한다는 것이다. 그렇다면 우선적으로 강조되는 바, '자주 독립을 지켜 나갈 수 있는 국민의 자질'이란 무엇일까. 이에 대해 박정희는 보다 명시적인 해설을 덧붙인다. 박정희는 교육의 목적으로 '선량한 민주 시민' 양성과 '대한민국 사회에 꼭 필요한 선량하고 충실한 인재' 양성을 다음과 같이 구분하고 있다.

> 흔히, 우리나라 식자들 중에도 교육을 통해 선량한 민주 시민을 양성한다고 말합니다. 물론, 우리 대한민국 국민도 선량한 민주 시민으로서의 자질을 갖춰야 됩니다. 그러나, **선량한 민주 시민이라는 것이 일본 국민도 될 수 있고, 미국 국민도 될 수 있고, 영국 국민도 될 수 있는 만국 공통의 국민이어서는 곤란합니다.** 나는 그것이 아니라고 생각합니다. 우선, 대한민국 사회에 꼭 필요한 선량하고 충실한 인재를 만드는 것에 우리 교육의 일차적인 목적을 두고 여기에 역점을 두어야 되겠다는 것입니다. (「제1회 지방장관 회의 유시」, 1972. 3. 7.)[19]

'민주 시민'이라는 개념조차도 독특한 민족주의의 맥락 하에서 재해석되어 '대한민국 사회에 꼭 필요한 선량하고 충실한 인재'로 표방되고 있는 것이다. '민주 시민'의 '국적'을 강조하려는 이러한 박정희식 헌장의 해독은 같은 해 말, '국적 있는 교육'이라는 모토로 한층 더 노골적으로 발전한다. 박정희는 같은 해 3월 말의 「총력 안보를 위한 전국 교육자 대회」 치사에서 교육에서의 「국적」 회복을 다음과 같이 강

---

19) 대통령비서실(편), 앞의 책, 1973(d), 167~168면.

조하였다.

> 혹평을 한다면, 우리는 그 동안 국적 없는 교육을 해 왔다고 할 수 있습니다. … 나는 우리의 교육도 이제는 외국의 교육 형태를 모방하고 추종하는 데서 탈피하여, 국가 현실을 정확히 인식하고 올바른 국가관에 입각한 교육을 지향해야 할 때가 왔다고 강조하는 바입니다. 다시 말해서, 우리의 국가 현실에 알맞는 교육, 즉 우리 교육의 〈국적〉을 되찾아야 할 때라는 것입니다. (「총력안보를 위한 전국교육자 대회 치사」, 1972. 3. 24.)20)

'우리의 국가 현실에 알맞은 교육' 즉 '국적 있는 교육'이라는 담론은 그 해 말, 즉 1972년 10월 27일의 이른바 「10월유신」의 교육론적 전조를 이루는 것이었다. 마치 '제2경제' 개념이 「국민교육헌장」의 모태가 된 것처럼, '국적 있는 교육'은 「10월유신」의 이데올로기인 '한국적 민주주의'의 모태가 되는 것은 필연적이었다.

> 몸에 알맞게 옷을 맞추어서 입는 것과 마찬가지로 **우리의 역사와 문화적 전통, 그리고 우리의 현실에 가장 알맞는 국적 있는 민주주의적 정치 제도**를 창조적으로 발전시켜서 이것을 신념을 갖고 운영해 나가야 할 것이라고 믿습니다. 나는 오늘 공고된 이 헌법 개정안이 평화 통일을 지향하며, 능률을 극대화하여 국력을 조직화하고 안정과 번영의 기조를 굳게 다져 나감으로써 민주주의 제도를 우리에게 가장 알맞게 토착화시킬 수 있는 올바른 헌정 생활의 규범임을 확신합니다. (「헌법개정안 공고에 즈음한 특별담화문」, 1972. 10. 27.)21)

'국적 있는 교육'은 곧바로 '국적 있는 민주주의적 정치 제도'로 확대된다. 여기서 이 '국적 있는 민주주의적 정치 제도'가 통일주체국민회의

---

20) 대통령비서실(편), 앞의 책, 1973(d), 179면.
21) 대통령비서실(편), 앞의 책, 1973(d), 307면.

를 통한 영구 집권제, 긴급 조치권을 통한 초헌법적 권력의 장악, 유정회 제도를 통한 입법권의 장악 등으로 나타난 파시즘 체제를 가리키는 것임은 새삼 지적할 필요가 없을 것이다.

이제 남은 일은 「국민교육헌장」의 이념이 곧 「10월유신」의 이념임을 최종적으로 확인시키는 것이다. 같은 해 12월 5일 「국민교육헌장」 선포 제4주년 기념식에서 박정희는 양자가 동일한 것임을 다음과 같이 공개적으로 천명하였다.

> 이 국민교육헌장의 정신이 바로 유신 과업 수행에 있어서 국민 모두가 가져야 할 기본 정신이라고 강조하고자 합니다. … 특히 전국의 교육자 여러분이 일찌기 그 예를 찾아보기 어려울 정도로 솔선해서 유신 헌법 확정을 위해 앞장서 노력했다는 사실은 교육 헌장 이념과 이번 <10월유신>의 정신이 그 기조를 같이 하고 있기 때문이라고 믿습니다. … 국민교육헌장은 우리가 다 잘 아는 바와 같이 우리의 사명을 「민족 중흥」으로 규정하고, 「공익과 질서를 앞세우며 능률과 실질을 숭상하여, 우리의 처지를 약진의 발판으로 삼아」 새 역사를 창조해 나갈 것을 강조하고 있습니다. 이 점이 바로 헌장 이념이 <10월유신>의 기본 정신과 그 기조를 같이 하는 점이라고 말할 수 있는 것입니다. (「「국민교육헌장」 선포 제4주년 기념식 치사」, 1972. 12. 5.)[22]

「국민교육헌장」 제정에 참여한 지도적 지식인들, 그 보급과 실천에 노력했던 교육자들에게 애초부터 헌장의 정신이 「10월유신」으로 귀결되는 것으로 이해되지는 않았을 것이다. 지식인이나 교육자의 헌장 이해가 박정희의 그것과 동일했다고 단언할 수는 없다. 전자에 대한 분석은 별도의 과제이다. 그러나 한 가지 분명한 것은 박정희에게 있어, 「국민교육헌장」은 언제나 국가주의적인 맥락에서만 이해되는 것이었고,

---

22) 대통령비서실(편), 앞의 책, 1973(d), 321~322면.

따라서 그것은 적어도 그의 교육 담론 속에서는 「10월유신」 이데올로기를 향해 한 치의 이탈도 없이 직선적으로 이어졌다는 점이다. '과학 기술과 국민정신의 병렬적 강조'에서 '지식, 기술에 우선하는 인격의 도야'로, '제2의 경제' 강조와 「국민교육헌장」의 제정으로, 그리고 '국적 있는 교육'으로 연쇄적으로 전개되어 간 박정희의 국가주의적 발전 교육론이 궁극적으로 귀착한 지점이 「10월유신」이었다. 그리고 그 장면에서 박정희는 유신 헌법 확정에 기여했다고 교육자들을 치하했던 것이다.

유신 체제 하에서, 박정희는 자신의 국가주의적, 민족주의적인 발전 교육론의 타깃을 초·중등 학교교육의 영역을 넘어서 대학 교육으로까지 확장하게 된다. 1974년 연두 기자회견에서 그는 대학 교육 역시 '국적 있는 교육'이어야 함을 다음과 같이 강조하였다.

> 대학 교육의 근본 목적이라는 것은 조국의 발전과 민족 중흥을 위해서 앞으로 적극적으로 헌신할 수 있는 유능한 인재를 양성하는 것이 대학 교육의 목적이다, 그러기 위해서는 첫째, <국적 있는 교육>을 통해서 민족 사관에 투철한 건전한 한국 사람을 양성해야 되겠다, **즉 대학 교육에 있어서 정신적으로 국적이 없는 세계인을 만드는 교육을 우리 한국 대학에서 하는 것은 아니다 라는 말입니다.** … 분명히 건전한 한국 사람을 양성하기 위한 교육이라야 하겠읍니다. 그렇기 때문에, 대학 교육에 있어서는 생산적인 학문과 생산적인 연구 활동을 통해서 국력을 배양하고 국가에 기여할 수 있는, 그러한 인재를 양성해야 되겠다, 이것이 교육의 목적입니다. 또 이것을 하는 것이 학원의 사명입니다. (「연두 기자회견」, 1974. 1. 18.)[23]

대학의 경우 과학 기술 교육의 강화라는 주제로 제한된 정책이 전개

---

23) 대통령비서실(편), 『박정희대통령 연설문집 5 : 제8대편 상』 서울 : 대한공론사, 1976, 238~239면.

되었다면 74년 이후부터는 대학 교육 자체를 국가주의적, 민족주의적으로 재편성하려는 시도가 전개된 것이다. 학문마저도 이데올로기적 교화의 수단으로 장악하려는 파시즘 교육정책의 최종 국면이 바야흐로 전개되는 것이다.

지금까지 한국적 발전 교육론의 내용을 「국민교육헌장」의 제정과 이후의 전개 과정을 더듬어 박정희의 연설을 통해 분석해 보았다. 박정희의 교육론은 단순한 정치 지도자의 언설로 끝난 것이 아니라, 구체적인 교육정책으로 발현되었다. 각 시기별 교육정책의 구체적인 내용에 대한 분석은 별도의 과제로 남기되, 여기서 대표적인 몇 가지 교육정책을 열거하면 다음과 같다. 1963년 2월 15일의 제2차 교육과정 개정(문교부령 제119호)을 통한 반공 도덕 교육 및 국사 교육의 강화, 69년 11월의 고교 이상 군사 훈련 실시 결정, 72년 1월의 새마을 교육 강화 지시, 73년 2월 14일의 제3차 교육과정 개정(문교부령 제310호)을 통한 도덕(국민윤리) 및 국사 교과의 법제화, 75년 9월 2일 전국중앙학도호국단 발단식 거행, 같은 해 10월 대학 일반 군사교육 강화, 76년 9월 국민학교 운동회 부활 지시, 77년 8월 22일의 「교과용 도서에 관한 규정」(대통령령 제8660호) 제정을 통한 국민학교·중학교·실업고등학교의 전 교과와 인문 고등학교의 일부 교과(국어·국민윤리·국사 등) 국정교과서제 실시 등이 그것이다. 물론 이상의 정책과 함께 실업학교 및 대학에서의 과학 기술 교육 진흥 등 경제성장을 위한 정책이 실현된 것도 사실이다. 그러나 가장 집중적으로 국가가 주력한 것은 학교교육을 통한 국민의 양성, 즉 '정치 통합'을 지향한 정책들이었다. 박정희의 '발전 교육론'에서 경제성장을 위한 인력 양성이 배제된 것은 아니었지만, 그것은 언제나 국가주의적 교육의 형식과 내용을 전제로 한 것이었다.

4. 맺음말

　본고에서 필자는 1960, 70년대 한국의 경제성장과 교육 간의 관계를 연결짓는 매개 고리로 박정희 정권의 국가주의 교육을 주요 요인으로 설정하였고, 국가주의 교육의 실체에 접근하는 출발점으로 박정희 자신의 발전 교육론이 갖는 국가주의적 성격을 분석하였다. 이를 통해 박정희의 발전 교육론이 인간 자본론이나 사회 근대화론에서 전제하는 것과는 사뭇 다르다는 것을 밝히고자 시도하였다. 박정희의 국가주의적 발전 교육론은 경제성장을 추동하는 인력의 양성을 부정하는 것은 아니었지만, 어디까지나 권위주의적 국가 체제에의 순응과 동원을 최우선적인 목적으로 하는 것이었다. 그리고 그러한 동원 체제야말로 박정희식 경제성장 모델과 유기적으로 결합되어 있었다고 보아야 한다. 1960, 70년대 교육이 경제성장과 인과 관계를 맺고 있다는 명제는 여전히 부정하기 어렵다. 다만, 본고에서는 양자 간의 관계를 국가주의 교육이라는 매개 요인을 통해 새로운 각도에서 접근하고자 한 것이다.

　그렇다면 당시 교육 팽창을 실제로 주도한 민간 부문의 교육열이라는 요인은 경제성장, 국가의 발전 정책 등의 요인과 어떠한 맥락에서 관계를 맺는 것으로 파악될 수 있을까? 현재로서는 거친 수준의 가설에 불과하지만, 다음과 같은 그림을 그려 볼 수 있지 않을까.

　박정희 시대에 급격하게 전개된 중등 고등교육 팽창은 민간 부문이 주도한 것이다. 우리 사회의 교육열은 일단, 후발 자본주의 국가가 지나친 재정적 부담을 지지 않은 채로, 단기간 취학률의 급등을 이룩할 수 있는 가장 중요한 원동력으로 작용하였다는 점에서 교육 팽창의 주요 요인으로 작용하였다. 국가 역시 중학교 무시험 정책이나 고교 평준화 등의 입시 정책을 통해 교육 팽창의 물꼬를 터주는 역할을 담당하였다는 점에서 역시 교육 팽창을 가능케 한 또 다른 주요 요인으로 작용하였다. 그런데 교육열의 발현 방향과 국가의 정책이 지향하는 방향이 언제나 순조롭게 일치하지는 않는다. 실업계를 압도하는 인문계 고교의 비중에서, 그리고 국가의 인력 수급 구상을 벗어나는 고등교육에의 쇄도에서 드러나듯이 교육열은 국가 발전을 위한 교육정책과 충돌할 가능성도 있다. 우리 사회의 교육열은 경제성장이나 국가주의와는 다른 차원의 동기에서 작동하는 에너지이다. 그것은 사회 이동을 위한 교육기회가 극도로 억압되었던 식민지 경험을 바탕으로 하고 있으며, 생존권 확보를 위해 달리 신뢰할 만한 국가의 제도적 장치가 부재한 상황에서는 고도로 개인주의적, 가족주의적인 방향으로 작동하는 경향이 있다.

그러나 동시에 1960, 70년대에 교육열이라는 에너지는 권위주의적인 정치 체제 하에서 발현된다. 당시는 교육열이 교육의 이념과 목적, 내용에 영향을 미치는 방향으로, 혹은 교육권과 학습권을 둘러싼 민권 운동으로 전개될 수는 없었던 상황이었다. 학교교육의 목적과 내용은 국가에 의해 배타적, 독점적으로 장악되어 있었다. 결국, 교육열은 민간 부문에서의 교육비 지출과 교육 기회 획득을 둘러싼 개인 간의 경쟁이라는 제한된 방향으로만 발현될 수밖에 없었다. 달리 말하면, 국가의 요구와는 다른 동기에서 작동하고, 때로는 그것과 어긋나기도 하는 민간 부문의 교육열이 교육 팽창을 가능하게 했으나, 그 과정을 통해 역설적으로 국가주의적 교육정책과 동원 체제 형성, 그리고 경제성장이 단기간에 대규모로 전개될 수 있는 교육의 물적 기반이 마련되었다고 하는, 보다 복잡한 그림을 그려 볼 수 있지 않을까.

끝으로 박정희 시대 교육의 성격을 밝히는 작업과 관련하여 부언하고 싶은 것은, 그것의 역사적 연원을 추적해 볼 필요가 있다는 점이다. 박정희 자신이 식민지 시기에 사범학교를 나와 식민 교육에 복무한 경험이 있다. 그 경험을 추적해 들어가는 것도 한 가지 방법이다.[24] 나아가 박정희를 위시한 당시 교육 엘리트의 교육관의 식민지적 기원을 의심해 볼 수도 있다. 박정희 시대에 흔히 활용된 바, 지식 대 덕성, 개인 대 국가, 민족 대 인류 등의 이항 대비 논리 구조는 수십 년 전쯤 어딘가에서 본 적이 있는 듯한 기시감을 불러일으키는 것이 사실이다.[25] 나아가, 박정희 시대에 일선 학교 현장에서 전개된 국가주의 교육을 식민지적 교육 경험과의 관련 속에서 규명할 필요가 있다. 「국민교육헌장」 발포 이후 문교부는 일선 학교에 헌장의 정신을 실천할 수 있는 실천 방안을 연구하여 실행하라고 지시하고, 과정을 감독하였으며, 그 효과적인 사례들에 대해 포상하고 그 내용을 선전하는 등의 정책을 전개하였다.[26] 이 과정에서 혹시 식민지 교육의 '국가주의적 형식'이 부활하지는 않았을까. 식민지 교육 관행과 1970년대 교육 관행 간의 놀라울 정도의 유사성[27]을 생각한다면, 이러한 의심이 근거 없는 억측만은 아닐 것이다.

---

24) 이기훈,「일제하 식민지 사범교육 — 대구사범학교를 중심으로」,『역사문제연구』 2002년 통권 9호, 41~76면.
25) 오성철,『식민지 초등교육의 형성』, 한국교육사고 연구총서 3, 서울 : 교육과학사, 2000.
26) 국민교육협의회,『국민교육헌장의 자료총람』, 서울 : 한국경영개발협회, 1972.
27) 오성철,「세속종교로서의 학교」,『당대비평』 2001년 가을호.

II
'국어' 교과서와 이데올로기의 구현 양상

반공 이데올로기와 '국어' 교과서   강진호
　－'교수요목기'의 '국어' 교과서를 중심으로

'국어' 교과서에 드러난 민족주의 구현 양상   방금단
　－단정기에서 3차 교육과정기까지

탈식민주의와 '국어' 교과서   한영현
　－군정기, 단정기 '국어' 교과서를 중심으로

주체의 소멸과 권력의 메커니즘   장영미
　－1~4차 초등 '국어' 교과서를 중심으로

교과서 속의 어린이상(像)과 국가   최윤정
　－교수요목기에서 4차 초등 '국어' 교과서를 중심으로

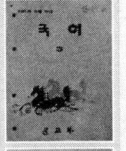

‖ 강진호 ‖

반공 이데올로기와 '국어' 교과서
―'교수요목기'의 '국어' 교과서를 중심으로

1. '국어' 교과서와 반공주의

　우리나라처럼 교육이 정치에 종속된 경우는 없을 것이다. 교육이 국가권력을 유지하는 핵심 기제이자 동시에 재생산의 수단인 것은 분명하지만, 우리의 경우는 그 정도와 양상이 다른 나라보다는 한층 심각하고 전면적이었다. 정권이 바뀔 때마다 교과서의 내용이 바뀐 것은 물론이고 심지어 정권을 정당화하기 위해서 이데올로기를 의도적으로 조작하여 교육의 근본이념으로 활용해 온 경우도 있었다. 이승만 정권은 출범과 더불어 사회과 교과서를 '일민주의(一民主義)'로 도배하다시피 했고, 박정희 정권은 근대화 정책을 시행하면서 '새마을운동'을 금과옥조인 양 교과서의 핵심 단원으로 수록하였다. 우리의 말과 언어생활 전반을 관장하는 '국어과'의 경우도 예외가 아니어서, 단정기 '국어' 교과서의 경우 필자 대부분은 당시 정권의 실세로 군림하던 인사나 정치화된 문인들이고, 그로 인해 교과서는 마치 정권의 이념과 가치를 선전하는 홍보책자와도 같은 모습을 보여준다.

  교과서가 이렇듯 정치화된 것은 그만큼 우리의 교육계가 자율성을 확보하지 못했다는 반증이고, 동시에 탈정치화를 통한 정체성의 확보가 시급하다는 것을 의미한다. '국어' 교과서가 정치화된 데는 여러 가지 원인이 있다. 해방 이후의 혼란과 정치적 격변의 과정에서 국가권력은 국민의 지지를 얻지 못한 정권에 의해 전횡되었고, 그 과정에서 교과서는 정권의 이념을 전파하는 강력한 도구로 활용되었다. 사회의 각 영역이 자율성을 확보하지 못한 상태에서 정치는 상대적으로 우월한 지위를 확보할 수밖에 없는데, 우리의 경우도 예외가 아니어서 정치가 자연스럽게 사회 전반을 지배해 온 것이다. 게다가 해방 이후 지속된 분단체제는 사태를 더욱 악화시켜 정치적 전횡을 정당화하는 효과적인 알리바이로 기능하였다. 북한을 '주적(主敵)으로 볼 수 있는가?'를 놓고 아직도 실랑이를 벌인다는 것은 그만큼 민족 내부의 적대감과 냉전적 반목이 우리를 완강하게 규율하고 있다는 반증이고, 그런 현실을 정권은 적절히 활용하면서 교육에 대한 전일적 지배를 강화해 온 것이다.

  이 글에서 반공주의(anti-communism)를 문제 삼는 것은 그것이 그 일련의 과정에 근본적으로 관철된 핵심 이데올로기이자 억압의 도구였다는 데 있다. 주지하듯이, 반공주의는 단독 정부 수립 이래 우리 사회를 규율해 온 통치 이념이자 동시에 아직도 레드 콤플렉스(red complex)의 형태로 개개인들의 뇌리 속에 각인되어 있는 공포심의 원천이다. 미소 간의 냉전 체제의 산물인 반공주의는 인류의 평화와 자유를 억압하는 존재를 공산주의로 보고 그것을 제거할 때만이 진정한 평화가 온다는 교의적인 내용을 담고 있으나, 우리의 경우는 그런 사전적 의미보다는 한층 복잡한 의미 내용을 갖고 있다. 반공주의는 공산주의에 대하여 적대적이고 배타적인 논리와 정서를 뜻할 뿐만 아니라 한편으론 북한의 체제와 정권을 절대적 악으로 보고 그것을 부정하는 심리적 적대감이기도 하다. 그것은 또한 한국 사회 내부의 좌파적 경향과 정부에 대한 정치적 반대파를 억압하는 탄압의 도구였다. 이승만 정권 이후 정치권이 반공주의를 전가의 보도인양 활용해 온 이면에는 남과 북이 대치하는 현실을 이용해서 비판자를 제압하는 가장 효과적인 수단으로 그것이 기능할 수 있었기 때문이다. 그리고, 반공주의는 우리나라를 미국이라는 거대한 제국의 하위 체제로 편입시키는 연결 고리와도 같은 것이었다. 역대 정권들은 반공을 통해서 미국의 신뢰를 얻었는데, 반공 정책이 강화되는 것에 비례해서 친미 종속이 심화되었다는 것은 그런 사실을 단적으로 말해준다. 이런 복합적 이유에서 우리나라의 반공주의는 일본이나 독일의 경우와 달리 오늘날까지도 강한 영향력을 행사하는 것이다.[1]

우리의 교육계 역시 이 반공주의의 규율에서 자유롭지 못하였다. '국어' 교과서를 중심으로 살필 때 반공주의가 해방 이후부터 제도적으로 관철된 것은 아니었다. 제도적 틀이 만들어진 단정기 이후 국민 전체가 공산주의를 부정적으로 체험한 6·25 전쟁을 경과한 다음부터 반공주의는 구체적 형체를 갖추면서 맹위를 떨치기 시작하였다. '국어' 교과서는 그 일련의 과정을 구체적으로 보여주는 바로미터와도 같은데, 특히 국가(문교부)가 기획·편찬·공급 등의 제반 업무를 독점한 국정(國定) 교과서의 경우는 검·인정(檢·認定)과 달리 그 양상이 한층 직접적이었다.

본고에서는 그 일련의 과정을 미군정기에서 한국전쟁기까지의 고등학교 국정 『국어』 교과서를 중심으로 살펴보고자 한다.[2] 흔히 이 시기

---

1) 반공주의에 대해서는 다음 책을 참고하였다. 『레드 콤플렉스』(강준만 외, 삼인, 1997), 『탈분단 시대를 열며』(조한혜정, 삼인, 2001), 『미국과 냉전의 기원』(김정배, 혜안, 2001) 등.
2) 논의의 대상을 고등학교 『국어』 교과서로 한정한 것은 고등학교 교육과정이 초·중등과는 달리 국가 이데올로기가 가장 직접적으로 작용한다는 이유에서이다. 여기서 '국어' 교과서란 '군정청 문교부'나 단정 수립 이후의 '문교부'에서 간행된 국정(國定) '국어' 교과서로 한정한다. '국어' 교과서의 명칭은 시기 별로 달랐는데, 가령 미군정기에는 『중등국어교본』으로, 정부 수립 이후 6·25 전쟁 직전까지는 『중

를 '교수요목기(1946~1954)'라고 하여 1954년 이후의 '1차 교육과정기'와 구별해서 말하는데, 이는 우리 정부에 의한 공식 교과과정이 공포·시행되기 전에 미 군정청에 의해 공표된 '교수요목'에 기초를 두고 있기 때문이다.3) 새롭게 교과서가 편찬되고 교과서의 담당 주체와 내용 등이 큰 변화를 보임으로써 이 시기 '국어' 교과서는 당대의 격동기적 상황을 집약적으로 담게 되는데,4) 본고는 그것을 분석함으로써 교과서를 둘러싸고 작용한 당대의 정치와 문학적 심급의 다양한 양상들을 확인하게 될 것이다.

여기서 분석 대상으로 선정한 것은 세 종(種)의 고등학교 '국어' 교과서이다. '미군정 문교부'에서 발행한 해방 후 최초의 국정 교과서라 할 수 있는 『중등국어교본』(상·중·하)과, 1948년 단독 정부의 수립과 더불어 좌파를 배제하고 우익 인사를 중심으로 편찬된 『중등국어』(①~⑥권), 전쟁 기간에 발간된 『고등국어』(1-Ⅰ·Ⅱ, 2-Ⅰ·Ⅱ, 3-Ⅱ)다섯 권이다.5) 여기서 미군정기와 단정기의 교과서는 확연히 다른 모습을 보이

등국어』로, 그리고 중학교와 고등학교로 학제가 분리된 1950년 4월 이후에는 『고등국어』로 명명된다. 따라서 1950년 4월 이전의 '중등'에는 중학과 고등학교의 교과과정이 포괄되어 있다.
3) 국어과 교육과정에 대해서는 교육부 간행의 『국어과·한문과 교육과정 기준(1946~1997)』(2000, 12) 참조.
4) 이종국, 『한국의 교과서』, 대한교과서주식회사, 1991, 12면.
5) 본고에서 분석대상으로 삼은 것은 미군정기의 『중등국어교본』(상·중·하) 3권, 단정기의 『중등국어』(①~⑥) 6권, 전쟁기의 『고등국어』(1-Ⅰ·Ⅱ, 2-Ⅰ·Ⅱ, 3-Ⅱ) 다섯 권이고, 전쟁 막바지에 유엔한국재건단(UNKRA)의 종이 지원으로 간행된 『고등국어』(Ⅰ·Ⅱ·Ⅲ) 세 권을 참조하였다. 여기서 『고등국어』 3-Ⅰ은 구하지 못해서 논외로 했다. 다음 서지 사항에서 출판 연도는 해당 교과서가 최초로 발간된 연도가 아니라 필자가 확보한 교과서의 출판 연도이다.
 • 군정기
  『중등국어교본』(상), 조선어학회, 조선교학도서주식회사, 1946. 9. 1.
  『중등국어교본』(중), 조선어학회, 조선교학도서주식회사, 1947. 1. 10.
  『중등국어교본』(하), 조선어학회, 조선교학도서주식회사, 1947. 5. 17.
 • 단정기
  『중등국어』①, 문교부, 조선교학도서주식회사, 1950. 4. 25.

는데 그것은 무엇보다 단독 정부의 수립이라는 당대의 정치 상황과 긴밀히 관계된 것으로 이해할 수 있다. 남과 북이 이념적으로 두 동강이 나면서 교과서 편찬 주체가 바뀌었고 그로 인해 교육의 이념과 수록 필자, 그리고 체제와 내용이 크게 달라진 것이다.

문학을 중심으로 살필 때, 미군정기의 교과서는 해방 후 범문단 조직을 표방한 '조선문학가동맹'(위원장 홍명희)의 회원들을 두루 포괄하고 있지만, 정부 수립 이후에는 이들 중에서 좌파가 모두 배제되고 대신 '전조선문필가협회'(위원장 정인보) 중심으로 새롭게 필진이 구성된다. 좌익이 대거 월북한 뒤 자연스럽게 우익에게 주도권이 넘어갔고, 한편으론 '조선문학가동맹'에 이름만 올려놓고 사태를 관망하던 이른바 중도파가 우익으로 진로를 정하면서 이루어진 현상이다.6) 따라서 미군정기와 단

『중등국어』②, 문교부, 조선교학도서주식회사, 1949. 8. 29.
『중등국어』③, 문교부, 조선교학도서주식회사, 1949. 8. 29.
『중등국어』④, 문교부, 조선교학도서주식회사, 1949. 9. 30.
『중등국어』⑤, 문교부, 조선교학도서주식회사, 1950. 4. 5.
『중등국어』⑥, 문교부, 조선교학도서주식회사, 1950. 4. 25.
• 전쟁기
『고등국어』1-Ⅰ, 문교부, 조선교학도서주식회사, 1951. 8. 31.
『고등국어』1-Ⅱ, 문교부, 대한교과서주식회사, 1952. 1. 31.
『고등국어』2-Ⅰ, 문교부, 대한문교서적주식회사, 1952. 9. 30.
『고등국어』2-Ⅱ, 문교부, 조선교학도서주식회사, 1953. 3. 31.
『고등국어』3-Ⅱ, 문교부, 일한도서주식회사, 1952. 5. 31.
『고등국어』Ⅰ, 문교부, 대한교과서주식회사, 1953. 3. 31.
『고등국어』Ⅱ, 문교부, 대한교과서주식회사, 1953. 3. 31.
『고등국어』Ⅲ, 문교부, 대한교과서주식회사, 1953. 3. 31.
'국어' 교과서의 발행 및 서지 사항은 허재영의 「과도기의 국어과 교과서」(『교육한글』16·7합호, 2004. 4)와 이종국의 『한국의 교과서출판 변천연구』(일진사, 2002)를 참조하였다.
6) 당시 조선문학가동맹에 이름이 올라 있었으나 단정 수립 후 그것을 반성하고 전향성명을 발표한 문인으로는 박영준, 이무영, 이봉구, 정지용, 김기림, 정인택, 설정식 등이 있다. 이들은 모두 1949년 12월 결성된 '한국문학가협회'에 가담하여 적극적으로 활동한다. 정지용과 이무영이 단정기 교과서에 수록된 것은 전향 성명을 발표하고 전조선문필가협회 회원으로 활동했기 때문으로 보인다.

정기 그리고 전쟁기의 '국어'를 계기적으로 고찰함으로써 교육 현장에서 반공주의가 제도적으로 정비되고 행사되는 초기 과정을 확인하게 될 것이다.

여기서 특히 주목하는 것은 이념적 지향과 가치에 따른 필진의 구성과 분포, 그리고 교과서의 내용이다. 필자의 분포는 두 가지로 문제 삼을 수 있는데, 하나는 우파 인사들의 중용과 친일 문인들의 결합 양상이다. 친일 문인들이 단정기 이후 '국어' 교과서에 대거 수록되어 우익의 선봉대로 나설 수 있었던 것은 우익 정치 세력의 조직적인 후원이 있었기에 가능한 일이었다. 이범석 등의 우익 인사들은 물질적인 토대와 힘을 갖고 있는 친일파를 필요로 했고, 친일파는 그들의 명성을 빌려 자신들의 과거 행적에 대한 면죄부를 삼고자 했다. 이 시기 교과서는 이들 우익과 친일문인에 의해 문학작품의 새로운 정전화(正典化)가 본격화되었음을 보여준다. 다음으로는 내용상의 특성으로 국가주의적 사고의 확산과 친미적 시각의 고착화 현상이다. 친미주의란 미국이 남한의 정치와 경제의 틀을 제공한 나라이자 동시에 공산주의와 맞선 혈맹국이었던 관계로 자연스럽게 형성된 것이라면, 전체주의적 교육 관행은 반공의 기치를 내세우면서 남한 사회를 조직적으로 통제하려는 정권의 정치적 의도에서 비롯된 것이다. 해방 후 미국은 한국에 들어와서 적극적으로 친일파를 보호하고 그들을 통해서 한국을 지배하는 식의 현상유지 정책을 폈고, 한편으론 극우 반공적 입장만 표명하면 친일파건 부정부패를 일삼았건 모두에게 면죄부를 주었다. 그런 정책에 편승하면서 지배 집단은 국민을 통제하기 위한 효과적인 방편으로 일본식의 전체주의적 교육 관행을 교묘하게 정착시킨 것이다. 공산주의에 대한 적대감이 역으로 또 다른 전체주의적 편향을 야기했고 급기야 '국가주의적 사고'로 현상된 것으로, 이는 해방 후 반공주의의 규율화 과정이 곧 특정 집단에 대한 부정을 통해 새로운 전체주의적 사고와 제도를 구축하는 과정이었다는 것을 의미한다.

본고는 이러한 논지를 '국어' 교과서를 통해서 확인하면서 교과서에 각인된 지난 시절의 상처와 규율의 실상을 살펴보고자 한다.

2. 미군정기 : 좌우합작의 민족주의적 교과서

미군정기는 일제가 물러간 이후 또 다른 외세에 의한 통치가 시작된 시기이다. 그런 관계로 이 시기 교육은 미군정의 관할 하에 놓였고 이들에 의해서 여러 조치가 단행되면서 교육의 중요한 기초가 마련되었다. 그렇지만, 당시 진주한 미군은 민정(民政) 이양을 준비한 사람들이 아닌 전투부대였던 관계로 한국의 교육을 어떻게 풀어 나갈 것인가에 대한 구체적인 전망을 갖고 있지 못하였다. 일제로부터 갓 벗어난 상태였기에 미군정은 단지 일본식 교육을 청산하고 미국식 민주주의 이념을 적극적으로 도입하고 권장하는 수준이었지 교재의 양·불량이나 체제, 내용의 선호 문제 등은 고려할 여력을 갖고 있지 못했다.[7] 그래서 친일이라든가 이념의 문제 등에 대해 상대적으로 무관심했는데, 그것은 1945년 11월 14일 '조선교육심의회'의 제 9분과로 '교과서'를 정하고 최현배, 장지영, 조진만, 조윤제, 피천득, 황신덕, 김성달, J.C Welch(미군 중위) 등을 담당 요원으로 선임한[8] 데서 단적으로 확인이 된다. 일개 육군

---

7) 박호근, 「한국 교육정책과 그 유형에 관한 연구」, 고려대 박사논문, 2000. 8, 64면.
8) '조선교육심의회'는 미군정청이 오천석의 추천으로 김성달, 현상윤, 유억겸, 김성수, 백낙준, 김활란, 최규동 등으로 조직한 '조선교육위원회'의 산하기관이다. 이들 역시 미국 유학파이거나 친미적인 성향의 인사들이라는 점에서 구성이 편의적이었음을 알 수 있다. 앞의 박호근의 논문 및 박붕배의 「미군정기 및 초창기의 교과서」(『한국의 교과서 변천사』, 한국교육개발원, 1982, 55면) 참조.

중위에게 교과서 편찬의 실권을 위임한 것은 차치하더라도 조진만과 황신덕 같은 친일 인사9)가 교육계의 중심에 포진했다는 것은 미군정이 분야별로 명망 있는 인사를 배치했다 뿐이지 그 이상의 구체적인 방향이나 지침을 갖고 있지 못했다는 것을 의미한다. 이를테면 정책 결정자가 혁신적이고 근본적인 결정을 내리기보다는 당면한 문제들을 '그럭저럭 대처해 나가는(muddling through)' 식이었고,10) 그 결과 이 시기 이후 우리 교육은 친일 문제에 전면적으로 노출되고 한편으론 우익의 전체주의적 색체를 띠게 되는 것이다.

국어과 교과서는 이들로부터 위임을 받은 '조선어학회'에 의해 편찬 작업이 추진되었다. 당시 조선어학회는 '국어' 교과서 편찬을 위임받은 뒤 '국어 교과서편찬위원회'를 발족시켜 그 임무를 전담하도록 했는데, 국어과를 총괄했던 인물은 가람 이병기(李秉岐, 1891~1968)였다. 가람은 1930년 한글맞춤법통일안이 발표될 당시 제정 위원으로 활동했고, 1935년에는 조선어 표준어 사정위원이 되었으며, 1939년에는 『가람시조집』을 발간하고 『문장(文章)』지 창간호부터 『한중록(恨中錄) 주해』를 발표하는 등 고전 연구에 정진했던 인물이다. 그는 또한 1942년 '조선어학회

---

9) 편수국장을 맡았던 최현배는 장지영과 더불어 1921년에 한글학회의 전신인 조선어연구회를 조직하고 1939년 일본의 한글말살정책에 맞서 한글사전 편찬을 도모하다가 1942년 조선어학회사건으로 구속되어 감옥에서 해방을 맞은 인물이지만, 조진만과 황신덕의 경우는 달랐다. 조진만은 경성법학전문학교를 졸업하고 일본 고등문관시험에 합격하여 해주와 평양에서 판사를 역임한 뒤 1943년 이후에는 변호사를 개업했던 인물이고, 황신덕은 니혼여자대학 사회사업학과를 졸업하고 <동아일보> 등에서 기자 생활을 한 뒤 1940년 이후에는 친일단체인 국민총력조선연맹 후생부 위원, 조선임전보국단 평의원, 그 산하 부인대의 간부로 친일 활동에 적극 가담했던 인물이다. 그런 관계로 이 두 사람은 민족문제연구소에서 발표한 대표적 친일 인사 명단에 포함되어 있다. 친일반민족행위자 708인의 명단은 '민족문제연구소' 홈페이지(http://www.banmin.or.kr) 참조. 본고에서 친일파는 이들로 한정한다. 친일파에 대한 자세한 정보는 『인물로 보는 친일파 역사』(역사문제연구소편, 역사비평사, 1993), 『친일파 Ⅰ, Ⅱ』(김삼웅·정운현, 학민사, 1992) 참조.
10) 박호근, 「한국 교육정책과 그 유형에 관한 연구」, 고려대 박사논문, 2000. 8, 75면.

사건'에 연루되어 일경에 피검, 함흥 형무소에서 1년 가까이 복역하고 1943년 가을에 기소유예로 출감한 뒤 바로 귀향하여 농사와 고문헌 연구에 몰두했던 인물로, 학문적으로나 사회적 명성에서 편수관을 맡기에 누구보다 적합했던 인물이다.

당시의 상황을 기록한 『가람 일기』에 의하면, 이병기는 중등 교과서 편수 주임으로 위촉된 뒤 실무 위원을 구성하기 위해서 조선문화건설협회의 이원조를 만나서 구체적인 것을 상의했다고 한다.

> "국어 교과서 중학교의 것은 내가 편수의 주임을 맡았다. 초등·중등 기타 국어 교과서 편수에 대한 토의를 문예·학술·교육 단체를 망라하여 하자 하고 나는 문화건설협회에 가 이원조 군을 보고 상의하니 게서 여러 문화단체와 이미 이 문제를 의논하고 건의문을 지었다 하며, 그 건의문을 보니 편수관의 생각과 부합하였다. 서로 좋다 하고 나는 게서 위원 다섯만 추천해 달라고 부탁하였다."11)

이렇게 해서 이병기는 임화, 김남천, 이태준, 박노갑 등을 추천받고, 이를 바탕으로 임화와 김남천 등을 배제한 뒤 이태준을 '중등 국어 기초 위원'의 한 사람으로 선임한다. 이태준은 당시 조선문화건설중앙협의회의 간부를 맡고 있었고, 이병기와는 식민지 시대부터 종합 문예지 『문장』을 주재하면서 깊은 친분을 유지했으며, 작가로서도 상당한 명성을 갖고 있었다. 가람은 이 이태준과 함께 조선어학회의 이숭녕과 이희

---

11) 이병기, 「1945년 11월 2일자 일기」, 『가람일기Ⅱ』, 신구문화사, 1976, 562~563면. 그런데, 기존 연구에서는 이 글을 근거로 해서 『중등국어교본』의 집필자를 이병기로 설명하고 있다. 정재찬(「현대시 교육의 지배적 담론에 관한 연구」, 서울대 박사논문, 1996. 2)과 강진구(「문학텍스트의 정전화 과정과 문학권력」, 『한국문학권력의 계보』, 한국출판마케팅연구소, 2004)는 모두 이병기가 『중등국어교본』의 집필자이고, 그래서 『중등국어교본』의 특성을 이병기의 문학적 특성이나 친분관계와 연결해서 설명하고 있다. 하지만 실제 집필에 관여했던 사람은 이태준, 이희승, 이숭녕이었다.

승을 합한 세 명으로 '중등 기초 위원(집필위원)'을 확정짓는다.

✔ 기초 위원
한글 첫걸음 : 장지영(조선어학회), 정인승(책임 : 조선어학회), 윤재천(청량리초등학교)
초등국어교본 : 윤복영(협성학교), 윤성용(수송국민학교), 이호성(책임 : 서강국민학교)
<u>중등국어교본 : 이숭녕(평양사범학교), 이태준(조선문화건설중앙협의회), 이희승(책임 : 조선어학회)</u>

✔ 심사위원
방종현(조선어학회), 조병희(경성서부남자국민학교), 주재중(매동국민학교), 양주동(진단학회), 이세정(진명고등여학교) (밑줄 ― 필자)[12]

이들 기초 위원이 중심이 되어 『한글 첫걸음』, 『초등국어교본』, 『중등국어교본』(모두 군정청 학무국)이 만들어졌는데, 여기서 특히 주목할 대목은 '중등' 교과의 기초 위원 세 사람이다.

이숭녕(1908~1994)은 1933년 경성제대 문학부를 졸업한 뒤 해방과 함께 서울대 문리대 교수로 있었고, 이태준(1904~?)은 조선문학가동맹으로 개편된 조선문화건설중앙협의회 부회장이었으며, 이희승(1896~1989)은 1942년 조선어학회사건에 연루되어 투옥된 뒤 해방이 되자 서울대 문리대 교수로 재직하고 있었다. 이들은 모두 민족주의적 성향이 강했고, 특히 이태준은 해방 공간에서 문단의 대세를 점했던 좌익 문단의 간부였다. 이들 세 사람에 의해서 교과서의 내용이 채워진 관계로 교과서는 민족주의적 특성을 갖게 되고, 필진 역시 좌익과 우익 인사들이 고루 수록되는, 외견상 신생 독립국가의 단합된 의지와 활력을 느낄 수

---

[12] 조선어학회, 『초등국어교본 한글 교수지침』, 군정청학무국, 1945. 12. 30, 3면. 이종국의 『한국의 교과서 출판 변천 연구』(일진사, 2002) 215면에서 재인용.

있도록 구성되어 있다. 고전 작가와 외국인을 제외한 수록 필자는 상권에 25명, 중권에 24명, 하권에 12명이고, 두 편 이상이 수록된 사람을 제외하면 모두 44명이 한 편 이상의 글을 싣고 있다. 이들 중에서 월북을 했거나 좌익으로 분류된 인사는 박태원, 정지용, 이기영, 이태준, 조명희, 이원조, 김기림, 홍명희, 임화, 오장환, 이병철 등 11명으로, 전체 필자의 1/4에 해당한다. 이들의 글은 대부분 수필이나 시에 국한되어 있지만, 당시 대중적인 명망이나 작품의 질에서 높은 평가를 받았다는 점에서, 단순한 구색 맞추기가 아니라 객관적인 평가를 일정하게 수용한 것임을 알 수 있다.

『중등국어교본』을 일별할 때 흥미로운 것은 반공주의의 흔적이 거의 드러나지 않는다는 사실이다. 해방 후 민족문화의 창달이라는 시대 요구에 부응하면서 좌와 우가 이념적으로 공서(共棲)한 형국이지 특정의 이념과 가치가 전일적으로 행사되지는 않았던 것이다. 우리말과 문화를 체계적으로 교수할 교과서가 절실하게 필요한 시점이고, 그런 현실적 요구에 의해 책이 편찬된 관계로 이념이라든가 필진, 내용의 일관성은 뒷전으로 밀리고 대신 최소한의 기능적 안배만을 고려했던 것으로 보인다. 그런 연유로 교과서에는 기초 위원들의 개성이 무엇보다 중요하게 반영된다. 가령, 이 시기 교과서에서 특히 두드러지는 것은 '민족문화'와 '민족의식'에 관한 단원이다. 일제에서 벗어난 감격을 표현하듯이 한글에 대한 사랑과 자부심, 그리고 우리 문화의 우수성과 유구성에 대한 글들이 교과서의 상당 부분을 차지하고 있다.

한글에 대한 자부심과 사랑을 담고 있는 글로는 필자가 명기되지 않은 「주시경」, 「언어」, 두 편과 이윤재의 「한글 창제의 고심」, 조윤제의 「국어와 국문학」, 이극로의 「언어의 기원」, 이희승의 「문자 이야기」 등이다. 일제 36년간 우리말을 뺏기고 생활하다가 다시 되찾은 감격을 토로하듯, 이 글들에는 한글의 우수성과 더불어 그것이 국문학과 사회생활에 미치는 영향 등이 다양하게 설명되어 있다. 상권의 「주시경」에는, 주시경이 한글 연구에 몰두한 것은 '글이라는 것은 말을 적으면 그만이지만, 적는 방법 곧 부호가 한문처럼 거북하다면 지식을 얻기가 힘든 까닭에 쉽고 편리한 한글에 관심을 두게 되었고 그 결과 한평생을 조선어 연구에 전념'했다는, 말하자면 한자에 비해 한글은 지식을 얻기가 쉽고 편리하기 때문에 열심히 배워야 한다는 내용이 담겨 있다. 중권의 「한글 창제의 고심」에서는 세종대왕이 한글을 창제하고 반포하는 과정을 설명하고, 왜 한글이 문자로서 과학적 가치가 있고 또 세계 문자 중에서 가장 우월한 지위에 있는가를 언급하고 있다. 「국어와 국문학」에서는 '언어를 떠나 문학이 있을 수 없는 까닭에 문학을 잘 하기 위해서는 언어를 잘 알아야 한다'고 말하며, 하권의 「문자 이야기」에서는 한글의 우수성을 세계의 다른 문자와 비교해서 설명하고 있다. 전 세계 오십 여 종의 문자는 그 기원을 살피면 세 종류로 나누어지는데, 한글은 조직과 자형이 어느 문자에서 나왔다고 꼭 지적해서 말할 수 없는, "다른 모든 문자를 초월한 조선 사람의 창작이자 가장 진보한 문자"라는 것이다. 한글에 대해 이렇듯 다양하고 구체적인 설명을 가한 것은 언급한 대로 해방 후의 특수한 분위기를 반영한 때문으로 이해할 수 있다. 일본어를 비롯한 일제 잔재의 청산이 무엇보다 시급했고, 또 우리 문화에 대한 자긍심을 고취함으로써 새로운 국가 건설의 기반을 닦는 한편 새로운 지식을 널리 습득하게 하려는 의도였던 것이다. 실제로 한글학회가 교과서 편찬을 의뢰받으면서 강조했던 것은 바로 그 점이었다.13) 이러한 한글 회복의 노력을 통해 교과서 담당 위원들은 일제로부터 되찾은 주권을 교육 현장에서 실천하는 중요한 임무를 수행했던 것이다.

---

13) 앞의 『초등국어교본 한글 교수지침』 참조.

한글에 대한 자부심과 아울러 교과서의 또 다른 축을 구성하는 것은 전통 문화에 대한 자긍심과 민족주의적 성향이다. 상, 중, 하권 전반에서 그런 내용이 목격되거니와, 가령 「무궁화」(조동탁), 「청년이여 앞길을 바라보라」(조만식), 「일초일목에의 사랑」(<조선일보> 사설), 「팔월 십오일」(이원조), 「온돌과 백의」(홍명희), 「인격 완성과 단결 훈련」(안창호), 「부여를 찾는 길에」(이병기), 「국문학의 고전」(1·2, 조윤제), 필자명 없이 수록된 「강서의 삼 고분」, 「불국사에서」, 「석굴암」, 「정약용」, 「백제의 미술」, 「신라의 금철공예」, 「유사 이전의 역사」, 「고려의 부도미술」 등은 모두 민족문화의 유구함과 우수성을 내용으로 하고 있다. 「부여를 찾는 길에」는 백제의 문화와 예술을, 「신라의 화랑제도」에서는 '흥국(興國)'에 근본 이념을 둔 신라의 화랑도를, 「강서의 삼 고분」에서는 고구려인의 기상과 고분의 아름다움을, 「불국사에서」와 「석굴암」에서는 신라 건축의 아름다움을, 「백제의 미술」, 「신라의 금철 공예」, 「고려의 부도 미술」, 「유사 이전의 역사」 등에서는 삼국시대와 고려시대의 예술에서 심지어 유사 이전에까지 관심의 범위와 대상을 확장하고 있다.

여기다가 청년 학도들에게 민족의 현실을 환기하고 새로운 국가 건설에 매진할 것을 독려하는 글을 다수 수록함으로써 교과서는 마치 민족문화와 한글에 대한 계몽적 설교집을 방불케 한다. 상권의 첫 글인 「무궁화」에서 조동탁은 무궁화는 "제 스스로의 구실을 다하고 깨끗이 지는 꽃"이고, 그런 무궁화처럼 우리들 역시 "제 구실을 다함으로써 길이 무궁한 빛을 누릴 것"이라고 강조한다. 조만식의 「청년이여, 앞길을 바라보라」에는 젊은 청년들에게 "자기의 기능, 노력, 재산, 기타 무엇이든지가 사회에 조그마한 공헌, 조그마한 비익(裨益)이 될 것이면 이것을 제공하고 희생하여 사회에 봉공하자. 그리하여 성공 불성공은 다만 운명에 맡기고, 남이 조소하든지 우롱하든지 우리는 그저 충성스럽게 끝까지 활동하자, 진력하자. 이것이 우리의 본무요 천직일 것이다."라고 강변한다. 「힘을 오로지 함」에서는 이보다 한걸음 더 나아가 "여러분이여, 사람의 한 평생은 넘어가는 해로 알며, 할 일은 무거운 짐으로 아시오. 그런데 힘을 오로지 함은 튼튼하고 빠른 수레를 탐으로 아시오. 공부어니, 일이어니, 무엇이어니, 크기를 바라거든 다 이 수레를 타고 얼른 바라는 곳에 다달읍시다."라고 청년들의 행동 방향까지 일러주고 있다. 이렇듯 민족문화에 대한 자부심과 청년 학도들에 대한 당부와 질책으로 채워진 관계로 이 책은 사회와 문화 전반에 걸쳐 새로운 틀을 만들어야 했던 해방기의 절박한 분위기를 실감나게 전해주고 있다.

하지만 그런 의도가 지나쳐서 한편으론 민족 문화에 대한 자부심이 국수주의적 편향성을 드러낸 것도 간과할 수 없는 대목이다. 「신라의 금철공예」에서 신라의 금동 공예를 중국이나 일본과 비교해서 설명하면서 조선의 종(鐘)은 "단아하고 온엄한 기품이 세계 어느 종을 가져오더라도 자웅을 겨루지 못할 것"이라고 말하며, 특히 봉덕사종은 "물(物)이 아니고 신적 존재의 숭고함을 표현한 금언"이라고 극찬한 데서 그런 심리가 단적으로 드러난다. 기초 위원의 한 사람이었던 이태준이 남긴 다음과 같은 글은 그런 사실을 우려했기 때문으로 이해할 수 있다.

> 나는 우리 문화의 모든 건설 면에서 국수적 태도를 가장 경계한다. 그러므로 나 자신, 조선인이기 때문에 조선어를 편벽되이 예찬하려는 것이 아니라 조선어의 세계적 우수성을 사실에서만 지적한 것이다.
> 이런 우수한 언어이었으나 그 임자가 운명이 기구한 조선 민족이었기 때문에 정당한 발달을 보지 못했다. 문화의 교류를 따라 타국에의 영향을 받고 또 주고 하는 것은 불가피의 사실이나, 조선어가 한자 때문에 문화어는 대체로 자율성을 상실한 것은 통탄할 일이며, 교육의 보편으로 표준어를 중심으로 한 국어의 문법적 정리가 전국적으로 시행되었을 것이 한일합병 때문에 다른 면의 우리 문화보다도 뒤져 있는 것이 또한 통탄할 일인 것이다. <u>우리 교과서로 보더라도</u>

가장 중요한 국어독본이 문장으로나 문법으로나 다른 과목보다 오히
려 난산이 예감되는 것이다. (밑줄-필자)[14]

미군정기 교과서에서 또 하나 눈에 띄는 것은 친일 인사의 글이 거의 배제된 점이다. 미군정은 일제가 남긴 물적·인적 자원을 청산하기보다는 적극적으로 받아들였고, 그 결과 상당수 친일 인사들이 요직에 복귀했던 것을 상기하자면, 교과서에 수록된 친일 인사가 채만식과 박태원 두 사람이라는 것은 한편으론 의외라는 느낌을 준다. 채만식의「금강」과 박태원의「첫여름」과「아름다운 풍경」이 수록되어 있으나 글의 내용은 친일과는 거리가 멀다. 채만식의「금강」은 소설「탁류」의 한 부분이고, 박태원의「첫여름」은 수필이며,「아름다운 풍경」은「소설가 구보씨의 일일」의 한 대목이다. 교과서 전반이 강한 민족주의적 특성을 갖고 있음에도 불구하고 이들의 글이 수록된 것은 과거 '구인회' 활동을 같이 하는 등 기초 위원과의 친분 관계와 함께 두 명 모두 당대 문단 실세 그룹이었던 '조선문학가동맹'의 중앙집행위원이었던 사실과 무관하지 않을 것이다. 그리고 또 하나 흥미로운 대목은 단정기 이후 대거 필자로 참가하는 이른바 '전조선문필가협회'(위원장 정인보) 회원들, 특히 '청년문학가협회' 계열의 젊은 문인들이 거의 배제된 점이다. 당시 이들은 중견 반열에 오르지 못했고, 또 기성 작가들에 비해 사회적 명성이 상대적으로 미약했기 때문으로 이해되지만, 한편으로는 좌익에 맞서는 민족주의 진영의 신념과 대오가 아직은 구체적인 형태를 갖추지 못했음을 말해준다.

이러한 특징을 바탕으로 미군정기의 교과서는 해방 후 최초의 국정

---

14) 당시 교과서 집필에 관여하면서 쓴 것으로 보이는 이 글에서 국수주의적 편향을 경계하는 이태준의 심리를 엿볼 수 있다. 인용문은 이태준의「국어에 대하여」(『대조』, 1946. 7)로 송기한·김외곤 편의『해방공간의 비평문학』(2)(태학사, 1991, 96~105면 참조)에서 재인용하였다.

교과서로서의 면모를 갖추게 된다. 하지만, 단원의 구성이나 배치 등이 체계적으로 정비되지 않았고, 또 내용 면에서도 민족과 전통문화를 상위 개념으로 내세우고 있지만 필자의 이념적 상이에 따른 적잖은 혼란을 드러내기도 한다. 가령, 공산당에 대해 강한 적대감을 표명했던 조만식이 쓴 「청년이여, 앞길을 바라보라」와 '인민민주주의'를 표방했던 이원조가 「팔월 십오일」에서 언급한 청년에 대한 당부의 말이 결코 같은 의미를 갖는 것은 아니다. 사회에 공헌할 수 있는 작은 능력이라도 있다면 청년들은 최대한 자신을 희생하고 사회에 봉사해야 한다는 민족적 각성과 단결을 촉구한 게 조만식의 글이라면, 좌파의 헤게모니를 전제로 통일전선의 대오에 동참할 것을 호소한 게 이원조의 글이다. 같은 말을 사용하고 있으나 그 의미와 방향이 결코 같지 않았던 것이다. 이렇게 보자면 미군정기의 교과서는 해방 후 민족문화의 창달이라는 시대 요구에 부응하면서 좌우의 균형을 꾀하고 있지만, 좌우 이념이 정제되지 않은 채 공존하고 있고 반공주의 역시 아직은 그 실체를 구체적으로 드러내지 않고 있음을 알 수 있다.

3. 단정기 : 우익 중심의 반공주의적 교과서

3년간에 걸친 미군정에 의한 교육 행정은 1947년 6월부터 새 정부를 발족시키기 위한 과도정부체제가 유지되는 상태에서 대한민국 정부 수립과 함께 전반적인 질서를 승계한다. 국체와 주권을 내외에 천명한 헌법이 1948년 7월 17일에, 뒤이어 교육법이 이듬해 1949년 12월 31일에 제정·공포되어 새로운 교육의 기틀이 마련된 것이다. 하지만 이승만 정권은 권력을 완전히 장악하지 못한 상태에서 출범했기에 권력을 유지하기 위한 여러 정책을 펴지 않을 수 없었는데, 그 가운데 하나가 '일민주의'였다. 좌익을 몰아내고 미국의 후원을 바탕으로 남한만의 독자 정부를 세워야 하는 상황에서, 더구나 새 정부가 수립되었음에도 불구하고 제주도 4·3사건(47. 3)과 여순사건(48. 10) 등 이념적 갈등이 빈발하고 또 미국식 자유민주주의의 무분별한 도입에 따른 이념적 부적응 문제로 진통하고 있던 상황에서, 비판자를 제압하고 체제의 안정을 도모할 강력한 이념이 절실했던 것이다. 그런 상황에서 도입된 게 바로 일민주의였다.

'하나의 국민[一民]으로 대동단결하여 민주주의의 토대를 마련하고 공산주의에 대항한다'는 내용의 일민주의는 외견상 사회적 혼란을 수습하기 위한 '민족의 단합'을 내용으로 하고 있다. 하지만 사실은 이승만을 정점으로 한 반공 규율 사회의 구축 과정에 다름 아니었다.

① 경제적으로 빈곤한 국민의 생활수준을 높여 누구나 동일한 복리를 누리게 할 것
② 정치적으로 대다수 민중의 지위를 높여 누구나 상등 계급의 대우를 받도록 할 것
③ 지역적 차별을 타파하고 대한민국 국민은 모두 한 민족임을 표명할 것
④ 남녀 동등주의를 실현할 것

이러한 일민주의의 강령은 궁극적으로 이념적 갈등을 수습하고 통치 기반을 확고히 하려는 의도를 갖고 있었고, 그래서 일민주의가 시행되면서 사상 통제가 강화되고 사회 전반은 반공의 분위기로 경직되는 것이다. 1948년에 국가보안법이 제정되고 교육계에서는 좌익 교사와 학생에 대한 탄압이 대대적으로 실시되었으며, 모든 학교에는 학생 위원회가 설치되어 좌익 운동에 가담한 교사와 학생의 행적을 당국에 보고하

도록 강요하였다.15) 그런 상황에서 좌우 합작의 산물인 『중등국어교본』은 더 이상 생명력을 유지하지 못하고 새롭게 편찬되어야 하는 운명에 직면한다.

단정기 『중등국어』 ①~⑥권의 특징은 우익 중심의 정치성이 한층 강화된 데 있다. 좌파가 대부분 월북하고 남한만의 단독 정부를 수립해야 했던 상황에서 『중등국어교본』의 1/4에 해당했던 좌익 필자들은 제거될 수밖에 없었는데, 그 과정에서 우익 인사들이 조직적으로 개입한 것을 확인할 수 있다. 그런 사실은 편수 업무를 담당했던 편수관의 회고를 통해서 드러나는데, 당시 실무를 총괄했던 인물은 초등학교 교사 출신의 최태호와 연희전문의 교수 홍웅선이었다.16) 최태호가 1948년에서 1963년까지, 홍웅선이 1948년에서 1961년까지 국어과 편수 업무를 담당했는데, 이들이 중심이 되어 단정기의 '국어' 교과서가 편찬된 것이다.17) 당시의 편수 업무를 회고하면서 최태호는 교과서를 만드는 과정에서 우익 인사들의 "전국문화단체총연합회 총회에서 결의된 건의문"을 반영하지 않을 수 없었고, 그들의 의사에 따라 "좌익작가들을 몰아내는 시책"18)을 펴지 않을 수 없었다고 한다.

그렇게 해서 나온 교과서가 『중등국어』 ①~⑥권이었던 까닭에 교과서 필자의 대부분은 이승만 정권의 실세들과 전국문화단체총연합회 등의 간부로 채워지는 기현상을 보이는 것이다. 『중등국어』 ①~⑥권에 수록된 필자 명단을 살펴보면 다음과 같다.

---

15) 한준상·정미숙, 「1948~1953년 문교정책의 이념과 특성」, 『해방전후사의 인식4』, 한길사, 1989, 348~350면.
16) 최태호, 「편수비화」, 『교단』(39호), 1970. 3, 12면.
17) 이들이 편수 업무를 총괄했다는 것은 여러 문서에서 확인할 수 있었으나, 당시 심의를 맡았던 위원들의 명단은 찾지 못했다. 『국어과 교육과정의 변천』(대한교과서주식회사, 1996년판, 274면)을 쓴 정준섭 역시 단정기 이후 1, 2차 교과과정기까지의 심의위원 명단은 찾지 못했다고 한다.
18) 최태호, 「편수비화」, 『교단』(39호), 1970. 3, 13면.

이헌구, 김광섭, 김진섭, 조지훈, 이은상, 오상순, 윤희순, 조연현, 황순원, 서정주, 안석영, 이효석, 김성철, 이상백, 이희승, 이병도, 조용만, 문일평, 성경린, 정인보, 김소운, 김사엽, 안재홍, 김영랑, 이양하, 안호상, 심 훈, 고황경, 조만식, 조윤제, 이범석, 손진태, 박용철, 박종화, 김재원, 고유섭, 박두진, 방종현, 양주동, 오천석, 최현배, 이 상, 이병도, 정비석, 송석하, 유홍렬.

「학생과 사상」을 비롯한 네 편의 글을 수록한 안호상은 문교 장관이고, 「청년의 힘」을 비롯한 네 편을 수록한 이범석은 국무총리 겸 국방장관이며, 「수필문학 소고」의 김광섭은 경무대 비서관, 「시인의 사명」의 이헌구는 공보처 차장, 「모란」의 김영랑은 공보처 출판국장, 「시작과정」의 서정주는 문교부 예술과장을 맡고 있었다. 여기에다 조선문필가협회와 조선청년문학가협회, 그리고 그것을 모태로 해서 결성된 전국문화단체총연합회(1947. 2. 결성)의 간부들까지 포함하면 단정기 교과서의 필자는 대부분 이들 우익 인사라 해도 과언이 아니다. 정인보는 조선문필가협회 회장이고, 박종화는 부회장이며, 이하윤은 총무부, 김진섭은 문학 담당 위원이고, 이헌구와 김광섭은 전국문화단체총연합회의 총무부장과 출판 부장을 맡고 있었다. 청년문학가협회 측에서는 김동리가 회장, 유치환이 부회장, 서정주(시), 조연현(평론), 조지훈(고전) 등이 분과 위원장을 맡고 있었고, 박두진과 박목월은 간부 위원이었다.

이들에 의해 필진의 대부분이 채워진 관계로 교육계는 이제 우익 인사들의 전면적 관할 하에 놓이게 되는데, 그 일련의 과정을 진두지휘한 인물이 바로 문교장관 안호상과 국무총리 이범석이었다. 정치적으로나 이념적으로 동지였던 두 사람은 일민주의를 실천하는 한편 학교를 반공의 보루로 만드는 데 앞장섰는데 가령, 안호상은 이범석이 조직한 '조선민족청년단'의 간부로 있다가 이범석의 추천으로 문교 장관에 오른 인물이다. 문교 장관으로 취임한 안호상은 문교정책의 당면 과제를 국내적으로는 이승만의 통치 이데올로기였던 자유 민주주의를 확고히 하고, 국외적으로는 공산주의와 대항하여 국토와 사상의 분열을 통일하는 것으로 정했고, 그 일환으로 현장조직인 '학도호국단'을 창설하였다. "학원 내 좌익세력의 책동을 분쇄하고, 민족의식 고취를 통해 애국적 단결심을 함양한다."는 취지로 결성된 학도호국단은 일민주의를 실천하는 선봉대였던 셈이다.19) 한편, 이범석은 이보다 앞서 우익 단체를 조직해서 이끌었던 인물로, 해방 후의 정치적 혼란을 바로잡기 위해 무엇보다 '새 나라의 역군으로 청년들을 조직하고 훈련하는 것이 시급하다'고 판단한 뒤 과거 독립 운동을 했던 경험을 살려 '조선민족청년단'을 결성하고(1946. 10) 단장에 취임하였다. 안호상이 부단장을 맡았고 김관식, 김활란, 이철원, 현상윤 등 32명이 전국위원을, 백낙준, 최규동 등 10명이 이사를 맡았다.20) 이들에 의해 단정기 교육이 주도되면서 교육계 전반은 반공주의의 강력한 통제 하에 들어가는 것이다.

『중등국어』①~⑥권에 수록된 안호상의 글은 「일」(①권), 「학생과 사상」(③권), 「일과 행복」(④권), 「삶의 목적」(⑤권) 등 네 편으로, 모두 일민주의를 옹호하고 이승만을 중심으로 일치단결해야 한다는 내용이다. 여기서 특히 시선을 끄는 글은 「일」과 「학생의 사상」이다. 「일」에서는 "우리는 일민이다."라는 전제를 바탕으로 "일도 같이, 놀기도 같이, 웃음도 함께, 울음도 함께, 이와 같이 모든 것을 같이 하며 함께 하여 오직 하나로 된다는 것이 우리 일민주의의 명예요, 운명이다."라고 말한다. 그것이 곧 빈부와 귀천의 차별을 없애고 궁극적으로는 공산주의를 이기는 길이라는 것, 말하자면 지도자를 중심으로 일치단결할 때만이

---

19) 한준상·정미숙, 「1948~1953년 문교정책의 이념과 특성」, 『해방전후사의 인식4』, 한길사, 1989, 352면.
20) '조선민족청년단'에 대해서는 이진경의 「조선민족청년단 연구」(성균관대 석사논문, 1994. 6) 참조.

'일민주의'를 구현하고 공산주의를 무찌를 수 있다는 내용이다. 「학생의 사상」에서는 공산주의와 물질주의(유물론)를 비판하고 '민족주의 사상에 철저'할 것을 주문한다. "대한 민족주의는 대한 사람의 제 사상이요, 또 대한 사람의 제 정신이다. 이러한 제 사상과 제 정신이 없는 대한 사람은 외래의 사상을 비판적으로 받아들일 수도 없고, 또 동시에 물리칠 수도 없다."는 것, 그러므로 개인과 민족 전체가 잘 살기 위해서 민족주의로 무장해야 한다는 주장이다. 외견상 민족주의를 강조한 듯하지만, 사실은 공산주의를 비판하고 지도자를 중심으로 뭉쳐야 한다는 내용의 일민주의를 옹호하고 있음을 알 수 있다. 이런 내용에다가 이범석의 글이 추가됨으로써 『중등국어』는 한층 우익 편향적 모습을 갖게 된다. 민족을 구제할 사람은 청년밖에 없다는 내용의 「청년의 힘」(④권)이나 과거 일제와 맞서 싸웠던 독립 운동을 회고한 「청산리 싸움」(①권), 청년들의 단결을 호소한 「청년에게 고함」(⑤권)과 「민족과 국가」(⑥권) 등은 모두 그런 내용이다.

여기서 「청년에게 고함」은 마치 일본의 군국주의가 부활한 듯한 전체주의적 성격마저 보여준다. '조선민족청년단'의 창설 취지문을 연상시키는 이 글에서 이범석은, 우리가 일본 제국주의의 압박에서 해방된 지금 청년들은 민족 국가를 위하여 피와 땀을 바쳐야 하고 그래서 청년의 씩씩한 힘과 청년의 깨끗한 정성이 무한히 요구된다고 말한다. 그렇지만 한국의 청년은 청년다운 활동을 다하지 못하고 있는데, 그 이유는 첫째 고도화한 강력한 청년 조직이 없고, 둘째는 적당한 청년의 지도자가 없으며, 마지막으로 가장 중요한 것은 "청년운동이 청년운동으로서의 독자적, 혁명적 영역을 갖지 못한" 때문이라고 진단한다. 청년들은 "오직 한 덩어리로 강철과 같이 뭉치고, 한 목적을 향하여 한 계획 아래 발걸음을 맞춥시다. 이렇게 하는 데에서만, 청년은 청년의 진가를 유감없이 발양할 수 있는 것이요, 오늘의 곤란한 조국 현실을 바로잡아, 장래할 건국의 기초를 튼튼히 닦아 놓을 수 있는 것이며, 자손만대에 빛나는 업적을 남길 수 있는 것입니다."[21]라고 주문한다.

이런 내용의 글을 통해서 반공주의가 공산주의에 대한 단순한 반대가 아니라 이승만 정권에 정당성을 부여하고 그를 중심으로 국가를 건설해야 한다는 전체주의적 내용과 결합되어 있음을 확인할 수 있다. 반공주의는 원래 공산주의에 반대하는 내용을 갖는 대타 개념이지만, 실제로는 이와 같이 이념적 갈등을 봉합하고 조정하는 내부 통제용 이데올로기로 기능했던 것이다. 안호상이나 이범석의 글에는 부정해야 할 대상으로서 공산주의에 대한 구체적인 언급이 없고 단지 혼란스러운 현실에서 지도자를 중심으로 일치단결해야 한다는 정치적 의도만이 두드러진다. 그런 분위기에서 단정기 교과서에 친일 문인의 글이 대거 수록된 것은 어쩌면 자연스러운 현상으로 볼 수 있다. 이를테면, 이범석과 조선민족청년단은 자신들의 조직을 유지하고 확대하는 발판으로 국내에서 세력 기반을 다진 친일 경력자들을 이용하고자 했고, 친일파는 해외 독립 운동가로 명성이 높았던 이범석과 광복군이 조직한 조선민족청년단을 지원함으로써 자신들의 친일 행적을 은폐하는 방패막이를 삼고자 했던 것이다. 두 집단의 이해관계가 맞물린 관계로 조선민족청년단의 간부로 백낙준, 김활란, 백두진, 유창순 등의 친일파가 대거 포진하게 되고,[22] '국어' 교과서의 필진으로 그들이 대거 등장하게 된 것이다. 『중등국어』①~⑥권의 필자 중에서 친일 인사로 거명된 사람은 김동인, 모윤숙, 이무영, 노천명, 이헌구, 조연현, 서정주, 조용만, 고황경, 박종화, 정비석 등 11명이다.[23] 미군정기 '국어'에 채만식과 박태원 등

---

[21] 문교부, 『중등국어』⑤, 1950. 4. 5, 45~46면.
[22] 이진경, 「조선민족청년단 연구」, 성균관대 석사논문, 1994. 6, 17면.
[23] 여기서 친일 인사란 민족문제연구소에서 발표한 708명으로 한정한다. 앞의 주 10번 참조. 문학에서도 2002년 8월 14일 민족문학작가회의가 발표한 친일문인으로 제한한다. 친일문인 42인은 다음과 같다.

두 명이 수록된 데 비하자면 수적으로 5배 이상 증가한 셈인데, 이들 친일 인사의 글이 문제되는 것은 민족의식의 고취라는 당대 교육목표와 어긋날 뿐만 아니라 자기변명 투의 내용까지 포함하는 도덕 불감증을 보인다는 데 있다. 이런 사실은 친일 문인으로 분류된 이헌구와 고황경의 글에서 단적으로 드러난다.

「시인의 사명」에서 이헌구는, 시인은 민족의 시련기에 예언자로서 역할을 해야 하고 그래야 일반 민중은 그 예언에 따라 민족혼을 지킬 수 있다고 주장한다. 그렇지만 이러한 주장은 그의 행적을 고려할 때 상당히 후안무치하다. 牧山軒求로 창씨를 개명하고, 「각고의 정신」을 <매일신보>(1941. 1. 5~7)에 발표하고, 또 「천재일우의 때」를 『조광』(1943. 12)에 발표했던 친일 행적의 인물이, 과거사에 대한 한 마디의 반성도 없이 시인의 사명을 "민족혼을 불러일으키는 선구자"라고 강변하는 것은, 내용의 타당성을 떠나서 스스로 도덕적 정당성을 결하고 있다. 게다가 이헌구는 친일 행위가 '예언자이자 민족혼을 불러일으키는 선구자로서의 시인이 없었기에 일어난 행동'이고, 만일에 그런 위대한 시인이 있었다면 결코 반동적 문학은 존재하지 않았을 것이라고 주장한다. 물론 이헌구의 주장대로, 친일 행위가 미래를 예견하지 못하고 의식이 전도되어 일어난 현상이고 또 당시 민족의 미래를 예견하는 시인이 없었다고도 할 수 있다. 하지만 그런 외적인 조건에 친일의 원인을 돌린다는 것은 주체의 의지를 외면한 몰염치의 상황론에 불과하다.

고황경의 「인도 기행」 역시 비슷하다. 고황경은 인도의 농촌을 소개

시 분야 : 김동환, 김상용, 김안서, 김종한, 김해강, 노천명, 모윤숙, 서정주, 이찬, 임학수, 주요한, 최남선.
소설・수필・희곡 분야 : 김동인, 김소운, 박영호, 박태원, 송영, 유진오, 유치진, 이광수, 이무영, 이서구, 이석훈, 장혁주, 정비석, 정인택, 조용만, 채만식, 최정희, 함대훈, 함세덕.
평론 분야 : 곽종원, 김기진, 김문집, 김용제, 박영희, 백철, 이헌구, 정인섭, 조연현, 최재서, 홍효민.

한 뒤 『인도의 발견』이라는 네루가 쓴 역사책을 각본화한 연극을 보고 느낀 바를 덧붙이고 있는데, 눈길을 끄는 것은 인도에 대한 영국의 압제와 조선에 대한 일본의 그것을 비교한 대목이다. 곧, 일제의 압제는 영국에 비해 훨씬 가혹했다는 것, 만일 우리가 영국의 지배를 받았다면 일제의 경우와는 달리 언론과 표현의 자유를 가졌으리라는 내용이다. 이런 주장은 고황경 자신이 펼쳤던 일제하의 행적과 결부지어 보자면, 앞의 이헌구 이상의 궤변임을 알 수 있다. 고황경은 1937년 내선 일체 정책의 일환으로 조직된 친일 여성 단체인 '조선부인문제연구회'의 핵심인물이었다. 김활란 등과 함께 고황경은 '가정 보국 운동으로서의 국민 생활 기본 양식'의 준수를 외치면서 매월 가정에서의 황거요배(皇居遙拜), 축제일 국기 게양, 총독부 의례 준칙 준수, 근로정신 함양 등을 외치던 인물인 바, 그런 인물이 일본과 영국을 비교하면서 "도저히 비교가 되지를 않는단 말이다."라고 탄식했다는 것은 후안무치의 정도를 넘어서 있다. 이런 논지를 좇자면 자신의 친일 행위를 포함한 모든 반민족적 행위는 불가피한 것으로 정당화될 수밖에 없다. 자기변명을 넘어 항일 행위 전체를 부정하는 듯한 이런 내용의 글이 교과서에 버젓이 수록되었다는 것은 이승만 정권 하의 교육정책이 반공을 앞세워 그 외의 모든 가치를 외면했다는 단적인 증거인 셈이다. 이들로부터 민족의 정기와 정통성을 기대할 수는 없는 일이다.

그런데, 흥미로운 것은 교과서 필진의 대부분이 우익 반공주의자들이지만, 실제 내용에서 그것이 완전히 관철되지는 않고 있다는 점이다. 『중등국어』①, ④, ⑤권에는 친중국적인 내용의 글과 함께 친미적인 글이 동시에 수록되어 이념적으로 정비되지 않은 모습을 보여준다. 전자로는 「상해 축구 원정기」(이용일)와 「북경의 인상」(정래동)이 있고, 후자로는 「아메리카 통신」(김재원)이 있는데, 이는 단정기까지는 반공주의가 냉전 이데올로기의 차원에서 행사되었지 생활 전반에 관철되지는 않았음을 말해준다. 부르디외 식으로 말하자면, 상징 투쟁의 장 속에 있었지 문화권력으로 확고한 기반을 잡지 못했다는 뜻이다. 가령, 중문학자 정내동이 북경에 유학하면서 느낀 인상을 기록한 「북경의 인상」과 상해에 원정한 축구 선수들의 선전 과정을 소개한 「상해 축구 원정기」에는 중국에 대한 동경과 우호의 심리가 담겨 있고, 국립박물관장인 김재원의 「아메리카 통신」에는 그와 비슷하게 미국에 대한 호감이 토로되어 있다. 정래동은 "요람과 같은 북경은 가끔 여러 가지 점으로 그리워지는 때가 많다."고 고백하며, 이용일은 '한·중 양국 국기가 전면에 게양된 모습'을 보고 양국의 우의와 친선에 고무되기까지 하는데, 이는—중국에서 공산당 정권이 수립된 1949년 10월 이전에 씌어진 글로 보이지만—1946년 이후 국공내전(國共內戰)에서 공산당이 승승장구하던 현실을 염두에 둔 것이라고는 볼 수 없다. 말하자면 이 시기까지는 우리에게 '해방을 약속하고 선물로서 독립'을 가져다준 고마운 나라의 하나로 중국(국민당 정권)을 이해한 미군정기 이래의 시선이 그대로 유지되었던 것이다. 전쟁이 진행되는 도중에 간행된 『고등국어』(Ⅰ-Ⅲ)에서 「북경의 인상」이 삭제된 것을 보면, 중국은 6·25 전쟁에 개입한 이후부터 적성국가로 규정되었다는 것을 알 수 있다. 그렇지만 흥미롭게도 소련에 대해서는 강한 적대감을 내보이고 있다. 모윤숙의 「유·엔 참관기」와 안호상의 「학생과 사상」에서는, 소비에트의 비협조로 세계 평화가 이루어지지 않고 있으며, 소련은 국제회의에서도 "오만하고 발칙한 언행을 일삼는다"는 점(모윤숙), 소련 휘하에 들어간 나라들이 소련의 주장과는 달리 결코 물질적으로 풍요롭지 않다는 점(안호상) 등을 언급하면서 소련에 대한 강한 적개심을 표현하는데, 이는 중국과 달리 소련을 공산주의 적성국가로 규정하고 있음을 보여준다. 그렇다면 이 시기를 지배했던 것은 냉전 이데올로기이고, 그 대상이 아직은 중국과 북한으로까지는 확대되지 않고 있음을 알 수 있다.

단정기의 '국어' 교과서는 이렇듯 필자의 성향과 글의 내용에서 우파적인 것으로 채워져 있으나, 한편에서는 중국에 대한 전통적인 우호 관계를 내용으로 하는 글이 수록되는 등 반공주의가 전일적으로 관철되지는 않고 있었다. 최태호 편수관의 회고대로, "그때의 반공 체제는 오늘날 상상 못할 만큼 미지근했고 정부의 시책도 건국 초기처럼 자리를 잡지 못했"[24]던 것이다. 하지만 그럼에도 불구하고 우익 민족주의자들의 국가주의적 담론이 대거 전파되고 거기에 친일 인사들이 중요한 필진으로 가세함으로써 반공 체제가 점차 공고해지고 있음을 목격할 수 있다.

4. 전쟁기 : 반공의 정착과 친미주의

6·25가 일어난 시점부터 1951년 1·4 후퇴 때까지 남한에서는 교육과정이 거의 운영되지 못하였다. 모든 학교 수업이 중단되고 정부가 피난지 부산으로 소개된 상태였기에 학교 자체가 존립할 근거가 없었던 까닭이다. 그러다가 상황이 조금 호전된 1951년 2월 새로 문교부 장관에 임명된 백낙준이 '전시하교육특별조치요강'을 제정·공포했고, 그것을 바탕으로 학생들은 피난지에 개설된 학교에 등록해서 수업을 받게 되었다.

이 특별조치요강은 전쟁 수행에 따른 비상용으로 마련된 임시 조치였는데, 그 요점은 대체로 전시의 특수성을 반영한 반공주의의 구축에 모아져 있었다.[25] 안호상이 일민주의라는 이름으로 반공주의 교육을 우

---

[24] 최태호, 「편수비화」, 『교단』(39호), 1970. 3, 13면.
[25] 이종국, 『한국의 교과서출판 변천연구』, 일진사, 2002, 261~262면.

회적으로 내세웠던 데 반해 백낙준은 전시 하의 특수한 상황을 근거로 그것을 교과과정에 공식적으로 적용한 것이다. 백낙준은 적색 교원의 일소, 국민사상지도원 설치, 교육공무원법 제정, 학생들의 정치 활동 규제, 다양한 매체를 활용한 사상전의 전개 등을 통해서 전시 교육 체제라는 중앙 집권적 통제를 가했고, 그 일환으로 전시 교재를 제작하고 배포하였다. 당시 교재의 편찬은 최현배를 편수국장으로 해서 편수관인 최병칠, 최태호, 홍웅선 세 명이 담당했는데, 이들에 의해서 만들어진 교과서가 전시의 특수 상황을 반영한 『전시생활』(1·2·3)과 중학생용 『전시독본』26)이다. 이 전시 교재는 교과목의 구분이 없이 그 자체가 국어과이면서 동시에 사회생활 교과서의 역할을 했는데, 대체적인 내용은 전쟁과 반공의 당위성을 설명하고 전쟁을 후원하는 일에 적극적으로 참여해야 한다는 것이었다.

그런데 흥미롭게도 그런 와중에서도 고등학교용 '국어' 교과서가 두 종이나 발간된 것을 확인할 수 있었다. 각주 5번에서 언급한 대로, 『고등국어』(1-Ⅰ·Ⅱ, 2-Ⅰ·Ⅱ, 3-Ⅰ·Ⅱ)가 1952년 9월 30에서 1953년 3월 31일자로 간행되었고, 또 1953년 3월 31일에는 『고등국어』(Ⅰ·Ⅱ·Ⅲ)가 간행되었다. 앞의 『고등국어』와 뒤의 3권을 비교해 본 결과 내용과 필자는 거의 같고 다만 배치 상태가 다소 변했을 뿐인데, 그런 사실을 말해주듯이 1953년 3월에 간행된 『고등국어』(Ⅰ)의 목차 하단에는 "이 교과서는 작년(1952년—필자)에 발간한 교과서의 내용과 크게 다름이 없으므로, 작년도에 발간한 교과서로서 이 교과서를 대용하여도 무방함."이라는 <비고>가 수록되어 있다. 그렇다면 이 두 종의 『고등국어』는 다소의 편차에도 불구하고 전시 교과서로 현장에서 교육되었음을 알 수

---

26) 중학교용 『전시독본』은 『침략자는 누구냐?』, 『자유와 투쟁』, 『겨레를 구출하는 정신』 등 3권으로 되어 있고, 모두 1951년 3월 6일, 조선교학도서주식회사에서 인쇄된 것으로 되어 있다.

있다.

전시 '국어' 교과서의 기본 틀은 대체로 단정기의 것을 그대로 수용하고 있다. 필자와 제목이 거의 같고 단지 두 세편의 글이 새로 추가되었을 뿐인데, 이는 전쟁이라는 급박한 현실에서 교과서를 개편할 여력이 없었고 또 물적 토대 역시 미흡해서 최소한의 변화만을 추구한 것이라 하겠다. 교과서를 일별하면서 무엇보다 흥미를 끈 것은 교과서 첫머리에 인쇄된 다음과 같은 구절이다.

> The United Nations Korean Reconstruction Agency donated to the Ministry of Education of the Republic of Korea, 1540 tons of paper to print text books for primary and secondary schools in Korea for 1952. The paper of this book is printed out of that donation.
>
> Let us be thankful for this assistance, and determine to prepare ourselves better for the rehabilitation of Korea.
>
> L. George Paik
> Minister of Education Republic of Korea

국제 연합 한국 재건 위원단(운끄라)은 한국의 교육을 위하여 4285년도의 국정 교과서 인쇄용지 1,540돈을 문교부에 기증하였다. 이 책은 그 종이로 박은 것이다.

우리는 이 고마운 원조에 감사하는 마음으로, 한층 더 공부를 열심히 하여, 한국을 재건하는 훌륭한 일군이 되자.

대한민국 문교부 장관 백낙준

전쟁으로 생산 시설이 파괴되고 종이마저 고갈된 상태에서, 문교부 장관인 백낙준이 직접 미국으로 건너가서 종이를 요청했고, 그렇게 원조된 종이로 인쇄한 것이 바로 전쟁기의 '국어' 교과서였다. 유엔의 도움 없이는 교재마저 인쇄할 수 없었던 전시 하의 참혹한 현실을 단적으로 보여주는 대목이다.

전쟁기 교과서에 추가된 글은 세 개의 짧은 글로 구성된 「유·엔과 우리나라」(『고등국어』1-Ⅱ권)이다. 유엔(UN)의 역할과 사명, 우리나라와의 관계 등을 설명한 세 편의 글은 유엔의 원조 없이는 하루도 버틸 수 없었던 당시의 비극적 현실을 보여주는데, 첫 번째 글은 필자를 명기하지 않은 「유·엔의 근본정신」이고, 두 번째 글은 신익희가 쓴 「유·엔 헌장과 한국」이며, 마지막 글은 조선민족청년단의 전국위원인 이철원의 「한국은 유·엔의 전진기지」이다. 첫 번째 글에서는 "전쟁을 방지하고 전 세계를 통하여 침략 행위를 억제하는 것"이라는 유엔의 설립 목적이 설명되고, 두 번째 글에서는 "우리는 유엔의 원칙하에 살고 있으며, 우리 국민은 유엔의 원칙 하에서 목숨을 바치고 있는 것"이라고 하여 우리와 유엔의 운명적인 관계를 언급하고 있고, 마지막 글에서는 "국제연합은 한국을 버리지 않을 것이며, 한국은 국제 연합을 버리지 않을 것이다. 국제 연합과 한국이 이처럼 굳게 뭉친 앞에서 적은 이미 자멸의 구렁을 팔 날이 닥쳐 온 것이다."라는 비장한 심경을 담고 있다. 전쟁이 발발한 지 1년 4개월이 경과한 시점에서 잿더미로 변한 현실을 지켜보면서 오직 유엔에 희망을 걸 수밖에 없었던 당시의 참담한 현실과 함께 자유 진영의 보루로 편입된 전시 한국의 현실을 실감케 해준다. 유엔이라는 국제연합기구가 만들어진 이후 국제 분쟁을 해결하기 위해 강권을 발휘한 최초의 전쟁이 6·25였고 그 직접적인 수혜자가 우리였다는 사실을 상기하자면, 이들의 격앙된 어조는 충분히 이해됨직하다. 하지만, 그런 심리와 함께 글의 한편에는 공산주의자에 대한 강한 적개심이 담겨 있어 친미주의와 비례해서 반공주의가 강화되고 있음을 목격할 수 있다.

 그러나, 우리 한국 민족은 오늘날 앞서 두 번의 전쟁보다도 더 가혹한 전쟁의 참화를 국제 연합의 헌장이 엄연히 존립한 가운데에서

당하고 있다. 이것은 말할 것도 없이 공산 제국주의자들의 야만적 침략에 기인한 것이다. 오늘 우리 삼천 리 강토는 전화로 인하여 거의 회신(灰燼)이 되었으며 수백만의 피란민은 부모 형제가 각기 유리하여 생활의 근거를 잃었다. 그러나, 돌이켜 보건대 이 참상이 극도에 달한 과거 일 년 사 개월은, 한국 민족이 일찍이 볼 수 없었던 애국심과 용감성과 그리고 자존심을 감히 우내(宇內)에 현양한 가장 영예로운 기간이었던 것이다. 공산주의의 침략을 이처럼 결사적으로 반대하고, 자유와 평화를 이처럼 헌신적으로 엄호한 국가와 민족이 과연 어느 곳에 있었던가?27)

공산주의의 야만적 침략에 의해 우리 국토가 잿더미로 변했고 또 부모 형제가 생활의 근거를 잃고 이산(離散)하게 되었다는 주장은 단순한 부정의 대상으로서 공산주의가 아니라 체험에 바탕을 둔 구체적 제거 대상으로서의 그것이라는 점에서 단정기와는 구별된다. 개전과 더불어 남한 전역이 피로 물든 상황에서 이러한 주장은 공산주의자들을 제거해야만 우리가 살 수 있다는, 당시의 실제 현실을 반영한 생사존망의 절박함과 함께 극단적인 부정의식을 전제한 것이다. 그런 상황이었기에 민족을 양분한 이데올로기의 실체가 무엇이고 또 왜 서로가 서로를 죽이는지 등의 문제는 전혀 고려될 수 없었고, 단지 '죽느냐 사느냐' 하는 즉, 흑이 아니면 백이라는 극단의 부정과 양가적 사고만이 지배하게 된다. 그래서 '남한 = 자유주의 = 선', '북한 = 공산주의 = 악'이라는 도식이 자연스럽게 도출되고 공산당은 이제 무조건 제거 해야만 하는 '악'의 화신으로 규정된다. 전시 하 국민들의 일상 체험을 바탕으로 반공주의가 국가 이데올로기로 승격되고 있음을 단적으로 목격할 수 있는 대목이다.

이런 사실은 『고등국어』(Ⅲ)에 수록된 러쎌의 「현재의 암흑시대를 극

---

27) 『고등국어』(1-Ⅱ), 1952. 9, 117~118면.

복하려면」에서 한층 구체화되어 나타난다. 전쟁 중의 현실을 '암흑시대'로 규정하고 그것을 극복하는 방법을 소개하려는 의도에서 수록된 것으로 짐작되는 이 글에서, 러쎌은 암흑시대를 살아가는 방법의 하나로 '공산주의 타도'를 주장한다. 즉, 러시아 정부는 개인은 아무런 값어치도 없는 소비자로 취급하고 오직 국가만을 신성시한다. 가령, 한때 무분별한 행동을 했다는 이유로 가장 사랑하는 친구를 배반해서 결국 무시무시한 시베리아 노동 수용소로 사라지게 한 것이나, 교사의 가르침을 맹종하다가 급기야 자기 부모마저 죽음으로 이끈 어떤 학동의 행위, 그리고 악에 투쟁한 것을 마치 당(黨)에 반항하는 죄를 범했다고 거짓 자백하는 비굴한 행위 등은 모두 공산주의 국가에서나 볼 수 있는 현상이다. 그렇기 때문에 우리는 이 '거짓 사상'에 대해 투쟁해야 하고, 그것이 바로 사람됨의 가치라고 말한다. 이런 내용을 통해서 필자는 '공산주의 = 국가지상주의 = 악'이라는 등식을 노골적으로 설파한다. 이 글의 논지에 따르자면 공산주의자는 인간적인 가치나 사랑과는 거리가 먼 존재이고, 그들을 제거해야만 내가 살 수 있다는 등식을 확인할 수 있다. 단정기의 안호상 글에서 단순히 공산주의를 쳐부수자는 내용에서 한 걸음 더 나아가 공산주의와 왜 싸워야 하는가를 한층 구체적으로 보여준 셈이다. 이런 내용의 글을 통해서 이 시기 교과서는 공산당의 침략으로 고통받는 국민들의 자발적인 동의를 유도해내고 궁극적으로 반공으로 무장한 '국민 만들기' 작업을 적극 수행한 것이다.

다음으로 주목할 대목은 친중국적인 글이 제거되고 대신 친미적인 내용이 강화된 점이다. 앞에서 언급했듯이 단정기 '국어'에는 친중국적인 글과 함께 친미적인 글이 동시에 수록되어 있었는데, 전쟁을 겪으면서는 친중국적인 글이 모두 삭제된다. 「북경의 인상」과 「상해 축구 원정기」가 빠지고 대신 「아메리까 통신」만이 수록되어 있는데, 이는 중국이 공산화되면서 한국전쟁에 참전한 사실과 관계된다. 이제 중국은 국민당 정권기까지의 우호적 이웃이 아니라 우리가 생사를 걸고 싸워야 할 적성국가로 변한 것이다. 중국에 대한 이런 적대감은 당시 부교재로 사용된 책에서는 한층 적나라하게 나타나는데, 가령 『반공독본 6』에 수록된 시에는 중국의 인해전술에 맞서자는 비장한 결의가 담겨 있다.

> 통일 독립되려는 우리민국에
> 침략자 중공 오랑캐떼가
> 징치고 피리 불며 밀려 내려 왔네
> 아! 대한의 아들 딸들아 일어나거라
> 조국의 한 치 땅도 더러운 발아래 짓밟힐가 보냐
> 무찌르자 쳐부수자 중공오랑캐(소련앞재비)28)

중국의 개입으로 통일을 눈앞에 둔 시점에서 다시 후방으로 퇴각하지 않을 수 없었던 절치부심(切齒腐心)의 심정을 단적으로 투사한 것으로 보인다.

이후 1차 교과과정기에 오면 반공과 친미적 시선은 더욱 강화되어 「아메리까 통신」에다 천관우의 「그랜드 캐넌」이 새로 추가된 것을 확인할 수 있다. 미국은 이제 우리와 생사존망을 같이 하는 운명 공동체이고, 독자들은 그것을 의무적으로 학습하고 내면화하지 않을 수 없게 된 것이다. 이는 또한 반공주의가 강화되면서 미국과 유엔에 대한 우리의 종속적 입장이 더욱 심화되었음을 뜻한다. 반공주의의 종주국이 미국이고, 미국에 의지해서 생존을 도모할 수밖에 없었던 현실에서 당연한 태도로 이해되기도 하지만, 한편으로는 반공주의가 미국 중심의 세계 체제에 편입되는 중요한 고리로 기능했음을 시사해준다. 미국이 한국전쟁이 발발하기 이전 이른바 '애치슨 라인(Acheson line)'을 발표해서 태평양에서 미국의 방위선을 알류샨열도-일본-오키나와-필리핀을 연결하

---

28) 한국교육문화협회, 『반공독본 6』, 박문출판사, 1954, 26면.

는 선으로 한정했고, 그것이 결과적으로 6·25 전쟁의 발발을 묵인했다는 비판을 받았던 사실을 상기하자면, 반공주의는 미국의 하위 체제로의 편입을 보장받는 열쇠와도 같은 것이었다. 미국이 유엔을 동원해서 6·25에 참전한 것이나, 엄청난 인명의 희생에도 불구하고 전쟁을 포기하지 않았던 것은 '반공'을 고리로 한 한국의 전략적 가치 때문이었다. 그런 상황이었기에 이승만 정권에 있어서 반공주의란 미국에 대한 충성 맹세와도 같고, 교과서는 그것을 명기한 일종의 서약서였던 것이다.

전쟁기의 '국어' 교과서는 이렇듯 전쟁이라는 특수한 현실을 수용해서 만들어졌다. 그래서 전면적으로 개편되지 않고 단정기의 것을 대부분 계승하고 있다. 그럼에도 우리나라와 유엔의 운명적 관계를 강조하고 한편으론 친미적인 시선을 강화한 것은 반공주의가 전쟁으로 촉발된 국민들의 자발적인 적대감을 바탕으로 한층 공고화되고 있음을 의미한다. 이후 2~3차 교과과정기의 '국어'에는 이런 전쟁기의 현실을 바탕으로 반공주의가 한층 전면화되고 또 일상에 착근되고 있음을 목격할 수 있다.

5. 과거의 확인과 교정의 의지

반공주의는 단독정부 수립 이후 우리를 규율해 온 근본이념으로 아직도 개개인들의 뇌리 속에 각인된 정치적 기율의 흔적이다. 세계적인 탈냉전의 흐름 속에서도 고립된 섬처럼 존재하는 분단의 현실은 여전히 그것을 넘어설 가능성을 찾지 못한 채 암중모색의 혼미를 거듭하고 있다. 군사정권이 종식되고 독재의 그림자가 사라지면서 반공주의의 망령은 이제 그 앙상한 실체를 드러냈지만, 그럼에도 그 상흔은 사회 곳곳에 산재해 있다. '국어' 교과서를 통해서 반공주의의 규율화 과정을 보고자 했던 것은, 그 상처가 구체적으로 남아 있고 아직도 그것이 치유되지 않은 곳의 하나가 교과서라는 생각에서였다. 비록 교수요목기의 '국어' 교과서를 개관하는 수준에 머물렀지만, 그것이 이후 1차에서 6차까지 근본에서 관철된다는 점에서 그 상처의 정도는 깊고도 광범위하다. 게다가 미군정기 이후 아직까지도 친일 인사들의 족적이 크게 남아 있는 곳이 교과서이고, 그것이 가능했던 것은 이들이 반공주의와 결탁함으로써 면죄부를 얻고 연명할 수 있었다는 데서, 친일 문제가 국가적인 해결 과제로 떠오른 지금 어떤 식으로든 점검하고 정리할 필요가 있다고 생각한다. 단정기 이후 교과서에서 우익 인사들이 대거 필진으로 참가하고 거기에 친일 경력의 문인들이 가세한 것은 민족주의라는 외피에도 불구하고 반공만을 통치의 근간으로 내세웠던 이승만 정권과 그 이후의 계속된 군사정권의 속성을 단적으로 시사해준다. 전쟁을 겪은 뒤에는 그런 특성이 한층 강화되어 반공주의는 국시(國是)로뿐만 아니라 개인들의 일상적 가치와 사고마저 통제하는 최고의 이념이자 가치로 자리 잡았고 그것을 지배 집단은 교묘하게 이용해 온 것이다.

세계적인 탈냉전의 흐름과 남·북한의 화해 분위기 속에서 무엇보다 중요한 것은 우리에게 각인된 반공주의의 억압과 왜곡의 실상을 확인하고 해체하는 일이라 할 수 있다. 교육을 통해 주입된 반공주의와 냉전 이데올로기는 의식뿐만 아니라 무의식의 차원에서 우리를 사로잡고 있는 망령이고 그렇기에 그 완고한 실체를 확인하는 것은 바로 그것을 해소하고 교정하는 첫걸음이다. 지난 반세기를 경과하면서 문학과 일상의 영역에서 확인되는 반공의 폐해는 다름 아닌 우리 개개인들에게 숨어 있는 적대와 반목의 감정이고, 그렇기에 그 실체와 마주하는 일은 통일과 분단 극복이라는 추상적 담론에서 벗어나 구체적 현실에서 그 뿌리를 찾아 제거하는 일이 될 것이다. 반공주의를 극복한다는 것은 단순히 북한 공산주의에 대해 혐오감을 갖지 않는다는 차원에 국한되지 않는다. 국가나 집단에 대한 편향적인 생각에서 벗어나 개인과 타자를 존중하고 수용하는 개방적 시각을 함양할 때만이 그것은 해소될 수 있다. 국가의 통치 이념이 집약되고 동시에 국민을 효과적으로 통제하는 수단이었던 '국어' 교과서가 문제되는 것은 그런 사실을 소급적으로 보여줄 뿐만 아니라 그 뿌리의 완고함을 다시금 환기시켜 주기 때문이다.

‖ 방금단 ‖

'국어' 교과서에 드러난 민족주의 구현 양상
― 단정기에서 3차 교육과정기까지

1. 민족주의와 '국가 만들기'

　다원적인 민족 문화의 주체성과 상호 개방성이 옹호되는 최근의 새로운 시점에서 한국만이 단일 민족을 주장하는 '민족주의'란 과연 유효한가. 또한 '민족주의' 자체가 상상의 산물로서 비판적 논의에서 자유롭지 못한 것이 사실이지 않은가. 그럼에도 불구하고 '민족'이란 단어가 갖는 함의가 복잡하게 굴절해 온 역사를 가진 21세기의 한국에서 여전히 민족주의가 유효한 것은 무엇 때문인가. 한국에서 특히 '민족주의'라는 이데올로기가 국민의 정신을 사로잡고 대중의 권력 비판 능력을 차단하고 상실하게 하는 힘은 무엇인가. 이 논문의 목적은 바로 이러한 질문의 연장선상에서 '국어' 교과서에 수용된 민족주의라는 이데올로기가 거쳐 온 역사적 과정과 특성을 살펴보려고 하는 것이다. 여기서 한국만의 '민족주의'란 억압적인 권력 기제의 차원에서만이 아니라, 분열을 통합하려는 권력의 정치적 목표와도 관련된다. 이러한 이유는 한국만의 '민족주의'가 대중적인 권력을 생성하는 최고의 장치이자 힘으로 기능하는 '국가 만들기'의 역사적 의미를 지니고 있기 때문이다.

흔히 민족주의는 민족 국가의 수만큼이나 다양한 개념을 담고 있다고 말해지고 있듯이 민족주의에 대해서는 다양한 개념들이 존재해 왔다. 민족주의는 현대 세계의 중요한 이데올로기의 하나이지만 공통된 강령이나 고유한 이론 구조를 가지고 있지 않다. 민족주의란 무정형적인 민족 감정을 기반으로 하여 대외적 자주성, 경제적 자립, 대내적 민주주의를 그 기본 원리로 하고 있으나 그 내용이나 방법까지를 규정한 것은 아니기 때문이다. 그렇기에 민족주의는 다양한 형태와 유형으로 각 민족과 시대 상황에 부합하는 정치 이데올로기로 변형되어 시대적 요구를 수행해 왔다.

일제의 식민지를 경험한 우리나라에서도 해방과 더불어 민족주의적 지향은 모든 정치적 권위와 질서의 최종적인 정당성의 기반이 되었다. 해방 후 민족에게 부과된 가장 중요한 과제는, 좌우파의 사상적·계급적 갈등을 조화롭게 통합하고, 단결된 민족 역량을 토대로 해서 외세로부터 가해지는 압력을 극복하여 자주적이고 통일된 민족 국가를 건설하는 문제였다고 할 수 있다. 이러한 점에서 다양한 이념적 분파를 모두 수용할 수 있는 민족주의야말로 민족 공동체의 이익을 포괄하고 사회 통합의 이념적 지향성을 가질 수 있게 하는 이데올로기였다. 따라서 민족주의는 모든 다양한 정치 이념과 쉽게 협력할 수 있다.

그러나 한국과 관련된 민족주의의 중요한 쟁점은, 그것이 시대적 추이에 따라 민족 단위로 같은 모습을 보여 주지 못하고 민족 분열에 따라 전혀 다른 모습으로 전개되었다는 점이다. 권력을 담당하는 정치 세력들은 국민들의 민족주의적 감정을 이용하여 그들이 설정한 목표를 조속히 실현하려고 하였으며, 아울러 정치권에 의해 채택된 방법과 목표 이외의 어떠한 논리나 사고도 모두 반민족적인 것으로 매도하려는 경향마저 보이는 문제를 안고 있다. 그렇기에 한국의 민족주의는 다양한 형태와 유형으로 시대 상황에 부합하는 정치 이데올로기로 변형되어 능동적으로 시대적 요구를 수행해 왔으며 동시에 비판의 논의에서 자유로울 수 없었다.

근대 한국의 형성기에 민족주의는 국가가 주도한 '국가 만들기'의 담론으로 작용했다. 정권을 잡은 정치권에서는 민족주의를 포섭하여 정통성과 정당성을 내세우며 정권에 맞는 '국민 만들기'에 열을 올렸다. 이러한 점은 역대 정권의 정치 이념인 '일민주의', '반공주의', '발전주의'가 민족주의와 함께 논의되고 있다는 점에서도 알 수 있다. 즉 민족주의를 이용하여 그들의 정치적 목표를 조속히 실현하려 함과 더불어 분열된 민족을 하나로 빠르게 결속시키기 위해 의도적으로 민족주의라는 이라는 담론을 꾸준하게 사용하여 왔던 것이다.

이러한 점을 토대로 이 글에서는 해방 후에 권력을 잡은 역대 정권들이 민족주의라는 담론을 사용하여 교과과정의 변화에 따라 자신들이 설정한 정치적 목표를 어떻게 조속히 실현시키려 했는지를 알아보고자 한다. 각 교과과정기마다 달라지는 교과 속의 정치 이념들을 살펴보고 그것들이 민족이라는 담론을 어떤 방식으로 조직하여 주체에게 내면화시켜 '국가 만들기'의 이데올로기에 충실한 복종심을 유도하게 했는지 살펴보고자 하는 것이다. 특히 이 글에서는 단정기 교육과정에서부터 3차 교육과정기(1945~1981)까지의 '국어' 교과서를 연구하고자 한다. 근대적 국가가 형성된 단정기에서부터 한국의 경제가 급속도로 성장하게 된 3차 교육과정기까지의 한국의 실정과 정권의 정치 이념들의 실현 양상들에 따라 민족주의 담론의 형성 과정을 추론하고 '국어' 교과서 안에서 작동하는 민족주의 담론을 활용하여 한국만의 특징 있는 민족주의가 어떻게 태동하고 변해 가는지를 연구할 수 있기 때문이다.

2. 핏줄 의식의 강조와 일민주의적 민족주의

'국어' 교과서 안에서 목격되는 민족주의를 분석하기 이전에 민족주의라는 담론이 갖고 있는 정치성에 주목해 볼 필요가 있다. 근대 국가의 형성에 있어서 한국만의 민족주의가 형성되게 된 배경이 권력을 장악한 정치와 결코 무관할 수 없기 때문이다. 제국주의적 침략을 당한 한국에 있어서, 해방 후 국민을 하나로 빠르게 결속하기 위해서는 민족주의가 꼭 필요한 담론이었다. 한국에서 민족주의 담론의 형성 배경은, 일제에 대항하여 그를 물리치고 자주 독립을 획득하는 것을 최대의 과제로 삼아야 했던 불가피한 사정에서 유래한다. 그래서 단군을 통한 단일 민족을 강조하는 민족 인식은 민족 성원에게 무한한 자긍심을 갖게 하는 담론이 되었고, 그 자긍심은 다시 민족 부활에 대한 신념으로 이어졌으며 그 신념은 우리가 단결하여 싸워야 하는 이유이자 가능성의 근거가 되어 주었던 것이다. 이러한 이유로 민족주의는 한국을 지탱한 정신적 원리의 하나로 자리잡게 되었다.

정부 수립 후 이승만 정권은 국민의 민족적 감정을 기반으로 한 민족주의로 나라의 틀을 견고히 다지고자 하였으며, 이러한 민족 담론으로 '일민주의'라는 정치 이념을 내세우게 된다. 일민주의는 '하나의 핏줄'이라는 민족의식을 강조하는 이데올로기로서 모든 계급적·사상적 차이를 뛰어 넘을 수 있는 담론으로 제시되었다. 일민주의는 이 시기의 가장 큰 과제인 국토의 분단과 민족의 분열로 인한 정치, 경제, 사회 등의 불안으로부터 벗어나 튼튼하고 안정된 나라의 틀을 이룩하고자 하는 담론이다. 이승만 정권은 민족주의를 통하여 분산된 국민을 하나로 묶을 뿐만 아니라 민족의 정통성까지 확보할 수 있는 이데올로기를 창조하였던 것이다. 또한 "북한 공산 치하에서 신음하고 있는 북한 동포들을 해방하여 통일을 성취할 수 있는 길은 무력에 의한 북진 통일이라고 주장하면서, 미국에 대하여 경제 원조도 중요하지만 더 시급한 것은 군사 장비라고 하면서 무기 원조를 요청하"[1]였는데, 이러한 이승만 정권의 정치적 이념은 일민주의라는 민족주의로 채색되어 북진 통일을 주장하는 권력의 메커니즘으로 '국어' 교과서 안에서 작동하고 있다.

민족의 정통성을 확보하기 위한 과정에서 이승만 정권은 단군[2]을 내세웠는데, 이것은 민족 통합과 민족의식의 결집을 추구하는 일민주의의 중요한 근거가 되었다. 단군의 자손이라는 공동 운명체 의식이 당시 사회주의의 출현으로 인한 사상적·계급적 분열을 극복해야 한다는 명분으로 강조됐으며 민족적 대동단결을 이룩해야 할 명분으로 작용하였다. 그래서 북진 통일을 주장하는 이승만 정권의 정치 이념을 전달하기 위해 단일민족론은 명시적·묵시적으로 중등 '국어' 교과과정에서 강조되고 일민주의는 절대적인 가치로 주장되었다. 『중등국어』(1)의 「일민주의」는 이승만 정권의 지도 이념으로 초대 문교부 장관이었던 안호상이 체계화한 것이다. 그에 따르면 우리 민족은 '하나의 핏줄'이자 '하나의 운명'이라는 명제로부터 출발한다. 그리고 '남녀상하·빈부귀천의 차별이 없고 일한 만큼 분배받는 민주 정치와 민족 교육, 민생 경제를 지향하고 있'[3]는 민족주의 이념이다. 또한 「일」에서 "자본주의는 일하지 않

---

1) 김동수, 위의 책, 33면.
2) 정영훈, 「근대 한국에서의 '단군민족주의'」, 『한국민족운동사연구』29, 한국민족운동사학회, 2001, 145면. 근대는 민족 단위의 경쟁 시대였고, 그 경쟁에서 살아남기 위해서는 분명한 민족적 각성에 토대하여 전민족 성원이 '우리'로서 결속돼야만 하였다. 이같은 과제에 확실한 답을 부여해 준 것이 바로 단군이었고 '단군 민족주의' 운동이었다. '단군 민족주의'는 한국인에게 '단군의 자손'으로의 분명한 정체 의식을 제공하였다. 이 '단군의 자손'의식에 의하여 한국인은 중국이나 일본 및 다른 민족과 구별되는 독자적 정체성을 확보하였으며, 계급과 지역을 뛰어넘은 하나의 공동 운명체로 결속할 수 있었던 것이다. 한민족은 단군이 있음으로 해서 자신들이 소속된 민족 집단과 자기들이 충성을 바쳐야 할 대상을 선명하게 자각하게 되었다.
3) 안호상, 『일민주의의 본바탕』, 일민주의연구원, 1950 - 정영훈, 앞의 책, 152면 재인

고 이익을 보기 위하여, 빈부의 차별을 절대로 주장하고, 공산주의는 놀고서도 잘 살기 위하여, 빈부의 차별을 언제나 부정하는 까닭에 앞의 것은 자본주의의 이기주의요, 뒤의 것은 공산주의의 멸망주의자다"라고 비판하면서 계급적·사상적 차이를 뛰어넘는 민족의 통합된 담론으로서의 일민주의를 주창한다.

    국가는 개인보다 크고, 민족은 계급보다 크다. 제 민족이 불행하고는 민족의 한 부분인 제 계급만이 행복될 수 없다. 우리는 저 한 개인과 제 계급이 잘 살기 위하여 먼저 제 민족을 잘 살도록 해야 한다.4)

일민주의는 『중등국어』(3)의 「학생과 사상」에서도 강조된다. "국제적으로 우리에게 침입하는 정치적과 경제적 공격의 화살을 물리치려면, 우리는 무엇보다 먼저 밖에서 침입하는 사상적 공격의 화살을 물리치지 않으면 아니 된다. 우리가 다른 민족 사상에 정복되고는, 우리는 다른 민족의 정치적과 경제적 정복을 도저히 면할 수 없"다라고 주장하며 개인보다 국가를 위하고 계급보다 제 민족을 위하는 정치적 이념을 학생들에게 내면화시키고 있다. 또한 "대한 민족주의는 대한 사람의 제 사상이요, 또 대한 사람의 제 정신"임을 강조하며 이승만 정권의 국가 만들기의 정치적 이데올로기인 일민주의를 민족을 강조하는 담론 안에 수용하여 '국어' 교과서에 넣고 교육을 통해 국가와 민족에게 충성하는 국민을 만들고자 한다.

이러한 일민주의는 사상적 뿌리를 홍익인간과 신라의 화랑도 정신에 두고 있다. 한국 민족주의를 이해하는 데에는 "우리가 주목할 것은 바로 한국인의 공동체 생활과 그에 바탕을 둔 집합적 정체성이 상당히 오랜

    용. '하나의 핏줄'이라 함은 단군의 자손을 말하는 것이며, 일민주의는 사상적 뿌리를 홍익인간과 신라의 화랑도 정신에 그 근거를 두고 있다.
4) 「학생과 사상」, 『중등국어』(3), 문교부, 1950, 48면.

역사를 지녔다는 사실이다. 여기에는 단일한 종족성과 언어, 반도라는 생태 지리적 조건, 공통의 생활 습속 등이 크게 작용하였고 특히 통일신라 이후 지속되어 온 통일 왕조 체제의 유지라는 정치적 조건이 큰 영향을 주었"5)다는 점이 매우 강조된다. 이와 함께 단정기 중등 '국어' 교과서에서는 통일 왕조 체제의 신라 화랑정신을 토대로 이승만 정권의 북진 통일을 주장하는 정치적 이념6)이 병행되어 나타나고 있다. 이것은 통일 왕조 체제의 기반이 되었던 '신라의 화랑정신'의 특성을 전면에 내세운 것으로 이것이 중등 '국어' 교과과정에서 세 번에 걸쳐 실려 있다는 사실은 매우 중요한 현상이다. 『중등국어』(1·2·3)에 걸쳐 연속적으로 신라 화랑의 이야기가 중첩되어 제시되고 있다. 이러한 화랑의 이야기는 전쟁에 나아가 물러섬이 없는 임전무퇴를 주장하는데 이를 통해서 나라를 위한 '죽음'이 매우 명예롭고 가치 있다는 점을 학생들에게 주입하여 국가에 대한 절대적인 충성과 복종을 촉구하는 것이다.

「청산리 싸움」에서도 "전쟁이 피와 백골을 얼마나 많이 바치기를 바라든지 그런 것을 불관"하고, 나라를 되찾기 위해서는 "두 손을 벌리고 전쟁을 환영하는 길 밖에 없는 것"이라고 서술한다. 또한 충무공 이순신이 죽음으로 나라를 지켰다는 것과 "충렬사를 받드는 데에 그치지 말고 죽더라도 삼천리를 다 찾은 뒤에 내게 고하라"라는 이충무공의 말씀이 들리는 듯하다면서 북진 통일의 당위성을 제시하고 있다. 『중등국어』(4)에 와서는 『중등국어』(3)까지와는 다르게 과거의 역사 속 주체가 아닌, 현실에서 호명할 수 있는 청년의 '피'를 요구하고 있다. 「청년의

---

5) 박명규, 「한국 민족주의의 역사적 전개와 특성」, 『세계의 문학』, 민음사, 1996 여름호, 17면.
6) 「일민주의」, 『중등국어』, 문교부, 1950, 44면. 일민주의는 옛날 우리나라 삼국 시대에, 민족의 통일과 발전을 위하여 심으로 배우고 씩씩하게 일하고, 용감하게 싸우던 고구려의 상무 정신과 신라의 화랑정신을 간직하고 있습니다. 고려 때에 우리 조상들은 고구려의 옛 땅을 도로 찾으려고 온갖 힘을 다하고, 모든 기회를 놓치지 않고자 힘썼습니다. 이러한 정신도 일민주의는 잊지 않았습니다.

힘」, 「청년에게 고함」(『중등국어』(5))에서는 한국 청년들의 단결된 힘을 강조하고 진실한 애국자가 되길 요구하며 「민족과 국가」(『중등국어』(6))에서는 민족적 결속을 성취해서 반드시 단일 민족 국가를 지향하는 것이 부과된 사명이라고 서술하고 있다. 이는 이 시기의 많은 국민들의 염원이기도 한 민족 통일의 여론을 수용하여 적극적으로 이용한 이승만 정권의 정치적 담론이기도 하다.

이처럼 근대 국가로서의 한국이 형성되는 과정에서 민족주의는 매우 중요한 담론으로 작용한다. 홍익인간의 이념을 바탕으로 국민이 '한 핏줄'임을 강조하고 한반도가 처음으로 하나로 통일되었던 신라의 화랑도 정신을 이용하여 선포된 일민주의는 민족주의라는 담론 내에서 묵시적으로 북진 통일을 주장하고 있다. 그러므로 자본주의나 공산주의가 아닌 민족을 강조하고 있는 일민주의는 개인이나 계급보다 민족을 위해서 사는 삶을 강조하며 이것을 위한 청년의 힘과 피를 은밀하게 요구하고 있는 것이다.

이러한 일민주의의 허울을 쓰고 있는 민족주의는 한국의 굴곡된 역사 과정과 정권 교체 때마다 수정되거나 변형되어 교육정책에 반영되었고 '국가 만들기'라는 목표를 실현하기 위한 제도로 이용되어 왔다. 이것은 어떠한 정치 세력이나 정치 제도도 민족적 가치나 민족주의적 차원에서의 정당성을 바탕으로 해서만 존립할 수 있다고 인식한 한국만의 역사적 조건 때문에 형성된 것이라고 할 수 있다.

3. '아, 적'의 이분법적 세계와 반공주의적 민족주의

한국에서 반공주의는 모든 이념을 압도할 만한 최상의 가치이며 국시로 인식되었음에도 불구하고 '공산주의에 대한 반대'라는 주장 이외에는 일정한 의미를 갖지 못한 공허한 이데올로기이다. 그러나 오히려 반공주의는 다른 다양한 이념들과 결합하여 존재하는 담론이었기 때문에 더욱 강력한 힘을 발휘할 수 있었다. 반공주의는 그 내용의 경직성보다는 그 무내용성으로 인해 무소불위의 위력을 떨칠 수 있었던 셈이다.7) 이러한 반공주의는 다양한 이데올로기와 결합하여 때로는 억압의 수단으로, 때로는 동원의 수단으로 활용되었다. 그러므로 반공주의 또한 필요에 따라 민족주의와 결합하여 국민들을 통합하는 정치적 이데올로기가 될 수 있었다.

단정기 '국어' 교과서에서 단일 민족 국가를 건설하기 위해 사상적·계급적 분열을 극복해야 할 명분으로 민족주의가 강조되었다면, 전쟁기 국어 교과서에서는 '아·적'으로서의 극단적인 반공주의가 표면화되어 민족주의를 더욱 강력하게 환기한다. 한국에서 극단적인 반공주의가 성립될 수밖에 없는 원인을 논할 때는 친일파의 존재를 빼 놓을 수 없다. 친일파는 해방 후 청산되기는커녕 끈질기게 잔존하여 지배층을 형성하였고 미군이 한국에 들어와 신탁 통치를 하는 과정에서 현상 유지 정책을 썼던 바, 친일파들은 미군정 시대와 그 이후에도 계속하여 자기 자리를 잃지 않은 채 일제 때보다도 한층 격상된 지위를 누리게 되었다. 친일파와 친미파는 대체로 자산가층이었고, 유학을 하였기 때문에 대개 서구 지향적 기독교 세계관에 영향을 받았으며, 해방 직후부터 단정 운동을 벌여 분단의 내적 원인을 초래했다. "통일된 민족 국가의 수립은 근대 민족 국가가 추구하는 정체성에 따라 친일파의 처단을 전제로 하는 것이기 때문"8)이었다. 그러나 친일파들이 일제의 잔재를 그대로 등에 업고 해방 후 정국의 지도자로 군림하게 되면서 통일 민족 국가의

---

7) 김한식, 「김동리 순수문학의 세 층위」, 『반공주의와 한국문학』, 상허학회, 2002, 1면.
8) 서중석, 『배반당한 한국민족주의』, 성균관대학교 출판부, 2004, 140면.

수립은 요원한 일이 되고 만 것이다. 친일파들은 전쟁을 겪은 국민들의 감정을 이용하여 자신들의 정치적 목표를 조속히 실현하고자 극단적인 반공주의를 민족주의와 결합시키고 당시의 정치권이 채택한 방법이나 목표 이외의 어떠한 논리나 사고도 모두 반민족적인 것으로 배척하는 교육정책을 실시했다.

이 시기의 '국어' 교과는 종합적인 주제 의식 아래 각 단원을 배치하는 형식으로 텍스트를 제시하고 있다. 이는 반공적 민족주의 사상을 한 눈에도 쉽게 알아볼 수 있도록 하는 효과적인 방법이 되었다. 전쟁기 교과는 단정기 교과보다 좀더 확연하게 주제를 명시하는 방법을 취했던 것이다. 전쟁기 '국어' 교과서 1-Ⅱ의 Ⅵ단원에서는 '조국애'를 하나의 주제로 묶고 이 단원에서 배워야 할 내용을 미리 서술하고 있다. 여기에서는 "나를 낳고, 나를 키워 주고, 또 내가 그를 위하여 죽을 수 있는 조국. 그러한 조국이 있다는 것이 우리의 삶의 보람"이라고 역설하며, 그 조국이 위태로웠을 때 목숨을 내걸고 싸워야 한다는 것, 그것은 몇 천 년을 두고, 우리의 조상이 우리에게 몸소 보여준 거룩한 가르침이었다고 제시한다. 즉 이것은 우리가 하나의 운명을 가진 민족임을 강조하고 그것을 배우는 학생의 감정에 호소하는 것이다. 그런데 이러한 호소는 결국 "공산 오랑캐의 침략을 무찌르기 위하여 한 마음 한 뜻으로 싸우는 오늘 날, 우리는 여기에 모은 글을 읽고, 조국에 대한 불타는 사랑을 다시금 새로이 하자"라는 반공주의 사상을 학생들로 하여금 내면화시키는 것에 다름 아니다.

"강 위! 게 있거라!"
소리와 함께 총사령의 권총은 어느 새인지 어린 강 위의 앞 가슴을 겨누고 있었다.
"맡은 자리로 돌아가지 못하겠느냐? 후퇴하는 비겁한 놈은 독립군이 아니다!"

<u>강 위</u>는 장군의 얼굴을 우럴어보았다. 아아, 그 무서운 눈! 눈! 이것이 어제 저녁 자기를 가랑잎으로 덮어주던 그 총사령인가?
　"총사령 님! 다시는 물러나지 않겠습니다!"9)

「청산리 싸움」(『중학 국어』(1-Ⅱ))은 단정기 '국어' 교과서에서보다 그 내용이 많이 달라지고 있다. 17살의 강위라는 인물은 국가와 민족을 위해 독립 운동에 참여하여 자신의 목숨을 바쳐 화랑정신인 임전무퇴의 정신을 실천한다. 이것은 단정기 국어 교과서보다 더 직접적이고 실질적인 전쟁에 관한 언급을 통해서 국가를 위해 죽음을 불사르는 투혼의 의지를 심어 주려는 것으로, 전쟁기 '국어' 교과서를 보는 학생을 상대로 그들의 반공 심리를 고양시키려 하는 목적의식을 보여 준다.

한편 「방패연」, 「애국가」(『중학 국어』(1-Ⅱ))에서 국군은 선한 존재이고 인민군은 악한 존재로 그려 선·악의 형태로 '남한'과 '북한'을 이분법적으로 구분하여 반공 의식을 첨예화시키고 있다. 『중학 국어』(2-Ⅰ)의 「탄막을 뚫고」라는 제목에서 다섯 개의 모티프(「낙동강 줄기」, 「새벽의 결전」, 「자유를 찾아서」, 「장하다! 우리 국군」, 「은익에 빛나는 태극」)로 구성되어 있는 모든 내용이 전쟁을 다루고 있다는 점, 한국군의 용맹성으로 전쟁에서 계속해서 승전하고 있다는 점, 한국 전쟁에 참여한 미국 군인을 칭찬하는 노골적인 친미 성향의 글이 제시되어 있다는 점 등도 모두 이러한 '이분법적 구도'에서 비롯되는 반공 의식을 고취시키는 것이다. 가령, 「낙동강 줄기」에서는 전투에서 죽어 있는 전우의 묘에 십자가를 세워 복 있기를 기도하는 미군 병사의 모습을 가장 성실한 사람으로 표현하고 있다. 그 병사가 성경에서 "너의 원수를 사랑하라"라는 말의 시범자인 리차아드 사상인데 이러한 종교적 이념은 숭고한 것으로 인식되어 "유·엔군 용사들에 대하여 국민들은 가일층의 뜨거운 감사와 열광

---

9) 「청산리 싸움」, 『중등국어』(Ⅰ·Ⅱ), 문교부, 단기 4286, 117면.

적 환영을 아껴서는 안 된다"는 식으로 내용을 서술한다.

이러한 점에 비추어 볼 때 한국에서 반공주의는 정치적이고 철학적인 '공산주의 반대'로 출발했다기보다는 현실적으로 존재하는 북한이라는 적에 대한 대응 논리로 자리잡았다고 할 수 있다. 당시 한국 전쟁을 주도하고 있는 미국에 대한 친미 성향 또한 이러한 반공 의식을 첨예화와 함께 규명되어야 하는 것이다.

또한 「민족 정기론」(『고등국어』(Ⅰ))에서는 "우리의 영토를 침해하거나, 생활을 위협하거나, 자유와 평화를 파괴하는 자에 대하여는 그것이 외적임과 내적임을 불문하고, 정의의 깃발 아래 단언히 배격하고, 혹은 응징하였으며, 이것이 우리의 민족 사회를 오늘까지 유지 발전하여 온" 이념이라고 강조하고 「민족과 국가」(『고등국어』(Ⅱ))에서는 "국가는 민족의 복리를 보장하기 위하여 권력을 집행하는 즉 민족의 복리에 복무하는 기구이기 때문에, 필요하면 권력 또는 무력을 발동하여서까지라도" 민족의 안녕을 구하기 위해 정책을 펴는 것이라고 주장한다. 따라서 전쟁기 국어 교과서에 드러나는 민족주의는 이정권의 정치적 특성인 극단적인 반공주의를 민족이라는 담론을 매개로 이용하되 당시의 정책과 목표에 반대되는 논리는 국가의 권력 또는 무력을 작동하여서라도 엄단해야 한다는 이분법적 사고를 심화시키는 방식으로 표명된다.

한국 전쟁을 거치고 분단 체제가 고착화되면서 민족주의 담론은 또다시 새로운 모습을 갖추게 된다. 이 시기의 민족 개념은 남북한 구성원 모두를 하나의 공동체로 표상하는 현실적인 기반을 갖추기 어려웠다. 그러므로 이념적으로도 금기시되는 반공주의 사상이 팽배하게 된다.

1차 교육과정의 시기에는 이전의 교과과정에서 드러나는 직접적인 정치적 이데올로기나 반공주의가 많이 감소한 형태로 나타나고 있다. 그러나 5·16 혁명으로 집권한 박정권의 2차 교육과정에 와서 다시 반공주의가 명시적으로 드러난다. 「헝가리 학생의거」(『중학 국어』(Ⅱ-Ⅱ))에서는 헝가리가 공산권의 소련 위성 국가로서 억압당해 오다가 소련군 철수, 언론의 자유, 자유 선거 실시 등 16개의 요구 조건을 걸고 의거를 일으켰으며 비록 실패는 했지만 공산당원의 수가 3분의 1로 줄었다고 하면서, 우리도 헝가리 학생 의거를 교훈 삼아 다시 한 번 공산당의 잔인무도한 만행과 본성을 재인식함은 물론 그들의 계속되는 침략 행위에 더욱 경계를 굳게 하여 승공통일을 이룩해야 한다고 제시한다. 이 외에도 다수의 반공주의 글이 교과서에 제시되는데 이는 쿠데타로 정권을 잡은 박정권이 자신들의 정권을 안정시키기 위해 반공주의를 채택한 결과라고 할 수 있다.

3차 교육과정에 와서 반공주의를 포섭한 민족주의는 더욱 견고해지는데 이는 유신 시대의 장기 집권을 노린 박정권의 정치적 전략으로 볼 수 있다. 「싸우면서 건설하는 사람들」(『중학 국어』(3-1))에서는 유대 민족인 이스라엘 여성이 군인의 삶을 사는 투철한 국가관을 서술하면서 이스라엘에서는 "첫째가 국가, 둘째 가족, 그리고 셋째가 나"라고 생각하는 애국심을 강조하고 있다면서 그들의 근면·검소한 생활 태도나 끈질긴 협동, 개척의 정신이 모두 국가관에서 나오는 것이라고 설명하고 있다. 또한 이스라엘과 한국은 '스스로의 힘으로 싸우면서 건설하는, 같은 상황에 놓여 있는 나라'로 소개되고 있는데 이러한 여성의 애국심과 관련된 텍스트로 2차에서와 같이 「곽낙원」과 「김마리아」를 싣고 있다. 더불어 고전소설로는 여성의 초인적인 힘으로 국가를 위기에서 구한 「박씨부인」(『중학 국어』 3-2)이 실려 있다. 이는 박정권에 와서 여성의 사회 참여도가 높아졌다는 반증이기도 하지만 무엇보다도 국가와 민족을 위해 싸울 수 있는 주체로서 여성을 역할을 학생들에게 내면화시키기 위한 것이라고도 할 수 있다.

이처럼 각 정권들은 자신들의 정권들을 견고하게 유지하기 위한 정책으로 반공주의를 사용하고 있으며 민족의 앞날을 위해서 절대적으로 추구해야 할 것으로 반공을 심화시키고 있다. 이분법을 강조한 반공주의는 '아' 아니면 '적'을 선택해야 하는 상황으로 개인을 몰아갔다. 한국에서 반공주의는 다양하고 복잡한 사고 자체를 차단하고 민족을 위해 '아'만 선택해야 하는 상황을 조직했으며 이와 반대되는 의견은 전부 '적'으로 취급하는 내적 문제를 안고 있었던 것이다. 따라서 국어 교과 안에 드러나는 반공주의는 우리 민족(여기에서는 남한)이 살아남기 방편으로 이용되어 민족을 강조하면서 반공주의를 적극적으로 활용한 것이라고 판단할 수 있겠다. 사실, '전쟁'이라는 이념의 갈등이 첨예화되던 시기에 혹은 그 전쟁을 겪고 분단을 맞이한 상황에서 민족이라는 이름으로 호명할 수 있는 존재는 바로 같은 이념을 공유한 '남한 국민'일 수밖에 없었으며 이 '남한 민족'을 위한다는 명분으로 그 어떤 것보다 효과적으로 동원할 수 있었던 것이 바로 '반공주의'였다고 할 수 있을 것이다.

4. '잘 살아 보세' 슬로건과 발전적 민족주의

5·16 혁명으로 집권한 군부 세력도 민족주의 논리를 수용하였으나 그것은 박정권의 정치 이념에 맞게 상당히 변질된 형태를 취했다. 박정권은 민주당 시절의 불안과 혼란으로부터 안정과 발전을 그리고 이제까지의 사대와 의타로부터 자주와 자립 그리고 수구와 정체로부터 진보와 전진이라는 슬로건을 내걸고 한국 실정에 맞는 한국만의 민족주의를 실현하려 했다. 경제성장을 슬로건으로 내세웠던 박정권 시대의 근대화 논리는 반공주의라는 또 다른 논리와 결합되어 민족적 정치 이념을 형성하게 된 것이다. 남북한 간의 체제 대립과 더불어 추구된 근

대화의 발전 이데올로기는 민족주의가 새로운 형태로 활용되고 있었음을 보여 주는 사례다. "사실 민족주의는 이념적으로 그 내용이 동일하지 않다. 과거의 전통을 부정할 수도 있고 자유주의나 전체주의적 경향 모두와도 결합이 가능하다. 또한 자본주의적 성장 전략과도 연결될 수 있으며 사회주의적 발전 전략 속에서도 자기 모습을 유지할 수 있다."10)는 것에서 알 수 있듯이 한국만의 민족주의는 사회의 변화와 정권이 바뀜에 따라 '국가 만들기'의 새로운 정치 이데올로기로 변신을 거듭하게 된다. 박정권은 발전주의 이데올로기를 민족주의와 결합시키면서 정치적 정당성과 통치 기반의 확대에 이용했고, 상당한 정도로 이에 성공했다.

역대의 정권은 필요할 때면 학생들을 향해 강력한 애국심을 강조하였는데 이러한 사상은 2차 교육과정에 와서도 변함없이 드러나고 있다. 「중학생이 되어서」(『중학 국어』(Ⅰ-Ⅰ))에는 '이 나라의 훌륭한 일꾼이 되겠다'고 다짐하는 중학생의 글이 실려 있으며 모든 교육과정기에서와 마찬가지로 변함없이 「한국 학생의 정신」(『중학 국어』(Ⅲ-Ⅰ))이 나오면서 한 가지 이상의 전문 지식을 익히는 것의 중요성과 나라를 위해 희생하고 헌신할 것을 강조하고 있다. 그리고 「3·1 정신」을 강조하는 글이 역대 교육과정과 다르게 새로운 형태로 다듬어져 나왔다. 민족 불멸의 의기를 증명해 보인 3·1 운동의 의의와 가치는 민족 사상사에 하나의 새로운 기틀이 되었으며 이러한 정신은 우리 민족의 자각에 의한 새 문화, 새 사상을 지향한 민족적 대행진의 출발이라고 하였다. 따라서 박정권의 정치 이념인 '독립'과 '자주'가 3·1 정신이며 이 정신 앞에 민족이 일치단결할 것을 주장하고 있는데 박정권은 이러한 민족의 단결을 발전 이데올로기와 결합시켜 그들이 설정한 정치적 목표인 근대화를

---

10) 박명규, 앞의 책, 27면.

조속히 실현하고자 하였다. 「영국을 다녀와서」 글에서는 2차 세계 대전 후의 영국 경제가 국민들의 '절약 정신'으로 튼튼하게 유지될 수 있었던 것을 설명하고 「독일의 부흥」에서는 "독일의 부로 말미암아 폐허가 된 곳에서 '라인강 강변의 기적'이라는 독일의 부흥"을 일으켰다고 서술한다. 또한 한국의 실정과 같이 국토가 분단된 나라의 국민들이 인내와 노력으로 이와 같은 기적을 일으켰다는 내용(『중학 국어』(Ⅱ-Ⅰ))을 서술하면서 한국 근대화의 필요성을 학생들에게 내면화시키고 있다. 조국의 근대화의 힘은 민족의 노력과 인내 그리고 근면에 달려 있으며 일하고 배워야 잘 살 수 있다는 계몽성의 글들로 애국심을 강조한다. 또한 과학 기술의 진흥과 경제 발전책을 강조하여 발전주의를 위한 개인의 헌신의 힘이 민족의 앞날에 미치는 영향을 열거하고 있다.

3차 교육과정에서는 정치적 이데올로기를 수용한 민족주의를 역대의 어느 정권 때보다 노골적으로 표면화하고 있다. 그 이유는 박정희 정권의 장기 집권(10월유신)이라는 정치적 야심을 실현시키기 위한 이데올로기가 국어 교과 내에 침투되었기 때문이다. 60년대의 경제 발전은 대자본을 위주로 한 저곡가·저임금에 바탕한 수출 지향적 산업화를 기반으로 했기 때문에, 1970년대 초에 접어들어 노동자를 비롯한 서민층의 생존권 문제가 점차 분출하게 되었다.11) 이에 따라 박정희는 장기 집권의 유신 시대에 국민의 의식을 한데 모으기 위해 '새마을운동'이라는

---

11) 전태일의 분신사건, 광주대단지 폭동사건, 체불임금 지불을 요구하는 파월(派越) 노동자들의 대한항공 빌딩 방화 사건 등은 이러한 양상을 상징적으로 보여주고 있었다. 장기집권과 반민주적인 통치를 반대하는 학생·지식인·종교인·정치인의 민주화운동과 고도성장의 경제적인 분배에서 소외당한 근로자·농민·도시빈민의 생존권 요구를 긴급조치로 억압함으로써 국민의 저항에 부딪쳤다. 이는 박정희 정권의 근대화가 정치, 경제, 사회 등 모든 면에 있어서 대규모적인 변화를 일으켜 개인이나 집단 그리고 지역간에 심각한 불균형 현상을 야기 시켰고 아울러 가치 분배의 불평등이 증대되면서 국민들 사이에는 '상대적 박탈의식'이 고조되었기 때문에 새로운 민중들의 민족운동이 또 다른 분열의 형태로 일어나기 시작했다.

일대 개혁적인 운동을 펼치고자 했다. 1971년에 제창된 새마을운동은 '조국 근대화'라는 기치 하에 '근면·자조·협동'의 정신을 바탕으로 국민 개개의 생활 향상과 자유로운 성장은 물론 국가의 발전과 중흥을 이룩하려는 사회 혁신 운동이다. 이러한 새마을운동은 한국이 경제적으로 고도의 성장을 이룰 수 있는 계기로 작용했다.

  3차 중학 '국어' 교과서에서는 1과에서부터 나라를 사랑하는 애국심과 충성심이 강조되는데 박정희 대통령의 「민족의 저력」이라는 글이 <중단 없는 전진>이라는 소재로 실려 있다. 여기에서는 민족 중흥이라는 발전 이데올로기가 나라를 사랑하는 애국심과 같은 것이라고 서술하고 있다. 자기가 맡은 일에 대한 책임이 강조되는 「인권 신장의 길」(『중학 국어』(3-2))과 '나의 조국'이라는 단원의 「작문노우트에서」(『중학 국어』(1-1))에서는 광복 후 우리가 받아들인 민주주의는 우리 처지에 잘 맞지 않아 1972년의 '10월유신'을 출발점으로 해서 민주주의를 우리 처지에 맞게 고치고 발전시키게 되었다고 하여 유신 체제의 정당성을 주장하고 있다. 박정권은 우리 민족에게 맞는 민족 민주주의를 위해 자립과 자주를 정치 이념으로 내세웠다고 하면서 정치권의 정치적 목표를 '국어' 교과서 내에 싣고 학생들에게 내면화시킴으로써 통치 기반의 확대를 꾀하였다.

> 우리는 국가의 생존을 수호하고 사회의 안정을 도모하면서 경제 발전을 이룩하고 국민 복지를 향상시키며, 조국의 평화 통일(平和統一)을 이룩해야 하는 국가 목표들을 추구해야 할 시점에 서 있는 것이다.
>   이와 같은 국가 목표들을 달성시키고 민족사(民族史)의 앞날을 개척해 나가기 위해서는 무엇보다도 국민적 단합이 요청된다. 국민적 단결과 단합은 국가 목표를 이룩해 가는 원동력이다.[12]

---

12) 「기사 두편」, 『중학 국어』(2-1), 문교부, 1974, 62면.

「기사 두 편」(『중학 국어』(2-1))에서는 박정권에 맞게 고친 새 헌법으로 국가 목표들을 달성하고 민족사의 앞날을 개척해 나가기 위해서는 무엇보다도 국민적 단합이 필요하다는 점을 강조한다. 즉, 박정권은 그들이 추진하고 있는 근대화에 대한 국민의 전폭적 지지와 참여를 위해서 민족주의라는 용어를 부단히 이용한 것이다. 대한 사람으로 태어나 나라 건설의 사명을 띠게 된 것을 큰 행복으로 안다는 「닭울음」(『중학 국어』(1-1))은 단정기와 전쟁기에 나왔다가 1·2차 교육과정에서는 보이지 않았던 내용인데 3차에 다시 실려 있다. 이것만 보아도 박정권이 국어 교과서를 통해 자신들의 정치 이념을 전달하고자 하는 의도를 확연하게 알 수 있다. 「태극기와 애국가」(『중학 국어』(3-2))의 공부할 문제에서는 민족사 5천 년을 정통으로, 찬연한 내 조국의 깃발로 태극기를, 우리나라의 노래로 애국가를 강조하면서 국기, 애국가, 국가 원수를 같은 것으로 서술한다. 그리하여 나라에 대한 애국심과 대통령에 대한 충성심을 같은 것으로 공부하게 하고 학생들로 하여금 내용을 자연스럽게 내면화시키도록 하고 있다. 「나의 미래」(『중학 국어』(2-1)), 「따뜻한 겨울」(『중학 국어』(1-2)), 「생활의 기록」, 「일하는 행복」(『중학 국어』(2-1)), 「획획 내닫는 길」, 「조국의 젊은이여」(『중학 국어』(3-1))에서는 발전하는 조국을 바라보며 민족의 저력을 확인하는 것 그리고 과학 지식과 기술을 배워야 하는 것과 더불어 한국인으로서 애국심과 역사를 빛내야 한다는 책임감 등을 역설하고 있다. 또한 「새마을 이야기」(『중학 국어』(2-2)), 「새마을운동에 관하여」(『고등국어』(2)), 「경제개발 전략의 기조」(『고등국어』(3))에서는 새마을이 '잘 살기 운동'이고 근면, 자조, 협동이 새마을 정신이며 민족의 슬기를 모아 줄기찬 노력으로 새 역사 창조를 할 일꾼으로 성장할 학생들의 미래를 열거함과 동시에 선진국 대열에 참여하여 대망의 민족 중흥을 기약할 시기라고 강조하면서 경제성장이라는 발전 이데올로기를 주입시키고 있다.

이처럼 한국만의 민족주의는 각 정권의 시기마다 '국어' 교과서 내에서 새로운 이미지의 변신을 거듭한다. '국어' 교과서 내에서 국가를 위한 절대적인 민족적 애국심을 강조하고 있지만 이러한 애국심의 저변에는 정권의 정치적 목표를 조속히 실현하고자 하는 '국가 만들기'의 정치적 담론이 은폐되어 있다. 박정권의 근대화는 정치, 경제, 사회 등 모든 면에 있어서 대규모의 변화를 일으켜 개인이나 집단 그리고 지역 간의 심각한 불균형 현상을 야기했다. 이로 인해 가치 분배의 불평등이 증대되면서 국민들 사이에는 '상대적 박탈 의식'이 고조되어 그것에서 오는 부작용도 컸다. 그래서 박정권은 민족주의 담론을 사용하여 이러한 부작용을 은폐하거나 억압하게 된다. 이 시기의 '잘 살아 보세'라는 슬로건을 건 발전주의는 박정권의 근대화가 야기한 모순을 효과적으로 묵살하고 국가의 장래와 민족의 발전을 위하여 마땅히 감내해야 되는 것으로 치부한다. 그리고 국민은 오로지 국가 발전을 위해서 총력을 다해야 하며 그것이 바로 자신과 나라가 다함께 잘 사는 일이 된다는 인식을 심어 주고 있다. 즉 '국어' 교과서 내에서 '국가 만들기'전략으로 박정권은 절대적인 충성심과 단결을 요구하고 이러한 충성심과 단결이 민족과 국가가 잘 살 수 있게 한다는 낙관론을 주입하여 학생들을 국가 발전의 이데올로기에 종속시키고 있는 것이다.

5. 미래의 민족 담론과 '국어' 교과서

한국 민족주의는 다양한 대립과 모순, 상이한 지향과 운동들을 포함하고 있다. 한국 민족주의는 대외적으로는 물론이고 대내적으로도 투쟁과 갈등을 통해 자신의 모습을 형성해 왔다. 그것은 과거 역사에서만 국한된 것이 아니다. 여전히 지금도 현재 진행형으로 머물러 있는 것이다. 그리고 이 과정에서는 민족 문제 이외의 것을 사상하고 오로지 '민족'이라는 담론 내에서 모든 불합리한 문제를 해결할 수 있는 것처럼 담론이 형성되기도 했다. 우리나라의 민족 담론이 이렇게 '민족'이라는 것으로 모든 문제를 해결하려 들 때 그것은 지배층의 정치적 야욕과 '국가 만들기'라는 기획과도 효과적으로 결합될 수 있는 가능성이 충분해진다. 특히, 해방 후 혼란을 수습하고 최초의 대한민국 정부를 수립하면서 시작된 1차 교육과정기부터 박정희 정권의 쿠데타와 기나긴 유신 정권의 출현, 파행적인 근대화 전략 등의 굵직한 역사적 과정과 함께 변화해 온 3차 교육과정기까지의 역사적 과정은 이 당시의 정권의 출현, 그들의 정치적 행보와 밀접하게 관련을 맺을 수밖에 없었다. 그것을 반증하듯 이승만 정권은 그들의 국가 만들기의 기틀을 잡기 위한 전략적 이념으로 제시된 '일민주의'를 통해서 우리 민족을 상상의 공동체로 묶기 시작했고 '국어' 교과서에서는 바로 이러한 '일민주의'를 적나라하게 표방하는 텍스트가 전면적으로 배치된다. 나라를 위해서 개인의 멸사봉공을 주장하던 일민주의를 표방한 텍스트는 '국가 만들기' 혹은 '국가 정체성 확립'을 위한 효과적인 '이념'이 되었다. 한편, 전쟁기 교과서에서부터 전면화되는 반공주의는 우리 민족의 존립을 위협하는 '공산당'을 물리쳐야 한다는 인식을 학생들에게 주입하여 '아', '적'의 이분법적 사고방식을 내면화하도록 교육한다. 이것은 박정희 정권으로도 계속 이어진다. 박정희 정권은 '분단'이라는 역사적 사실을 충분히 활용하여 '반공 의식'을 투철하게 하는 데 기여했다고 할 수 있다. 반공 의식을 강조가 무엇보다 무소불위의 권력을 휘두를 수 있었던 것은 정권의 불안정한 입지를 공고하게 함과 동시에 우리 민족의 단결을 강조할 수 있었기 때문이었다. 물론, 박정희는 오로지 사상적으로 반공주의만을 내세워 우리 민족의 일치단결을 강조하지는 않았다. 박정희 정권의 커다란 업적으로 일컬어지는 '근대화' 정책은 우리 민족의 일치단결을 추구하는 정치적 전략으로 이용되었다. 박정희 정권이 내세운 '발전 이데올로기'는 우리 민족이 '잘 살아 보세'라는 새마을운동의 모토를 통해서 일치단결하고 나라를 위해 전심전력하도록 촉구하는 이념이었다. 이렇게 볼 때 우리나라의 '민족주의'는 단순히 하나의 일관성 있는 개념으로 정리될 수 있는 성질의 것이 아님을 분명하게 확인할 수 있다. 광범위한 개념의 범위를 포착하여 우리 민족의 일치와 단결을 강조하고, '국가 만들기'의 전략적 담론으로 작용한 민족주의를 '반공주의'와 '일민주의' 그리고 '발전 이데올로기' 속에서 찾아야 하는 이유가 여기에 있다.

한국만의 민족주의는 억압적인 권력 기제의 차원에서뿐만 아니라 민족의 분열을 통합하려는 권력의 정치적 목표와 함께 생성되고 발전해 왔다. 한국에서 민족주의가 대중적인 권력을 생성하는 최고의 장치이자 힘으로 21세기에도 유효하게 작용하고 있는 것은 그동안의 교과서에 수용되어 있는 민족주의가 갖고 있는 역대 정권들의 정치적 이데올로기와 연관되어 있기 때문이다. 역대 정권들이 '국가 만들기'의 정치적 이념을 조속히 실현하기 위해 사용한 민족주의 담론은 근대 국가가 형성된 한국의 역사 과정과 맞물려 민중들이 교과서를 통해 학습하고 내면화하게 된 계기를 마련했다.

그렇다면 우리는 '국어' 교과서와 관련하여 민족주의 담론을 어떻게 구성해 나가야 할 것인가. 이것은 앞으로 시행될 8차 교과과정을 위해서도 반드시 짚고 넘어가야 할 문제이다. 민족주의가 개인의 주체성을 없애고 오로지 국가와 민족을 위해 희생·봉사하며 단결된 힘을 발휘해야 한다는 집단적 가치만을 중시해서 문제가 되었다면 앞으로의 민족주의 담론을 어떻게 긍정적으로 구성하여 그것을 '국어' 교과서에서 올바르게 교육할 것인가가 과제로 남기 때문이다. '민족주의'라는 개념 자체에 대해서 우리가 근본적으로 문제 제기를 할 필요는 없을 것이다. '민족'이라는 것은 현재의 다원적인 세계적 질서 속에서 문화적, 정치적, 사회적, 경제적 주체성을 찾기 위한 하나의 중요한 방법이 될 수 있기 때문이다. 다만, 그 민족을 호명하고 어떻게 담론을 구성해 낼 것인가가 문제이다. 그러므로 개인적인 주체성과 다양한 학생들의 자율성을 보장하며 '국가 만들기' 기획에 건전하게 동참할 수 있도록 교과과정을 개편할 필요가 있을 것이다. 물론, 이것은 지금까지 문제가 되었던 교과과정에서도 표면적으로 주장한 규범이었다. 그렇기 때문에 더더욱 그것을 '국어' 교과서 내에서 제대로 검증하는 실천적인 과정을 거치는 것이 중요해질 것이다. 그 실천적인 국어교육의 과정 안에서 민족주의는 새롭게 호명되어야 한다.

‖ 한영현 ‖

탈식민주의와 '국어' 교과서
― 군정기, 단정기 '국어' 교과서를 중심으로

1. 해방과 식민지의 잔재

일제 식민지에서의 해방과 새로운 민족 국가 형성의 과업은 미군정기와 단독정부 수립기를 지나는 역사 과정에서 최대의 관심사요, 최고의 목표였다. 민족 국가의 정체성을 확립하고 독립 국가로서의 미래를 계획하는 것은 새로운 탄생의 과정이었다. 그런 만큼 거기에는 혼란을 수습하고 통일성과 질서를 확립하기 위한 지난한 고통의 여정이 수반되었다. 그리고 이것은 해방 후 우리나라가 새로운 민족 국가를 형성하는 데 있어서 일제 식민지적 잔재를 모두 청산하는 모색의 과정이기도 했다. 그러나 해방 후 군정기와 단독정부 수립기를 거치는 과정에서 일제 식민 잔재의 극복은 부지불식간에 뒷전으로 사라지고, 오로지 새로운 독립 민족 국가 만들기라는 과제만이 전면으로 부각되는 상황에 처하게 된다. 이러한 일련의 상황은 대다수의 친일파 세력이 해방 후 그대로 지배층을 점유하는 과정을 살펴보면 쉽게 알 수 있다. 일제 식민지 극복이 완전하게 이루어지지 못한 채 오로지 민족 독립 국가의 명분에만 매달리게 될 때 그것은 허울 좋은 명분론이 됨과 동시에 식민지적 잔재를 그대로 계승하는 파행적인 역사 진행의 과정을 거치게 되고 만다.

릴라 간디가 지적하듯이 "식민 직후의 신비화 효과를 갖는 기억 상실"[1]은 해방 후 친일 잔재를 신비하게도 망각의 저편으로 떠밀어 버리는 효과를 발휘한다. 이러한 상황은 미군정기와 단정기 '국어' 교과서의 텍스트 배치와 그 내용에서도 분명하게 파악할 수 있는 것들이다. 친일파들이 대거 편찬자로 참여하는 미군정과 단정기의 '국어' 교과서에는 수록된 텍스트와 그 배열 측면에서 뚜렷한 탈식민적 한계를 드러내고 있다. 물론, 표면적으로 살펴보았을 때 교과서의 텍스트 배치와 내용의 수준은 분명히 일제의 식민적 잔재를 극복하고 새로운 민족 국가의 형성을 지향하는 가열찬 열정들로 가득하다. 그러나 이런 열정과 의지들 이면에 감추어진 이데올로기의 성격은 식민적 담론의 그것을 그대로 계승하고 있다. 즉, 이들은 겉으로는 탈식민주의적 지향성을 표방하지만 그 이면에 도사리고 있는 것은 이들의 식민적 욕망이다. 그런 점에서 이 글은 '국어' 교과서에 드러나는 탈식민적 지향성과 그것이 야기하는 식민적 욕망의 은폐라는 모순을 발견하고 그것의 의미를 밝히는 데 주안점을 두기로 한다.

2. 탈식민주의와 민족주의

'국어' 교과서의 텍스트들이 강도 높게 다루고 있는 것은 바로 민족

---

1) 릴라 간디, 이영욱 옮김, 『포스트식민주의란 무엇인가』, 1998, 17면.

주의와 독립 국가 형성에의 열망이다. 이러한 민족주의와 독립 국가 형성은 식민지를 경험한 나라들이 해방 이후 거치게 되는 일반적인 행보라고 할 수 있다. 실로 포스트식민으로 되려는 becoming-식민 이후라는 하나의 결정적인 국면에 도달하려는-기획은 통상 독립적인 민족 국가의 건설을 통해 정당화되고 찬미되어 왔다. 또한 민족주의는 다양한 탈식민 투쟁들에게 혁명의 어휘를 제공했으며, 오랫동안 다양한 반식민 운동들이 응집력 있는 모습과 틀을 획득할 수 있게 해 주는 정치적 벡터로서 인정되어 왔다.2) 여기서 민족 국가의 기획은 바로 식민지적 잔재를 극복하고 고유한 민족적 정체성을 형성하는 문제로 귀결된다. 릴라 간디에 따르면 식민지적 잔재를 극복하기 위한 응집력 강한 민족적 노력이 수반될 때 민족 국가는 민족 고유의 정체성을 찾아 가는 행보를 밟게 된다는 것이다. 즉, 민족 국가는 완결된 자기 정체성을 확립하고 미래를 선취하는 데 주력한다. 식민의 타자성을 극복하고 민족이라는 이름으로 미래를 전망하는 것은 이들 민족 국가에 있어 절대 절명의 과업이기 때문이다. 이렇게 될 때 민족 국가에 있어 고유한 문화와 전통을 계승하고 미래를 낙관적으로 전망하는 일련의 상황이 전개된다. 민족은 완결된 자기 정체성의 확보를 위해 식민 시대의 타자화된 유물이었던 고유한 전통성을 회복하고, 내면화된 열등감의 극복을 위해 미래에 대한 낙관적 전망과 진보적 사관을 통해 자신의 우월성을 획득하려는 시도를 하게 된다. 민족 국가의 이러한 과정은 결국 식민 경험을 통해 내면화된 '타자성과 열등감'을 보상받기 위한 자기 치유적 회복 과정이라고 할 수 있을 것이다.

그런데 여기서 주목해야 할 것은 바로 이러한 일련의 과정을 통해서 드러나는 '주체성' 혹은 '정체성'의 문제가 탈식민 주체의 특이한 위치

---

2) 릴라 간디, 앞의 책, 138면.

를 말해 준다는 점이다. '타자성과 열등감'을 극복하기 위한 주체는 서구의 포스트모던에서 무너뜨리고자 했던 본질적인 '주체성'을 다시 정립하면서 시작된다. 즉, 탈식민을 지향하는 나라들은 주체성을 확립하기 위한 효율적인 방법으로 개인의 주체성 혹은 국가의 정체성과 주체성을 확립하기 위한 강력한 이데올로기적 열망에 휩싸이게 되는 것이다. 이 과정에서 특별히 중요하게 취급되는 것이 바로 '민족성'과 '전통성'을 기반으로 한 '고유한 주체성'이다. 우리나라가 해방 후 '식민'의 과거를 청산하는 방법으로 '식민의 잔재'를 적극적으로 기억하고 그것을 말소시키는 것에 매달리지 않은 채 새로운 '국가 만들기' 혹은 '민족 국가의 정체성' 확립에 지나치게 가열찬 열정을 쏟았던 이유도 여기에서 비롯된다. 게다가 '일제 식민지 잔재'로서 청산해야 할 일순위였던 친일 세력이 쥐도 새도 모르게 안전한 '지배층'의 권력으로 또다시 재이동하면서 '민족 국가 형성'을 위해 그들의 노력을 기울였던 것도, 그것이 허용되었던 것도 바로 이런 연유에서 기인한다고 볼 수 있을 것이다.[3] 결정적으로 '탈식민'을 경험해야 했던 우리나라의 환경적 조건이

---

[3] 해방 후 교육정책과 관련된 사항은 미군정의 정책과 긴밀하게 연결되어 있다. "패망한 일본을 대신하여 우리나라를 점령한 미군정은 "일제 하에서 제정된 법률이라도 특별히 폐기한 것 외에는 효력을 발생한다. 모든 관공서는 종전대로 근무하라"는 법령(제21호)을 발하여 일제 법령이 해방된 조선에서 여전히 유효함을 선포하였다" 그리고 대한 정책의 일환으로 실시된 '한국교육위원회'의 창설은 한국에 대한 교육이 미국에 대한 지지와 소련에 대한 견제로 이용될 것을 목적으로 하였다. 이것만 봐도 미군정의 대한 정책으로 이루어진 교육의 성격은 한국의 일제 청산과는 상관없이 미국의 제국주의적 책략의 정치적 수단으로 이용되고 있었다는 걸 파악할 수 있다. "미군정은 한국교육위원회에 이어 1945년 11월 23일 조선교육심의위원회를 다시 구성하여 신교육제도의 도입과 의무교육제 실시, 교육 행정 기구 개편, 학교교육 이념과 제도의 골격 등 교육 전반에 걸친 문제에 대해 토의하고 방향을 제시하도록 촉구했다. 그러나 이 작업에는 일제의 황민화 정책에 나섰던 친일 교육자들을 배제하기는커녕 파트너로 선정하여 이들이 교육 개혁을 주도하도록 하였다. 이들 인사들은 여러 교육회에 관여하였고 학연·지연으로 연결되어 이후 한국 교육계 인맥을 형성하였고 교육계의 요직을 독점하였다. 이것은 당시 한국 경찰을 지도하고 있던 마글린 대령이 <시카코 선>지의 마크 게인 기자와 가진

엄격한 자기반성의 한계를 드러내는 원인으로 작동한 것이다.

이들이 지향했던 민족 국가의 형성은 어쨌든 당면 과제였다. 그러나 '민족 국가의 형성'을 공공연히 부르짖을 때 드러나는 것은 '민족'과 '국가'에 의해 규정되는 잉여의 지점들이다. '민족'이라는 근대적 개념을 통해서 만들어진 '국가'는 필연적으로 자기 내부의 완결된 정체성을 확보하는 동시에 자신과는 다른 외부의 타자성을 전제하는 무의식적 과정을 거치게 된다. 그리고 여기서의 타자성은 바로 그들이 의식적으로 지양하고자 했던 일제 식민지적 무의식이자, 제국주의적 무의식이다.4) 그리하여 민족 국가의 형성은 고유의 완결된 자기 동일성과 정체성을 보유하지만 거기에는 항상 타자로 존재하는 식민지적 잔재 혹은 제국주의적 심리가 들러붙어 있다. 그러므로 '국어' 교과서에서 끊임없

인터뷰 내용에서 당시 미군정의 입장을 잘 대변해 주고 있다. "많은 사람들이 일본인이 훈련시킨 사람들을 계속 쓰는 일이 현명한 처사인지 의문을 제기합니다… 그러나 그들이 일본인을 위해서 훌륭히 업무를 수행했다면 우리는 위해서도 그럴 수 있으리라 생각합니다" 즉 친일파는 곧 미국에 충성하는 친미파가 될 수 있다는 것을 명료하게 지적하고 있는 것이다"(이명화, 「교육계의 일제 잔재」, 『한 권으로 보는 일제 잔재 19가지』, 김상웅 외 지음, 가람 기획, 2005, 58~59면 참조)

4) 슬라보예 지젝에 따르면 "그리하여 헤겔의 '구체적 보편성'은 겉보기보다는 훨씬 더 역설적이다. 그것은 그 어떤 종류의 심미적 유기적 총체성과도 전혀 상관이 없는데, 왜냐 하면 그것은 그와 같은 총체성을 영원히 망쳐 놓는 바로 그 과잉과/이나 틈새를 반성적으로 '밖에서 포함시키기' 때문이다. 하나의 계열과 그것의 과잉 간의, 전체와 그것의 예외인 그 하나 간의 환원 불가능하고 궁극적으로 설명 불가능한 틈새는 '구체적 보편성'의 바로 그 지형이다 …(중략)… 이에 따르면 법률의 규칙은 오로지 자신에게만 근거하는 폭력(폭력적 부과)의 심연적 행위에 궁극적으로 달려 있는 것이다 : 이런 행위가 스스로를 합법화하기 위해서 참조하는 모든 실정 법령들은 바로 이 행위 자체에 의해 자기-지칭적으로 정립된다" 이러한 지젝의 논리에 따르자면 국어 교과서에서 주장하는 일체의 민족정 정체성의 확립은 그 정체성을 위협하고 정체성에 혼란을 야기하는 '식민지적 잔재' 혹은 '제국주의적 요소'들과 필연적으로 관계 맺으며 이런 요소들을 통해서 고유한 '민족적 정체성'을 자기 지칭적으로 확립할 수 있을 뿐이다. '민족'과 '국가'의 정체성 확립은 하나의 진리로서 결단 혹은 의지에 의해 확립되는 것이지, 그것 자체로 '진리'일 수 없는 이유가 여기에 있다(슬라보예 지젝, 이성민 옮김, 『까다로운 주체』, 2005, 192면 참조).

이 지향하고, 강조하는 '민족'과 '국가'의 정체성은 일종의 '결단'과 '의지'의 행위일 뿐이다. 여기서 문제되는 것이 바로 민족 국가의 양가성이자, 민족 국가의 형성을 지향하는 탈식민주의의 양가성이다. 즉, 탈식민주의는 필연적으로 식민의 경험을 청산하고 민족 고유의 국가를 형성하는 문제로 귀착되지만 결국 이러한 민족 국가의 형성이 또다시 타자성과 끊임없이 조우하게 된다는 것이다. 여기에 민족 국가의 위험성이 자리한다. 그리고 그 위험은 '결단'과 '의지'를 통해 '상상적으로' 그리는 '민족'과 '국가'의 정체성(혹은 주체성)이 결국 '결정 불가능성'을 필연적으로 포함하고 있다는 점이다. 즉, '아무 것도 아닌 것'을 '그 무엇인가'로 확립하려 하는 그 행위 자체에 불안과 더욱 강한 애착, 강박증이 자리하게 되는 것이다.

그리하여 릴라 간디는 기획된 포스트식민 민족 국가는 온전하고 참여적인 시민권을 약속한다고 이해함으로써 스스로를 위로한다고 한다. 그러나 민족애가 정치적 변화를 위한 유리한 모체인 한, 빈식민지적 차이의 의지는 단지 동일자의 무력화하는 경제에 대한 또 다른 복속, 곧 '자신을 억압한다고 느꼈던 것을 복사본'이 되는 것은 아닌가5)라고 의문을 제기한다. 이런 의문은 반식민 민족 국가의 기획이 여전히 '서구 보편주의 중심' 내지 '제국주의의 아류'라는 불명예스러운 딱지를 끊임없이 달고 다닐 수밖에 없는 운명을 예고한다.

탈식민주의와 민족 국가의 친연성과 민족 국가가 지니고 있는 양가성을 논하는 것은 바로 미군정기와 단정기의 '국어' 교과서에 수록되어 있는 텍스트를 이해하고 그것들의 의미를 고찰하는 데 있어 필수적으로 요구되는 사항이다. 교과서에 수록된 텍스트의 대부분이 민족 국가의 열망과 민족으로서의 자기 정체성 확립을 선동적으로 주입하고 있

---

5) 릴라 간디, 앞의 책, 147면.

다는 점을 고려할 때 이들 텍스트들의 배열과 내용이 의미하는 바는 당연히 탈식민 민족 국가의 형성 과정과 맞물리는 지점이 많기 때문이다.

교과서를 일별하면 두 가지의 커다란 담론이 자리잡고 있음을 간파할 수 있다. 담론의 한 가지는 바로 '미래에의 낙관주의적 전망' 즉, '진보적 낙관주의'이고, 다른 한 가지는 바로 '전통지향주의'이다. 이 두 가지의 담론은 서로 모순되면서도 민족 국가의 형성에 필수적인 항목들을 구성한다. 즉, 민족 정체성의 형성과 발전의 담론은 교과서 내에서 강력한 힘을 발휘하면서 민족 국가의 도래를 알리는 지침 역할을 하는 것이다. 그러나 이러한 거대 담론이 교과서의 텍스트 대부분을 차지함으로써 텍스트는 민족과 국가의 정체성을 확립하려는 편찬자의 욕망을 은밀하게 드러내는 정치적 텍스트가 된다. 즉, 교과서는 민족 국가의 형성이라는 당면 과제에 대한 지나친 열정과 선동을 등에 업고, 소망 충족의 텍스가 되지만 그 안에서 작동하는 있는 메커니즘은 바로 그들이 진정으로 타자화시키려 애쓰던 바로 그것, '식민적 잔재'인 '제국주의적 요소'의 흐름이다. 좀더 엄밀하게 말하자면, 탈식민주의적 텍스트로서 해방 후의 민족적 정체성과 국가 만들기의 과업을 수행할 수 있었던 것은 편찬자들의 '열정'과 '의지'라기보다는 오히려 그들이 그 자리에까지 오게 만든 일제 식민지지적 잔재와 제국주의적 요소들이었던 것이다. 따라서 그들이 '민족'과 '주체성' 그리고 '국가의 정체성'을 공공연히 표방할 때 그들은 '거짓된 외양'을 하고서 자가당착에 빠지고 만다.

3. 낙관주의와 전통주의

　근대의 산물인 민족주의는 필연적으로 계몽의 서사가 내포하는 진보의 확신과 낙관적 미래상을 전제로 출발한 '이즘'이다. 근대적 민족 개념은 타민족에 대해 자민족을 구분하는 독립된 민족 국가의 대한 자각을 낳게 했6)는데 이러한 민족 개념은 주체와 타자를 구분함으로써 끊임없는 타자화를 통해서 자기 동일성과 자기 발전의 확신을 가늠하는 민족 국가의 형성으로 나아간 것이다. 이러한 근대의 계몽 서사를 내면화한 민족 국가의 형성 문제가 교과서 내의 텍스트들에도 여지없이 작동하고 있다. 특히 미군정기와 단정기 '국어' 교과서에 수록된 논설문, 설명문, 위인담 류는 민족 국가의 낙관적 미래상을 제공하고, 그 미래를 향해 끝없이 돌진할 때 진정한 민족 국가가 형성된다는 이데올로기를 지속적으로 주입하고 있다. 이것이 무엇보다 문제적인 것은 그들이 지양하고자 했던 식민지적 메커니즘, 즉 '제국주의'가 필연적으로 지니고 있었던 특징들을 고스란히 보여 준다는 데에 있다. 제국주의가 추구했던 미래에의 낙관과 계몽 이성, 타자에 대한 폭력적 선취 등이 고스란히 미군정기와 단정기 교과서에 적나라하게 수록됨으로써 '국어' 교과서는 일제 식민지를 가능하게 했던 근본적인 원리를 청산하지 못한 채 그것을 그대로 계승하는 과정을 거치고 있는 것이다.

　특히, 자라나는 청년들의 정체성을 형성하는 데 기여하는 교과서의 텍스트들은 이들 청년들에게 나라를 위한 멸사봉공과 직분론을 꾸준하게 주입함으로써 이들이 나라의 주역이며 이들을 통해서 민족 국가의 형성이 이루어질 수 있다는 미래에의 낙관적 전망을 암암리에 강조한다. 특히, 미군정기 『중등국어교본』(상・중・하)의 경우는 텍스트의 장

---

6) 나병철, 『근대서사와 탈식민주의』, 문예출판사, 2001, 179면.

르가 단정기 교과서에 비해서 단조로운 반면,7) 청년의 직분론과 멸사봉공을 강조하는 텍스트를 집중적으로 배치함으로써 청년이 민족 국가의 형성에 있어 중요한 인물임과 동시에, 이들을 통해서 민족 국가의 형성이 이루어질 수 있다는 미래에 대한 진보적이면서도 낙관적 기대를 고양하고 있다.

<blockquote>
희망도 있고, 활동이 있고, 진보가 있고, 발전이 있는 것은 청년의 특질이다. 희망이 없고, 활동이 없고, 진보가 없고, 발전이 없음은, 청년이 아니고, 나이 젊으면서도 이미 늙은 것이다. …(중략)… 이제 바야흐로 사회 온갖 사물이 부쩍부쩍 진보하여 간다. 흐름에 따라 헤엄침은 웅덩이에서 헤엄치는 것보다 훨씬 더 유쾌한 것이다. <u>사회 진보의 흐름에 따라 더욱더욱 진보하게 할 이는 현대의 청년이 아니냐? 다른 날 크게 이루려는 청년은 모름지기 쾌활하여야 한다</u>.8) (밑줄-필자)

<u>민족적 결합이 선결 문제요, 이론과 방침 계획은 둘째 문제이다. 만일 결합력이 공고만 하고 보면, 그 결합체가 때를 따라 방침과 계획을 고치어 가면서 능히 목적을 도달하는 데까지 나아갈 것이다. 결합된 힘이 없고서는 아무리 좋은 방침이 있더라도 이를 실행할 수 없지 아니한가?</u> …(중략)… 그런즉 우리가 고해를 벗어나고 활로로 나아가기 위하여 할 일이 여러 가지지마는, 제군이 인격 훈련과 단결
</blockquote>

---

7) 『중등국어』(상)에는 논설이 21편, 수필이 8편, 시가 12편, 소설이 6편, 설명문이 2편, 기타 일기, 편지가 3편, 전기류가 2편 실려 있고, 『중등국어』(중)에는 논설이 9편, 수필 10편, 시 6편, 기행문 5편, 설명문이 4편, 기타 전기류가 2편, 편지 2편, 가사 1편이 수록되어 있다. 『중등국어』(하)에는 논설이 12편, 시 6편, 설명문 5편, 소설이 1편, 수필이 1편 수록되어 있다. 대부분 논설문과 설명문, 시와 수필이 대부분을 차지하는 것을 알 수 있다. 그러나 단정기 국어 교과서에 오면 논설과 설명문, 시와 수필을 포함하여 위인담, 기행문, 선언문, 민요, 희곡 등을 아우르는 다양한 장르가 수록되며 내용 또한 청년의 직분론을 직설적으로 제시하는 텍스트는 거의 사라지게 된다.
8) 군정청문교부, 「청년」(2), 『중등국어교본』(상), 1947.

훈련이 큰 관계 있는 것을 깊이 깨닫고, "나는 오늘부터 인격 훈련과 단체 훈련을 전심으로 노력하겠다"는 결심을 가지기를 바란다.9) (밑줄-필자)

청년의 직분을 강조하는 이러한 텍스트들이 환기하는 작용은 바로 이들 텍스트들이 청년들이 '부지런'10)과 '이상'11) 등을 가지고 '노력'12)할 때 '성공'13)할 수 있으며 민족 국가의 달성이 가능하다는 미래에의 진보적 전망과 낙관주의이다. 진보와 단결을 강조하는 방향으로 청년의 직분을 강조하는 일련의 텍스트들은 이렇듯 민족 국가의 형성에 필수적인 항목을 위해 봉사하고 있는 것이다.

이러한 낙관주의적 미래에의 전망은 민족의 장래를 확신하고, 민족 국가를 위해 희생해야 하는 멸사봉공의 이념을 확립하는 데 효과적이다. 즉, 미래에의 진보적 전망은 개인이 민족 국가를 위해 전심전력할 때 가능해진다는 논리가 암암리에 작동하는 것이다. 그리고 이러한 논리는 단정기 『중등국어』에서 전면화되는 '일민주의'로 나아가는 계기를 마련한다. 단정기 『중등국어』에는 청년들의 직분을 좀더 선동적이고 교조적인 방식으로 제시하는 전략을 취한다. 손진태의 「일민주의」14)에서는 논설조로 나라를 위한 충성을 강조하고, 민족과 국민, 국가를 하나의 유기체로 파악하는 직설 어법을 통해서 민족 국가 형성의 조건을 역설한다. 그리고 이것이 단정기의 '국어' 교과서가 지향하는 바를 일목요연하게 설명해 주는 텍스트라면, 대부분의 다른 텍스트는 이러한 일민주의의 이념을 세부적으로 설명, 보완하는 방식을 취한다.

---

9) 군정청문교부, 「인격완성과 단결훈련」(2), 『중등국어교본』(중), 1947.
10) 군정청문교부, 『중등국어교본』(상), 25단원.
11) 군정청문교부, 『중등국어교본』(하), 41단원.
12) 군정청문교부, 위의 책(상), 49단원.
13) 군정청문교부, 위의 책(상), 41단원.
14) 문교부, 「일민주의」, 『중등국어』(1), 8단원.

일민은 일해야 한다. 일을 통하여서만 우리는 잘 뭉쳐지고 잘 협동되어 가장 완전하고 위대한 일민이 될 수 있다. 일하는 데서 일(興)며 이루어지면 또 일어나지만, 일하지 않는 데선 못 일고, 못 일어나 망해지고 말 것은 필연한 결과다. 일고자 하는 이는 일할 것이요, 일하고자 하는 이는 일고자 하는 이다. 일하는 데서 먹고 살며 일 더 하는 데서 더 잘 먹고 더 잘 살 수 있다.[15]

깊은 의미에 있어서 발전해 간다는 것은, 곧 알아 간다는 것이다. 그러므로 앎은 사람과 또 그로 말미암아, 사회와 문화 발전의 추진력이 동시에, 또 그것의 측정기라 할 수 있다.[16]

자기의 믿는 바 정의의 길에 용감히 돌진하여 위대한 실천 운동을 추진시켜 나아가는 힘의 근원이 되는 것은 오직 청년뿐이다. 청년! 참으로 그는 민족 생명의 원천이오, 국가의 초석이다.[17]

우리가 세우는 국가는 완전한 주권 국가인 동시에 우리 민족의 역사적 독자성과 현실적 환경에 비추어, 반드시 단일 민족 국가일 것이며 또 제도적으로는 어떠한 개인적 또는 집단적 특권도 용허하지 않는, 따라서 주권은 삼천만인 민족에게 있고, 통치자와 피치자의 관계까지도 포함하여, 온 동포가 정치적으로나 문화적으로 권리와 지위와 책임이 기본적으로 균등한 국가인 것이다.[18]

사회와 문화의 발전을 위한 청년의 임무는 이제 '일민주의'라는 민족 국가의 이념을 체화하고, 그것을 위해 복무하는 데 바쳐진다. 단일 민족 국가를 지향하고 그 안에서 온 민족이 합심하여 일하고, 앎을 통해 사회와 문화 발전에 기여할 때 일민주의의 이상이 달성된다는 것을 알 수

---

15) 안호상, 「일」, 『중등국어』(1), 34단원, 단기 4283년.
16) 안호상, 「앎」, 『중등국어』(2), 18단원, 단기 4282년.
17) 이범석, 「청년의 힘」, 『중등국어』(4), 28단원.
18) 이범석, 「민족과 국가」, 『중등국어』(6), 12단원.

있다. 그리고 이러한 노력은 다시 말해서 청년들이 자신들의 멸사봉공을 통해서 민족 국가의 형성을 이룰 수 있다는 미래의 꿈과 기대를 충족시키려는 편찬자들의 낙관적인 전망과 연결된다. 즉, 교과서의 텍스트는 이러한 민족 국가가 청년들의 직분과 멸사봉공의 충성을 통해서 얼마든지 가능하다는 낙관주의를 표방하는 이념의 장이다.

이것은 마치 일제 식민지 시대에 일본의 국가관을 그대로 계승하는 것처럼 보인다. 태평양 전쟁이 종국으로 치달을 때, 천왕과 나라를 위해 목숨 바쳐 희생하는 그들의 극단적인 민족주의적 태도는 일본 제국주의의 절정을 보여 주는 사례였다. 이러한 민족주의가 청년의 멸사봉공을 통해서, 일민주의를 통해서 교과서의 텍스트에 유사한 방식으로 재조직되어 반영되고 있는 것이다.

한편, 「발명가 에디슨」,[19] 「자연물의 이용」,[20] 「시간의 역사」,[21] 「아이사크 뉴우튼」,[22] 「라디움의 발견」[23] 등의 텍스트를 통해서는 근대적 과학 문명을 소개하고 근대적 문명의 발전을 간접적으로 수용하면서 근대의 진보 사관에 대한 긍정적인 시선을 보내고 있다. 이러한 근대적 과학 기술을 통한 진보적 전망은 그대로 민족 국가의 근대성을 함양함과 동시에 서양의 계몽 담론을 그대로 수용하는 방식을 보여 준다. 또한 이것은 근대적인 계몽 사상에 기반하는 것으로서 제국주의의 원리가 되었음은 두말 할 필요가 없다.

반면에 민족 국가의 정체성 형성에 기여하는 또 하나의 텍스트는 바로 '전통'을 회고하고 그것에 대한 설명을 시도하는 것들이다. 일련의 '국토 기행문'과 '수필', '시조', 그리고 '언어'와 관련된 논설문들은 식

---

[19] 군정청문교부, 앞의 책(상), 8단원.
[20] 군정청문교부, 앞의 책(상), 9단원.
[21] 군정청문교부, 앞의 책(중), 40단원.
[22] 지은이 미상, 앞의 책(1), 31단원.
[23] 윤태영, 앞의 책(3), 11단원.

민지적 경험을 통해서 타자화된 고유한 민족적 전통을 되살리고, 그것을 복구해야 한다는 각성을 촉구한다. 파농이 강력하게 환기시킨 것처럼 해방의 시간은 문화적 불확실성의 시간이며, 가장 중요한 것은 의미 작용적, 표상 작용적 미결정성의 시간[24]이다. 이러한 불확실성과 미결정성의 시간 속에서 민족 국가의 정체성을 확보하는 가장 강력한 무기가 되는 것이 바로 '전통'을 되살리고, 그것을 민족의 자장 안으로 이끌어 들이는 것이었다. 그리하여 전통은 현재를 의미화하고 민족을 타자화된 객체로부터 주체로 변화시키는 역할을 수행한다. 교과서 안에서 전통을 지향하는 텍스트는 대부분 국토 기행문의 형식을 취하지만 수필와 시조 또한 잃어 버린 전통을 환기하고, 전통의 문학작품으로 군림하면서 '전통 지향'을 대변하는 텍스트로 자리매김하고 있다. 그리고 무엇보다 언어에 대한 강조는 민족의 정체성을 환기하는 중요한 매개체로 등장한다. 언어의 독창성과 고유성은 우리 민족의 전통성과 연계되고 있기 때문이다.

우선, 국토 기행문은 미군정기 『중등국어교본』에서는 고려와 신라, 백제 삼국의 유물을 찾아가고 그 유물을 소개하는 방식으로 제시되어 있다. 「부여를 찾는 길에」,[25] 「불국사에서」,[26] 「석굴암」,[27] 「백제의 미술」,[28] 「고려의 부도 미술」[29] 등에서는 삼국의 유물이 독창성과 작품성이 뛰어나다는 진술을 통해 고유한 전통의 유일무이한 가치를 높이 예찬하는 방식을 취하고 있다. 이러한 전통적인 유물에 대한 예찬은 단정기 『중등국어』에서는 좀 다른 방식으로 제시된다. 즉, 단정기 『중등

---

[24] 호미 바바, 나병철 옮김, 『문화의 위치 탈식민주의 문화이론』, 소명출판, 2002, 87면.
[25] 군정청문교부, 앞의 책(중), 21단원.
[26] 군정청문교부, 앞의 책(중), 37단원.
[27] 군정청문교부, 앞의 책(중), 38단원.
[28] 군정청문교부, 앞의 책(하), 6단원.
[29] 군정청문교부, 앞의 책(하), 18단원.

국어』에서는 위인들의 업적과 치적을 찬양함으로써 전통적 인물들이 환기하는 고유한 민족적 정체성을 주입하는 계기를 마련한다. 「화랑 사다함」,30) 「원효」,31) 「담징」32) 등의 역할은 바로 이들이 나라를 위해 충성함과 동시에 우리나라의 고유한 '화랑제도', '불교', '금당벽화'와 같은 전통들을 통해서 자신들의 역량을 발휘했다는 점을 환기하는 것이다.

한편, 수필의 경우는 군정기와 단정기 '국어' 교과서에서 지속적으로 비중 있게 제시되고 있는데, 이들 수필의 성격은 대부분 현실적인 것들을 벗어난 관념의 세계 그것도 자연에 대한 회고와 향수를 기억하는 관념적 취향을 고양하고 있다는 게 특징이다.33) 이러한 수필의 성격은 훼손되지 않은 순수한 고향과 같은 자연을 회고하고 그것을 감상하면서 민족의 순수성을 정서적으로 환기하는 문학작품으로서의 구실을 하고 있다. 시조의 배치 또한 '시조'라는 전통적 장르에 대한 계승과 더불어 그것의 가치를 강조하고 전통성을 환기하는 역할을 한다.

또한 독창적 언어의 강조가 민족적 정체성을 확립하는 데 없어서는 안 될 필수적인 항목인 점을 감안한다면 미군정기와 단정기를 통하여 지속적으로 제시되는 언어와 관련된 텍스트의 배치는 그다지 놀라울 것이 못 된다. 「주시경」,34)선생의 한글 학자로서의 역할을 강조하는 데서 시작하여 「한글 창제의 고심」,35) 「국어와 국문학」36)에 대한 고찰과

---

30) 지은이 미상, 앞의 책(2), 9단원.
31) 윤승한, 앞의 책(3), 7단원.
32) 윤희순, 앞의 책(5), 8단원.
33) 이러한 수필의 성격은 제목만 보아도 쉽게 알 수 있다. 「화단을 바라보면서」, 「첫 여름」, 「파초」, 「난초」(『중등국어교본』(상)), 「사온일」, 「아름다운 풍경」(『중등국어교본』(중)), 「온실」, 「목력화 그늘에서」(『중등국어교본』(하)), 「과꽃」, 「낙엽을 태우면서」, 「서울의 봄」(『중등국어』(1)), 「매화」, 「만월대의 딸기」, 「그 은행나무」(『중등국어』(2)), 「토함산 해맞이」, 「목련화 그늘에서」, 「신록예찬」(『중등국어』(4)).
34) 군정청문교부, 앞의 책(상), 26단원.
35) 군정청문교부, 앞의 책(중), 9단원.

「문자와 문화」,37) 「헌법과 한글」,38) 「국어의 생활」,39) 「훈민정음」, 「용비어천가」,40)로 이어지는 일련의 언어에 대한 집중적인 탐구는 한글의 독창성과 정통성을 주입하고, 그것을 내면화하도록 유도하는 중요한 텍스트가 된다.

위와 같은 전통을 지향하는 텍스트들이 민족 국가의 정체성 확립과 관계 맺고 있다는 것은 단정기 '국어' 교과서에 수록된 이들 전통 지향과 관련된 텍스트들의 내용이 뒷받침하고 있다.

<u>글이 있고 없음이 그 야만의 비(卑)와 문명의 존(尊)을 가르게 됨은 물론이어니와, 글을 가진 겨레 가운데서도, 그 가진 글의 좋고 나쁨은 그 겨레의 우(優)와 열(劣)을 가르며 대와 소를 가르는 것이다. … (중략)… 먼저 글과 말을 통일하자! 그리하여 그 터전 위에 대한 민족의 영원한 아름다운 문화를 건설하자! 이것이 우리의 외침이다.</u>41) (밑줄-필자)

이로 보면 한 민족이나 또는 한 국민의 성예를 높임에 있어서 예술의 힘이 참으로 위대하다 하겠으니, 예술가의 열지필이 능히 삼문의 위세를 대적하고 남음이 있을 것이다.42)

이러한 시대의 원시 귀족과 민중 사이에는 그 경제적 이해 충돌보다는 민족 전체로서의 공동 이익 획득이라는 것이 이 사회의 표면에 나타날 엄연한 최대 현상이었다. 이 시대에 있어서는 지배 계급인 원시 귀족이나 민중 사이에, 오직 민족의식이 치열하였을 뿐이었다.43)

---

36) 군정청문교부, 앞의 책(중), 10단원.
37) 최현배, 앞의 책(1), 21단원.
38) 최현배, 앞의 책(2), 4단원.
39) 조윤제, 앞의 책(4), 26단원.
40) 문교부, 앞의 책(6), 3단원, 4단원.
41) 최현배, 「문자와 문화」, 앞의 책(1), 21단원.
42) 문일평, 「예술의 성직」, 앞의 책(4), 13단원.
43) 손진태, 「고구려의 민족사상」, 앞의 책(5), 2단원.

> 과거 삼십 육 년 간, 일본 제국주의의 가혹한 압박은, 우리 민족의 고혈을 빨아 먹는 동시에, 우리의 고유 문화를 야만적으로 말살하려 하였다. 그러한 철쇄 밑에서 우리의 고유 문화는 자연 의곡되고, 기형적 생장을 하는 수밖에 없었으나, 오늘날 일본 제국주의의 복멸로 말미암아 우리는 다시금 우리의 문화를 찾게 되었다. 그러나 우리가 찾은 문화는 그 회복기까지 상당히 오랜 시일이 걸릴 정도의 만신창이를 입은 것이었다.44)

최현배의 글은 우리 고유 문화의 회복과 그것의 발전 필요성을 역설하는 가운데, 전통을 강조하는 텍스트의 효용이 어디에 있는지를 간접적으로 제공하는 역할을 한다. 즉, 최현배는 고유 문화의 발전을 통해서 세계 문화의 발전을 따라 잡을 수 있다는 논리를 펼치면서 민족 국가의 확립에 있어서 전통과 고유한 우리의 문화가 필수 불가결한 것임을 강조하고 있는 것이다. 이는 문일평과 손진태의 글에서도 무리 없이 적용되는 논리이다. 민족의 고유한 정체성을 확립하기 위한 예술의 기능은 고구려와 같은 민족 국가 형성을 위한 초석이 된다. 손진태가 고구려의 민족 사상을 강조한 것을 통해서 유추할 수 있는 것은 이러한 고구려 민족의식의 재발견이 필요하다는 점이다.

이렇듯 문화적 전통을 찾고, 거기에서 고유한 정체성을 재발견하려는 시도는 탈식민주의적 지향과 맞물리고 있다. 우리나라가 지향했던 당시의 민족 국가는 한편으로는 미래에 대한 낙관주의와 진보주의로, 한편으로는 전통과 고유성을 찾아가는 정체성 찾기를 통해 형성되었으며 이것은 식민지를 벗어나기 위한 탈식민적인 전략의 하나였던 것이다.

---

44) 최현배, 「민족 문화의 창조」, 앞의 책(5), 17단원.

4. 권력 주체들의 의도와 탈식민주의의 한계

앞에서 살펴본 바에 따르면 민족 국가의 형성은 바로 '진보주의, 낙관주의와 전통주의'라는 두 가지 모토 속에서 형성된다. 국가 형성의 기획이 '서구 보편주의 중심'이라는 것은 진보주의와 낙관주의를 전면에 앞세우는 일련의 교과서 텍스트들을 통해서 알 수 있는 사실이다. 게다가 '전통 지향적' 텍스트들은 민족의 고유한 정체성 확보를 위해 복무함으로써 결과적으로 '국어' 교과서는 '서구 보편을 향한 독창적인 걸음마'를 내딛고 있는 듯한 인상을 짙게 풍긴다.

그렇다면 문제는 없는 것인가. 식민지를 경험한 데다가 후진성을 극복하지 못한 국가에서 식민적 과거를 청산하고 근대 국가의 틀을 마련하기 위해 노력하는 것은 현실적으로 어쩌면 당연한 과정일 수 있다. 그러나 식민의 청산과 근대 국가의 거창한 기획이 진정성을 확보하지 못하고 있다면 그것은 탈식민과 근대 기획의 표면만을 훑는 추상적 이상이 될 뿐이다. 단정기와 군정기를 거치면서 '국어' 교과서가 지나치게 선동적면서 과격하게 탈식민과 근대 기획을 공표했던 데 혐의를 둘 수밖에 없는 이유도 여기에 있다.[45]

교과서 편찬자들이 강조했던 것은 바로 진보주의와 낙관주의, 전통성을 통하여 획득할 수 있는 민족의 동일성과 문명화의 사명에 다름 아니

---

[45] 한상범에 따르면 반민족·반민주 세력의 정신 구조는 '민족 비하주의', '한민족 열등론'과 '일본 문화의 우수성과 선진성에 대한 숭배'로 나타난다. 그러므로 해방 후 미군정 하에서도 이들의 정치 의식은 변하지 않아서 일본의 제국주의와 군국주의적 의식을 그대로 계승하고 있다는 것이다. 게다가 해방 이래 친일파들이 자신들의 이력을 숨기고 반공주의자로서 둔갑하는 적절한 장소가 바로 교육계였다. 이들은 새 교육의 지도자나 교육자로 자처하면서 자신들의 이력을 그대로 유지하면서 교육계를 장악했다(한상범, 「친일 반민족 세력의 뿌리와 그 정신 구조」, 『일제 잔재, 무엇이 문제인가』, 한상범 편저, 법률행정연구원, 1996, 17~20면 참조).

었다. 즉, 편찬자들은 일방적으로 교과서를 배우는 학생들 다시 말하자면 교과서의 수용 주체들을 문명화하고, 그들에게 정체성을 부여하는 권력자의 자리에 위치하고 있다. 이들 지식을 보유한 자들은 자신들의 문명화 작업을 위해 대상들을 전유하고, 이용하는 방식을 택하는 것이다. 이러한 일련의 메커니즘 속에서 편찬자들과 교과서를 배우는 학생들은 '주체 / 타자'의 이분법적 관계를 형성하게 된다. 교과서 수용자들의 정체성은 또다시 박탈당하고, 그들은 폭력적으로 권력자들에 의해 전유된다. 이렇게 함으로써 편찬자들은 진정한 탈식민의 작업을 성취하지 못한 채 오히려 식민지의 폭력적 지배 구조를 그대로 계승하는 과정을 밟게 되는 것이다. 그러나 문제는 좀더 근본적인 데 있다. 편찬자들이 교과서의 수용 주체들을 타자화시킴으로써 스스로를 주체로 정립시킬 수 있었던 이유는 진정한 타자의 얼굴이 수용 주체들이라기보다는 바로 그들이 (표면적으로) 척결하고자 했던 식민지적 잔재 혹은 제국주의적 책략이기 때문이다.

앞에서도 지적했듯이, 타자와의 끊임없는 조우는 자기 정체성과 동일성을 확보하는 지나친 강박증과 애착을 초래함과 동시에 주체를 주체로 정립하게 하는 전제가 된다. 그러므로 주체의 자기 동일성은 허위임이 밝혀지고 주체는 끊임없이 자기 동일성을 불안과 초조의 심정으로 바라보아야 하는 동시에 타자의 얼굴로 인해 위협당한다. 즉 편찬자들이 식민지와 제국주의적 잔재를 척결하고 그것을 통해서 국가와 민족의 순수한 정체성을 확보하기 위한 가열찬 열정에 강박적으로 매달리지만 그들은 여전히 그들이 타자화시키려 했던 학생들을 '훈육'과 '교육'의 대상으로 삼으면서 재생산하고 있다. 그러므로 수용 주체들에 대한 '훈육'과 '교화'를 가능케 했던 편찬자들의 행위야말로 그들의 진정한 타자이며 그들을 위협하는 대상이다. 그런데도 불구하고 편찬자들은 자신들이 진정한 근대적 독립 국가의 기획을 마련하고 있다는 열정 아래 자신들의 무의식적 욕망을 봉합한다.

　인식론적으로 식민주의란, 문명화의 신화를 앞세운 식민자가 피식민자를 일방적인 시선으로 바라보는 것을 뜻한다. 그와 달리 진정한 탈식민주의는 타자의 시선으로 식민자의 자기중심적 시선을 와해시키는 것에서 시작되어야 한다.46) 그러나 교과서 편찬자들은 '자기중심적 시선'을 와해시키는 데 실패하고 자신들이 조직해낸 '민족'과 '국가'의 이데올로기 속에 머물고 있을 뿐이다. 이럴 때 교과서 편찬자들이 지향하는 민족 국가는 또 다른 제국주의적 담론 속으로 미끄러져 들어갈 위험성을 떠안게 된다.

　물론, 교과서 속에서 식민화를 극복하고 독립 국가를 지향하려는 의도를 엿보이는 텍스트들을 발견할 수 없는 것은 아니다. 「포츠담 카이로 선언」,47) 「삼일운동의 회고」,48) 「간디」,49) 「인도기행」,50) 「기미독립선언문」51) 등은 식민 경험을 극복하는 민족적 의지에 주목하고, 우리나라와 같은 처지에 있는 인도에 대한 감상을 표현하고 있다. 그러나 대체적으로 내용의 무게중심은 '민족 국가 형성'의 당위성을 설명하는 데 놓여져 있는데다가 「인도기행」 같은 경우는 인도의 독립에 대한 얄팍한 감상 차원에서 머물고 있기 때문에 식민지를 적극적으로 기억하고 그것을 넘어서려는 태도를 보이는 데 있어 한계를 드러낸다.

　　어린 소년의 티가 아직 남아 있는 청년 지도자 깐디는, 수많은 군중의 앞장을 서서 걸어 나갈 때 조금도 장한 듯한 기세를 부리지 않고 귀엽고 겸손하게 발걸음을 내어 놓으면서도, 아무도 막지 못할 확

---

46) 나병철, 앞의 책, 208면.
47) 군정청문교부, 앞의 책(하), 23단원.
48) 권동진, 앞의 책(1), 33단원.
49) 지은이 미상, 앞의 책(3), 14단원.
50) 고황경, 앞의 책(4), 25단원.
51) 문교부, 앞의 책(6), 11단원.

신을 가지고 뚫어질 듯이 어떤 목표를 바라보며 전진하는 것이었다. 피지도자의 단합! 지도자의 자격! 나는 그 광경을 보면서 우리나라를 자꾸자꾸 나도 모르게 비교해 보았다. 또 한 가지 인상 깊은 장면의 하나는 그 무대 배경의 대부분을 점령한 영국 국기를 주섬주섬 다 거두어 가지고, 영국 군대가 뚜벅뚜벅 발걸음을 맞추어 퇴장하는 것이었다. 자연히 교체된 것은 인도 국기이고, 그것은 인도의 완전 독립을 표시하는 것이었다. …(중략)… 이러쿵 저러쿵 해도 언론의 자유를 가진 인도인들은 일제 하의 대한 사람이 겪은 그 고통은 맛보지 못했을 것이다 하고 생각하였다.52)

이렇듯 자각이 부족한 민중을 비판하는 계몽의 시선은 교과서 편찬자들의 교과서 수용 주체들에 대한 고려가 관념성 속에서 이루어지고 있다는 것에서도 잘 알 수 있다. 즉, 교과서의 텍스트들은 청년들의 멸사봉공과 직분을 강조하고 있지만, 그것이 전면화될 뿐 그들의 현실적 조건을 사상하고 있다는 것이다. 피상적인 수용 주체들에 대한 인식은 편찬자들이 강박증이 어느 정도인가를 쉽게 반영한다. 이들의 열정적인 '정체성' 확립은 진정으로 물리쳐야 할 제국주의와 일제 잔재에만 치우쳐 그야말로 현실에 발을 디디지 못한 채 혼란한 정국 상황과 민중들의 현실을 사상하고 있는 것이다. 교과서 속에서 민족의 현실이란 고작 해야 '부지런', '이상', '성실', '노력' 등에서, 「부여를 찾는 길에」, 「불국사에서」, 「석굴암」, 「백제의 미술」, 「고려의 부도 미술」 등에서, 「화단을 바라보면서」, 「첫여름」, 「파초」, 「난초」 등에서 상상적으로 추측될 뿐이다.

민중의 현실이 지니는 진정성을 탈각한 관념적이고 교조적인 텍스트들이 교과서를 꽉 채운 채 식민지적 지배 담론을 계승하고 있는 이런 일련의 과정은 민중의 현실을 체험적으로 형상화하는 문학작품(소설)이

---

52) 고황경, 앞의 책(4), 25단원.

배제되고 있다는 사실과도 긴밀하게 연관된다. 미군정기의 교과서에는 소설 텍스트를 거의 찾아볼 수 없는 데다가 『중등국어교본』(상)과 (하)에 수록된 총 7편의 소설은 민족의 현실과는 다소 동떨어진 내용을 담고 있다. 단정기의 『중등국어』(6)에 실린 「왕랑반혼전」과 「춘향전에서」는 고전소설로서의 가치만을 지닌다는 한계가 있으며 『중등국어』(5)에 실린 이상의 소설 「권태」는 바로 뒤에 나오는 안호상의 「삶의 목적」의 주제를 강조하기 위한 도입부의 역할만을 수행하는 데 그치고 있다. 『중등국어』(3)에 수록된 주요섭의 「피난민」도 식민지의 해방과 관련된 단편으로서 해방 후의 민족 현실과는 큰 연관성이 보이지 않는 텍스트이다. 이렇듯 소설 텍스트는 교과서 내에서 철저히 외면당하면서 민족 현실을 대변할 수 있는 자기 역할을 수행하지 못하고 있다.

이러한 소설 텍스트의 배제는 『중등국어』(4)에 실린 조연현의 「소설의 첫걸음」의 내용을 통해서 그 동기를 짐작할 수 있게 해 준다. 이 글에서 조연현은 문학이란 손자와 할머니의 관계와 같은 것이며 소설은 가공의 진실로서 감동과 쾌감을 주고 최종적으로는 인생에 의의를 찾게 한다고 주장한다. 즉, 소설은 인간의 구경적 삶을 가능케 하는 수단이 되는 것이자, 인간의 본질적이고 근본적인 문제를 탐구해야 한다는 것이다. 소설의 이와 같은 '구경적 삶의 추구'는 당대 현실을 완전히 배제하는 메커니즘과 연결된다. 즉, '교과서'는 소설의 '리얼리즘'과 민족의 '리얼'을 탈각하고 '구경의 삶'만을 강조함으로써 소설 장르를 교조적인 목적으로 이용하는 것이다.

그렇다면 이것이 갖는 중요한 의미는 무엇인가. 민중의 현실을 망각하고, 소설의 '리얼'을 배제하는 이러한 방식은 바로 교과서 편찬자들의 친일 행각을 봉합하는 것임과 동시에 그들이 자행했던 식민적 행동과 제국주의적 폭력을 애써 외면하려는 행동에 불과하다. 더 문제적인 것은 이러한 외면의 행동들이 또다시 자신들을 과거의 모습으로 되돌려

놓고 있다는 점이다. 호미 바바에 따르면 기억하기는 "결코 자기 반성이나 회고와 같은 정태적 행위가 아니다. 그것은 현재의 외상을 이해하기 위해 조각난 과거를 짜맞추어 보는 것, 고통스러운 다시 떠올림이다"53) 친일 편찬자들을 포함한 권력 집단이 기억해야 하고 똑바로 바라보아야 하는 것은 고통스러운 현실이다. 그러나 이들은 교과서 내에서 소설의 '리얼'을 외면하고 자신들의 선동적이고 교조적인 진보적 낙관주의와 전통주의를 주입함으로써 기억해야만 하는 현실을 봉합하고, 그것을 은폐한다. 그리고 이러한 일련의 과정은 역사의 진행 과정에서 수없이 문제를 야기하는 파행적이고 폭력적인 근대화의 지난한 노정의 출발을 알리는 신호탄과 같은 것이었다.

5. 탈식민의 가능성과 '국어' 교과서

해방 후의 혼란한 정국을 타개하기 위한 가장 확실한 방법은 바로 굳건한 근대적 독립 국가를 형성하는 것이었다. 그런 점에서 그 거대하고도 중요한 '국가 만들기' 기획의 일환으로 '국어' 교과서가 활용된 사실을 그다지 부정적으로 인식할 필요까지는 없다. 그러나 그렇다고 해서 국가 만들기 기획의 일환으로 작용한 '국어' 교과서를 쉽게 승인할 수는 없다. 문제적으로 살펴보아야 할 것은 '기획' 성립 여부와 그것을 가능하게 하기 위한 방법론 자체가 아니라 거기에 포함되는 구체적인 내용과 그 내용을 조직해내는 정치성을 눈여겨 보는 것이기 때문이다. 어떤 정치적 이념에 따라서 기획이 진행되고, 그 과정에서 어떤 메커니즘

---

53) 릴라 간디, 앞의 책, 23면.

이 작용하고 있는지를 분석할 때 기획 자체의 정당성이 판명될 수 있다는 것이다. '국어' 교과서에는 확실하게 정치적 이념이 유유하게 흐르고 있다. '근대적 독립 국가'를 형성하기 위한 기획 자체는 훌륭하다고 평가할 수 있겠지만, 그 기획의 일환으로 이용된 '국어' 교과서에 지나치게 제국주의적이면서도 식민주의적 잔재가 뿌리 깊이 새겨지고 있다면 그것은 분명 문제적이다.

과거의 식민지적 경험을 청산하고 새로운 근대 국가의 기틀을 마련하기 위해 교과서에 수록된 내용은 '진보주의와 낙관주의', '전통지향주의'라는 두 가지 담론으로 설명 가능하다. 새로운 민족 국가의 형성을 위해 근대적인 계몽 의식을 함양하고 창조적이면서 독창적인 우리말을 정립하는 일은 '전통 지향'을 통해서 우리나라의 고유한 전통성을 찾아 민족성을 함양하는 일과 맞물린다. 언뜻 보면 이 두 담론이 매우 대립되어 있는 것처럼 보이지만 모두 '근대 독립 국가'의 주체성을 확립을 위해 복무함으로써 무리 없이 결합된다는 것을 알 수 있다. 그러나 지나친 계몽 의식의 강조와 전통 지향은 제국주의적 속성과 닮아 있다는 점에서 탈식민주의의 극복으로 보기에는 하자가 많아 보인다. 특히, 이것은 친일 세력이 교과서 만들기에 대거 참여했다는 점에서 더욱 확연하게 부각된다. 일제 식민지적 청산과 제국주의적 요소들의 극복을 위해서 무엇보다 먼저 척결되었어야 할 이들이 지나치게 교조적이고 선동적인 방식으로 식민지 잔재 청산과 진보적 낙관주의를 표방한 것은 너무나 모순적이다. 이들 권력자들을 따라다닌 것은 분명 그들이 강박적으로 '독립 근대 국가'를 열망하게 했던 그들의 과거 행각들이다. 식민주의와 제국주의에 편승하였던 과거의 경험을 덮는 유일한 방법은 그 식민적 과거를 똑바로 응시하는 것이 아니라 식민적 기억을 망각하고 부지런히 새로운 국가 만들기 기획에 참여하는 것이다. 그러나 그들로 하여금 열정적인 애착을 가지게 한 '국가 만들기 기획'은 끊임없이

'타자'로서 존재하는 식민지적, 제국주의적 요소들로 인해 위협당하게 된다. 그런 점에서 이 '타자'는 '탈식민적 기획'을 의도하게 한 장본인인 것이다. 그러나 아쉽게도 이런 사실을 인식하지 못한 편찬자들은 자신들의 거창한 기획이 교과서 수용 주체들을 폭력적으로 전유하고 있다는 것을 알지 못한 채 자신들이 애써 외면하려 했던 혹은 청산하려고 했던 자신들의 과거를 그대로 되풀이하고 있었던 것이다. 자신의 처지를 똑바로 응시하는 것과 그것을 외면하는 것의 차이는 진정한 탈식민의 가능성과 밀접하게 연관된다는 점을 여기에서 잘 파악할 수 있다. 군정기와 단정기의 '국어' 교과서는 국가 만들기의 가열찬 열정들과 선동적인 구호들을 난만하게 내세우는 가운데, 진정한 탈식민의 문제를 해결하지 못하고 있다. 그렇다면 '국어' 교과서는 그 이후로 얼마나 진정한 탈식민의 문제를 해결하고 있으며 식민의 잔재를 청산하고 있는가. 그것은 군정기와 단정기 이후의 '국어' 교과서가 밟아 온 길을 따라 역사적으로 해명해야 할 문제일 뿐만 아니라 절실하게 요청되는 과제이기도 하다.

‖ 장영미 ‖

주체의 소멸과 권력의 메커니즘
- 1~4차 초등 '국어' 교과서를 중심으로

1. 초등학교 교육과 권력의 작동

권력은 말 그대로 남을 지배하거나 복종시킬 수 있는 공인된 권리와 힘을 일컫는 것으로 필연적으로 '지배와 피지배'의 관계를 전제한다. 이 전제는 수많은 물리적, 정신적 갈등과 전쟁을 야기한 원인이 되었다. 그런데 차라리 물리적 갈등과 전쟁의 양상은 그것의 가시성으로 인해서 오히려 '권력'의 무시무시한 폭력을 쉽게 목도할 수 있도록 한다. 그러나 그것이 비가시적인 방법으로 인간의 일상을 폭력적으로 전유할 때는 문제의 심각성이 도드라진다. 푸코가 지적했듯이, 우리의 일상을 점령하는 '미시 권력'은 생활 세계 전반을 가로지르며 거대 담론이 무너진 자리를 쥐도 새도 모르게 차지하고서 삶을 권력의 장으로 물들이는 것이다. 일상의 보이지 않는 권력의 메커니즘에 둘러싸일 때 우리는 의식하지 못하는 사이에 권력의 장에 포섭된 존재가 되고 만다. 또한 이 '보이지 않는 폭력'은 그 비가시성으로 인해서 우리의 정체성과 주체적인 삶을 좀더 효과적인 방식으로 재조직하고 권력의 목적에 따라 이용할 수 있다. 여기서 주체의 의지나 능동적인 세계에의 대응은 묵살되고, 좌절당하지만 그것이 너무나 일상과 밀접하게 연관되어 있기 때문에 자신이 사로잡혀 있는 권력의 그물을 제대로 인식할 수 없다. 즉, 우리는 일상생활의 주체로서 살아가지만 동시에 본연의 일상적 사고방식과 행동 선택의 자유마저 무의식중에 박탈당한다. 미시 권력의 작동이 은밀하면서도 더 폭력적일 수 있는 것은 바로 이러한 비가시적인 폭력으로 형성하는 '주체이면서도 주체가 아닌 나'의 존재 때문이라고도 할 수 있다.

그러므로 중요한 것은 무엇보다 보이지 않는 이 권력의 작동을 직시하고 권력의 메커니즘을 목도하는 것이다. 그렇다면 우리는 그 방법을 어디에서 찾을 수 있는가. 인간이 비로소 자기 정체성을 인식하고, 세계를 인식하며 그 세계에 대한 지식을 쌓기 시작하는 것은 본격적으로 '교육을 받기 시작할 때'부터이다. 이 교육을 통해서 인간은 비로소 우리 사회의 구성원으로서 기본적인 지식을 획득하고 자격 조건을 부여받으면서 성장하게 되는 것이다. 그러므로 인간이 사회 속에 온전하게 진입하기 위해서 거치는 과정인 '교육과정' 속에서 우리는 사회 속의 '권력'의 작동 메커니즘을 살필 실마리를 얻을 수 있다.

또한 권력 행사의 일환으로 보다 용이하게 접근할 수 있는 것이 바로 학교이다. 미군정기의 새 교육 운동은 학생 개개인의 개성과 자율성을 강조했지만, 초등학교 때부터 학생들의 일상을 관리하고 통제하는 규율의 메커니즘은 여전히 존속했다.[1] 일상의 규율 외에도 학교라는 제도[2]

---

[1] 임지현 외, 『우리 안의 파시즘』, 삼인, 2000, 31~32면.
[2] 부르디외에 의하면 아비튀스와 사회 재생산의 개념이 더욱 잘 설명되는 분야가 교육이라고 한다. 교육은 민주주의 사회에서 기회와 평등을 실현하는 것으로 보이지만 오히려 사회 불평등을 유지시키는 기제라고 한다. 가정과 학교에서 이루어지는 사회화 과정을 각 사회 계급에 일치하는 사고와 행동 및 성향의 체계를 영속화하

속에서 교과서는 개인의 자율을 허락하지 않고 획일화한다. 게다가 정권이 바뀔 때마다 새로 개정되는 교육 방침은 권력자들이 자신들의 기득권을 정당화시키거나 그들의 이데올로기를 주입하는 방식으로 교육을 실시하려 했다는 의도를 간접적으로 증명해 준다.

우리나라의 경우 1차에서부터 4차까지의 교육과정이 '박정희와 전두환 정권의 군사 독재', '분단'이라는 정치적 상황과 긴밀하게 맞물려 있는 이상, 이런 정치적 상황 속에서 권력자들이 내세우고 있는 이념을 살펴보지 않을 수 없다. 즉, 분단이라는 현실 속에서 독재자들이 자신들의 정치적 입지와 권력 획득을 정당화하기 위한 수단으로 민족주의와 반공주의, 애국주의 등을 호명하여 그것을 효과적으로 국민들에게 주입시키려 했다는 점을 간과할 수 없다는 것이다. 그리고 주입의 효과적인 수단이 바로 '교육'이었던 셈이다. 그러므로 1차에서 4차까지의 초등 '국어' 교과서에 나타난 주체의 소멸과 권력의 메커니즘을 분석하기 위해 궁극적으로 다루어야 할 것은 바로 권력의 메커니즘으로 작동하는 '민족주의와 반공주의, 애국주의'라고 할 수 있겠다.

2. 민족주의와 반공주의 그리고 애국주의

민족주의는 '상상의 공동체'를 기반으로 한다. 그런데 여기서 '상상의

는 가정으로 보았다. 등급화된 교육 시스템은 사회질서를 위계화 내재화시키고 지배계급의 지배와 기득권을 정당화시킨다는 것이다. 즉 교육체계가 갖고 있는 합격과 낙제, 시험과 성적 등급 등이 위계화를 인정하게 한다는 것인데 이러한 것들을 결국은 불평등한 문화사적 구조를 고착화하고 은폐함으로써 지배계급에 의해 정의된 문화를 주입시키는 상징적 폭력으로 보았다(현택수 편, 『문화와 권력』, 나남출판, 1998).

공동체'는 매우 포괄적인 것들을 아우를 수 있다. '상상하는', '공동체'의 방향성에는 수없이 많은 외연과 내포가 존재할 수 있기 때문이다. 그렇다면 여기에서 검토해야 할 논의의 초점은 민족주의의 외연과 내포를 상정하는 일이 될 것이다. 사실, 한국 사회의 민족 담론은 일차적으로 기존 정치 체제의 정당성을 위한 지배 담론이었으며, 민족을 만들어 내는 민족화 전략의 주요한 이론적 기제3)라고 할 수 있다. 그러나 단순히 '민족'을 내세우는 것만으로 권력자들이 자신들의 명분을 충분히 달성할 수 있었다고는 판단할 수 없다. 무엇보다 중요한 것은 이들이 민족주의를 내세우면서 호출하고 있는 구체적인 이데올로기를 분명하게 직시하는 것이다. 1차에서부터 4차까지의 초등 '국어' 교과서를 분석하는 데 있어서도 단순히 '민족주의'라는 막연한 담론을 내세우기보다 '민족주의'로 호명될 수 있도록 해 주는 그 이론의 내적인 구성 이데올로기가 무엇이었는지 파악하는 게 절실해지는 이유도 이런 데 있다.

본고에서는 무엇보다 민족주의의 명분을 내세우는 데 있어 동원된 논리가 바로 '반공주의'와 '애국주의'였다는 전제 하에서 출발하고자 한다. 민족주의의 외연을 '반공주의, 애국주의'로 잡고, 내포를 '단일 민족의식, 단결력, 나라를 위한 멸사봉공의 충성' 등으로 상정할 때 민족주의가 내세우는 광범위한 범위를 한정시켜 1차에서 4차까지의 초등 교과서에 드러나는 권력의 메커니즘과 주체의 소멸에 대한 문제를 정치하게 분석할 수 있다고 판단되기 때문이다.

쿠데타로 정권을 잡은 박정희와 전두환 그리고 그들을 에워싸고 있는 지배층들은 정당하지 못한 정권 창출에 따른 심적 부담감과 그것을 복구하기 위한 전략적 작업으로 '분단'의 인식을 철저히 이용했다. 그들은 유독 북한 정권의 야욕을 '남한을 위협한다는 것'으로 일방적으로

---

3) 임지현, 『이념의 속살』, 삼인, 2001, 131면.

호도하고 '반공주의' 책략에 심혈을 기울였던 것이다. 이러한 반공주의 책략에 당연하게 따라왔던 것이 바로 '애국주의'이다. 공허한 반공주의를 주입하기 위해서는 무엇보다 나라를 사랑하고 나라를 위해 충성을 바쳐야 한다는 '애국주의' 담론이 필요했기 때문이다. 결국, 반공주의나 애국주의는 모두 정권의 야욕을 뒷받침하기 위한 효과적인 수단으로 작용한 것이다. 이러한 반공주의와 애국주의가 나라를 위해 충성하며 우리 민족의 단결심을 강력하게 동원하는 데 복무하고 단결된 힘을 내세우게 됨으로써 민족주의가 기반으로 삼는 '상상의 공동체' 형성으로 귀결된다.

  그런데 중요한 것은 이러한 민족적 공동체의 수립과 반공주의와 애국주의의 발호가 주체성의 말살로 이어진다는 점이다. 민족주의가 위험한 것은 그것이 개개인들에게 민족적 정체성만을 강요하거나 그것을 최상위 가치로 두고 그 밑에 다른 정체성을 서열화하며 종속시키기 때문이다. 이 과정에서 개인이 갖고 있는 다양한 정체성[4]은 밀려나거나 상실될 수 있다. 권력층들이 학생들에게 정권 유지의 명분인 반공주의와 애국주의를 주입시킬 때 학생들은 그것을 수동적으로 내면화하고 만다. 교육의 대상인 학생들의 백지 같은 마음에 투영되는 이러한 반공주의와 애국주의는 그들의 일상생활의 사고방식과 행위를 결정하는 중요한 역할을 한다는 점에서 문제가 심각하다. 문민정부를 훌쩍 지나 경의선 개통을 축하하며 남북 화해의 분위기에 박차를 가하고 있는 현재까지도 뿌리 깊게 잔존하고 있는 레드 콤플렉스와 군사 독재 시절에 대한 강박적인 노스탤지어 심리는 모두 1차에서 4차까지 초등교육을 받은 세대들의 교육 현실을 간접적으로 반영한다고 해도 틀린 말이 아닐 것이다. 권력의 미시 물리학은 이렇듯 교과서에 짙게 투영되어 당시 교

---

[4] 권혁범, 『민족주의와 발전의 환상』, 솔, 2000, 8~9면.

육 대상인 어린 학생들의 삶에 지대한 영향을 미쳤던 것이다. 특히, 국어 교과서는 문화의 척도가 되는 '언어'를 중점적으로 다룬다는 점에서 언어교육을 통한 반공주의와 애국주의의 발현과 그것으로 야기되는 권력의 메커니즘 그리고 주체의 소멸 등을 분석하는 데 있어 매우 의미 있는 일이 될 수 있을 것이다. 무엇보다 지금까지 너무나도 당연하게 바람직한 교육으로 인식되어 왔던 초등 '국어' 교과서를 이데올로기적으로 분석하면서 반공주의와 애국주의가 전면화되는 방식을 정치하게 분석할 수 있다는 데 의의가 있다고 판단된다.

3. 윤색된 애국주의와 거세된 주체

애국주의는 '나라 사랑하는 마음'이라는 아주 명확한 의미로 통용되며 그것에 대한 사회적 인식조차 그다지 부정적이지 않다. 교과서에서도 마찬가지로 이러한 애국주의의 의미와 그것에 대한 인식이 고스란히 잘 드러난다. 그런데 교과서에서 애국주의는 역대 위인[5]들을 통해 보다 적극적인 의미를 부여받은 채 학생들에게 교육된다. 위인들은 특유의 인품이나 기량으로 민족혼을 불러일으킬 수 있는 충분한 역량을 보유하고 있기 때문이다. 이러한 위인은 평범한 개인으로 다루어지기보다 교훈을 주기 위한 공인으로 다루어지기 때문에 그의 업적에 어울리는 이야기들이 선택되고 윤색되는 것이 보통이다.[6] 즉, 지배 정권은 국

---

[5] 사실 위인이라고 하는 것은 좀더 신중을 기하면서 써야 할 것으로 생각된다. 일반적으로 위인이라고 하면 우리 역사에 있어서 큰 공을 세우거나 크나큰 업적이 있는 인물을 일컫는다. 그런데 때로는 이러한 인물들이 시대와 역사에 있어서 포장된 경우도 없지 않기 때문에 조심스럽다. 그러므로 본 논문에서는 통상적인 의미로 보다 많은 국민들이 알고 있는 인물들을 위인이라고 하겠다.

민들을 선동, 개화(改化)하기 위해 위인들을 호출하고 그들의 삶이나 행적을 애국 사상의 고취를 위해 편집하는 것이다. 특히 1차 교육과정부터 4차 교육과정기의 교과서에는 위인들의 등장 빈도가 높다. 특히, 이 시기에 위인들의 등장 빈도가 높은 이유는 바로 정권의 불안정한 입지를 굳히고 명분을 내세우려는 의도 때문이었다고 할 수 있다.

교과에서는 위인전들의 지극한 '나라 사랑'을 보여 주기 위해 그들이 행한 업적에 초점을 맞춰 내용을 수록하고 있다.

1차 교육과정의 경우 '추운 지방에 사는 고국' 백성들을 위해 위험을 무릅쓰고 붓 뚜껑 속에 목화씨를 가지고 들어 온 문익점을 비롯해 주로 약한 백성을 생각하는 위인들의 어진 인품이 그려져 있다. 이들이 백성을 사랑하는 마음은 곧 나라를 사랑하는 마음과 연결된다. 이렇게 백성과 나라를 생각하는 마음은 김정호와 최영 장군에게서도 찾아볼 수 있다. 온갖 고난을 겪고 '전국을 십여 년을 돌아다녀 대동여지도를 그린' 김정호와 큰 장수이면서 마음이 청렴한 최영 장군의 나라 사랑은 '우리 민족의 큰 가르침이 될' 것이라고 한다. 이들 위인들에 대한 내용은 교수요목기에도 수록되었지만 1차 교육과정에서는 교수요목기와는 그 양상이 다르게 나타난다. 바로 수록된 배치가 다른 것이다.7) 교수요목기

---

6) 김한식, 「전체주의의 경험과 박정희」, 『오늘의 문예 비평』, 2005 여름호(통권 57호), 세종출판사, 41면.
7) 교과서의 배치는 단순한 의미를 가지는 것이 아니다. 특히 1차 교육과정에서부터 4차 교육과정까지는 당대 정권들의 이념을 표출하기 위해서 문학성과 교육적인 측면을 고려하기보다는 주입하고자 하는 이념을 중심으로 텍스트를 배치하였다고 할 수 있다. 그리고 여기에서 제시된 것은 우리 민족과 민주주의(5-1학년)라는 큰 단원으로서, '우리 민족성', '김정호', '최영 장군', '민주주의와 공산주의' 순서로 네 꼭지를 담고 있다. 특히 '우리 민족성' 단원에서는 우리 민족의 우수성을 강조하고 강한 민족성을 불러일으키는 내용을 강조하고 김정호와 최영 장군을 순서대로 수록하는데, 이는 단순한 배치라기보다는 의도된 배치로 보인다. 우리의 강한 민족성을 통해서 결국 김정호나 최영 장군 같은 인물이 나올 수 있다는 것을 강조한 것이기 때문이다.

에는 김정호와 최영 장군의 단원 배치 간격이 매우 넓다. 그러나 1차 교육과정에서는 앞, 뒤로 배치하고 '우리 민족성'과 '민주주의와 공산주의'라는 단원에 함께 수록하고 있다. 내용 변화 없이 그대로 수록했지만 '우리 민족성'과 '민주주의와 공산주의' 내용 사이에 이들을 배치하면서 우리 민족의 우수성을 강조하고 결국에는 민주주의의 우수성까지 암시하고 있는 것이다. 즉 김정호와 최영 장군의 나라 사랑은 우리 민족을 위해 한 행동이며, 민족을 위한 행동은 후세에 길이 남을 것이므로 본받아야 한다는 것이다.

2차 교육과정과 3차 교육과정에서 눈에 띄는 것은 '나라 사랑은 대를 이어서 해야 한다는' 것이다. 왜구를 막기 위해 화약을 만든 최무선 이야기의 제목은 「대를 이은 발명」(5-1)이다. 그런데 이 제목은 '대를 이어 나라를 위해 충성해야 한다는 점'을 강조함과 동시에 자라나는 어린 학생들조차도 위인들의 나라 사랑하는 행동을 본받아 애국주의를 실천해야 한다는 점을 환기하는 데 효과적으로 이용되고 있다. 최무선의 아들 해산은 아버지가 다 하지 못한 발명을 한다. 해산은 '나라에 충성하는 마음으로 연구를 거듭하여 화약을 만들어 국방을 강화'한다. "최무선 부자의 끈기 있는 연구는, 우리나라의 힘을 강하게 하여 외국의 침략을 물리치는 데에 크게 이바지한 것"이라고 말하는 데에서는 교육받는 학생들이 대물림 받아야 할(본받아야 할) 강력한 애국주의의 암시가 작동하는 있는 것이다.

위인들을 통한 나라 사랑, 희생 정신 등은 민족의 자긍심, 일체감을 심어 준다는 점에서 긍정적인 요소이기도 하지만 달리 보면 아직 가치관이 형성되지 않은 대상에게 강한 애국심을 불어 넣어 왜곡된 민족의식을 심어줄 수 있다는 점도 부인할 수 없다. 마사 너스봄이 "애국주의는 브레이크 없이 달리는 열차처럼 결국 호전적 대외 강경주의나 배타적 국가주의로 치달을 수밖에 없기 때문에 애국주의에 대한 찬사는 위험하다"⁸⁾고 한 말을 상기한다면 가치관이 형성되지 않은 학생들에게 심어 주는 애국심은 오히려 '국수주의' 등의 왜곡된 가치관을 초래할 수 있기 때문이다.

「떳떳한 죽음」(4-2)은 이순신의 아들 면이 아버지(이순신)처럼 용감하게 왜구와 싸우다가 죽는다는 내용을 다루고 있다. 면은 어린 데도 불구하고 "적병이 오거든 나가 싸워 한 놈이라도 죽일 것이지 도망을 해서 안 된다"는 강한 의지를 보인다. 어린 면이 어른인 적병과 싸우는 모습에서 보이는 기상은 어른 못지않다. 명장인 이순신 못지않게 용맹과 기개를 가진 아들 면을 통해 대를 이은 나라 사랑, 희생정신 그리고 민족주의를 강화하려는 모습을 엿볼 수 있다. 이순신의 경우는 아들 면을 주인공으로 하여 2차에서 간단히 언급하였지만 3차와 4차에서는 비중이 커진다. 이순신에 대해서는 3차에서는 「명량해전」(6-2),⁹⁾ 「떳떳한 죽음」에서 다루고 있고 4차에서는 「훌륭한 분들」(6-2)과 '일기와 편지' 단원의 「난중일기」(6-1)에서 언급하고 있다.

여기서 생각해 보아야 하는 것은 이순신이라는 장군 개인의 문제가

---

8) 이는 자국 중심주의로 치닫고 있는 미국 사회에서 보다 더 자국 중심주의자가 되길 희망하는 리처드 로티의 애국주의 찬사에 대한 경고의 말이다. 동시에 미국식 민족주의가 갖고 있는 문제에 대한 지적이기도 하다. 하지만 이 말은 단지 미국이라는 나라만이 아니라 애국주의를 강하게 부르짖는 모든 나라들에게도 해당될 것이다. 애국주의가 아니라 세계시민주의를 부르짖고 있는(이에 대한 찬반 태도도 같이 볼 수 있다) 너스봄의 견해에 대해서는 다음 책을 참조할 수 있다. 마사 너스봄 외, 오인영 옮김, 『나라를 사랑한다는 것 – 애국주의와 세계시민주의의 한계 논쟁』, 삼인, 2003.
9) 이순신이 직접적으로 등장하는 것은 3차 교육과정에서이다. 「명량해전」(6-2)에서도 다루고 있지만 문화의 자취를 찾는 단원 「남해에서」(6-2)에서도 이순신을 비중 있게 다루고 있다. 주인공이 한산섬을 보면서 이순신을 떠올리고, 영정을 모신 사당을 찾아가 묵상에 잠기며 이순신의 애족 정신을 깊이 생각한다. 그 내용을 살펴보면 '나라를 근심하는 숭고한 마음. 아! 그 마음, 그 정신이 겨레를 지키시고, 바람 앞에 등잔불 같던 나라를 건지신 것이다. 장군의 정신을 가슴에 새길수록 저절로 눈물이 옷깃을 적신다. 나도 장군의 정신을 받들어 겨레를 위해 살아보리라.'고 하며 남해를 여행하면서 다른 곳보다 훨씬 더 한산섬에 대한 애정을 보인다.

아니다. 이순신 장군의 경우는 미군정기나 교수요목기에도 '이순신 장군'이라는 제목으로 수록되었다. 그러나 이 시기의 내용에서는 단지 왜구를 무찌른 거북선을 중심으로 한 짧은 시(詩)를 다루었던 반면에, 2차 3차 교육과정에서는 보다 큰 의미를 부여하고 있는 것으로 판단된다. 즉, 무관인 이순신을 부각함으로써 박정희 정권의 이미지를 동시에 급부상시키려 했던 권력의 의도가 반영된 것이라고 할 수 있다.[10] 박 정권이 이순신에 대한 유적들을 대대적으로 보수, 정화했고 이들의 업적을 가장 열성적으로 선전했다[11]고 한 점에서도 알 수 있듯이 교과서에 수록된 이순신의 역할은 아주 크다. 또한 미군정과 교수요목기에서와는 달리 내용도 한층 강화되었는데, 명량해전의 치열한 전투에서 이순신은 "약함을 보여서도 안 되며, 모두 나라와 겨레를 위해 죽음으로써 싸워"야 한다고 소리치는 등 강한 모습을 보인다. 또한 이순신은 용감한 장군으로서의 모습만을 보인 것이 아니라 겸손함을 겸비한 장군으로 묘사되어 있다.

> 이순신 장군은 이 날의 일기 끝에,
> "이는 실로 천행이다."
> 하여, 자신의 계획과 지략에서 얻은 전과를 하느님의 은혜로 돌렸다. 그러나 명량해전의 승리는 결코 기적이나 천행으로 얻은 것은 아니었다. 그것은 나라와 겨레를 위하는 이순신 장군의 충성심, 그리고 치밀한 계획과 지략, 또 12척에 타고 있던 전 장병들의 일치 단결에서 온 결과였던 것이다. (「명량해전」, 6-2, 33면)

---

10) 이순신은 원래 문관 시험을 보았지만 떨어지고 차후에 무관이 되었다고 한다. 하지만 이순신은 무관인 장군으로 큰 역할을 하였다. 한편, 박정희도 장군 출신 대통령이었기 때문에 그 이미지를 강화하기 위해서 이순신을 대대적으로 활용하였다고 한다. 물론 박정희는 문(文)-세종대왕-과 무(武)-이순신-를 동시에 부각시켰다. 보다 자세한 내용은 전재호의 글을 참조할 수 있다. 전재호, 『반동적 근대주의자 박정희』, 책세상, 2000.
11) 전재호, 위의 책, 95면.

이순신은 명량해전을 성공으로 이끌었으면서도 자신의 힘 때문에 이긴 것이라고 보는 게 아니라 모든 것을 천행으로 여기는 아주 겸손한 인물이다. 이 지점에서 피교육 대상은 자신의 능력보다 하늘의 은혜로 돌릴 줄 아는 이순신의 인간미에서 더욱 감동을 받을 것이며, 나아가 이순신이 말한 것처럼 많은 사람들의 일치단결을 마음속에 심을 것이다. 이렇듯 다른 위인과는 달리 이순신의 위상은 극대화되어 있다.

「안중근 의사」(5-2)의 경우는 2차 3차 교육과정에(4차시에도 수록) 계속 수록되었다. 훌륭한 분, '나라 사랑의 길'이라는 단원에 수록하면서 안중근처럼 나라 사랑은 몸을 던져서라도 해야 한다는 점을 역설하고 있다. 즉 나라 사랑을 위해서는 적극적인 행동의 표현 방식이 필요하다는 것이다. 2차 3차의 경우는 나라 사랑을 부각시키기 위해서 1차 때와는 달리 많은 위인들을 수록하는데, 이런 점은 1차 교육과정이 제대로 틀을 갖추지 않았기 때문이라기보다는 오히려 2차 3차 교육과정, 즉 박정희 정권에서 필요한 이념과도 연결된다. 당시 박정희 정권은 5·16과 유신 체제 등의 부담을 안고 있었기 때문에 다른 어느 시기보다 국민들에게 당 정권의 체제를 합리화하고 부각시켜야 했다. 그렇기 때문에 위인을 중심으로 나라 사랑을 보다 강하게 드러낸 것이다.

4차 교육과정에서는 다른 차시에도 수록되었던 이순신, 세종대왕 등을 볼 수 있지만 3·1 운동의 주역인 유관순을 전면에 수록한 것이 이채롭다. 1차 교육과정에서부터 3차 교육과정까지는 민족정신, 자유정신, 평화 정신을 되새기는 모습, 즉 삼일정신의 뜻을 기리는 정도에 그치는 내용을 수록한 것과 달리 4차 교육과정에서는 유관순을 전면에 내세우고 있다. 그 내용도 "우리가 나라를 되찾아 날로 발전하고 있는 것은 단결된 힘이 있었기 때문이며, 삼일 운동의 정신과 함께 나라를 되찾기 위해 귀한 생명을 바친 대한의 딸 유관순을 잊을 수 없다"고 한다. 유관순의 정신도 높이 사야겠지만 보다 중요한 것은 모든 이들의 단결된 힘이 있어야 나라가 발전할 수 있다는 사실을 역설한다는 점이다. 나라 발전을 위해서는 유관순처럼 목숨까지도 바칠 수 있어야 하며 국가를 위한 단결은 필수적인 것으로 해석된다.

그리고 4차 교육과정12)에서는 중국의 영웅 쑨원을 새로이 수록한 점도 이채롭다. 중국의 정치가이자, 혁명의 아버지로 불리는 쑨원의 일대기를 다루면서 그가 가지고 있는 사상, 즉 '낙후된 중국을 개혁하여 근대화'하는 모습들을 강조하고 있다. 익히 알고 있는 쑨원의 정치 이념인 삼민주의는(민족주의, 민권주의, 민생주의)민족과 민권, 민생의 안녕을 요하는 것이다. 쑨원이 삼민주의에서 강조한 것은 중국 민족주의인데 당시의 정권도 이러한 쑨원의 모습을 닮으려고 한 것으로 보인다. 교과서에서 쑨원이 낙후된 중국, 문란한 사회 질서로 인해 '부패한 관리를 물리치고, 법과 질서가 잘 지켜지는 나라를 세우기' 위해 고심하는 모습은 마치 당대 정권이 10 · 26 사태 이후 혼란한 우리 사회에서 부득이하게 정권을 잡을 수밖에 없었다는 점을 간접적으로 시사하는 것처럼 보인다. 1차에서부터 3차 교육과정까지 세종대왕과 에디슨을 항상 같이 수록한 것과 달리, 4차 교육과정에서 에디슨을 빼고 세종대왕과 쑨원을 수록하였다는 점에서 그러하다. 요컨대 발명왕 에디슨을 빼고 쑨원을 수록한 것은 당대 정권을 정당화시키려는 의도에서 비롯된 것이라고 할 수 있겠다.

교과서는 한 사회를 총체적으로 보여주는 사회적 산물이다. 교육 대상은 교과서를 통해 기본적인 지식과 보편타당한 진리를 얻고자 한다.

---

12) 4차 교육과정의 교육 이념은 "인간 중심 교육과정으로서 종합적이고 복합적인 접근 방식이다. 강조 사항으로는 심신의 육성, 자력과 기술의 배양, 도덕적인 인격의 형성, 민족 공동체 의식의 고양 등이다."(함종규, 「제1차 교육과정기의 교육」, 『한국교육과정변혁사연구』, 교육과학사, 2003, 498~499면 참조) 이렇듯 4차 교육과정의 이념인 민족 공동체 의식 함양은 다른 차시에 없었던 눈에 띄는 교육 이념이면서 당 정권에서 필요한 인재 양성, 훈육의 일환이다.

그러나 실제로 교육 대상은 본연의 의미보다는 그 이면에 내재하고 있는 이념과 정치적 의도를 무의식적으로 터득하면서 국가와 민족을 절대시 하게 된다. 앞에서 살핀 것처럼 1차 교육과정에서부터 4차 교육과정기까지의 교과서에서 나타난 애국주의는 대를 이어서 혹은 몸을 던져서라도 이어져야 한다는 강요된 나라 사랑이었으며 한마디로 당대 정권이 필요로 하는 이념이었다.

결국 강경한 애국주의의 표방에서 발견할 수 있는 것은 국가와 민족을 위해서라면 개인의 희생은 기꺼이 감수할 수 있는 것, 즉 개개인의 주체적 지위는 자리할 수 없다는 점이다. 물론 나라 사랑은 한 나라 국민으로서 가져야 할 의식이라는 점에서 필요하겠지만 당대 정권들이 단지 정권 확립을 위해 애국주의를 도구로써 이용하였다는 데 그 문제가 제기된다. 그리고 도구로써의 애국주의는 시대와 정권이 바뀌면서 당대 이념과 정권 확립에 적합한 위인들이 새로이 등장하는 결과를 초래하였는데, 정권이 바뀔 때마다 교과서에 새롭게 수록되는 위인들의 모습에서 위인의 개념 또한 되새겨 보지 않을 수 없다.

4. 반공주의의 전면화와 주체의 희생

지난 한 세기 동안 남한을 지배해 왔던 이데올로기들 중 가장 강력한 효과를 미쳤던 이데올로기는 반공주의였다. 그것은 사람들의 사고를 일정하게 편향시켰을 뿐 아니라, 이를 거부할 시 국가권력을 통하여 법적 제재를 가할 수 있었던 물리적 힘 그 자체이기도 하다.[13] 이러한 반공

---

13) 정해구, 「미군정기 이데올로기 갈등과 반공주의」, 『한국정치의 지배이데올로기와 대항이데올로기』, 역사비평사, 1994, 11면.

주의는 법적 제재를 가할 수 있을 만큼의 큰 힘을 가지면서 1차 교육과정에서부터 시작해서 4차 교육과정에까지 큰 역할을 하였다.

먼저, 이승만 정권기의 1차 교육과정에서는 교육목표나 구성 방침을 구체적으로 제시하지 않았지만 각급 학교에 공통되는 본 과정의 기본 태도를 밝히고 있다. 공통된 기본 태도는 반공 교육, 도덕 교육, 실업 교육을 강조하고 있는데 그 까닭은 광복 후의 사회적 혼란으로 인하여 도덕적인 타락이 현저하게 나타났으며 반공 의식 고양이 그 어느 때보다 필요했기 때문에 취해진 것이다.14) 이러한 1차 교육과정에서 반공 의식은 「8·15」(혹은 「광복절」)와 「9·28」(혹은 「서울수복」)에서 찾아볼 수 있으며, 특히 「삼일정신」(6-2)에서는 보다 선명하게 나타난다. "3·1 운동은 지나갔지만 우리가 삼일정신 속에서 살고 있"기 때문에 이 정신을 이어받아 "남북을 통일하고 공산주의를 물리쳐 세계 평화에 이바지하길" 원한다고 하는 것에서는 반공주의를 상기시키는 교조적인 목소리를 확인할 수 있다. 남북한이 한 민족임을 강조함과 동시에 '공산주의'는 반드시 척결해야 한다는 점 그리고 그것만이 '세계 평화에 이바지하는 길'이라는 식으로 설명하는 것은 북한의 '공산주의'를 남북한의 '통일'과 '세계 평화'에 걸림돌이 되는 지양해야 할 것으로 자리매김하는 것이다.

바로 뒤의 작품 「우리 겨레」(6-2)에서는 우리 겨레가 단군의 후예임을 강조하면서 "삼천만 겨레가 한 덩어리가 되어 소련 공산주의와 싸워 이기자"고 하며 반공과 더불어 민족의 하나 되기를 강조하고 있다. 1차 교육과정에서는 '잘 살기 위한 노력들'을 많이 담고 있는데 이는 개인의 성취를 이루기 위한 것이라기보다는 나라를 부강하게 만들기 위해서는 '공산주의'를 척결해야 하는 것으로 도식화하는 방식이다. 나아가

---

14) 함종규, 앞의 책, 2003, 242면.

남한의 국민들이 똘똘 뭉쳐 '반공 의식'을 내면화해야 한다는 점을 환기하여 민족주의를 위해서 반공주의를 내세우고 있다는 점을 확인할 수 있다. 이승만 정권은 전후의 혼란과 빈궁한 삶을 빌미로 삼아 반공 의식을 관철하고 부국강병을 부르짖으며 단군을 중심으로 공동체적인 연대감을 강조하였던 것이다.

2차, 3차 교육과정[15]의 경우는 '선건설 후통일'이라는 전략 하에 모든 정치 영역을 반공주의로 통제하고 통일 논의를 후진 배치함으로써 반공을 더욱 강화하고 있다. 즉 이것은 '근대화 = 반공주의'라는 등식으로 귀결된다.[16] 그리고 3차 교육과정의 중심 내용인 국민교육헌장을 충실하게 이행하며 기능인이 되도록 촉구하는 내용이 많다. 그럼에도 불구하고 2차, 3차 교육과정에서도 역시 반공 의식이 나타나는데, 이 시기에는 다른 차시에서와는 달리 경제 발전과 반공 의식을 함께 강조하고 있다. 2차 교육과정기의 「고장의 자랑」에 실린 「부산항」, 「춘천 발전소」(모두 4-2)는 발전된 고장을 소개하는 텍스트이다. 하지만 고장의 자랑과 함께 북한에 대한 적대감도 담고 있다.

먼저, 「부산항」에서는 6·25 동란 시에는 피난민으로 들끓던 부산이 "1970년에 완전 개통한 경부고속도로로 말미암아 서울을 중심으로 하루 생활권에 들어가게 되었다"고 하여 부산의 발전을 제시하고 있다. 그러나 부산의 활발한 교통 모습을 자랑하면서 6·25 사변 때의 부산 모습도 빠뜨리지 않는다. 공산 침략을 막고, 귀한 '자유'와 '민주주의'를 위하여 죽은 용사들이 누워 있는 유엔 묘지 설명을 한 부분이나 자유와

---

15) 2차, 3차의 교육과정은 익히 알고 있는 것처럼 서로 다른 정권의 집권이 아니라, 동일한 박정희 정권이기 때문에 같은 교육과정으로 보아도 무방할 것이다. 물론 교육과정의 특징이 조금씩 다르기는 한데, 단지 교육과정 특징, 즉 이념만 다를 뿐이지 결국 같은 정권이기 때문에 엄밀히 보면 추구하는 교육 이념, 목표는 동일하다.
16) 김동성, 『한국민족주의연구』, 오름, 1995, 173면.

민주주의를 설명하고 있는 부분이 그것이다. 여기에서는 표면적으로는 단순히 유엔 묘지를 설명하고 있는 듯하지만 근본적으로는 잊고 있는 6·25 사변을 다시금 되새기고, 반공 의식을 강화하고 있는 것이다.

그리고 「춘천 발전소」에서도 남의 힘을 빌리지 않고 우리나라 사람의 힘으로 세운 발전소를 자랑한다. 춘천의 수력 발전으로 인해 전기 공급이 수월해져 기쁘다는 내용과 함께 춘천은 "6·25 사변 때는 집들이 불에 많이 탔다"는 내용을 내세워 본 내용과는 전혀 상관없는 이야기를 한다. 이 또한 국민들에게 경제 발전을 말하면서 동시에 반공 의식을 심어주기 위한 것이다. 사실 박정희 정권은 당 정권이 가지고 있는 불안정한 입지의 개선을 위한 국민들의 단결이 필요했기에 경제 발전과 반공주의를 함께 부르짖을 수밖에 없었다. 그렇기 때문에 경제 발전은 필수불가결한 것이었으며, 반공주의 또한 외부로 시선을 이동시킬 수 있는 좋은 수단이었다. 그러므로 3차 교육과정기는 다른 교육과정기보다 훨씬 더 많은 지배 담론을 교과서에 담고 있었다17)는 점을 알 수 있다.

그리고 2차 교육과정에서는 반공에 대한 내용으로 「판문점에서」와 「고지의 태극기」가 새로 수록된다. 「판문점에서」는 판문점에 가서 판문점을 중심으로 있었던 사건을 돌이켜 보는 것이다. 판문점을 보면서 지난날의 기억, 즉 6·25 전쟁과 휴전 등을 떠올리는데 특별한 내용을

---

17) '유신' 시대에 나온 3차 교육과정기의 교과서들을 가장 악명 높은 교과서라고 한다. 다음의 말들로 그 이유를 알 수 있다. "국어과는 말과 글의 능력을 개발하는 독자적 교육 내용이 있고, 글을 잘 가르치기에 합당한 제재가 있기 마련이다. 이 점을 교묘히 이용하여 교육과정에다가 '제재 선정의 기준'이라는 항을 두어 국어교과서에다가 '새마을운동의 전개와 유신 사업의 수행 등 국가 발전을 위한 사업에 적극적으로 참여하려는 태도를 기름에 도움이 되는 제재'와 '한국적 민주주의의 수립 및 그 발전에 이바지하려는 태도를 기름에 도움이 되는 제재' 등을 넣도록 하였다"고 한다(최현섭 외 공저, 「교과서의 변천」, 『국어교육학의 이론화 탐색』, 일지사, 1995, 179면).

담지 않더라도 판문점이라는 공간의 특수성 자체가 자연스럽게 반공 의식을 떠올리게 한다. 「고지의 태극기」는 자신의 몸을 던져서 695고지를 지킨 박소위라는 인물의 충성스러운 이야기를 담고 있다. 이 텍스트는 마치 한 편의 영화처럼 전쟁의 생생한 모습을 인상적으로 그리고 있다.

이 두 작품은 모두 2차 교육과정에서 새로 수록된 것이라는 점 외에도 6·25 전쟁의 참혹함을 그대로 표현하고 있다는 점에서 다른 어떤 것보다 반공 의식을 뚜렷하게 보여 준다. 6·25 전쟁을 보다 참혹하게 말함으로써 반공에 대한 극대화된 인식을 끌어낼 수 있는 것이다. 특히 「고지의 태극기」에서 자신의 두 눈을 잃어 가면서까지 고지를 지킨 박소위의 행동은 거룩한 것으로 표현된다. 하지만 여기서 박소위의 행동보다 더 주의를 기울이게 되는 것은 개인의 몸은 어찌 되든 상관하지 않는 국가에 대한 충성이다. 국가의 위기 상황에서 한 개인의 희생은 그다지 큰 의미를 가지지 않는다는 것이다. 이 지점에서 생각할 수 있는 것은 「고지의 태극기」처럼 자신의 두 눈을 잃고 희생하면서까지 국가를 내세워야 한다면 한 개인의 존재, 가치의 문제는 무엇으로 설명할 수 있는가 하는 것이다.

4차 교육과정의 이념은 1차, 2차, 3차 교육과정을 통하여 계속적으로 강조하고 있는 생활 교육과 기초 교육으로서의 '언어 사용 기능의 신장'이 그 첫째요, 반공과 도덕 교육을 밑바탕으로 하는 '인간 형성과 국민적 자질의 함양'이라든가 가치 교육이 그 둘째다.[18] 4차 교육과정도 교육의 접근 방식이 조금 달라졌을 뿐이지 앞의 시기들과 마찬가지로 지배 권력의 담론을 표방하는 수단이 된다. 또한 4차 교육과정에서는 다른 차시와 달리 '민족 공동체 의식 고양'을 교육 이념으로 삼고 있는

---

18) 정준섭, 「국어과 교육과정의 역사적 전개」, 『국어과 교육과정의변천』, 대한교과서주식회사, 1995, 74면.

데, 민족 공동체 의식의 고양은 반공주의와도 직결된다. 반공주의는 한 민족이라는 동질감을 심어 주고 연대 의식을 가질 수 있게 하는 효과적인 이념이었기 때문이다.

반공주의를 관철하기 위해서 민족주의를 호출하는 것은 앞의 1차 교육과정에서 보았듯이 전두환 정권기에서도 마찬가지로 드러난다. 오히려 이 시기는 다른 차시보다 더 선명하게 반공 이데올로기를 표현하고 있으며, 많은 작품을 싣지 않아도 그 강력한 작동 이데올로기는 더욱 심각하다. 가령 「우리나라의 산」(4-2)에서는 우리 국토의 대부분이 산으로 되어 있다는 것을 설명하며 백두산, 금강산을 비롯해서 지리산, 설악산 등 많은 산을 소개한다. 그러나 설명문의 특성을 간과하고 글의 끝 부분에 '요즈음에는 교통이 발달하여 산에 가기 좋아졌지만 백두산이나 금강산은 북한에 있어서 갈 수 없다'고 하면서 남과 북이 갈라져 있음을 애통해한다. 경치 좋고 아름다운 산을 설명하면서 그 안에 담고 있는 것은 아름다움과는 거리가 먼 현실이다. 글의 끝 부분에서 우리나라 산의 아름다움을 기리기보다는 가고 싶어도 갈 수 없는 국토 분단의 현실을 반영한 것은 반공 의식을 간접적으로 반영한 것이라고 볼 수 있는 것이다.

그리고 반공 의식의 관철은 일기와 편지의 「오가는 정」(4-2)과 「자주 국방의 길」(6-1)을 통해 좀더 뚜렷하게 나타난다. 「오가는 정」은 국군 아저씨께 보내는 위문 편지 형식을 취하고 있다. 추운 날씨를 걱정하는 안부 편지인 것 같지만 편지의 내용을 살펴보면 단지 추운 날씨를 걱정하는 편지가 아님을 알게 된다.

> 어제는 아버지가 땅굴을 발견한 이야기를 해 주셨어요. 갑자기 땅에서 '우르르'하는 소리가 나더니, 물기둥이 공중으로 높이 치솟았대요. 사람들이 달려가 보았더니, 삼 년 전에 땅굴을 찾기 위해서 뚫다

가 버려 둔 구멍에서 물이 솟아나더래요. 알아보니까, 바로 그 밑에서 공산군이 땅굴을 파느라고 폭약을 터뜨리자, 구멍에 괴어 있던 물이 솟아오른 것이었대요. 그래서 여러 번 구멍을 뚫고도 찾지 못한 땅굴을 찾았대요. 만약 땅굴을 찾지 못했다면 어떻게 되었을까요? 생각만해도 등줄기가 서늘해져요. 휴전선을 넘어 쳐들어오기 위하여, 많은 땅굴을 파고 있다는 이야기를 들으니까, 공산당이 더 미워졌어요. (「오가는 정」 4-2, 151면)

편지 속의 인물은 아버지로부터 공산당이 휴전선을 넘어오기 위하여 땅굴을 파고 있었다는 이야기를 듣고 "우리를 지켜 주시는 국군 아저씨가 고맙다"는 감사의 마음을 담은 편지를 쓴다. 하지만 감사의 내용이라기보다 공산당이 땅굴을 파고 우리를 침범한다는 것과 "만약 땅굴을 찾지 못했다는 것을 생각만 하여도 등줄기가 서늘해지고 그래서 공산당이 더 미워진다"는 것을 강조함으로써 반공 의식을 투철하게 강조하는 방식을 취하고 있다. 이는 본문의 내용을 학습 한 후, 뒤에 나와 있는 '본문 공부'란의 문제에 수록된 학습의 목적, 의도에서도 반복, 강조된다. 모두 다섯 항목으로 된 본문 공부 중에서 빨리 읽기와, 내용 알기를 보면 두 편의 편지 가운데 「영우 형에게」19)의 경우는 단순히 편지 쓰는 형식을 알았는지에 대한 확인과 올바른 편지 쓰기를 일깨운다. 반면 「국군 아저씨께」 보내는 편지에서는 "무엇에 관한 이야기를 주로 하였는지와 땅굴을 처음 찾았을 때의 이야기, 등줄기가 서늘해져요는 무슨 뜻인가" 등을 통해 편지의 내용의 의미를 확인한다. 학습 확인은 교육의 목표와 연결이 된다. 이렇게 본다면 「국군 아저씨께」보내는 편지의 내용이 반공 의식을 강화라는 점을 쉽게 알 수 있다. 또한 「자주 국방의 길」에서는 북한을 '도둑과 같은 무리'로 본다. 「자주 국방의 길」은

---

19) 「오가는 정」에는 <국군 아저씨께> 보내는 편지와 <영우 형에게> 보내는 편지 등 두 편이 실려 있다.

4차 교육과정에서 새로 수록한 것인데, 북한에 대한 적대적인 감정을 노골적으로 표현하고 있다.

> 우리에게는 서울에서 불과 몇 십 리 밖에 도둑과 같은 무리인 북한 공산주의자들이 있어, 틈만 있으면 침략하려고 기회를 노리고 있다. …… 간첩을 보내어 우리나라의 비밀을 알아 내려 하고, 거짓 선전도 퍼뜨리고 있다. 그러면서도 걸핏하면 자유와 평화를 내세우고, 말끝마다 통일을 떠벌리고 있다. …… 북한 공산주의자들의 속임수에 넘어가 침략에 대한 대비를 소홀히 하거나 사회가 혼란해진다면, 6·25와 같은 민족적 비극이 또다시 일어날 것이 분명하다. …… 우리 국민 중의 한 사람이라도 그릇된 생각을 가지면, 거기에 틈이 생기고, 그 틈을 타서 북한 공산군이 침입하게 된다. 그러므로 우리 모두가 한마음 한뜻으로 힘을 합쳐야 한다. …… 친구들과 힘을 합하며, 물자를 아껴 쓰고, 어려운 이웃을 도와 주는 것도 우리가 해야 할 일이다. (「자주 국방의 길」 6-1, 20-27면)

인용문에서도 볼 수 있듯 4차 교육과정에서는 북한에 대한 적대적인 감정을 그대로 드러낸다. 너무나도 선명한 이분법 속에는 투철한 반공 의식을 위해서라면 '모두가 한마음 한뜻으로 힘을 합쳐야 한다'는 공동체 의식이 들어 있다. 달리 말하면 민족적 비극을 또다시 겪지 않으려면 개인의 존재 가치는 배제되어도 된다는 것이다. 4차 교육과정에서 반공 의식을 강도 높게 말하는 것은 반공 이념을 통해 국민들의 응집된 힘을 모으기 위한 것이다. 어느 시기이든 당대 지배 정권은 체제 확립을 위해서 외부로 눈을 돌리면서 보다 강한 힘을 모으려고 하는데 4차 교육과정에서도 반공 의식을 더욱 소리 높여 부르짖으면서 개인이 국가와 정권에 소속되길 강요하고 있다.

이데올로기는 이상적인 정치 체제에 대한 전망이나 전략, 전술을 표방한다. 또한 이상적인 정치 체제는 뚜렷한 이상을 갖는다기보다 순간 순간 변하는 유동성과 짧은 생명력을 갖고 있다. 즉 우리의 경우처럼 정권이 바뀔 때마다 그 정권에 부합하는 이데올로기가 산출되고 또다시 산출되는 것처럼 말이다. 지배 정권이 내세우는 이상적인 정치란 한마디로 당대 정권이 내세우는 정권 확립을 위한 이상적 이데올로기에 불과하다. 정권 확립과 안정을 위해서는 다른 어떤 것이 우선시될 수 없다. 그러므로 권력층은 결국 개인의 존재를 부인하고 나아가 집단과 전체만을 우선시 하게 된다.

지금껏 살핀 1차 교육과정에서부터 4차 교육과정기까지 당대 지배 정권들은 그들의 정권 이념을 확립하기 위해서 반공 의식을 관철시키려 하였는데, 이는 단순히 시대와 환경의 결과물이라는 것을 떠나서 당대 정권의 체제 기반을 위한 수단이 되었다는 점을 명심해야 한다. 그리고 이러한 반공 의식의 강화는 개인을 주체적인 존재로 보는 것을 간과한 채 권력의 생명 유지를 위해서 주체를 이용하고 주체의 생활 전반을 반공주의로 물들이는 결과를 초래했다고 할 수 있다.

5. 주체성 발현을 위한 초등 '국어' 교과서

학교라는 제도 속에는 일정한 규율이 작동하고 있다. 대부분 국가가 관장하는 훈육 기관인 학교에서는 다른 어떤 곳보다 학생들을 규범화하고 규율화하는 일이 수월하게 일어난다. 그리고 그것은 교과서를 통해서 조직된 방식으로 은밀하게 이루어지고 있다. 그러므로 훈육 사회에서 길들여진 교육 대상은 지배 계급이 행하는 권력의 횡포를 감지하지 못하고 그대로 답습하게 된다. 지배 계급은 민족 공동 운명체의 이름으로 애국과 반공을 호출하면서 당대 정권의 이념 확립을 위해 교육 대상인 학생들을 길들여 왔다. 즉 해방 이후 1차 교육과정에서부터 4차 교육과정까지 지배 정권은 교과서를 통해 그들의 이념을 주입하면서 학생들을 그들의 구미에 맞게 재조직하는 폭력을 행사하였던 것이다. 민족주의가 상상의 공동체로 구현되는 한, 민족을 동원한 강력한 이데올로기는 어떤 방식으로든지 표출될 수 있다. 박정희 정권으로부터 시작되는 기나긴 군사 독재 시기 동안 행해진 교육 개편 작업은 바로 지배층의 권력 메커니즘을 그대로 수용하면서 진행되었다. 그렇기 때문에 정권의 야욕을 위해서 민족주의를 반공주의와 애국주의 담론으로 호명하고 어린 학생들의 사고와 행동을 규율할 수 있었던 것이다. 이들 정권은 자신들의 불안정한 입지와 불충분한 명분을 확고히 해야만 하는 문제적인 위치에 있었다. 그렇기 때문에 더더욱 강력하고 호도적인 방식으로 교육을 통해서 그들의 정권 이데올로기를 강력하게 환기시키려 강박적으로 매달렸던 것이다. 반공주의와 애국주의의 발현은 '분단'과 '군사 독재'라는 정치적 상황 속에서 심리적 안정감을 부여하기 위한 효과적인 권력 메커니즘의 수단이 되어 주었다. 초등 '국어' 교과서에 드러나는 텍스트들을 살펴보면 이러한 권력자들의 지배 담론이 은밀하게 잘 드러난다. 나라를 위해 충성하고 오로지 '나라'를 위해서 개인의 희생마저 마다하지 않는 위인들의 태도가 텍스트들을 점령하고 있을 때 학생들이 배울 수 있는 것은 결국 나라를 위해 자신들의 개인적 주체성까지 희생하며 충성해야 한다는 태도이다. 또한 '북한 공산당'을 '통일'과 '세계 평화'를 위해서 반드시 물리쳐야 할 대상으로 파악하게 만드는 일련의 텍스트들은 반공주의가 어린 학생들의 내면에 정신적 외상처럼 자리하도록 만드는 효과적인 방법이 되어 주었다. 일단, 권력자들의 전략은 성공했다. 그들은 반공주의와 애국주의를 내세워 학생들이 나라를 위해 충성하고 민족을 위해 온갖 역량을 동원하여 선진국 대열에 들도록 힘을 합했고, 결국, 우리나라는 아직도 최후의 '분단 국가'

로 남아 있으며 그럼에도 불구하고 '경제 대국'이라는 칭호를 얻게 되었다. 그러나 그 당시 어린 학생들이었던 현재의 기성세대들이 변화하는 사회에 적응하지 못한 채 힘을 소진하고 자기 자리에서 밀려나고 있는 상황에서 그들의 주체성은 과연 어디로 증발했느냐고 의문을 제기할 수 있다. 그들은 충성을 다했지만, 결국 폐기 처분당할 위기에 처해 있다. 그러나 그들의 그러한 주체성의 상실을 오로지 그들의 개인적 처신의 문제로 치부하는 것은 올바르지 않다. 그들이 학교 생활을 통해서 주입당했던 권력의 메커니즘을 파악할 때 지금의 학교교육이, 좀더 구체적으로 초등학교의 '국어' 교과서가 어떤 식으로 재조정되어야 하는지를 근본적으로 질문할 수 있고 그것이 근본적인 문제를 해결할 방법이 될 수 있을 것이다.

‖ 최윤정 ‖

교과서 속의 어린이상(像)과 국가
- 교수요목기에서 4차 초등 '국어' 교과서를 중심으로

1. 들어가며

 교육은 피교육자를 대상으로 다양한 내용의 지식을 전달하고 학습시킴으로써 바람직한 인간을 만드는 과정이다. 여기에서 '바람직한 인간'이라는 것은 다양한 방법으로 해석될 수 있다. 왜냐하면 어떤 인간상이 '바람직한 인간'이냐 하는 것은 상당히 주관적인 것이며, 여기에는 당대 사회의 요청과 가치관이 이미 내재되어 있기 때문이다. 그리고 이 바람직한 인간 육성을 위해 필요한 가장 기본적인 교육 도구가 바로 교과서이다. 교과서에 담겨 있는 내용들은 설득과 강제라는 방법을 동원해 그것의 수용 주체인 학생들에게 전달된다. 교과서는 1차적으로 지식과 기능 교육을 목적으로 한다. 그러나 기능 교육과 함께 교과서가 가지는 중요한 임무 중의 하나가 가치관 형성 교육이다.
 특히 초등교육은 기초 교육이다. 여기에서의 기초란 교육을 받기 위한 기초와, 온갖 지식을 쌓아 나가기 위한 기초라는 뜻으로서 한 인간

이 완성되고 건전한 인격체로서의 모습을 갖추는 전(全) 중량이 여기에 실린다는 사람으로서의 기초를 의미한다.[1] 초등교육이 기초라고 할 때 초등 국어교육은 모든 국어과 교육의 기초라는 뜻과 다른 교과 교육의 기초라는 뜻을 함유한다. 따라서 장차 나라의 미래를 책임져야 할 어린이를 위한 최초의 공식적인 교육 지침이라고 할 수 있는 '국어' 교과서를 통해 교과서가 추구하는 인간상을 살펴보는 일은 의미를 가진다고 본다. 교과서에 나타나는 어린이의 모습은 곧 당대 사회가 지향하는 어린이의 모습이며, 교과서의 수용 주체인 어린이는 이러한 모습을 닮아 감으로써 궁극적으로 국가가 원하는 '바람직한 인간'으로 거듭나기 때문이다.

그러나 우리의 경우 교육과정의 개편 시기가 정권의 교체 시기와 교묘하게 맞물려 있었음을 간과할 수 없다. 특히 본고에서 연구 대상으로 삼고 있는 교수요목기[2]에서 4차 교과서에 이르는 시기는 그 어떤 시기보다도 국내의 정세 변화가 급박했던 시기이며 교육과정의 개편과 새로운 정권의 출현 및 변화가 명백한 상관관계를 갖는 시기이다.[3] 해방 후 미군정의 지휘 아래 시급히 편찬되었던 교과서를 필두로 이후 새 정

---

1) 김원경, 『국어과 교과 교육학』, 교학연구사, 1993.
2) 교수요목기는 8·15광복 후 미군정 및 대한민국수립 초창기까지의 기간을 말한다. 교슈요목기는 다시 '과도기' 혹은 '교육에 대한 긴급조치' 와 '교수요목기'로 세분화되기도 한다. '과도기'나 '교육에 대한 긴급조치'기는 광복 후 3개년에 걸친 미군정기 중 1945년 8월~1946년 8월까지의 1년 남짓한 기간을 말하는 것으로 임시 교과목 편제와 시간 배당표가 발표된 전후 시기를 가리킨다. 그리고 1946년 9월 수정된 교과목 편제와 시간 배당표가 발표된 후 교수요목을 정하고 교과서를 편찬한 시기는 교수요목기로 구분한 것이다. 그러나 여기에서는 그 시기를 따로 구분하지 않고 교수요목기로 묶어서 포괄적으로 다루고자 한다. 다만 48년 새로운 교과서가 나오기 이전까지의 교과서를 미군정기 교과서로 이후의 교과서를 단정기 교과서로 구분하여 고찰하였다.
3) 1차 교육과정은 1955년, 2차 교육과정은 1963년, 3차 교육과정은 1973년, 4차 교육과정은 1981년에 이루어졌다는 것에서 보듯, 전쟁 직후, 5·16 군사쿠데타, 10월유신, 5공화국의 집권 등 정권이 새로이 출범할 때마다 교육과정이 개편되었다(차혜영, 「국어 교과서와 지배 이데올로기」, 『상허학보』15집, 2005. 8).

부가 출현할 때마다 새롭게 개편되었던 교과서의 현실을 감안할 때 우리의 교과서가 국가정책과 긴밀한 관계 속에서 형성되고 있었음을 예측해 볼 수 있다. 본고는 이러한 점을 주시하여 국가의 정책과 지배 정권의 담론이 교과서를 통하여 어떠한 방식으로 관철되고 있는지 살펴보고자 하는 것이다.

초등교육은 발달이나 성숙 정도가 미흡한 어린이를 대상으로 한다. 아직 자아가 완성되지 않은 이 시기에는 상대적으로 외부로부터의 충격이나 주입식 교육에 의한 흡수가 빠를 수밖에 없다. 따라서 '국어' 교과서에 내재되어 있는 시대적 요청, 국가적 요청과 담론은 텍스트 표면에 나타난 의미 이상으로 깊숙하고 치밀하게 그것의 수용 주체들에게 전달되었을 것이다.

이러한 문제의식을 가지고 본고는 교수요목기에서 4차 교육과정까지의 초등 '국어' 교과서를 대상으로 교과서 속의 어린이상 내지는 교과서가 지향하는 어린이상에 대해 살펴보고자 한다.

2. 교과서 속의 어린이

학교교육을 통하여 자라는 어린이들이 어떠한 인간으로 성장하여 주기를 바라느냐는 질문에 대한 구체적이고 포괄적인 답변을 만들어 낸다면 그것이 곧 교육목표이다. 교육목표는 교육과정이 개편될 때마다 새롭게 정립되었으며, 그에 따른 필연적 이유로 '급속도로 발전하는 사회상'과 그에 따른 '국가·사회적인 시대적 요청'을 제시하고 있다.

그러나 교과서 속에 나타나는 어린이상이 곧 교과서 밖의 실제 어린이의 모습이라고는 할 수 없다. 기본적으로 교과서는 어린이를 나라의 미래를 이끌어 갈 주체로 상정하고, 이에 나아가야 할 바람직한 어린이상을 제시하고 있기 때문이다.

교과서에 등장하는 어린이상은 복합적이고 다양하다. 가방 들고 정답게 학교에 가는 어린이의 모습에서부터 나라의 안보와 방위를 걱정하는 성숙한 어린이의 모습에 이르기까지 교수요목기에서 4차에 이르는 교육과정을 거치는 동안 수많은 어린이상이 등장하였다 사라지곤 하였다. 그 중에는 교육과정의 개편과는 상관없이 매 시기 지속되고 있는 어린이의 모습도 있다. '인사를 잘 하는 어린이', '친구를 돕는 어린이', '어른을 공경하는 어린이', '성실한 어린이' 등 이른바 착한 어린이상으로 대변할 수 있는 어린이의 모습이 그것이다. 또한 이러한 어린이상이 교과서 전체로 볼 때에는 많은 부분을 차지하고 있는 것도 사실이다. 그러나 이 글에서는 교과서가 바뀔 때마다 새롭게 등장한 어린이상과 비교적 지속적으로 나타나고 있는 어린이의 모습이라 할지라도 특정 시기를 통해 유독 강조되고 있는 어린이상에 주목할 것이다. 이러한 모습을 통해 국가제도와 국가 이데올로기가 교과서 안에서 어떻게 관철되고 작동되고 있는지 살펴볼 수 있기 때문이다.

(1) 새로운 미래상, 철수와 영이의 등장(교수요목기)

단절의 시대를 넘어 실질적으로 우리말로 된 교과서가 등장한 것은 광복 후이다. 미 군정청의 관할 아래 당시 국어교육을 실질적으로 담당했던 조선어학회는 『한글 첫 걸음』과 『한글 교수지침』 및 『초등 국어교본』 3권을 시급히 간행하였다. 이 시기는 본격적인 국어교육에 앞서 한글 보급과 문맹 퇴치가 우선이었다. 따라서 실제 교과 구성에서 수업에 이르기까지 한글 구사 능력 증진을 위한 교육에 중점이 두어졌다.[4]

따라서 이 시기에 가장 요구되었던 어린이의 모습 역시 우리말을 제대로 분명하게 구사하는 어린이였다. 나아가 한글 사용을 통하여 민족의식을 일깨우고, 잃어 버린 자아를 되찾는 일이었다. 이러한 어린이상은 실제의 어린이상과는 분명 거리가 있었다. 우리말을 아예 모를 뿐만 아니라, 일어가 뒤섞인 말을 주로 사용하고 있었던 어린이가 바로 실제 어린이의 모습에 가까울 것이다. 따라서 이 시기 교과서를 통해 나타나고 있는 어린이상은 미래 지향적인 모습이거나 반성의 모습 두 가지로 나타난다. 『초등국어교본』의 내용을 살펴보면 마치 우매한 어린이를 일깨우는 듯 한 내용의 글들이 대거 수록되어 있다. 여기에는 민족의식을 고취시키고 애국심을 함양시키기 위한 목적 아래 씌어진, 우리 국가와 민족의 우수성과 문화재를 소개한 글[5]도 있지만, 지혜와 슬기를 일깨우는 우화 형식의 글들이 많은 양을 차지하고 있다. 일종의 에피소드 형식을 취한 이러한 유형의 글들은 이 나라의 어린이는 '~해야 한다'는 식의 은근한 교훈성을 내포하고 있는 것이다. 또한 우리나라를 대표하고 있는 인물담들을 교과서에 수록함으로써[6] 어린이들에게 그들이 본받아야 할 인물의 모범을 제시하고 있다.

 1948년, 미군정이 끝나고 대한민국 정부가 수립되면서 나온 단정기

---

4) 미군청 학무당국은 1945년 12월 '조선 새교육지침'을 발표하고, 다음해 9월에는 간단한 교수요목을 제정하였는데, 이 시기 교수요목에 있는 초등학교 국어과의 목표는 다음과 같다 "국어는 일상생활에 필요한 말과 글을 익혀 바른 말과 맞는 글을 잘 깨쳐 알게 하고, 저의 뜻하는 바를 바르고 똑똑하게 나타낼 수 있도록 힘을 길러 주고, 아울러 지혜와 도덕을 북돋우어 국민 된 도리와 책임을 깨닫게 하며, 우리 국민성의 유다른 바탕과 국문화의 오래 쌓아 온 길을 밝히어 국민정신을 담뿍 길러내기에 뜻을 둔다."
5) 상권의 「우리나라」, 「새배」, 중권의 「우리나라의 기후」, 「우리나라의 제일」, 하권의 「백두산」, 「금강산」, 「부여」, 「훈민정음」, 「석왕사」, 「고려자기」, 「경주」 등의 글들은 모두 그러한 예를 보여주고 있는 글들이다.
6) 「한석봉」, 「윤회」, 「박혁거세」, 「솔거」, 「황희」, 「김정호」가 미군정기 교과서에 수록된 인물담이다. 인물담에 직접적으로 어린이가 등장하는 것은 아니지만 인물담들을 교과서에 수록하는 것은 모범이 될 만한 인물의 이야기를 수록함으로써 교과서 수용 주체들이 그들을 본받기 바라는 취지로 해석할 수 있다. 결국 인물담 또한 국가가 요구하는 '어린이상'과 무관하지 않은 것이다.

『바둑이와 철수』(국어 1-1)

의 '국어' 교과서에는 새로운 미래상의 모델로 교실 안의 어린이들과 같은 인물들이 등장하기 시작했다. 그들이 바로 '철수와 영이'이다. 물론 이보다 훨씬 전인 1896년의 『신정심상소학』에도 철수와 영이의 1세대 격이라 할 수 있는 학생상이 등장하였다.7) 그러나 1948년 10월에 나온 초등 '국어' 교과서는 아예 『바둑이와 철수』8)라는 이름을 달고 출간되었다. 이처럼 특별한 이름의 새 교과서는 전체의 단원이 한 줄거리로 주어진 이야기 전개식 편제로 조직된 체제였다. 철수와 영이, 그리고 바둑이가 즐겁게 어울리면서 여러 가지 상황을 경험하는 가운데, 학교와 집을 오가는 한 덩어리의 이야기로 구성된 교과서가 『바둑이와 철수』였던 것이다.9)

여기에 나타난 철수와 영이는 아무런 근심이나 걱정도 없는 활달하고 씩씩한 모습의 어린이로 등장하고 있지만 이들은 장차 새로운 국가의 미래를 책임져야 할 어린이들이었다. 철수와 영이 외에도 영길이와 복순이, 용식, 덕수, 수남(『초등국어』(1-2)), 철호와 순이, 대식(『초등국어』(2-1)), 창호, 진희 영준, 현숙, 귀동이, 복남이, 수길이(『초등국어』(2-2)) 등 철수와 영이의 동무들이 함께 교과서에 등장하였다. 이들 철수와 영이의 동무들은 2000년대의 상수, 민수, 정아, 영수, 미진, 기홍 등에 이르기까지 모두 100명쯤 된다. 교과서 수용 주체들은 이렇게 자신들의 주변에서

---

7) 학부편집국 편, '제 14과 김지학', 『심정심상소학』권 1, 개국 505년, 학부편집국, 동 '제 19과 정직한 아해' 위의 두 단원에 등장하는 '김지학'과 '박정복'이 그들로서 대한제국의 교육 강령인 지양, 덕양, 체양 배양과 관련하여 두 소년이 어떤 인성을 지녔는가에 대하여 자세히 묘사하고 있다. 이에 관한 글로는 이종국, 「개화기 교과서에 나타난 한국인상」, 『한국의 교과서』, 대한교과서주식회사, 1991의 글이 있다.
8) 문교부 저작·발행, 조선서적주식회사 번각 발행 (1948. 10. 5), 4·6판, 88면 『초등국어』(1-1)로 발행됨.
9) 이종국, 「교과서 변천에 나타난 한국인상」, 『한국의 교과서상』, 일진사, 2005, 355면.

흔히 만날 수 있는 실제 친구의 이름을 교과서 속에서 만남으로써 텍스트에 더욱 친밀감을 갖게 된다.

철수, 영이와 같은 이름들은 4학년 이상의 교과서로 갈수록 등장하는 횟수가 줄어들고 구체적인 이름 대신 '아가야' 또는 '대한의 소년아 소녀야'와 같이 교과서를 읽는 아동들이 직접적으로 호명되기도 한다. 『초등국어』(6-1) 제 1과 '자유종'에서는 "벙어리 된지 설흔 여섯 해…아가야, 이 종소리를 너는 듣느냐?…대한 독립 만세를 부르짖는 저 환호성, 이제는 조선에도 봄이 왔구나"…"활개를 치자, 너도 나도 다시 살아났구나"라고 부르짖는다. 또한 『초등국어』(6-2) 제 4과 '봄'에서는 "대한의 소년(少年)아, 소녀(少女)야! 우리 다 함께 손잡고, 빛을 향하여, 저 밝은 태양을 향하여, 쉬지 말고 배우자, 쉬지 말고 일하자, 쉬지 말고 나아가자"라고 하며 대한의 소년, 소녀로서 가져야 할 자세와 실천적 강령들에 대하여 제시하고 있다. 이처럼 단정기 교과서는 국가의 미래가 될 어린이들에게 독립된 국가의 주체로서의 의식의 각성을 요청하고 있다.

또한 국가는 어린이의 장래에 대해 직접적으로 관여한다.

『초등국어』(6-2) 제 15과에 나오는 '대식'이는 보통 중학교에 가려고 하던 마음을 고쳐, 공업 중학교로 가서 과학을 열심히 공부하여 장차 기술자가 되기로 결심한다. 이어 제 24과에서는 졸업을 앞 둔 대식이, 대길이, 철수, 용기, 영구가 졸업 후의 진로에 대해 의견을 나누는데, 대길이는 농업중학교에, 대식이는 수산학교에, 철수는 공업학교에, 용구는 상업학교에 간다고 이야기한다. 그런데 여기에서 영구가 고등교육을 받고 싶기 때문에 실업학교를 갈 수 없다고 이야기 하자, 철수는 "지금은 실업 중학교고, 보통 중학교고 대학 가는 데는 다 마찬가지다"라며 설득한다. 그러자 영구는 마음을 바꿔 자기도 농업학교에 가겠다고 결심한다. 이처럼 당시 교과서에는 장래 희망으로 기술자를 꿈꾸는 어린이들이 등장하였다. 이는 당시 우리의 교육정책이 미국의 실용주의적 교육관의 영향 아래 있었음을 보여준다.10) 광복 직후 우리나라의 교육 지도자들은 미국의 민주주의 교육 이념을 따르려 했지만 이를 직접 적용할 수는 없었다. 1949년 공포된 새로운 교육법 제 1조는 홍익인간을 우리 교육의 이념으로 삼고 있는데 여기에서 홍익인간의 이념은 자아실현과 인간의 권위를 존중하는 민주주의 원칙과 동일한 것으로 파악되었다. 이러한 홍익인간의 이념 하에서 듀이의 실용주의적 교육철학은 우리나라의 교육에 영향을 미치기 시작했다.11)

농업과 가내 수공업에 전적으로 의지하고, 자원마저 고갈 상태에 있었던 당시 한국의 경제는 열악하였다. 미국의 교육자들은 직업 교육에 관심을 많이 가지고 있었는데 직업의 전문화는 숙련을 가능하게 하며, 이는 곧 생산력의 증대를 가져오게 된다. 따라서 새로운 국가 건설을 위해서 지식인보다는 기술자를 더 필요로 했던 것이 당시 국가적 요구였고 따라서 실업 교육이 강조되었다. 국가는 이런 국가 발전의 논리에 부흥하는 기술자를 양성하기 위해 암암리에 교육의 힘을 빌어 장차 이 나라의 미래가 될 어린이의 장래를 국가가 원하는 길로 유도하고자 했던 것이다.

충과 효, 예와 같은 유교적 윤리는 비단 단정기 초등 교과서뿐 아니라 각 차시마다 변함없이 지속되는 이데올로기이다. 특히 '효'는 절대적인 대상에 대한 '순서'나 '위계질서'를 말한다. 따라서 그것은 곧 국가에 대한 충성으로 연결된다. 즉 '효'는 은유적으로 '충'의 다른 이름인

---

10) 1940년 당시 미국에서는 실용주의 사상이 우세했다. 이는 미국이 대공황을 헤쳐 나가는 데 있어서 실용주의적 노선을 택하고 있음을 드러낸다. 실용주의 사상은 미국인들에게 음식, 피복, 가옥, 안전과 같은 가치에 대해 중시하게 하였으며 직업 교육에 많은 관심을 기울이게 하였다. 이는 해방 후 미군정기 교육 이념에 반영되었으며, 백낙준과 오천석 등 당시 교육정책 입안자들이 기독교의 세례와 미국 유학 경험이 있다는 사실을 미루어 볼 때에도 우리의 교육 이념에 많은 영향을 주었음을 알 수 있다. 김동구, 『미군정기의 교육』, 문음사, 1995, 76면.
11) 김동구, 위의 책, 106면.

것이다. 단정기의 교과서에서는 '효'의 강조와 함께 특히 가족 간의 위계질서를 중요하게 부각시킨다. 권력을 완전히 장악하지 못한 상태에서 출범한 당시 이승만 정권의 최대 과제는 혼란스런 나라를 다잡고 나라의 틀을 견고히 다지는 일이었다. 따라서 나라에 충성하고 순종하는 국민의 모습, 이것은 곧 당대 정권이 요구하는 국민상이었다. 또한 이에 대한 자구책으로 마련된 강력한 통치 이념인 '일민주의'는 이 시기 국어 교과서를 통해서도 구현되고 있었다. 『초등국어』(6-1) 제 6과 '개미의 자랑'을 보면 개미는 "한 대장이 나서서 시키면, 하루 종일 일을 해도 사람처럼 떠들거나, 어지러운 일이 없이 잘 해 나"간다고 하면서 "아무리 큰 것이라도 여럿이 달라 붙어서 힘을 합해 가지고 일하면, 그리 힘 안 들고 옮"길 수 있다고 한다. 또한 『초등국어』(5-2) 제 20과 '묶은 화살'에서는 세 형제가 각각 한 개씩의 화살을 부러 뜨리기는 쉽지만 화살 세 개를 묶어 놓았을 때에는 혼자의 힘으로는 부러뜨리기 어렵다는 옛이야기를 통해 "사람도 이와 마찬가지다. 여럿이 단합하지 아니하고, 제 각기 뿔뿔이 놀면, 남에게 쉽게 꺾일 것이요, 한데 뭉치어 한 마음 한 뜻으로 단합이 되면, 세상에 아무도 꺾을 수가 없을 것이다"라고 말하고 있다. 또한 다수의 행복과 이익을 위해서 개인의 희생은 정당한 것이라는 논리를 교과서를 통해 공공연히 내세움으로써 국가주의 이념을 강화하고 있는 모습을 보인다.

새로운 국가 만들기에 있어서 교육은 중차대한 문제이다. 어린이는 곧 국가의 미래이며 이들의 올바른 성장은 곧 국가의 존폐 여부와도 관련되기 때문이다. 해방 후 어린이들은 우선 잃어 버렸던 자신들의 얼굴을 되찾는 일이 무엇보다 중요하였다. 일제시대에 태어나 그 속에서 걸음마를 배웠던 그들이기에 대한민국 어린이로서의 정체성 찾기는 무엇보다 시급한 과제였다. 철수와 영이는 이러한 국가적 열망과 함께 다시 태어난 어린이들이었다.

(2) 태극기의 상징적 의미와 어린이(1차 교육과정기)

『국어』(1-1)

철수와 영이는 1955년에 나온 1차 교과서에도 등장한다. 그러나 단정기에 비해 그 빈도는 현저히 줄어들었다. 철수와 영이는 주로 저학년 교과서에 등장한다.12) 1학년 교과서에는 유난히 그림이 많이 삽입되었는데 둥그런 얼굴에 까까머리의 남자아이와 단발머리에 리본을 한 여자아이가 바로 철수와 영이였다. 단정기 때와 마찬가지로 1학년 교과서는 단원 구성이 따로 되어 있지 않고, 전체 단원이 한 덩어리의 내용으로 구성되어 있는데 여기에 나오는 문장들을 주목할 필요가 있다.

그네를 뛰는 영이는 "학교가 보인다", "태극기가 보인다"고 한다. 그네를 뛰는 영이의 시선은 자연스럽게 하늘→ 구름→ 학교→ 태극기로 이동한다. 물론 순수하게 학교와 태극기가 보이는 곳에서 그네를 뛰는 영희의 모습을 상상해 볼 수도 있다. 하지만 그네를 뛰는 영희의 눈에 왜 학교가, 그리고 태극기가 보였는지 그러한 설정에 대한 의문은 교과서를 읽어 내려 가면서 계속적으로 제기된다. 하늘을 날아가는 비행기를 보고 영이와 철수는 "만세! 만세!"를 외친다. 그리고는 역시 "태극기가 보인다", "모두 우리 비행기야"라고 한다. 여기에서 '우리'라는 것은 남한을 말하는 것이다. 1차 교과서는 전쟁 이후에 나온 교과서이다. 6·25 전쟁 발발에 힘입어 그 명맥을 이을 수 있었던 이승만 정권은 반공주의와 표면적인 반일주의를 내세우며 정권을 유지하였다. 교육에 있어서도 도의 교육·기술 교육·국방 교육을 표방하며 반공 교육을 한층

---

12) 고학년 교과서로 갈수록 철수와 영이와 같은 어린이들이 직접적으로 등장하는 횟수가 줄어들고, 논설문이나 설명문 같은 장르들이 등장한다.

더 강화하였다.13) 따라서 교과서 속에 태극기를 단 비행기가 등장하고 어린이들이 이를 보며 반갑게 만세를 부르는 모습은 모두 이러한 반공교육의 일환이라고 할 수 있을 것이다. 고학년인 6학년 교과서를 보면 "공산군들이 미치광이처럼 휘두르는 총(銃)칼 밑에서, 갖은 모욕과 온갖 위협으로 들볶이고 시달리어, 죽지 못해 목숨을 이어 온 시민(市民)들"이란 표현이 등장하는데14) 전쟁을 통해 이미 남과 북은 이분법적 사고에 놓이게 되었으며 어린이들에게 북한은 가장 무서운 침략자로 인식되고 있었던 것이다.

또한 교과서의 철수와 영이는 놀이 삼아 꽃동산을 만든다. 냇물도 만들고, 다리도 놓고, 집, 길을 만들고는 나무를 심는다. 그리고는 자기들이 만든 꽃동산에 소나무와 무궁화를 심고, 태극기를 꽂는다. 국가의 발전과 미래를 이끌어 나갈 어린이들이 자신들이 스스로 꽃동산을 만들고 그 곳에 태극기를 꽂는다는 행위는 상징적인 의미를 가진다. 전쟁으로 파괴된 국토를 건설하고 회복하는 일은 당시 국가가 당면한 가장 시급한 문제였고, 비록 소꿉놀이 같은 아이들의 풍경이라 할지라도 교과서에 나타난 철수와 영이의 행동은 이러한 국가적 열망을 표현한 것으로 해석할 수 있기 때문이다. 또한 꽃동산을 만드는 철수와 영이의 모습이 이전의 단정기 교과서나 이후 2차 교과서에서는 등장하지 않는다는 점에서 이러한 해석이 무리가 아님을 보여주고 있다.

2학년 교과서 제1과 '운동회'에서는 운동회를 끝마치고 아이들과 구경 온 손님들이 태극기가 펄럭이는 운동장에서 다 함께 "대한민국 만세!"를 부르는 것으로 글을 마무리하고 있다. 여기에서 "대한민국 만

---

13) 이승만 정권은 성립 당초부터 문교정책의 방향을 '민주주의·민족주의 교육' '국민사상의 귀일(歸一)' '반공정신' '1인1기(一人一技)교육'에 두어 반공 교육을 통해 민심을 정부에 귀일되게 하려는 정책을 썼다(강만길, 『고쳐쓴 한국 현대사』, 창작과비평사, 1994, 460면).
14) 『초등국어』(6-1) 14, 9. 28, 124면.

세!"를 불러야 할 근거가 되는 정황은 글의 어디에서도 찾아볼 수 없다. 다만 운동장에 만국기가 펄럭이고 있었다는 것, 그리고 사람들이 많이 모였다는 것밖에는. 이 외 학예회, 입학식 등을 글감으로 한 교과서 속의 모든 글 속에서 애국가와 태극기는 공통적으로 등장한다.

이처럼 당시 어린이들에게 태극기는 일상생활에서 가장 가까이 해야 할 필수품이었다. 태극기만 보이면 만세를 부르는 것이 교과서 속 어린이들의 모습이었다. 태극기, 무궁화, 애국가와 같은 낱말들이 주는 상징적 의미는 무엇일까. 1차적으로 태극기는 나라를 알리는 상징적 의미를 가지지만, 이와 함께 애국심을 강조하고, 국민을 결속시키는 구심체로서의 역할을 하기도 한다.

교과서에 「태극기」라는 글이 수록되기 시작한 것도 이 시기이다. 이 글은 '고마운 우리나라'라는 단원 하에 배치되어 있다. 전쟁의 폭음이 몰아치는 급박한 상황 속에서 영수와 영수 어머니가 전쟁터로 떠난 아버지가 두고 간 태극기를 꺼내 보며 국군과 유엔군이 오기를 기다리는 내용의 이 글은 1차에서 4차 교과서까지 계속해서 수록되고 있다. 전쟁의 급박한 상황 속에서 남한 주민들에게 태극기는 구원과 안도의 상징이었다. 태극기를 단 비행기, 태극기를 꽂은 탱크와 트럭을 바라보는 주민들은 감격의 눈물을 흘린다. 따라서 이 텍스트는 어린이들에게 전쟁의 잔혹성과 반공 의식, 그리고 태극기가 주는 상징적 의미와 함께 애국심을 고양시키고자 한 목적으로 수록된 것이다. 또한 이 글이 끝난 바로 다음에 거북선을 만들어 나라를 위해 몸 바쳐 싸운 이순신 장군의 이야기를 배치함으로써 교육적 효과를 배가시키고 있다. 또한 텍스트들의 의도적인 배치15)에서 끝나지 않고 '학습 문제'를 통해 "우리나라는

---

15) 교과서에 있어 텍스트들의 배치 문제는 중요한 문제이다. 위의 경우 '고마운 우리나라'라는 소단원 하에 '태극기'와 '이순신 장군'의 글이 이어서 배치되어 있는데 6·25 전쟁 이야기를 통한 반공 의식의 강화와 함께 나라를 위해 목숨 바쳐

어떤 점이 고마웁니까?" "또 어째서 우리나라를 잘 지켜 나가야 합니까?" "이순신 장군은 어떤 점이 훌륭하다고 생각합니까?"라는 질문을 던지고 있다. 나라에 고마운 마음을 가지고, 나라를 위해 일한 인물들의 훌륭한 점을 본받는 것, 이것이 바로 이 시기에 요구되었던 어린이상이다.

따라서 교과서 속에 태극기가 자주 등장하고 교과서 속의 어린이들이 태극기와 함께 만세를 부르는 모습은 그 자체만으로도 이미 국가주의나 반공주의의 이념을 충실히 수행하고 있는 것으로 보아야 할 것이다. 이는 3·1 정신을 기반으로 민족 통합과 정통성을 강조했던 단정기 때 나타난 민족주의와는 또 다른 모습이었다.

(3) 튼튼한 어린이, 일하는 어린이상(2차 교육과정기)

1963년에 나온 2차 교과서에서는 철수와 영이 대신 인수와 순이가 등장한다. 1학년 교과서 첫 페이지를 장식했던 철수와 영이가 인수와 순이로 바뀐 것이다. 그러나 2차 교과서 속의 인수와 순이는 꽃동산을 만들지도, 태극기를 보고 막연하게 만세를 부르지도 않는다. 2차 교과서에 등장하는 어린이는 이전 시기에 비해 상대적으로 순수하고 평범한 어린이의 모습이다. 그러나 그들 대부분은 농촌에서 생활하는 농촌의 어린이들이다.

교과서에 나오는 기순이, 용철이, 미숙이 등은 모두 농사짓는 부모를 돕기 위해 학교에서 돌아오자마자 일을 하는 어린이들이다. 그들은 동생을 업은 채 설거지를 하고, 점심을 지어 광주리에 이고는 밭에서 일하는 어른들에게 나른다. 일하는 어른들을 제대로 한 몫 거들고 있는

싸운 이순신 장군의 이야기를 함께 배치한 것은 다분히 의도적인 장치라고 볼 수 있다.

『국어』(2-1)

것이다. 또 일하러 간 엄마 대신 동생들을 돌보던 아이들은 부모들이 일하는 일터 옆에 어린이놀이터를 만들어 동생들을 공동으로 보살피기로 한다. 그렇게 하면 번갈아 공부를 할 수 있고, 일하던 어머니도 아이에게 쉽게 젖을 줄 수 있기 때문이다. 비록 아이들이 구상한 방법이지만 분업의 효과가 여기에서부터 시작되고 있는 것이다. 때로는 직접 밭갈이를 하고, 가지치기를 하고, 모내기를 하고, 볏단을 나르는 어린이도 있다. 교과서 속의 수정이와 수복이도 그러한 어린이들 중 하나이다. 그들은 놀고 있는 남의 땅을 빌어서 과수원을 만들고 그 수확으로 학교에 다니기 때문이다.

당시 우리나라는 경제개발 5개년 계획을 세우고 자주 경제를 달성하기 위한 기반을 추구하고 있었다. 그 계획의 일환으로 농업 생산의 증대와 에너지 산업의 개발, 수출 증대를 도모하는 국제수지의 개선, 기술의 진흥 등이 추진되고 있었다. 따라서 이 무렵의 구호 또한 '증산, 수출, 건설'이었는데 이 구호가 적힌 포스터는 '국어' 교과서 안에 직접 등장하기도 한다. 농업이든 공업이든 무엇보다 생산력 증대가 목표였던 시기였기에 당연 산업 역군으로서의 일꾼들의 모습이 강조되었고 이러한 모습들은 교과서 안에 그대로 투영되어 '일하는 어린이상'의 모습을 여실히 보여주고 있는 것이다.

이 시기 교과서에 유독 개척 정신과 자연을 이용한 성공 사례, 인간의 한계에 도전하는 인물들을 다룬 텍스트들이 배치되고 있는 것도 이러한 국가 발전 이데올로기에 부합하는 것일 터이다. 예를 들면 이미 건설된 춘천 발전소를 소개하면서 앞으로 한강 줄기에 건설될 여섯 개발전소의 건설 의미를 밝히고 있는 글이나[16] 개척 정신에 성공한 네덜란드, 덴마크, 노르웨이, 스위스, 미국, 이스라엘 등을 우리의 경우와 비교하며[17] 낙관적 전망을 이끌고 있는 글들이 그러하다.

일하는 어린이상과 함께 '튼튼한 어린이'의 모습이 강조되기 시작한 것도 이 시기이다. 교과서의 '공부할 문제'를 통해 제시되었듯이 "우리들이 가정과 사회와 나라를 위하여 어떤 일을 하여야 할까?"[18]라는 질문에 대한 답이 곧 튼튼한 어린이의 모습이기 때문이다. "몸이 튼튼해야 훌륭한 사람이 될 수 있고", 일도 할 수 있기 때문이다.

튼튼한 어린이상은 이 시기의 교과서뿐 아니라 교과서를 통하여 줄곧 강조되고 있는 어린이상이기도 하다. 그러나 '튼튼한 어린이'가 되어야 하는 목적은 각자가 다르다. "눈이 나쁘면 훌륭한 국군이 될 수 없기" 때문이기도 하고(『초등국어』 제 8과, 2차) 몸을 튼튼히 하여 기술자가 되고 싶기 때문이다(3차, 『국어』 1과). 이처럼 '튼튼한 어린이'는 자신의 꿈을 이룰 수 있는 첫째 조건이었으며, 국가의 발전을 위하여 어린이가 할 수 있는 가장 기초적인 것이었다. 또한 튼튼한 어린이가 되기 위한 방법으로 제시된 것이 일찍 일어나는 어린이와 체조를 열심히 하는 어린이다. '체력은 국력'이라는 명제는 제3공화국이 남긴 유산 중의 하나이다.[19] '튼튼한 어린이'상은 2차 교과서를 통해 강조되어 나타나고

---

16) 『초등국어』 11, 춘천발전소, 89면.
17) 『초등국어』 9, 개척의 길, 77면.
18) 『초등국어』, 「공부할문제」, 172면.
19) 개헌 등의 무리수로 국민의 저항을 받게 된 정부는 정치적 목적으로 스포츠를 장려하게 되었다. 명분은 '국민의 체력강화'였지만 실제는 국민의 관심을 딴 데로 쏠리게 하기 위한 '엘리트 체육의 진흥'이 주요한 정책 과제였다. 그 중에서 각종 국제 체육 행사에서 메달을 따는 것이 초미의 관심사였다. 그런 전통은 문민정부나 국민의 정부에도 그대로 계승되었다. 그리하여 우리 국민의 대다수는 "체력은 국력" 더 정확하게 말하여 "스포츠는 국력의 상징"이라는 주문에 빠져 있는 듯하다. 그러나 유독 체력만이 국력을 뜻하는 것인지 생각해 보아야 할 것이다(안영도, 『국가경쟁력 향상의 길』, 비봉출판사, 1999, 418~420면).

있기는 하지만 이후 4차 교과서에 이르기까지 지속적으로 요구되고 있는 어린이상이다.

(4) 근면, 자조, 협동하는 새마을 어린이(3차 교육과정기)

1968년 '국민교육헌장'이 반포됨으로써, 3차 교과서부터는 4학년 이상의 교과서에 '국민교육헌장'이 수록된다. 교과서 수용 주체들은 교사의 지시에 의해 한때 이 '국민교육헌장'을 무조건 외우기도 하였다. 일제 강점기 시대 사범교육을 받은 박정희의 발의와 일부 학자, 교육자들의 참여로 만들어진 '국민교육헌장'은 군주 국가에서의 교육 칙어(敎育勅語)나 교육 조서(敎育詔書)를 연상케 하며, 국가와 민족이 지나치게 강조되었다는 비판을 받았다.[20] 그러나 박정희 정권은 '국적 있는 교육'을 강화한다는 취지 아래 국민교육헌장 이념의 생활화로 교육의 체제와 내용을 쇄신하려 하였다. 여기에서 '국적 있는 교육'이란 한국의 국가적인 요청에 부응할 수 있는 교육, 한국의 역사적인 상황에 알맞은 교육, 그리고 철저한 한국인을 기르는 교육을 말한다.[21] 뿐만 아니라 국민학교 국어과는 도덕 교육을 겸하도록 한다는 원칙을 새로 설정하여 가치관에 관한 글을 교과서에 중점적으로 싣기로 한 것도 이 시기이다.

유신 시대라 일컬어지는 당시 국어과 교육과정을 보면, 새마을운동에 관한 것, 유신 과업의 수행에 관한 것, 한국적 민주주의에 관한 것 등 정권적 차원에서 윤색된 내용들을 드러내기에 이르렀다.[22] 기본적으로는 2차 교과서와 기조를 같이하고 있으면서도[23] 2차 교과서에 비해 국

---

[20] 강만길, 위의 책, 창작과비평사, 1994, 466면.
[21] 「국적있는 교육」,『서울신문』, 1978. 6. 1.
[22] 이종국,「교과서 개발의 전환적 모색」,『교과서연구』제38호, 서울 : 재단법인 한국교과서연구재단, 2002. 6, 92~93면.
[23] 2차와 3차 교과서에는 공통적으로 수록되고 있는 텍스트들이 많다. 언뜻 보면 큰

가와 더욱 긴밀하게 연결되어 있는 것이 3차 교과서이다.

또한 이 시기는 60년대부터 시작된 산업 계획이 어느 정도 가시적 성과를 거두고 새마을운동 또한 열매를 맺기 시작한 때이다. 따라서 교과서 곳곳에는 새마을운동을 비롯하여 경부고속도로, 소양강 댐, 거제대교, 남해대교, 새마을 공장 등이 소개되고 있으며, 유신 과업 완수, 민족 중흥, 국민 총화 등 시대적인 용어들이 거침없이 드러나고 있다. 심지어는 이 모든 경제 발전을 주도한 "대통령 각하"까지 교과서에 직접 등장한다. 교과서의 어린이 성재는 집으로 돌아가는 길에 대통령을 만나게 되고 "대통령 각하"는 "열심히 공부하여 나라를 위해서 좋은 일을 하는 사람이 돼야지"라며 성재의 어깨를 두드리며 격려한다. 대통령을 처음 만난 어린이들은 사뭇 감격에 겨워 새로이 각오를 다지는, 그야말로 웃음이 나오는 장면들이 실리고 있다.

『국어』(1-2)

『국어』(4-2)

이 시기 교과서를 통해 부각되고 있는 '어린이상'은 근면, 자조, 협동의 새마을 정신을 가장 잘 실천하는 '새마을 어린이'이다. 교과서의 해

차이를 느낄 수 없지만 3차 교과서에서는 새마을 정신과 함께 유신 과업 완수라는 목적의식이 더욱 선명하게 부각되고 있다.

영이는 언니와 함께 옥수수 껍질을 모아 옥수수 가방을 만들어 3만원이나 저축을 한다. 어린이들도 얼마든지 수출 역군이 될 수 있다는 모델을 제시하고 있는 것이다. 또한 어린이들이 새마을운동을 도울 수 있는 가장 큰 일은 아껴 쓰고 저축하는 것이었다. 따라서 토끼나 염소를 길러서, 봉투에 풀을 부쳐서, 아버지의 구두를 닦아서 그 벌이로 저축을 하는 어린이들이 등장하였는데 저축 자체도 중요하지만 스스로 모은 돈으로 저축을 하는 어린이들의 모습을 통해서 자립정신을 강조하고 있다.

당시 박정희 정권은 내자 동원을 극대화하는 방안의 하나로 1974년부터 1980년까지 농어촌에서 1조원의 저축을 동원키로 결정하고 이에 따른 강력한 농어촌 저축 추진 계획을 마련했다.24) 그에 대한 방안의 하나로 각급 학교의 교과서에 저축 내용을 삽입하고 지역 특성에 따른 학생 저축 사업을 개발하였다.25) 따라서 모든 초·중·고교생들은 의무적으로 연간 2백 원에서 7백 원 이상의 국민 저축을 해야 하고, 이와 별도로 지역별로 목표액이 정해진 자력 저축을 1백 원에서 3백 50원 이상씩 내야 하는 전 학생 1인 2통장제가 문교부에 의해 마련되어 1973년 10월 각 시도 교육위원회에 시달됐다.26)

이처럼 '저축하는 어린이상'과 함께 강조되고 있는 근면, 자조, 협동의 새마을 정신은 온 국민이 무장해야 할 정신이었다. 따라서 교과서 밖의 어린이들에게도 '새마을운동'을 위해 우리가 할 일에는 어떤 것들이 있나? 또는 우리 고장의 새마을 일에는 어떠한 것들이 있나?(『초등교육』(5-1) 제 7과 <공부할 문제>) 하는 학습 과제들이 주어졌다. 또한 2차 교과서와 같이 개척 정신으로 경제적 부흥을 이룩한 덴마크와 이스라엘

---

24) 김행선, 『박정희와 유신체제』, 선인, 2006, 132면.
25) 「농어촌 저축 1조원 운동」, 『조선일보』, 1973. 9. 6.
26) 「전 학생 국민저축 의무화」, 위의 신문, 1973. 10. 16.

의 성공 사례를 소개함으로써 새마을운동의 필요성과 당위성을 강조한다. 교과서 속의 어린이들은 새마을 공장과, 소양댐 등을 견학하고 돌아오면서 눈부신 발전상에 가슴이 벅차오름을 느낀다. 여기에서 새마을운동은 어린이들에게 불가능이 없다는 또 하나의 교훈을 남기게 되는 것이다.

이 시기 교과서에 등장하는 어린이들은 마치 당대 정권의 이념을 교육받은 어린이처럼 보인다. 4학년 교과서에서는 '말의 구실'이란 제목 아래 표어의 쓰임과 짓는 방법을 가르치고 있는데 여기에서 수남이란 아이가 지은 표어는 "나라에 바친 세금, 우리에게 돌아온다."라는 표어이고 이 표어는 학교에서 가장 좋은 표어로 뽑히게 된다. 납세의 의무는 당연 국민의 의무이다. 그러나 당시 국가는 "납세는 나라의 힘"이라는 홍보용 표지판을 국토의 곳곳에 심어 놓고 국민에게 납세의 의무를 강조하고 있었다. 교과서 속의 철든 어린이, 수남이는 국가적 차원의 국민 계도 안을 너무나 성실하게 이행하고 있었던 것이다.

이순신 장군의 이야기가 이 시기 교과서의 많은 부분을 차지하고 있는 것도 주목을 요하는 부분이다. 본받아야 할 삶의 소유자인 위인들의 이야기를 담은 위인담은 교과서의 많은 부분을 차지하고 있는 장르이다. 우리의 교과서를 통해 소개되고 있는 위인담이나 인물담들을 살펴보면 이순신, 최영, 권율, 강감찬, 온달 등 주로 나라를 위해 싸운 장군의 이야기가 많은 비율을 차지한다. 그중에서도 이순신은 미군정기 이후 7차 교과서에 이르기까지 교과서를 통해 가장 많이 등장하고 있는 인물이다. 특히 3차 교과서에는 이순신 이야기가 각 학년의 교과서를 통해 5회씩이나 실리고 있으며[27] 심지어 이순신 장군의 아들 '면'에 대한 이야기까지 등장한다. 이렇게 이순신이 본받아야 할 위인의 모델로

---

[27] 『3-1』의 「말에서 떨어진 젊은이」, 『6-1』의 「남해에서」, 『3-2』의 「노적봉과 영산강」, 『4-2』의 「떳떳한 죽음」, 『6-2』의 「명량해전」은 모두 이순신 장군에 관한 이야기다.

써 교과서를 통해 신격화되고 있는 것은 박정희 정권의 공이 크다.

박정희 정권은 당시 시대가 요청하는 유신 정신을 국난의 소용돌이 속에서 나라를 건지고 민족을 수호했던 임진란 당시의 선조들의 슬기와 발자취 속에서 찾으려고 하였다. 그리고 그 대표적인 정신을 충무공에게서 발견하고 있는 것이다.[28] 따라서 민족정신을 고취한다는 취지하에 현충사를 재정비하고 광화문 앞 네거리에 이순신 동상을 세우는 등 이순신을 명장의 수준을 넘어 민족의 성웅으로 만들기 위한 사업을 전개하였다. 여기에는 군사정권의 부족한 정통성을 이순신을 통해 메우려고 한 정치적 의도가 개입되어 있었다. 또한 이순신의 일사 분란한 지휘 아래 승전을 거둔 것처럼 박정희 또한 강력한 통치력으로 유신 과업을 완수하려고 했던 것이다.

당시 어린나이의 교과서 수용 주체들은 이러한 정권의 의도는 전혀 파악하지 못했을 것이다. 다만 교과서에 이순신에 관한 이야기들이 빈번하게 등장함으로써 무의식중에 이순신을 민족 최대의 성웅으로 인식하게 되었을 것이다. 또한 충무공의 멸사봉공(滅私奉公)의 애국·구국정신, 조국애, 민족애 등을 본받고자 하며 교육을 통해 자신들의 모습을 완성해 가고 있었던 것이다. 이처럼 3차 교과서는 당대 정권과 긴밀한 관계 속에서 유신 정권의 이데올로기를 유감없이 드러내었다.

(5) 도덕적이며 자주적인 어린이(4차 교육과정기)

4차 교육과정은 이전 시기와는 달리 교육을 통해 기르고자 하는 인간상을 분명히 제시한 점이 특징이다.[29] 새 시대가 요구하는 건전하고

---

28) 문화공보부, 『유신이념과 충무공 정신』(문화공보부, 1973. 4. 20), 41~73면, 「민족의 태양 이충무공」, 『서울신문』, 1973. 4. 27.
29) 함종규, 『한국교육과정변천사연구』, 교육과학사, 2003, 495면.

유능한 국민을 육성하려면 이를 뒷받침할 수 있는 구체적인 인간상을 먼저 정립해 놓고 학교에서는 그러한 인간을 길러내는 데 부합하는 교육을 실시해야 한다는 것이었다. 따라서 국가가 원하는 구체적인 인간상이 먼저 만들어지고 이에 부합하여 만들어진 교과서가 4차 교과서이다. 그리고 기대하는 인간상은 다음과 같다. 첫째 건전한 정신과 강건한 신체를 가진 사람, 둘째 취향이 고상하고 아름다움을 추구하는 심미적인 사람, 셋째 지식과 기술을 익혀 문제를 합리적으로 해결하는 능력 있는 사람, 넷째 인간을 존중하며 규범에 따라 행동하는 도덕적인 사람, 다섯째 자신과 공동체의 일을 스스로 결정하여 실천하는 주체적인 사람이다.30)

이렇게 기대하는 인간상의 정립은 교과서 내에 그대로 수용되었다. 튼튼한 어린이상은 이미 이전 시기의 교과서를 통해서도 강조되었던 어린이상이다. 그러나 4차 교과서에서 요구하는 '튼튼한 어린이'는 신체의 건강뿐 아니라 정신이 건강한 어린이를 말한다. 교과서에 시(詩)나 동화와 같은 문학작품의 수록이 늘어난 것은 국가가 기대하는 심미적 인간상을 키우기 위한 교육목표에 따른 조취일 것이다. 이들 중 가치관 형성과 관련하여 4차 교과서를 통해 지향하고 있는 어린이상은 '도덕적이며 자주적인 어린이'이다. 그렇다면 도덕적이고 자주적인 어린이는 어떤 어린이일까. 도덕적인 어린이란 양심에 따라 행동하는 어린이를 말할 것이다. 그러나 사회적 규범을 잘 지키고, 공동생활에서의 준법정신과 책임감, 협동과 봉사의 정신을 발휘하는 어린이 또한 도덕적인 어린이로 규정된다. 또한 자주적인 어린이는 모든 일을 스스로 결정하여 실천하는 주체적인 어린이를 말하지만 이 시기 국가가 기대하는 자주적인 어린이는 민족 공동체 의식과 애국 애족의 정신, 그리고 역사적

---

30) 함종규, 앞의 책, 485~496면.

사명감을 가지고 주체적으로 행동하는 어린이를 말한다.

4차 교과서는 제 5공화국의 출범과 같이 시작된 교과서이다. 이 시기는 새마을운동의 성과와 함께 우리나라가 급속도로 경제적 성장을 이루면서 세계무대로 진출하기 시작한 시기이다. 따라서 교과서 곳곳에는 변하는 국토의 모습과 발전상이 담겨 있다. 그리고 중동을 비롯한 이국 땅에 태극기를 꽂고 일하는 산업역군들의 모습이 소개됨으로써 바로 이들이 조국의 경제를 성장시키는 밑거름임을 강조한다. 여기에 올림픽 대회의 서울 개최는 한국인으로서 자긍심을 가지기에 충분한 것이었다.

『국어』(6-2)

교과서에 등장하는 어린이들은 이렇듯 발전하는 나라의 모습을 바라보며 감격해 한다. 그러나 그들은 곧 "우리들이 할 수 있는 나라사랑의 길은 무엇인지 생각해보자"[31] 혹은 "내가 이다음에 커서 나라를 위해 하고 싶은 일을 차근차근 말해 보자."[32] 등의 질문을 끊임없이 받는다. 어린이는 나라를 위해 할 수 있는 일을 스스로 찾고 미래의 일꾼이 되기 위한 마음가짐을 준비해야 했던 것이다.

이와 함께 노골적으로 반공 교육이 강화되었던 것도 이 시기이다. 이승만 정권에서부터 박정희, 전두환 정권에 이르기까지 반공 교육은 우

---

[31] 『국어』(4-1), <본문공부>, 19면.
[32] 『국어』(5-1), <본문공부>, 41면.

리 교육의 기본 틀처럼 지속되었다. 정권이 바뀔 때마다 표면적으로는 평화통일론을 표방하면서도 오히려 반공 교육, 북한에 대한 적대 교육은 심화되었다. 극기야 4차 교과서에서 북한은 곧 도둑으로 비유되면서 '도둑'과 같은 북한이 아주 가까운 거리에서 침략의 기회를 노리고 있기 때문에 우리에겐 국토방위가 필요하고 총력안보가 절실히 요청된다고 하였다.[33] 물론 어린이에게도 그에 맞는 국토방위의 의무가 주어졌다. 그것은 "몸을 튼튼히 하고, 부지런히 공부하고, 굳건한 반공정신으로 생활에 충실하고, 친구들과 힘을 합하며, 물자를 아껴 쓰고, 어려운 이웃을 도와주며, 북한의 침략을 막기 위해 애쓰시는 분들에게 위문편지를 보내는 일"이었다. 따라서 나 보다는 사회와 국가의 이익을 앞세우는 도덕적인 어린이, 국가가 처한 현실을 주체적으로 인식하고 이에 대응하여 올바르게 행동하는 자주적인 어린이상이 요구되었던 것이다.

자주국방과, 애국 애족의 정신, 민족 공동체 의식 등은 논설문이나 설명문 외에도 여러 장르의 글을 통해 은유적으로 강조되었다. 적의 침략에 대비했던 강감찬 장군 이야기, 나라를 위해 화약과 무기를 개발한 최무선의 이야기, 월진회 활동을 통해 농촌부흥운동을 펼친 윤봉길의 이야기가 그것이다. 그리고 매 차시 교과서에 빠지지 않고 수록되고 있는 세종대왕의 이야기에도 이 시기에는 자주국방의 업적이 첨가되어 소개되었다. 같은 인물의 이야기라도 소재를 달리하여 그 시기의 교과서가 지향하는 이데올로기에 부합하는 내용을 수록하고 있는 것이다. 이 시기에 수록된 소설 '송아지'와 '마지막 수업'도 문학작품으로서의 감동을 전해주고 있긴 하지만 이들 역시 반공 의식과 애국정신을 전제로 한 작품들이다. 특히 윤봉길의 농촌부흥운동과 새마을운동은 그 정신과 내용에 있어서 긴밀한 유대 관계에 있다. 새마을 정신은 3차 교과

---

33) 『국어』(6-1), 1. 주장하는 글 2) 자주국방의 길, 27면.

서에 이어 4차 교과서에서도 면면히 이어지고 있는데, 이는 민족 공동체 의식과 남북통일을 이루는 근간으로까지 확대되고 있다.
 제 5공화국은 3, 4공화국의 정책적 기조를 그대로 답습하면서 반공 이데올로기를 강화하였던 시기이다. 따라서 새마을 정신을 기조로 하여 국민의 단합을 꾀하고 정의로운 사회의 구현과 민주 복지 국가로의 발전을 내세우며 반공 이데올로기를 강화하였다.
 한국인으로서 자긍심을 가지되, 국가가 처한 현실을 인식하고 투철한 반공정신과 함께 도덕적으로 생활하는 어린이, 이것이 바로 4차 교과서가 추구하는 어린이상이었다.

3. 맺으며

 본고는 우리의 교육이 국가 이데올로기로부터 자유롭지 못하다는 전제하에 그것이 텍스트를 통해 어떻게 작동하고 있는지 살펴보았다. 특히 교과서에 등장하고 있는 어린이상은 당대 국가와 사회가 지향하는 가장 이상적이며 기본적인 어린이의 모습이기에 이러한 어린이상의 구현이 국가의 정책과 어떤 연관 관계에 있는지 알아보고자 하였다.
 물론 교수요목기에서 4차 교육과정에 이르기까지 지속적으로 추구되고 있는 어린이상도 있었다. 이른바 '착한 어린이상'으로 대변되는 어린이상[34]이 그것으로 교과서 전체를 두고 볼 때에는 많은 비율을 차지하

---

34) 사실은 '착한 어린이상'이란 것도 모호한 표현이기는 하다. 착한 어린이라는 것도 각 시대마다 다르게 설정될 수 있기 때문이다. 여기에서는 말하는 착한 어린이란 어린이와 학생으로서 그리고 인간으로서 마땅히 갖추어야 할 기본적인 예의, 성품, 태도 등을 말하는 것이다.

고 있다. 또한 교수요목기의 교과서에 수록되었던 일부 텍스트가 현행 7차 교과서에도 실리고 있음을 볼 때, 교과서 편찬에 있어서의 안일함이 아니라면 분명 교육과정의 개편과는 상관없이 교과서가 추구하는 고전적인 기본 윤리가 있음을 말해주고 있는 것이다.

그러나 문제는 이러한 표면적인 동일함 속에 숨어 있는 변화의 움직임들이다. 본 연구에서 주목하고자 했던 것도 바로 이러한 부분들이며 분명 교과서가 바뀔 때마다 새롭게 등장한 어린이상과 텍스트들의 선정 및 배치는 국가정책과 긴밀한 관계를 가지고 있음을 확인하였다. 또한 우리 교과서의 기본 틀처럼 자리 잡고 있는 이데올로기인 민족주의, 국가주의, 반공주의도 정권의 교체와 함께 조금씩 다른 방법으로 변주되며 텍스트를 통해 구체화되고 있었다.

광복 후 교과서에서 새로운 미래상으로 설정된 철수와 영이는 장차 교육을 통하여 완성될 어린이들의 상징적인 모습이기도 했다. 이들에겐 독립된 국가의 어린이로서의 각성과 함께 당대 정권이 지향했던 일민주의를 뒷받침하는 단결된 모습의 어린이상이 추구되었다. 1차 교과서에서는 교과서에 자주 등장하는 태극기의 상징적 의미와 함께 그것이 교과서 수용 주체들에게 암묵적으로 국가주의와 반공주의 이데올로기를 주입하고 있는 방법임을 주시했다. 2차와 3차 교과서에 나타난 '일하는 어린이상', '근면, 자조, 협동하는 새마을 어린이상'은 박정희 정권과 함께 시작된 개발 경제 이데올로기에 의해 탄생한 어린이상이다. 특히 유신 시대로 일컬어지는 3차 교과서에는 박정희에 의해 신격화된 이순신의 잦은 등장과 함께 새마을운동, 유신 과업의 수행에 관한 내용을 수록함으로써 '국어' 교과서와 국가와의 긴밀한 관계를 드러내었다. 이후 4차 교과서에서는 교육과정 개편을 통해 기대하는 인간상을 미리 설정해 놓고 국가가 원하는 어린이상을 보다 체계적으로 만들어 갔다. 결국 '국어' 교과서를 통해 나타나는 어린이상은 국가에 의해 만들어진,

국가가 요구하는 어린이의 모습이다. 그것은 실제 어린이의 모습과는 어느 정도 차이가 있다. 그러나 교과서가 가지고 있는 기능과 의미를 되짚어 볼 때 그 영향은 막대하다. 교과서 밖의 실제 어린이들은 교과서 속의 어린이의 모습을 닮아 가기 위해 노력할 것이고, 교육을 통해 그 괴리는 점점 좁혀질 것이기 때문이다.

교육이란 '바람직한 인간'을 만들기 위한 과정이고, 이 과정을 수행하기 위해서는 한 국가나 사회의 공통된 가치관이나 이념이 수용될 수밖에 없을 것이다. 그러나 우리의 교과서가 국가의 발전 논리와 정책의 합리화라는 명목 아래 텍스트 자체의 자율성보다는 국가가 원하는 어린이, 국가가 원하는 인물 만들기 프로젝트를 실행하기 위한 도구로서의 역할을 충실히 수행하고 있었던 것은 아니었는지 생각해 보아야 할 것이다.

III
'국어' 교과서와 미의식

한국 현대소설의 정전화 과정 연구   차혜영
－중·고등학교 '국어' 교과서와 지배 이데올로기의 관련성

'국어' 교과서의 미의식과 국가 이데올로기   정영진
－단정기·전쟁기 교과서를 중심으로

교과서 수록 시의 여성 재현 양상   김신정
－제7차 교육과정 교과서를 중심으로

‖ 차혜영 ‖

한국 현대소설의 정전화 과정 연구
- 중·고등학교 '국어' 교과서와 지배 이데올로기의 관련성

1. 들어가며

　본고는 문학 정전과 지배 이데올로기와의 관계를 '국어' 교과서 소설을 대상으로 분석하고 한다. 이는 국어교육 및 문학교육에서의 교수·학습에 대한 연구나 교육 현장에서 이루어진 교육 운동 차원의 연구 등 '어떻게 가르칠 것인가'에 대한 관점과 달리, '가르쳐야 하는 것'으로 주어진 교과서가 어떤 이데올로기에 의해 구성되었는가를 분석하는 방식에서 접근하고자 하는 것이다. 따라서 '국어' 교과서와 국어교육에 대한 광범위하고 다양한 분야에 걸친 기존의 연구 경향과는 차별성을 두고자 한다. 문학교육 혹은 국어교육에 대한 논의는 90년대 이후 5~7차 교육과정의 교과를 대상으로 한 '교수-학습'에 대한 논의가 대다수를 차지한다. 해방기부터 1~4차 교육과정의 국어 교과에 대한 연구는 실증적 연구와 통사적 개괄에 가까운 연구가 대부분이다.[1] 본고는 한국의 교육이 국정 교과서 체계로 일원화되면서 지배 정권의 강력한 영향력

하에 존재했던 1~4차 교육과정기의 '국어' 교과서를 대상으로, '국어' 교과서에서 지배 이데올로기가 관철되는 양상, 그것이 현대소설 분야의 문학 정전 형성에 관련되는 양상을 분석하고자 하는 것이다.

한 국가에 있어서 학교는 대표적인 이데올로기적 국가 장치라고 할 수 있다. 따라서 교과서는 국가 공동체의 지배 이데올로기를 가장 직접적이고, 동시적이고, 효율적으로 주입하는 수단이라고 할 수 있을 것이다. 한국 교육사에서 나타나는 제반 이데올로기는 여러 가지 '이념 교육'으로 대표된다. 예컨대 민주 시민 교육, 국민 윤리 교육, 산업 교육, 민족 주체성 교육, 국민정신 교육, 새마을 교육, 유신 교육 등이 그것이다. 시기별로는 50년대에는 도덕 교육, 기술 교육, 반공 교육을 주로 강조했고, 60년대에는 민주 시민 교육, 국민정신의 개조로 표현되었으며, 70년대에는 국민 자질의 함양, 생산적 교육, 주체적 교육 등으로 대표되는 유신 교육과 새마을 교육이 나타났다.[2] 80년대 이후에는 주로 이데올로기 비판 교육이라는 측면에서 국민정신 교육으로 나타났다.[3]

그러나 이데올로기적 국가 장치로서의 학교에서 교육 내용으로 전수되는 것은 비단 이데올로기라고만 할 수는 없다. 이데올로기와 과학 둘 다를 포함하기 때문이다. 이는 수학이나 과학, (외국)언어와 같은 과학 혹은 기능적인 차원이 우선시되는 교과, 가사나 가정, 실업과 같은 해당 공동체의 생활인으로서의 직업 교육을 담당하는 교과, 그리고 사회, 도덕, 국민윤리, 국사 등 국가 공동체의 이데올로기 교육이 월등히 앞서는 교과 등, 개별 교과에 따라 과학(가치중립적이고 기능적인)과 이데올로기의 결합 양상과 정도는 상대적이라고 할 수 있다. 이 때문에 '국어' 교과서

---

1) 박붕배, 『한국의 국어교육전사(상·하)』, 대한교과서주식회사, 최현섭, 「소설교육의 사적 고찰」, 성균관 대학교 박사학위 논문, 1988, 이병호, 「국어과 교육 변천사 연구」, 성균관 대학교 박사학위 논문, 1986 등이 있다.
2) 이돈희, 「교육사조의 변천」, 김선양 외, 한국 사회와 교육, 교육과학사, 1980 참조.
3) 정세구, 「국민정신교육의 내용과 방법」, 교육16, 중앙교육연구원, 1981. 3.

와 한국 사회의 지배 이데올로기와의 관련 및 문학 정전화 과정과의 관련성은, 반공주의, 민족주의, 발전주의 등의 지배 이데올로기가 다양한 교과 영역에서 관철되는 양상과 국어 교과만의 특수성과의 문제, 그리고 국어 교과서가 내세우는 차별화된 전문성과 그 전문성 안에서 이데올로기가 관철되는 방식 등의 차원과 연관되어 있다. 이 '국어' 교과서가 내세우는 정체성, 즉 다른 교과와 차별화되는 전문성이 언어와 문학이라고 할 때, 언어가 말하기, 읽기, 듣기, 쓰기 등의 언어 기능의 습득이 목표라면, 문학은 문학다움의 이미지, 좋은 문학의 조건, 그 문학을 향유함으로써 도야되는 정서와 감성 등 심미적 차원을 목표로 할 것이다. 그리고 좋은 문학의 모범으로서의 문학적 정전은 궁극적으로 그 사회의 지배 이데올로기와 연관 관계를 가질 것이다.

이 관계 방식을 탐색하기 위해 본고는 1차부터 4차 교육과정4)까지의 중학교와 고등학교의 '국어' 교과서를 대상으로, '국어' 교과서 내 문학교육 그리고 문학교육 내 현대소설 장르의 위상과의 관계를 살피고, 이를 통해 현대소설의 정전화 과정과 논리를 살펴보고자 한다.

2. 문학교육과 현대소설의 위상

국어 교과가 다른 교과와 차별화되는 전문성으로 세부 항목화될 수 있는 것은 말하기, 듣기, 읽기, 쓰기, 언어(문법), 작문, 문학 등이다. 이중 언어교육 차원에 해당되는 것이 말하기, 읽기, 듣기, 쓰기이고 이것은

---

4) 1차 교육과정은 1955년, 2차 교육과정은 1963년, 3차 교육과정은 1973년, 4차 교육과정은 1981년에 이루어진 것에서 보듯, 전쟁 직후, 5·16 군사쿠데타, 10월유신, 5공화국의 집권 등 정권이 새로이 출범할 때마다 교육과정이 개편되었다.

"교양 있는 생활에 필요한 국어 사용의 기능과 성실한 태도를 기른다." 거나, "국어를 통하여 사고력, 판단력, 창의력을 함양"5)하는 것을 목표로 하는 일반적인 차원이다. 여기서 문학교육, 특히 교과서에 실리는 문학작품의 위상을 어디에 두는가에 관점의 차이가 있어 왔고 이것이 교육과정의 변천과 연동되어 왔다고 할 수 있다. 즉 교과서에 실리는 문학작품이 언어교육의 자료로서의 가치를 갖느냐, 아니면 언어 기능과는 독립된 그 자체 문학 교육적 가치를 갖느냐의 문제이다.

언어교육이 강조되었던 해방 직후 미군정기와 정부 수립기의 교과서 등 초기의 '국어' 교과서는 언어교육에 강조점을 두었다. 일제시대 말과 글을 빼앗겼고, 이제 그것을 회복해야 한다는, 언어공동체로서의 민족의식이 앞선 결과라고 할 수 있다. 또한 1차와 2차 교육과정에서도 언어교육적 측면이 강했다. 1, 2차 교육과정은 미국 교육 사절단 및 친미 성향의 교육 관료들에 의해 주도되었고 그들은 미국의 행동주의 심리학에 기반을 둔 생활 중심 교육과정을 도입하여 교과를 편성했다.6) 이 때문에 회의 토의, 연설 등 말하기의 기교나 방식이 강조되고7) 문학의 경우 실제 작품보다는 문학에 대한 설명8)이 대부분을 차지하면서, 문학

---

5) 3차 교육과정, 「1974년 개정고시」(문교부령 제350호), 『국어과 한문과 교육과정기준』
6) 권순긍, 「교과서 변천과 문학교육의 방향 – 고등학교 국어 교과서를 중심으로」, 한국문학교육학회, 『문학교육의 새로운 구도와 실천』, 태학사, 2005. 5, 195면.
7) 예컨대 1차 교육과정기의 『고등국어』(Ⅲ)의 경우, 「토의를 원만하게 진행시키려면」(올리버), 「현대생활과 신문」(곽복산), 2차 교육과정기의 경우, 「바른 언어생활」(김윤경), 「회화와 독화」(박창해), 「토론과 보고」(정태시), 「바르게 듣고 빨리 쓰기」(한갑수), 「실용문의 여러 가지」(문교부), 「말의 속도와 강약」(정태시), 「소설과 희곡 낭독법」(차범석), 「회의발언과 사회법」(이호진), 「연설의 실제」(백낙준, 존 에프 케네디)가 있다.
8) 예컨대 1차 교육과정기의 『고등국어』(Ⅲ)의 경우, 현대문학에 대한 설명문은 「단편소설의 특질」(최인욱), 「문학과 인생」(최재서), 「문학과 예술」(최재서), 「문학의 이해와 감상」(백철)이다. 반면 문학작품으로는, 「별」(알퐁스 도데)이 유일한 현대소설이고, 나머지는 고전문학 작품이다. 2차 교육과정의 경우도, 문학에 관한 설명문으로, 「소설의 첫걸음」(김동리), 「시조와 자유시」(이은상, 구상), 「오늘의 한국문학」(조연현), 「시를 쓰려면」(김용호), 「시적변용에 대하여」(박용철), 「시인의 사명」(이

작품이 거의 실리지 않는 것이 특징이었다. 또한 그나마 게재되는 문학작품도, 소설 스토리의 완결성 등에 주의를 기울이기보다는, 전후 맥락 없는 부분 인용의 소설들이 상당수였다.9) 이처럼 문학교육을 언어교육의 수단으로 볼 것인가 아니면, 심미적 교육과 같은 문학만의 독자적 가치를 갖는 것으로 볼 것인가는 지금도 국어교육에서 입장 차이가 있는 문제이다.10)

　우리 교육과정 변천사를 살펴볼 때, 문학교육을 언어교육과는 독립된 가치와 영역으로 인식하는 관점은 4차 교육과정에 두드러졌다.11) 그리고 이때는 3차 교육과정부터 이어져 온 한국인의 정체성을 강조하는 이념 교육이 정점에 이른 시기라고 할 수 있다. 결국 제도적으로 문학교육의 강조되었던 시기와 이념 교육이 강조되었던 시기, 그리고 다음 장에서 살펴보겠지만, 그 어느 때보다 완결된 스토리를 갖는 소설 작품이 가장 다량으로 실렸던 시기가 일치한다는 점은 주의를 요하는 것이라고 하겠다.

　　헌구), 「현대소설의 특질」(백철), 「현대문학의 여러 가지 모습」(백철), 「단편소설의 특질」(최인욱), 「문학과 인생」(최재서), 「소설의 감상」(곽종원) 등이 있지만, 현대문학, 특히 소설 작품으로는 「뽕나무와 아이들」(상록수 : 심훈), 「별」(알퐁스도데), 「마지막 한 잎」(시나리오각색, 오헨리) 정도이다.
9) 이 점에서 해방기 국어 교과서 역시 마찬가지이다. 해방기 좌파 문인의 글이 교과서에 실리는 것이 사실이지만, 좌파 문인이든, 우파 문인이든 대부분 아주 간략한 분량의 부분 인용이었다. 일제하 교육에서 갓 해방된 청소년들에게 최소한의 우리말 교육을 시키는 것이 중요했기 때문이다.
10) 문학작품을 언어 자료로 보느냐, 예술 자료로 보느냐의 문제, 각각의 원론적 문제와 교육적 기능에 대해서는 최지현, 「언어자료로서의 문학의 교육적 가능성」, 한국문학교육학회, 『문학교육의 새로운 구도와 실천』, 태학사, 2005. 5월 참조.
11) 1981년 개정 고시(문교부 고시 제442호)된 교육과정에서 국어과의 경우 기존의 말하기, 읽기, 듣기, 쓰기의 영역이, '표현과 이해'로 통합되고, '언어'와 '문학'이 신설되어 세 영역으로 나뉘었다. 이 속에서 '표현과 이해'의 영역에서 문학작품이 대거 등장했고, 개정의 기본 방향도 1. 언어 기능의 신장 강화, 2. 문학교육의 강화, 3. 언어교육의 체계화, 4. 가치관 교육의 내면화로 나타났다. 가치관 교육과 문학교육이 동시적으로 강화된 것이다.

이상으로 이데올로기와 '국어' 교과서, 국어 교과 내 언어교육과 문학교육과의 관계 설정의 문제를 살펴본 결과, 적어도 1~4차까지의 교육과정 변천사 속에서 문학교육과 이념 교육은 서로가 상승적인 연관을 갖는다는 것을 보여준다고 할 수 있다. 그렇다면, 이제 문제가 되는 것은 문학교육 내에서 소설의 위상 혹은 기능이라고 할 수 있을 것이다. 문학교육은 소설만이 아니라, 시, 소설, 희곡, 수필 등의 장르로 구분되고, 문학에 관한 이론적 설명, 고시조와 고소설 등 고전문학 분야 등을 포괄한다. 이중 고전문학 그리고 이론적 설명 부류의 글을 제외한, 현대문학작품들로는 시, 소설, 희곡, 수필이 있다. 그런데 이런 장르에 따라 이데올로기의 관철 양상이 상당히 다르다는 것은 주의를 요한다.

먼저 반공 이데올로기 등의 지배 이데올로기를 가장 노골적으로 드러내는 것은 희곡, 방송극 대본 등의 희곡류 작품이고, 수필의 하위 부류로서 기행문에서 국토 기행문을 통해 민족애와 반공주의를 결합시키는 호국, 애국주의가 농후하다. 이는 특히 다른 장르에 비해, 역할극이나 수학여행 등 책 밖의 집단적 수행과 연결되어 있는 분야이면서, 시와 소설에 비해 학교교육을 벗어나면 거의 접하지 않는 주변 장르라는 점 등을 고려하면, 교육과 이데올로기가 노골적으로 결합된 '교과서형 문학'이라고 할 수 있다. 이런 한시성을 띤 노골적인 이데올로기적 강제가 표면화된 주변 장르가 '문학 정전'에 연결될 가능성은 희박할 것이다.

이에 비해 시와 소설은 대중들이 학교교육을 마친 이후에도 꾸준히 소비하고 향유하는 주요 장르라는 점에서, 학교에서의 문학교육이 이후의 작품 선택 등과 밀접한 연관을 갖는다고 할 수 있다. 따라서 시와 소설에 대한 국어 교과에서의 문학교육은 문학 정전의 형성과 밀접한 연관을 갖는다고 할 수 있다. 실제로 한국인이 애송하는 시라든가 애독 작품의 목록은 교과서 작품, 교과서 문인의 작품과 상당 부분 일치하고,

이는 문고본이나 전집류 등 대중 출판물의 목록과도 일치하는 바이다. 본고의 관심은 교육과정을 통해 어떤 작품이 지속적으로 재생산되면서, 한국의 대표작품으로 선출되는지, 그것들은 어떤 이데올로기와 호응하는지, 그것이 '정전'으로 성립되는 사회적 메커니즘은 어떤 것인지를 논의하는 것이다. 이를 위해서는 먼저 '정전'에 대한 개념과, 1차부터 4차까지의 교육과정 변천 속에서 어떤 소설들이 교과서에 실렸는가를 알아보는 일이다.

그런데 사실 정전이란 합의가 쉽지 않은 개념이다. 가치론적 기준으로 사용되기도, 지시적 개념으로 사용되기도 하고, 지시적 개념을 사용한다 해도 지시 대상이 대중적 애독물인가, 연구사적 대표작인가 등에 따라 그 대상이 확연히 달라질 것이기 때문이다. '정전'이라는 말은 측정의 도구인 '갈대'를 의미하는 고대 희랍어(kanon)에서 유래되어 '규칙'이나 '법'의 의미를 갖게 되었고, 일반적으로 한 문화권 내에서 높은 가치를 갖고 보존되는 텍스트들을 지칭한다고 할 수 있다.12) 교육의 측면에서 정전은 가르쳐야 할 텍스트의 공식적 실체라고 할 수 있을 것이다. 그것은 이상적이고 대표적인 질서로 존재함으로써 과거와 현재 사이의 영속적이고 통일적인 연관을 전제함으로써 전통의 일관성 혹은 문화적 동질성을 자명화하는 기능을 갖는다고 할 수 있다. 그러나 실제로 정전은 구체적인 개별 텍스트의 목록으로 존재하기보다는 그 텍스트들을 통해 '전통'을 소급 구성함으로써 가상의 총체성을 상정하고 실체화하는 기능을 갖는다. 그 전통에 시대에 따른 구체적 작품들이 첨가되기도 하고 제외되기도 하지만, 총체성, 곧 문화적 동질성의 인상은 지속되는 것이다.13)

---

12) 존 길로리, 박찬부 역, 「정전」, 프랭크 랜트리키아·토마스 맥로프린 공편, 정정호 외 공역, 『문학연구를 위한 비평용어』, 한신문화사, 1996 참조
13) 문학 정전 논의에 대해서는 정재찬의 글을 참조함, "결국 어떤 하나의 텍스트가

이 정전의 구성 과정에 문학교육이 결정적으로 작용한다는 것은 부언할 필요가 없는 일일 것이다. 문화 공동체의 시간적 영속성과 가치의 정당성을 자명화하는 정전과 정치 공동체의 이데올로기적 국가 장치로서의 교육이 접합되는 지점이 바로 문학교육이기 때문이다. 따라서 교과서 소설이 곧바로 한국의 정전이냐 하는 데에는 의문의 여지가 있지만, 교과서에서 강조되고 교육되는 소설이 이후의 한국 대중들의 독서 경향과 상승적으로 연결되고, 그에 따라서 한국적인 문학의 상, 이미지와 연결된다고 할 수 있을 것이다. 그런데 이처럼 정전과 문학교육과의 영향 관계의 관점에서 이론적이고 원론적 논의는 있지만,[14] 한국의 근현대 문학을 대상으로 한 구체적인 논의는 많지 않다. 특히 시보다는 소설을 대상으로 했을 때 논의가 드문 편이다. 이는 시에서처럼 '애송'되는 공통의 정서가 뚜렷하지 않은 채,[15] 이광수, 염상섭, 이상 등 문학사적 관점에서의 중요 작가와 문고본이나 전집류 등의 대중적 애독물, 그리고 이데올로기적 경향이 농후한 교과서 소설이 각기 분화되어 있기 때문일 것이다. 또한 한국 현대소설의 정전화의 관계를, 한국 문단의

> 정전으로 될 수 있는 것은 그것이 종국적이고 올바르며 공공 도서관의 일부이기 때문이 아니라 일단의 사람들을 '결속'시키는 것이기 때문이다. 따라서 정전화의 핵심은 텍스트의 권위를 승인하는 것이지만, 이는 하나의 정전 텍스트가 다른 경쟁 텍스트와의 관계에서의 우위성이나 원본성을 고려해서만이 아니라, 그것이 하나의 결속력 있는 텍스트로서 장차 통치하고 지배하게 될 현재와 미래를 고려해서 이루어지는 것이다. (…)정전이란 단지 거기에 존재하기 때문에 우리가 끊임없이 다시 올라가야만 할 지적 세계가 아니다. 텍스트의 선택 자체가 이미 이론적 기획의 산물이다(정재찬, 『문학교육의 사회학을 위하여』, 역락, 2003, 110~111면).

[14] 정전과 문학교육과의 관계에 대해 원론적인 차원에서 접근한 최근의 연구로는, 송무, 「문학교육의 '정전' 논의-영미의 정전 논쟁을 중심으로」, 한국문학교육학회, 『문학교육학』5호, 2000, 최지현, 「문학교육에서 정전과 학습자의 정서 체험이 갖는 위계적 구조에 관한 연구」, 앞의 책 참조.

[15] 한국 현대시를 대상으로 한 정전 형성과 이데올로기에 대한 최근의 연구로는 정재찬의 위의 책과 류찬열, 「문학의 권력화와 정전화에 대한 성찰과 반성」, 문학과비평연구회, 『한국문학권력의 계보』, 한국출판마케팅연구소, 2004. 8을 참조할 수 있다.

형성 과정의 정치적, 조직적 논리를 교과서와 단선적으로 대입시켜 '문협정통파'와 소설의 정전을 쉽게 동일화시키는 우를 범하기도 한다. 그러나 실제로는 문단에서 이런 '청문협'이나 '문협 정통파' 등의 조직적 논리가 진행된 1950년대에, '국어' 교과서는 해방기 및 교수요목 및 1차 교육과정 중에 있었는데 문학교육에 대한 개념 자체가 희박한 상태였고, 실제 이 시기의 교과서에는 이들의 소설이 게재되지도 않았었다. 흔히 긍정적이든 부정적이든 한국 소설의 '정전'의 이미지와 문협 정통파, 소설가로서 김동리를 단선적으로 일치시키지만, 실제로 김동리 소설이 교과서에 실리는 것은 문협의 조직 논리가 현실적으로 득세하던 1950년대가 아닌 1970년대에 가서이다. 따라서 한국 문학계의 문단 조직과 교과서를 통해 후속 세대에서 모범적인 문학으로 제시되는 '정전'은, 그 내용이나 경향상의 일치를 고려하면서도, 구성의 사회적, 정치적 메커니즘을 섬세하게 살펴야 할 것이다. 이는 결국 실제 '국어' 교과서에 언제 어떤 작품이 어떤 맥락에서 실리는지를 구체적으로 살피는 것에서 시작해야 할 것이다.

3. 한국 현대소설의 정전 확립의 논리

(1) '교과서 소설'의 확립 - 순수와 민족의 엑기스

해방 후 국어 교과서에 실린 소설을 일람할 때, 1차부터 4차까지의 교육과정 대략 30여 년 동안, 이데올로기적 차원이 강조되었던 시기와 문학교육, 특히 현대소설이 집중적으로 실렸던 시기는 3차와 4차, 즉 유신체제와 5공화국의 시기이다. 1차 교육과정에서 중학교의 경우, 국내 소설로는 이효석의 「산」, 「사냥」, 유진오의 「창랑정기」 등이 있지만 이후

「사냥」을 제외하면 지속되지 않는다. 고등학교의 경우에는 심훈의 『상록수』(「뽕나무와 아이들」로 개제)뿐이다. 이처럼 국어 교과에서 한국 현대 소설이 미미한 지위를 차지하던 것이 이후 10월유신, 5공화국의 등장과 함께 대폭적으로 늘어나고 있다.

1차부터 4차까지 교육과정에서 2회 이상, 대략 10년 이상 중복적으로 실리는 작품들로는, 황순원의 「소나기」, 이주홍의 「메아리」, 오영수의 「요람기」, 김동인의 「조국」(이상 중학교), 심훈의 『상록수』, 황순원의 「학」, 정한숙의 「금당벽화」, 김동리의 「등신불」 등이다. 이와 같이 중복되는 작품들의 공통성은, 대부분 3차 교육과정, 즉 10월유신 이후 정착되었고, 향토적 서정성(중학교)과 종교적 구경(고등학교)을 추구하는 '순수'문학과 민족애와 조국애를 강조하는 소설들로 이루어져 있다는 것이다. 이를 통해 3차와 4차 교육과정에 이르러 소위 '교과서 문학', '교과서 작가'가 거의 자리를 잡았다고 할 수 있다. 서정주, 청록파의 시, 황순원과 김동리의 소설, 유치진의 희곡, 해외 문학파의 수필 등 한국 문학의 대표, 한국적인 문학의 상이 성립되었다고 할 수 있다.

반대로 한 차례의 교육과정에만 등장하고 삭제되는 것은 현진건의 「빈처」(3차 후반과 4차 전반, 고등학교), 선우휘의 「마덕창대인」(2차, 고등학교), 김동인의 「무지개」(3차, 중학교), 최찬식의 『추월색』(「외숙모님의 연설」, 게재, 3차, 중학교), 유진오의 「창랑정기」(1차, 중학교) 등이다. 이는, 사실주의 소설, 관념 편향의 소설, 근대적 개화를 주장하는 소설 등 이성과 사실에 호소하는 소설에 우리 교과서가 인색했었음을 보여준다.16) 식민지 시대 이후 근대 소설의 주요한 동력이 근대성과 사실주의적 경향이라는 것

---

16) 문학사와 문학 연구 등에서는 이런 경향의 사실주의 근대주의적 소설과 작가들, 예컨대 이광수, 염상섭, 현진건 등이 선택되어 왔음은 주지의 사실이다. 이처럼 '교과서'와 '문학사 및 연구사', 그리고 '대중적 애독 작품'의 차원에서 보이는 공통성과 차별성을 연구하는 것은 따로 살펴야 할 문제이다.

에 대체로 합의할 수 있다면, 한국의 '국어' 교과서가 편식해 온 이런 경향이 시간적 연속성이나 문화적 동질성의 기원을 갖는 것이라는 심정, 대중적 전제는 의심되어야 한다. 10월유신을 전후로 이전 시기의 작품들 중에서 선별되고 이후 선택된 교과서 소설들을, 한국의 '문학 정전'과 곧바로 등치시킬 수는 없지만, 문학교육이 개인의 독서 경향과 미적 취향 형성에 관여하는 지대한 역할을 생각할 때, 대중적 애독 작품으로서의 한국의 문학 정전과 교과서 문학이 목록과 정서, 가치 지향성의 차원에서 유사한 경향을 보이는 것은 당연한 일일 것이다.

이처럼 확립된 한국적 소설, 교과서 소설은 이효석의 「사냥」, 황순원의 「소나기」와 「학」, 심훈의 『상록수』로 대표되는 '순수'와 '민족주의'적 성향을 가장 심층적인 내적 질로 함유하고 있다. 이처럼 순수와 민족으로 축약될 수 있는 현대소설의 정전적 성격은, 가장 오랜 기간 게재된 외국 소설이 알퐁스 도데의 「별」과 「마지막 수업」이라는 것과도 상응하는 것이다. 이들 소설은 1차부터 4차까지, 그리고 나아가 지금 현재까지 지속적으로 '국어' 교과서에 실리면서 교과서 소설의 핵으로 자리잡아 왔다고 할 수 있다.

교과서 소설로서 가장 장수를 누리고 있는 민족주의적 정서를 대표하는 소설은 심훈의 『상록수』(1957~1987)이고 이에 상응하는 외국 소설의 전범이 알퐁스 도데의 「마지막 수업」[17]이다. 둘 다 타민족의 지배에 직면한 민족의 언어적 동질성에 기초한 심정적 민족주의를 강조하는 소설이다.

> 가뜩이나 후락한 예배당 안은 콩나물을 기르는 것처럼 아이들로 빽빽하다. 선생이 비비고 드나들 틈이 없을 만큼 꼭꼭 찼다. 아랫반에서,

---

17) 도데의 「마자막 수업」은 1948년부터 1965년까지는 중학교에 실렸지만, 그 이후에는 국민학교에 실려서 계속된다.

"「가」자에 ㄱ하면 「각」하고",
"「난」자에 ㄴ하면 「난」하고"
하면서, 다리도 못 뻗고 들어 앉은 아이들은 고개를 반짝 들고 칠판을 쳐다보면서, 제비 주둥이 같은 입을 일제히 벌렸다 오므렸다 한다……

이처럼 『상록수』라는 장편 중에서 교과서에 발췌되어 게재된 부분이 한글 수업을 하는 장면이라는 점18) 역시 도데의 소설과 유사하다. 이 점에서 이 두 소설의 장기적인 게재는 교육과정의 변천 속에서도 변치 않는, 즉 한국의 '국어' 과목을 존립시키는 언어 민족주의 이데올로기를 보여준다고 하겠다. 이는 특히 현대문학이 아닌, 국어학 및 고전국학 텍스트들의 변치 않는 항목들과 연계해서 생각할 때 더욱 분명한 것이라고 할 수 있다.

이처럼 민족주의와 함께 또 하나의 변치 않는 것이 '순수'소설이다. 이는 황순원의 「소나기」(1968~1987)와 이에 해당되는 알퐁스 도데의 「별」(1959~1987)로 대표되는 것이다. 황순원의 「소나기」는 1953년 『신문학』에 게재된 것으로, 전원적이고 향토적인 배경 하에 순박한 시골 소년과 아름다운 도시 소녀와의 짧고 애틋한 사랑을 그린 소설이다. 특히 이 소설은 이 소설을 배우는 사춘기 청소년과 소설의 주인공이 동년배라는 점에서 낭만적이고 순수한 사랑의 이미지를 형성하는 결정적인 기제로 작용한다고 할 수 있다. 그리고 이는 알퐁스 도데의 소설 「별」이 장기적으로 연재된 것과도 무관치 않다. 특히 황순원의 「소나기」류의

---

18) 장편 『상록수』는 잘 알려져 있는 바대로 브나로드 운동을 펼치는 채영신을 주인공으로 한 장편이기에 다양한 스토리가 얽혀있지만, 교과서에 실린 부분은 한글 수업을 하는 장면과, 일제 당국의 수업 인원을 줄이라는 명령에 고민하는 장면이다. 기존의 현장 교육 운동의 관점에서는 "자칫 잘못하면 일제에 적당히 타협하는 순응주의와 근거 없는 맹목적 교육열에 대한 동정으로밖에 볼 수 없는 여지를 남기고 있다"고 비판되기도 했지만, 뽕나무에 다닥다닥 붙은 아이들과 교실 안의 아이와 선생들이 만들어내는 교육을 통한 혼연일치된 울분의 정서, 그 교육의 핵심이 한글과 계몽이라는 점은 일제 관헌에 대한 순응으로 볼 수는 없을 것이다.

소설은 다양한 서사물 속에서 확대 재생산되면서, 아름답고 본질적인 것으로서의 사랑이 비사회적이고 비도시적인 전원 및 향토의 이미지와 연결되고 이것이 '순수'로 이념화되면서, 한국적인 미학의 집단적, 대중적 심상으로 자리 잡는 데 중요한 기능을 했다고 할 수 있다.

또한 황순원의 「학」(1968~1987, 실업계고등학교)은 위에서와 같은 민족주의와 순수문학이 반공 이데올로기와 상승적으로 결합된 예라고 할 수 있다. 이 소설은 1953년 『신천지』에 발표된 것으로 6·25 사변 중 삼팔선 부근의 북쪽 마을을 배경으로, 어려서부터 함께 자란 성삼과 덕재 두 친구 사이의 이념을 초월한 우정을 그리고 있는 소설이다. 그런데 이 소설에는 두 친구가 전쟁 와중에 '이념을 초월한 우정'을 선택하여, 좌익의 경우, "내가 제일 빈농의 자식인 데다 근농군이라고 해서 농민 동맹 부위원장이 됐던 게 죽을 죄라면 하는 수 없는 거구, 나는 예나 이제나 땅 파먹는 재주밖에 없는 사람이다"라는 덕재의 말과, 우익의 경우, "농삿군이, 다 지어놓은 농살 버려두구 어딜 간단 말이냐구. 그래 나만 믿구 농사일루 늙으신 아버지의 눈이나마 내 손으루 감겨드려야겠구…"라는 성삼의 말을 통해 드러나듯, 전쟁으로부터 '이념을 배제'하고, 과거 유년의 순수한 '학사냥'의 추억을 통해 순수하고 아름다운 '학'의 이미지로 통합되는 순수와 민족주의가 놓여 있다.

다음 절에서는 이런 순수와 민족이라는 소설에서의 핵심적 이데올로기 혹은 미학 경향이 3차와 4차 교육과정기에 양적 확대와 질적 변이를 통해 한국적인 것, 한국적인 미학의 이미지 확장을 통해 한국 문학의 상을 정립해 가는 방식을 살펴보도록 하겠다.

(2) 정전 확립의 논리 - 변형, 추가, 지속

❶ 반공주의 - 휴머니즘과 민족주의와의 결합

'순수'와 '민족'과 함께 교과서 소설을 지배해 온 또 하나의 이데올로기적 요소는, 황순원의 「학」(2차 중반, 3차, 4차)으로 대표되는 반공주의이다. 그리고 이 반공주의는 전쟁기와 1차 교육과정에서 최상덕의 「전선의 아침」이나 허윤석의 「달밤」(「해녀」로 개제), 그리고 따로 존재한 『반공독본』이라는 교과서의 존재가 말해주듯 지극히 일상적인 것이었다. 교육과정에서 반공주의는 반공 드라마나 6월에 등장하는 호국 영령 추모시 등을 통해 집단적, 격정적으로 관철된다. 반면 소설에서 반공주의는 적과 아, 북한과 남한, 공산주의와 반공주의의 대립을 전제한 상태에서, 후자의 진영이 보이는 휴머니즘을 전면화하는 방식을 취하는 것이 특징적이다. 이처럼 반공주의와 휴머니즘을 결합하는 서사는, 3차와 4차 교육과정에 이르러 변화의 양상을 보인다. 경제 발전에의 희망과 가능성, 북한과의 체제 경쟁에서의 자신감 등 개발독재의 과실이 현실화되는 시기에 반공주의를 전유하는 방식에 변화가 보이는 것이다.

예컨대 단정기 중학교 교과서에 수록된 허윤석의 「해녀」(「달밤」으로 개제)의 경우는, 한국전쟁기 제주도에 주둔한 국군 해골부대의 정훈감인 주인공이 반도를, 반도의 처자식들을, 전쟁의 화염 속에서 보여주는 인간애를 그리고 있는 소설이다. 전쟁터의 군인들에게 흘러 들어온 어린 아기를 보살피는 인간애가 주제화되지만, 이 휴머니즘은 '반도', '귀순', '적', '정훈공작', '화약 냄새' 등 긴박한 전쟁 상황과 적과 아의 선명한 이분법적 기초 위에 서 있다고 할 수 있다. 반면, 황순원의 「학」(1968~1987)이나 이범선의 「학마을 사람들」(1984 이후)은 동일하게 반공과 휴머니즘을 등가화하는 방식에 기초해 있지만, 「학마을 사람들」의 경우 그 휴머니즘의 내포가 보편적 인간애라기보다는 동포애, 민족애로 변화되어 있는 것이 특징적이다.

이범선의 소설에서 동포애나 민족애는 학마을로 상징되는 분단 이전의 공동체를 상징적이고 주술적인 방식, 즉 비이성적이고 심정적이며 집단적인 방식으로 상정함으로써 정당화된다. 또한 그 공동체가 일제 침략과 인민군의 등장으로 파괴되는 동질성을 보임으로써, 일제와 공산주의를 등가화하는, 민족애가 사실은 반공주의를 내포적으로 전제하는 방향을 보인다. 따라서 반공주의가 보편적이고 추상적인 휴머니즘을 짝으로 했을 때 보인 적과 아의 생경한 이분법은, 이후의 시기에서 '통일 지향의 동포애'를 주제화하는 방향으로 변모하지만, 이 변모는 북한이나 공산주의 사상을 나와 대립적인 '적'에서 일제와 등가인 '침략자'로서 위치 변경함으로써 이루어진 것이다. 이 위상 변경이 4차 교육과정에서 채택되었다는 것은, 남한을 민족의 정통성의 담지자로 설정하는 자신감과 관련되어 있다고 할 수 있을 것이다. 이 자신감은 궁극적으로는 개발독재가 제공해준 경제적 과실로 인한 체제 경쟁에서의 자신감이라고 할 수 있을 것이다. 전광용의「목단강행 열차」(「고향의 꿈」으로 개제, 1984 이후)는 "국민소득은 4000달러, 수출액 600억 달러의 전국적인 부흥의 물결이 자기고장에도 물결쳐(북한의 고향)왔구나…… 대한민국 제 15대 대통령 선거를 앞두고, 포스터와 담화문 벽보가 골목마다 나붙어 있고… 어머니의 108세 생신날을 맞아서 목단강행 특급열차 편으로 고향에 내려오는 길"에 대한 꿈을 소설화한 것이다. 이 작품은 이런 경제적 발전에 의한 자신감이 통일 이후의 장밋빛 청사진으로 펼쳐져 있는 것이다. 허황된 일장춘몽의 짧은 소설을, 작가의 대표작도 아닌 소설을 교과서에서 채택한 것은, 반공주의와 휴머니즘, 민족애와 발전 이데올로기와의 결합을 요구하는 이 시기의 정치적 패러다임인 것이다. 반공주의가 시대에 따라 어떤 지배 이데올로기와 결합해 가는지를 교과서의 소설들은 명시적으로 보여준다.

❷ 호국 문예의 성립 – 민족주의의 복원과 결합

1차부터 꾸준히 게재된 심훈의 『상록수』와 알퐁스 도데의 「마지막 수업」이 비슷하게 계몽적 민족주의를 보여준다면, 3차와 4차기에 이르면 이 민족주의는, 외적으로부터 조국을 수호하는 '호국문예'의 성격으로 전환, 확장되는 모습을 보여준다. 대표적인 것이 새로 추가된 정한숙의 「금당벽화」와 되불려진 김동인의 「붉은산」(「조국」으로 개제)이다.[19]

> 조국의 운명이 풍전등화의 위험에 휩쓸리려는 이 때, 조국을 영원히 등진다는 것은 하나의 도피(…)불전에 서면 승이요, 화필을 잡으면 속으로 돌아가 화공이지만, 조국이 위기에 처할 때엔 조국의 방패이어야 할 몸이었다(…)붓을 들고 벽면을 향하며, 구슬같이 아롱진 열반의 환상이 아니라, 피비린내 풍기는 조국의 현실만이 떠오를 뿐이었다.

「금당벽화」는 수양제의 침입에 의해 위기에 처한 고구려를 뒤로하고 일본에서 금당벽화를 그리는 담징의 내면을 묘사한 소설로서, '금당벽화'라는 예술 작품이 "북쪽 오랑캐"를 물리친 고구려의 승리와 함께 주어진 애국심의 결실로 전치되고 있다. '조국애'와 '예술적 완성'과 '종교적 구경'을 등가화하는 이 작품이, 씌어진 시기[20]와 상관없이 바로 이 시기에 선택되고 있다는 점은 주의를 요한다. 이를 통해 민족주의는, 한 민족이라는 정체성을 지칭하는 것에서 더 나아가 지키고 보존해야 하며, 이 과정에서 개인을 기꺼이 조국에 바쳐야 하는 '호국'으로 확장된다. 그리고 이는 민족주의에 예술 창작, 종교적 열망이 부가적으로 덧붙여지면서 세련화되고, 자기희생을 통해 비장감과 영웅주의를 드러내는 것이다.

---

19) 김동인의 「붉은산」(1932, 『삼천리』)은 해방기에 잠깐 교과서에 실렸다가 이 시기에 1974년 3차부터 지속적으로 실린다.
20) 정한숙, 「금당벽화」, 『사상계』, 1955. 7, 교과서 수록 : 1975~1987.

이 시기에 김동인의 「붉은 산」(「조국」으로 개제, 1974~1987)이 다시 선택되는 것과 같은 맥락이다. 1930년 『삼천리』에 발표되었던 이 소설은 만주에서의 조선인의 생활을 그린 것이다. 이 소설에서는 만주의 조선인 마을에서 '암종'과도 같은 가치 없는 '삵'이라는 인물이, 흰옷 입은 백성을 대표하는 숭고한 민족의 일원으로 격상되는 것이 민족을 위한 개인의 희생을 통해서라는 것을 강조한다. 그리고 이를 '동해물과 백두산이…'라는 애국가와 흰옷 입은 백성이라는 민족주의의 이미지와 결합되어 영웅적이고 장엄한 의식으로 표현되어 있다. 이 소설은 김동인 소설에서 주요한 위치를 차지하지는 않지만, 민족을 위한 영웅적 희생과 이를 통한 숭고화가 이 소설을 다시 게재한 유신 시대의 시대적 이념과 상응하는 면모라고 할 수 있다. 물론 이 시기의 '호국'의 주제는 이와 같은 소설 텍스트보다는 직접적으로 메시지를 전달하는 논설문이나 수필 등에 더욱 적극적이고 다량으로 강조되고 있다.[21]

③ 순수의 정체와 기능

이런 변모와 추가 이외에 교과서에서 다수를 이루고 있는 것은 '순수'소설이다. 교과서에서 가장 오랫동안 지속된 소설이 황순원의 「소나기」와 알퐁스 도데의 「별」이라는 점에서 알 수 있듯이, 교과서 소설은 순수하고 무구한 전원을 배경으로 순박한 사람들의 서정을 그리고 있는 순수소설, 향토적 서정 소설을 지속적으로 포함하고 있다. 감수성이 예민한 청소년기의 시기, 그리고 대부분의 평범한 사람들에게 교양 교육으로서의 문학교육, 미적 교육이 이루어지는 거의 유일한 시기에, 앞서의 반공주의나 호국 문예의 국가주의와 달리 문학적인 것, 미적인 것

---

[21] 「국토를 애인같이」, 「마흔 살의 사관후보생」 등의 수필, 국어과 이외의 국민윤리 등의 교과 내용 등에서 더욱 노골적이다. 졸고, 「국어 교과서와 지배 이데올로기」, 『상허학보』 15집 참조.

의 원형으로 자리잡는 것이 이 부류의 소설이라고 할 수 있을 것이다.

그리고 이런 '순수' 경향은 3차와 4차에 들어서 「메아리」, 「요람기」 등으로 더욱 확대된다. 이 소설들은 산업화 이전의 전통적인 농촌을 배경으로 무구한 소년들의 자연 속의 삶을 그리고 있는 것이다. 그리고 이 순수 취향은, 소설 교육이 담당해야 할 최소한의 형식적 기준으로서의 시·공간적 배경이나 인물 간의 갈등, 주제의 파악 등을 불가능하게 할 만큼 말 그대로 '순수하게' 텅 빈 것이다. 그리고 그 텅 빈 내부를 채우는 것은 전원으로서의 농촌, 근대 이전의 전통, 그것들의 선함의 이미지들이다. 예컨대 「메아리」는 이주홍의 무시간적인 진공 상태와 같은 산골을 배경으로 누나의 결혼으로 이별을 겪는 산골 소년의 고독을 말하며 이를 극복하기 위해 이를 새로 태어난 송아지와 함께 메아리와 놀게 된다는 내용을 담고 있다. 「요람기」 역시 서두부터 "기차도 전기도 없었다. 라디오도 영화도 몰랐다. 그래도 소년은 마을 아이들과 함께 마냥 즐겁기만 했다"로 시작되면서 시간적 배경이 불분명한 산골 마을을 배경으로 마을 소년들의 천진난만한 생활을 보여주고 있다. 이처럼 '순수'는 소설 교육의 최소한의 요소들을 배제한 것처럼, 당대 사회적 맥락을 지우고, 과거적인 것, 전원과 향토에서 집단적 정체성과 가치의 선함을 강제하는 선택과 동전의 앞뒷면이라고 할 수 있다.

이런 과거 전통적인 것, 전원으로서의 농촌을 전면화하는 순수의 경향이, 3차 교육과정, 즉 1974년에 도입된다는 것은 주의를 요한다.[22] 이 시기는 '새마을운동', '경제개발 5개년 계획', '수출 주도형 산업화' 등을 통해 '잘 살아 보세'라는 구호 아래 근대화와 산업화가 추진된 시기

---

22) 실제로 문단의 비평계에서 전통 논의가 진행된 것은 1950년대의 일이다. 그리고 이 당시에도 이미 서정주와 김동리의 전통, 구경이 권위를 갖고 있었다. 그러나 이런 문단 정치와는 별도로, 전통 담론이 교과서에 호명되고 게재된 것은 유신 정권 이후이다. 따라서 문단이나 문인이 최종 심급의 주체가 아니라, 그것을 호명하고 배치하는 개발독재의 모더니티 프로젝트가 최종 심급이라고 할 수 있을 것이다.

였다. 따라서 순수는 그것 자체가 무엇인가? 그것의 가치가 올바른 것인가를 묻기보다는 그것이 어떤 배치 속에 놓여서, 어떤 효과로 기능하는가를 물을 필요가 있다. 왜냐하면 순수라는 기호는 말 그대로 텅 빈 것, 그 자체로는 어떤 좋은 것으로 표상하는 '이미지'일 뿐이기 때문이다. 이 때문에 '전근대적 순수'는 그것이 놓이는 장에 따라 각기 다른 기능과 효과를 갖는 것이라고 할 수 있다.

여기서 3차, 4차 교육과정기의 '국어' 교과서가 놓이는 맥락을 되짚을 필요가 있다. '국어' 교과서에서는, 문학 분야에서 국토 기행문과 반공 드라마 류의 지배 이데올로기를 내면화한 주변 장르와 시, 소설의 순수로 배치되어 있고, 비문학 장르에서는 논설문, 설명문 등을 통한 정권 홍보성 지문과 문학 및 어학 분야의 중립성 지문으로 내용이 배치되어 있다. 또한 넓게는 국어 교과가 언어와 문학이라는 전문성을 표방하는 텍스트를 배치하는 한편 국어와 국사, 국민윤리 등의 교과에서는 개발독재의 근대화 이데올로기와 한국적 민주주의를 강요하는 텍스트가 함께 배치되어 있다.[23] 곧 순수로 대표된 전통과 선함이 가치화되면서 지워진 사회적 맥락은, 이런 '대쌍 관계'로 배치된 사회적 맥락을 강제하는 구조 속에 놓인 것이다. 이 전근대적 순수의 미학적 이미지는, 지배 이데올로기의 이념적, 언술적 내용을 용인하도록 강요하는 방식이라고 할 수 있다. 이는 교과서 체계와 '국어' 교과서 내의 장르별 배치가 핵심적으로 보여주는 것이라 할 수 있다.

따라서 순수로 표상되는 한국 문학의 이미지, 교과서 소설로 대표된 한국소설의 정전 목록은 한국 근대의 개발독재 하에서 미학과 교육이 공모하는 지점이 어디인지를 보여주는 것이라고 할 수 있다. 그리고 바

---

[23] '국어' 교과서와 다른 교과서의 '비문학적 지문'이 갖는 지배 이데올로기적 내용에 대해서는, 졸고, 「문학교육과 정전구성의 이데올로기」, 상허학회 2005년 5월 28일 학술발표회 자료집, <반공주의와 한국문학> 참조

로 이 시점에서 김동리의 「등신불」이라는, 학생들 입장에서는 지극히 관념적이고 난해한 소설이 정전의 지위로 등장하는 것이다. 또한 같은 '전원'을 무대로 한다 해도 이효석의 작품이 선택되고, 김유정의 작품이 1차부터 4차까지 단 한 번도 교과서에 실리지 않는 것도 이 때문이라고 할 수 있다.

4. 모더니티 프로젝트와 한국적인 것
 ─순수와 정전의 이데올로기

본고는 문학 정전과 지배 이데올로기와의 관계를, 1차부터 4차 교육과정기의 '국어' 교과서를 대상으로 분석했다. 이를 국어교육 및 문학교육에서의 교수·학습에 대한 연구나 교육 현장에서 이루어진 교육 운동 차원의 연구 등 '어떻게 가르칠 것인가'에 대한 관점과 달리, '가르쳐야 하는 것'으로 주어진 교과서가 어떤 이데올로기에 의해 구성되었는가를 분석하는 방식에서 접근했다. 한국적 소설 혹은 교과서 소설은 이효석의 「사냥」, 황순원의 「소나기」와 「학」, 심훈의 『상록수』로 대표되는 '순수'와 '민족주의'적 성향을 가장 심층적인 내적 질로 함유하고 있다. 또한 이런 순수와 민족이라는 소설에서의 핵심적 이데올로기 혹은 미학 경향은 3차와 4차 교육과정기에 양적 확대와 질적 변이를 통해 한국적인 것, 한국적인 미학으로 이미지 확장을 하여 한국 문학의 상을 정립했다고 보았다. 3차와 4차, 유신 체제 하의 개발독재의 근대화 프로젝트가 진행되면서, 반공주의는 경제적 우월감에 기초한 휴머니즘과 결합하고, 민족주의는 호국문예로 확장되었으며, 순수문학은 과거, 전통, 전원의 무구함이라는 내용으로 지속 변주되었다.

이런 과정을 통해 소위 '교과서 문학', '교과서 작가'가 거의 자리를 잡았다고 할 수 있는데, 이와 같은 교과서 소설이 확립된 시기는 어느 때보다 한국적 민주주의로 대변되는 민족주의 국가 이데올로기 그리고 반공 이데올로기가 결합하면서 견고한 체계를 이루었던 시기라고 할 수 있다. 한국 현대소설의 '교과서적 정전'이 창출되고 확장된 시기가 유신과 5공화국 시기라는 것은 주목을 요하는 사실이다. '교과서적 문학작품'과 그것을 자명화하면서 성립된 한국 문학의 정전의 이미지는 대부분, 농촌, 전원, 순수, 전통으로 요약될 수 있기 때문에 해방 혹은 전쟁 직후부터 시작된 것이라고 생각되기 쉽지만, 실제로 그런 작품이 교과서에 실리기 시작하고, 한국적인 것으로 이미지화되기 시작한 것은 유신과 5공화국이라는 개발독재와 국가 이데올로기가 전면화된 시기인 것이다. 대부분 해방 이전 혹은 1950년대의 씌어진 작품들이, 1970년대 이후 발견, 선택되어 교과서에 실렸고, 그 이후 자명화되어 기원이 삭제된 것이라고 할 수 있다.24)

　그리고 이는 개발독재 하의 모더니티 프로젝트가 미학과 교육학을 통해 한국적 심성, 한국적 미학의 생성에 밀접하게 관여함을 드러내는 것이라고 할 수 있다. 그 심성의 배치를 통해 국가 공동체의 자산으로서의 '정전'이 형성되었다고 할 수 있다.

---

24) 교과서적 소설 경향이 정치 이데올로기와 편향된 문학교육을 통해 구성된 것이라는 본고의 견해에 대해서는 이견이 있을 수 있다. 예컨대 박헌호의 경우 '한국인의 애독 작품'인 향토적 서정소설에 대해, 분단 이후의 문학교육이라는 문학 외적 영향력을 부정하지 않으면서도, 그런 취향의 소설을 애독해 온 주체 내적 계기―식민지 근대의 현실, 한국인의 전통적 심미적 경향 등―를 통해 접근하고 있다. 박헌호, 『한국인의 애독 작품―향토적 서정소설의 미학』, 책세상, 2001.

‖ 정영진 ‖

'국어' 교과서의 미의식과 국가 이데올로기
– 단정기·전쟁기 교과서를 중심으로

1. 서론

학교가 한 국가, 한 사회에 적합한 인간을 배출하기 위한 제도라면 교과서를 통한 미적 경험은 곧 국가제도의 경험이기도 하다. 국가제도가 제한한 혹은 제도가 허가한 미적 경험을 통해 학생들은 주체의 내면을 빚어 간다. 미군정기를 거치면서 새로운 국가 건설의 의지가 강했던 해방 이후 시기에는 어떤 담론도 국가와 관련된 담론을 배경으로 하지 않고는 성립될 수 없었다. 교과서에서의 국가제도는 미적 경험의 구성에 있어 전면적인 동인으로서의 자기를 드러내기도 하는가 하면 잠재적으로 작동하기도 한다. 제도가 스스럼없이 자기를 드러내면서 미적 경험을 구성한다는 것은 어떤 의미에서 제도 자체의 위기와 다급함의 표시이거나, 또는 제도 수용자에 대해 절대적 위치에 있는 자기 확인의 면모라 할 수 있다. 이와 달리 국가제도가 잠재적으로 미적 경험을 구성할 때 우리는 몇 겹의 전제들의 중층된 양상을 분명히 인식하지 못하지만 국가제도와 국가 이데올로기에 의해 판단, 분석, 분류되는 동시에 세계를 같은 방식으로 판단, 분석, 분류하는 훈련을 받게 된다. 이것을 제도의 내면화 정도로 표시하는 것은 충분하지 않다. 왜냐하면 제도는 전면적으로 작동하든 잠재적으로 작동하든 간에 내면화를 기본적으로 수행하고 있기 때문이다. 문제는 어떻게 내면화시키느냐이다. 전면적 수행의 경우 국가 이데올로기가 집단적 파토스의 유통에 관심을 가진다면 잠재적 작동은 국가 이데올로기로 인도하는 전제들 간의 패턴의 유통이라 할 수 있다.

이 글에서는 '국어' 교과서에 드러나는 집단적 파토스의 유통에 대한 관심은 접어두고 '미의식'을 드러내는 텍스트에서 잠재적으로 작동하고 있는 국가제도 또는 국가 이데올로기의 주입 문제를 다루기로 한다. 이런 텍스트들이 어떤 전제들을 숨기고 미적 주체들을 호명하고 있는지 살핌으로써 국가 이데올로기가 간접적으로 생산되는 패턴을 살펴보는 작업을 하고자 하는 것이다.

"미적 경험(aesthetic experience)은 미(美) 혹은 예술에 관한 '소비'의 현상을 가리키는 명칭이다. 미적 경험은 대상을 매개하여 경험 주체 자신의 발견과도 연결된다. 미적 경험을 통해서 취향, 성격, 감수성, 사상 등의 자각을 얻을 수 있다. 주체의 이 강한 관여로 인해 미적 경험은 가치와 관여한다. 그것도 미적 가치만이 아니라 온갖 종류의 가치가 현동화(現動化)된다."[1] 다시 말하면, 미적 경험은 주체의 심미적인 면에만 영향을 미치는 것이 아니라 그 화학 작용으로 말미암아 그 밖의 가치들을 포섭하고 배제하며 혹은 혼합하는 데까지 영향을 미치는 것이다. 이데올로기와 가장 멀리 있는 것처럼 보이지만 '미'에 관한 담론들 역시 가치판단과 규범을 함축하고 있으며, 특히 국가 이데올로기를 주입하는 최고의 매체라 할 수 있는 교과서에서의 '미'의 담론은 국가 이데올로기와

---

1) 사사키 겡이치, 민주식 옮김, 『미학사전』, 동문선, 1995, 317~328면 참조.

친연성을 가지고 있을 수밖에 없는 일이다. 이런 관점으로 '국어' 교과서의 탐색은 우리나라 문학의 정전화 과정을 이해하는 데도 도움을 줄 것이라고 여겨진다. 교과서는 특정한 작품을 정전화하는 과정을 수행하는 동시에 그것을 자연스럽게 수용할 수용자의 내면세계를 조직해 나가는 작업을 함께 수행하기 때문이다.

단정기와 전쟁기 '국어' 교과서에서 美에 대한 일반론이거나 그러한 언급을 찾을 수 있는 글들로는 「예술의 성직」(문일평, 『중등국어』(4), 『고등국어』(Ⅰ)), 「화초」(이효석, 『중등국어』(4), 『고등국어』(Ⅰ)), 「토함산 해맞이」(윤희순, 『중등국어』(4), 『고등국어』(Ⅰ)), 「예술의 감상」(무명, 『중등국어』(5), 『고등국어』(Ⅱ)), 「미에 대하여」(고유섭, 『중등국어』(5), 『고등국어』(Ⅱ)), 「유언」(로댕, 『중등국어』(5), 『고등국어』(Ⅱ)), 「시조 감상 일수」(이희승, 『중등국어』(6) 『고등국어』(Ⅲ)) 등이 있다. 이밖에 구체적인 제재를 통해 미적 경험을 적극적으로 구성하는 글로는 「여민락」(성경린, 『중등국어』(4), 『고등국어』(Ⅰ)), 「신록예찬」(이양하, 『중등국어』(4), 『고등국어』(Ⅰ)), 「시인의 사명」(이헌구, 『중등국어』(4), 『고등국어』(Ⅰ)), 「짝 잃은 거위를 곡하노라」(오상순, 『중등국어』(4), 『고등국어』), 「소설의 첫걸음」(조연현, 『중등국어』(4), 『고등국어』(Ⅰ)), 「시적 변용에 대하여」(박용철, 『중등국어』(5), 『고등국어』(Ⅱ)), 「백설부」(김진섭, 『중등국어』(5), 『고등국어』(Ⅱ)), 「노변의 향사」(양주동, 『중등국어』(5), 『고등국어』(Ⅱ)), 「베이따이의 산문」(이양하, 『중등국어』(6), 『고등국어』(Ⅲ)) 등이 있다. 위의 글들은 모두 단정기에 이어 전쟁기 교과서에서도 그대로 실린 글들이다. '미'에 관한 텍스트로 단정기에 실리다가 전쟁기 교과서에서는 빠진 것으로는 「수필문학의 수고」(김광섭, 『중등국어』(5))와 「매화」(김용준, 『중등국어』(2), 「시의 운율」(서정주, 『중등국어』(3))이 있다. 반대로 단정기에는 실리지 않다가 전쟁기 교과서에 실린 것으로는 「시작과정」(서정주, 『고등국어』(Ⅱ)), 「청포도의 사상」(이효석, 『고등국어』(Ⅰ))이 있다. 이상에서 우리는 '미의식'에 관한 텍스트들은 주로 고등학교 1학년 과정(『중등국어』(4),

『고등국어』(Ⅰ))에 집중적으로 배치되어 있음을 확인하게 된다. 비교해서 살펴보면 중학교 과정의 교과서에서는 보다 직접적인 국가주의, 민족주의 이데올로기가 날 것으로 드러나는, 다시 말해 그 목적성을 숨기지 않은 글들이 많으며, 고등학교 1학년 과정에서는 이러한 국가 이데올로기가 후경화되면서 주로 미적 경험에 대한 글들이 집중적으로 실린다. 고등학교 2학년 과정에서 다시 민족주의, 국가주의 담론이 전경화되고, 고등학교 3학년 과정에 오면 고전문학에 집중적인 관심을 보인다. 이러한 배치를 볼 때 국가 이데올로기의 주입이 학생들의 발달단계의 수준에 따라 상당히 기능적으로 이루어지고 있음을 알 수 있다. 비교적 어린 중학생들에게는 국가주의, 민족주의 이데올로기가 직접적으로 주입되는데 반해 상대적으로 판단력과 비판력을 갖춘 고등학생들에게는 우회적인 방식으로 국가 이데올로기가 침투되고 있다. 따라서 본고는 고등학교 과정의 '국어' 교과서를 그 대상으로 설정하였다.

모든 교과가 각각의 학문의 원리에 따라 다양한 미적 경험을 제공하겠지만 미적 경험에 대해 구체적이고 적극적으로 명시하는 으뜸은 국어 과목이다. 왜냐하면 가치중립적 질료를 매개로 하는 음악이나 미술과는 달리 문학예술이 언어를 매개로 하기 때문에 그렇다. 박헌호[2]는 문학교육이 감수성이 예민한 사춘기 학생들을 대상으로 미적 판단의 기준들을 제시, 주입한다는 점에서 공통된 미적 경험을 형성하는 데 가장 주요한 요인이라고 보았다. 아울러 각종 시험과 직결되어 있어서 학생들은 그것을 일방적으로 수용할 수밖에 없는 점을 지적한다. 이제부터 '미의식'에 관한 텍스트들을 통하여 '국어' 교과서에서 제공하는 미적 경험의 특성을 분석하고 국가 이데올로기와의 관련성을 살피는 것을 목표로 하여 살펴보기로 하겠다.

---

[2] 박헌호, 『한국인의 애독 작품』, 책세상, 2001, 12면.

2. 텍스트들의 배치와 미적 경험의 구성

　전쟁기의 교과서는 단정기 교과서와 그 구성을 달리하고 몇 편의 텍스트 변경이 있을 뿐이어서 내용상 큰 차이는 없다.3) 우선 교과서에서의 미적 경험을 다루는 데 있어 주목되는 부분은 텍스트의 배치이다. 문학 텍스트와 이와 관련한 설명하는 글이 연속적으로 실려 있는데 반드시 문학 텍스트가 주고 되고 그것의 이해를 돕는 글이 부차적으로 수록된 것으로는 보기는 어렵다. 설명하는 글에 적합한 문학 텍스트의 실례를 선정한 것처럼 보이는 경우들이 있기 때문이다. 연속적 성격을 갖는 텍스트를 보면, 「소월의 시」 다음 단원은 김억의 수필 「소월의 추억」으로 되어 있다. 여기서는 소월의 두 편의 시가 인용된다. 이헌구의 「시인의 사명」이라는 글의 내용에 정확히 조응하는 김광섭의 시 「해방의 노래」가 연결되어 실린다. 조연현의 「소설의 첫걸음」과 황순원의 「산골 아이」가, 「시적변용에 대하여」(박용철)와 「청자부」(박종화)가, 「정송강의 국문학」(정인보)와 「관동별곡」(정철)이 나란히 실리고 있으며, 「수필문학소고」(김광섭)와 「백설부」(김진섭), 「노변의 향사」(양주동)가 연이어 실려 있다. 이렇게 두 세 개의 텍스트들이 서로 보충하는 경우가 있는가 하면 「시작과정」(서정주)과 「가시리」(양주동), 「시조감상일수」(이희승)의 텍스트들은 하나의 텍스트 안에서 문학 텍스트와 그에 대한 설명을 같이 싣고 있다. 이러한 텍스트들 배치는 친절하기는 하지만 주관적인 미적 체

---

3) 단정기 교과서는 『중등국어』(①~⑥) 6권이고 전쟁기 교과서는 중학국어와 고등국어가 분리되어 『중학국어』(1~3)과 『고등국어』(Ⅰ~Ⅲ) 각 3권씩이다. 단정기 교과서의 차례를 보면 단원별 묶음 없이 그대로 숫자로만 순서를 밝히고 있지만, 전쟁기 교과서 중 『중학국어』(1~3)에는 서너 단원이 묶여 하나의 큰 주제 단원으로 묶여 있고, 주제 단원 시작 머리에 단원소개와 단원목표를 알리는 글상자가 실려 있는 것이 특징이다. 『고등국어』(Ⅰ~Ⅲ)에는 단정기 교과서와 마찬가지로 숫자만 매겨진 채 제시되고 있다.

험의 개방성을 제한한다는 문제점을 지닌다. 어떻게 제한하는가.

『고등국어』(Ⅰ)의 12과 「시인의 사명」에서 이헌구는 평화로운 시대의 시인과 국가가 비운에 빠졌거나, 통일을 잃었거나 하는 때의 시인의 위치를 구분한다. 평화로운 시대의 시인은 '가장 비싼 문화의 장식'이지만 비운의 국가에서 시인은 '예언자로 또는, 민족혼을 불러일으키는 선구자적 지위'를 점한다는 것이다. 그는 해방된 현실에서 "이제 우리들은 아름답지 못한 과거를 불질러 버리고, 우리 혈관 속으로 흘러 든 불순한 피의 원소를 모조리 씻어 낸 다음, 우리 심경은 일점의 흐림도 없이, 재생하는 조국의 광복만을 비추어 볼 것이 아닌가? …(중략)… 우리는 진정한 시혼으로 하여금 해방의 역사 위에 빛나는 시의 기념탑을 세워야 하고, 유일한 예언자나 신령처럼 숭앙되어야 할 이 땅의 시인들이 아닌가? 시인아, 이제 너는 불사의 민족혼을 불러일으킬 선구자의 위치에 놓여 있다"고 선언한다. 친일파의 한 사람이었던 이헌구의 낯뜨거운 선언 다음 과에 김광섭의 시 「해방의 노래」가 그 사례처럼 제시된다.

아! 한 많고
원 많은 곳에서 살찌던
일본 제국주의.
한 민족을 잡아서 피를 짜며,
잔인한 영혼을 불러 무장하고
세계의 관을 얻으려던
일본 제국주의.

오늘 우리들은 그대의 머리 위에
황혼의 만가를 보내나니,
잘 가거라, 일본아.
고달픈 옷자락에 눈물을 씻으며,
물러가서 흉몽을 안고

심연에 누워라
고요히 잠자거라.
자장가는
우리의 행진으로 하여 주리라.

아!
대한의 의지와 지혜의 생명.
영원하도록 생동하라, 도약하라, 비상하라.
대우주의 창조에 깊은 뿌리를 두고,
지고한 가슴 속에 정열을 가다듬어,
무한한 미래에 계속된
이십 세기의 파동 많은 산맥,
높은 봉우리 위에,
영원한 자유와 독립의 탑을 세우라.4)

 8연 64행으로 이루어진 긴 시다. 불사의 민족혼을 불러일으키고자 하는 화자의 목소리는 앞서 이헌구가 천명한 '시인의 사명'을 생생히 실천하고 있음을 알 수 있다. 문제는 이러한 배치를 통해 선구자적 시인의 반열에 김광섭이 올랐다는 점이다. 이헌구와의 사적인 관계5)가 영향을 미쳤으리라 짐작되는데, 사실 해방되기 전도 아니고 이미 해방이 이루어진 마당에 일본을 탄하는 것이 시인의 선구자적 면모라 할 수도 없는 것이다. 또 예언자적이며 선구자적 시인의 시가 구체적 현실에 대한 인식을 결여한 선언의 나열로만 이루어지는 것은 아님에도 불구하고 이 시의 마지막 연은 슬로건을 연상시킬 만큼 시로서의 미감을 확보하

---

4) 김광섭, 「해방의 노래」, 『고등국어』(Ⅰ), 1956, 문교부, 47~50면, 3, 4, 8연.
5) 『문학예술』 창간호(1954년 4월)에는 이헌구, 김광섭이 <왕복서한>이라는 코너에 서로에게 보내는 편지를 싣고 있는데 둘 사이의 두터운 친분을 확인할 수 있다. 강진호는 「반공주의의 규율과 '국어'교과서」, 『민족문학사연구』28권, 2005에서 필진의 구성과 분포의 문제를 비교적 세심하게 다룸으로써 교수요목기 교과서의 이념적 성격을 규명하고자 한 바 있다.

지 못하고 있다. 이러한 미적 경험의 구조화는 학생들에게 '예언자, 선구자의 시(시대적인 사명을 감당하는 시) = 미감을 결여한 시'라는 인상을 심어줄 수 있다. 이는 확대되어 현실 문제를 다룬 시들에 대한 부정적 선입견을 심어줄 확률이 높다. 더구나 같은 책에 실린 다른 시들, 김영랑의 「모란」이나 조지훈의 「승무」와 비교가 되면서 '미감 = 시대 인식과 무관한 것'이라는 인상을 남길 수 있다. 이는 학생들이 현실과 미의 관계를 정립하는 데 있어 심각한 문제를 초래할 수 있다. 아름다움과 현실의 관계를 상반된 범주로 다루는 것은 뒤에서 다시 논할 것이다.

조연현의 「소설의 첫걸음」과 황순원의 「산골아이」도 마찬가지다. 조연현은 소설이 진실로 추구하고 발견하려는 인생 문제는 시간적으로 영원히, 공간적으로 무한히 유효하고 필요한 성질의 것이고, 이것은 인간의 구경적인 과제가, 시간적으로 변동되지 않고 공간적으로 좌우되지 않는 인간의 본질적이며, 근본적인 문제에만 있는 것이라고 역설한다. 황순원의 「산골아이」는 두 가지 에피소드로 되어 있다. 첫 번째 에피소드 <1. 도토리>의 내용은 산골 아이가 도토리를 먹다가 할머니로부터 옛날이야기를 듣는 데서 시작한다. 옛날이야기 속 주인공인 총각은 색시(여우)가 주는 구슬을 입에 물었다가 뱉어내는 과정을 반복하면서 점점 병들어 간다. 그 구슬을 삼켜야 하는데 색시가 너무 곱기 때문에 삼키지 못한다. 그러다가 선생님의 말씀을 듣고 간신히 구슬을 삼켜서 건강을 회복했다는 해피엔딩의 옛날이야기이다. 이것을 듣고 잠이 든 산골아이는 꿈에서 그 여우를 만나고 구슬을 삼키려는데 안 삼켜진다. 깜짝 잠에서 깨었을 때 산골아이는 도토리를 물고 있다. 두 번째 에피소드 <2. 크는 아이>도 비슷하다. 마을의 전설과 아이의 꿈이 이어지는 내용이다.

배치상으로 볼 때, 사례가 되고 있는 황순원의 「산골아이」를 통해 학생들은 조연현이 말하는 시공간을 초월한 인생의 본질적이고 근본적인 인생 문제를 막연하게 내면화하게 될 수 있다. 본질적이고 근본적인 인생의 문제라지만 그것은 고민하고 탐구해야 할 문제는 아니다. 시공간을 초월한 원형을 본질적이고 근본적 인생의 문제이자 구조로 자연스럽게 받아들이기만 하면 되는 것이다. 원형이라는 것은 완전하지 않지만 동심원의 중심처럼 고정되어서 다양한 변주로 나타난다. 황순원의 「산골아이」에서도 원형의 변주가 소설의 재미를 구성하고 있다. 원형은 삶을 지배하는 동심원이 되고 그것으로부터 도저히 빠져 나갈 방법은 없으며 사실 빠져 나갈 필요조차 부여하지 않는다. 근본적이지만 위험하지 않은 무엇, 혹은 거부할 수 없는 무엇이 우리 삶의 중심을 장악하고 있다는 믿음(따라서 문학은 그것을 다루어야 한다는 논리)은 보수주의적 주체를 형성할 수 있다. 또한 시공간을 초월한 원형을 본질적인 것으로 받아들일 경우, 학생들은 현실 속에서 벌어지는 사건들을 모두 사소한 것으로 치부해 버리면서 수동적인 태도를 취하지만 자기 자신을 초월하는 주체 혹은 적극적인 주체인양 자기 환상을 품게 될 수 있다. 그리고 현실 조건의 문제가 진정한 인생의 문제가 될 수 없다는 문학의 엄숙주의를 내면화시킬 공산이 크다.

<소월의 시> 단원에서는 「금잔디」, 「엄마야 누나야」, 「산유화」, 「산」이 실린다. 다음 단원 <소월의 추억>에서 김억에 대한 글을 보자. 세상을 떠난 소월을 추억하며 애석해하는 김억은 세월 타령을 하며 '사람의 맘도 흘러가는 물'이며 우리의 맘도 '변하는 것'이라고 말한다. "'슬픈 일이언마는 이 또한 사람의 힘으로 어찌할 수 없는 일이외다. 한껏 취하여 무어라고 노상 떠들던 심정도 언제 한번은 반드시 깨는 법이외다. 깨고 나면 지나간 일은 모두 다 자취 없는 뜬 구름이외다"라고 말하면서 이어 소월의 시 「못잊어」를 인용한다. 그리고 "결국 세월이 지나가면 잊어버린다는 것이외다"로 잘못된 시 해석을 한다. 또한 <예전엔 미처 몰랐어요>의 설운 심정을 소월의 요절에 대한 자신의 심정과 등가

로 놓으면서 시에 대해 서로 이야기하던 지난날을 떠올리며 "모두가 지나간 꿈이외다"로 글을 마친다. 비교적 분명한 시의 주제를 정반대로 해석하는 태도와 설움의 정서에 대해 미학적으로 접근하지 않고 사적인 감정으로 시를 이해하는 태도는 오히려 시를 감상하는 데 방해가 되고 있는 셈이다.

이밖에도 하나의 텍스트 안에 문학작품과 그에 대한 설명을 싣고 있는 텍스트들(「시작과정」(서정주)과 「가시리」(양주동), 「시조감상일수」(이희승))은 당시 문학예술에 대한 교육에 있어 일차적인 작품 감상의 자율성이 확보되지 않고 있음을 보여준다. 혼란스런 당대에서 참고 서적을 기대할 수 없기에 문학을 감상하고 이해를 돕도록 하는 이러한 배치는 교육의 효과라는 측면에서 볼 때 부정적으로만은 볼 수 없는 일이다. 하지만 앞서 보았듯이 교과서의 구성의 문제는 세심하게 다루어질 필요가 있다. 교과서의 텍스트는 하나의 전형이자 모델로서 학생들에게 각인되기 때문에 개인적인 관계나 취향의 반영은 자칫 편협한 미적 판단의 규범들을 생산해낼 위험을 지닌다.

3. 관조와 주체성의 문제

관조 이론은 감정이입 이론과는 반대이다. 관조의 본질은 수동성이자 외부 대상에 대한 집중이다. 그것은 하나의 지각이지만 충만되고 수동적이고 집중된 지각이다. 관조에는 감각만 들어오는 것이 아니라 기억도 들어온다. 기억은 그 구성의 연속적인 부분들을 연결시킨다. 기대 역시 관조의 일익을 담당하고 있다. 기대는 기억과 더불어 관조되는 구성물을 통합시킨다.6) 하지만 교과서에서의 관조는 "자기의 주관을 버리고 자연이나 인생의 모든 자태 현상을 있는 그대로 틀림없이 바라보는 것, 대상을 순전히 객관적으로 냉정하게 바라보는 것"(「시조감상일수」)으로 설명되고 있다. 이는 다시 말하면 일체의 주관을 허용하지 않는 결벽증에 가까운 관조이다. 아렌트는 초연함과 냉정함이 이해력의 결핍에서 오는 것일 때 두려운 것이라고 말한다. 그녀는 감정적인 것의 대립항은 '합리적'인 것이 아니라, 오히려 감동에 대한 무감성으로서 대개 병리적 현상이거나 감상으로서 느끼는 도착이라고 하였다.[7] 여기에 동의한다면 교과서에서 말하는 엄격한 관조의 태도는 이해력의 결핍을 포장하는 능력이 될 수 있다는 점에서 위험할 수 있다. 또한 주관적인 감동을 제한함으로써 무감성을 부채질할 수도 있다. 이는 과격하게 말하면 병리적 현상이나 감상으로서 느끼는 도착으로 이어질 수도 있는 것이다.

같은 글에서 이희승은 관조의 경지가 더욱 철저화되면 물아의 구별이 없게 된다고 주장한다. "자연을 방관하는 태도로부터 자연에 동화가 되어 버리고 만다. 주객일체, 망아의 경지에 이르는 것이며 이러한 심경 속에 사는 사람은 행복스러운 사람"이라고 한다. 관조의 주체는 객관적으로 바라보기 위해 대상으로부터의 거리를 확보해야 한다. 그런데 주객일체의 물아의 구별이 없는 경지는 이 거리 자체가 무화되는 것을 의미하는 것이다. 그렇다면 관조의 경지가 철저화될 때 주객일체의 경지에 도달하게 된다는 것은 모순된 진술처럼 보인다. 하지만 관조하는 주체가 세계와 갈등하지 않는다면 이야기는 달라진다. 다시 말해 관조되는 대상 세계가 관조하는 주체와 어떤 마찰도 일으키지 않기 때문에 '망아의 경지'는 가능해지는 것이다. 즉 당시 '국어' 교과서에서는 관조의 주체로서 갈등하지 않는 주체를 상정하고 있다는 점을 알 수 있다.

---

6) W. 타타르키비츠, 손효주 옮김, 『미학의 기본개념사』, 미진사, 1997, 378~382면.
7) 한나 아렌트, 김정한 옮김, 『폭력의 세기』, 이후, 1999, 101면.

이는 "관조 앞에는 천지 모든 만물이 모두 정답게 보이고 아름답게 보인다"라는 진술에서도 확인되는 부분이다. 그렇다면 주체가 바라보는 그 대상은 무엇인가. 관조를 통해 정답고 아름답게 보이는 '천지만물'은 무엇인가. 그것은 달(빛), 새(두견), 꽃(이화) 같은 자연 세계이다. 인간 세계가 아닌 것에서 주체는 갈등할 필요가 없다. 내면(개성)은 세계와의 갈등을 통해 만들어진다고 할 때, '국어' 교과서에서의 관조의 주체는 내면 없는 혹은 개성 없는 주체이다. 세계와 주체의 관계는 주체 없는 세계와 세계 없는 주체가 서로 되비추는 형국인 셈이다. 이런 의미에서 이것은 주객일체의 경지라고도 볼 수 없다. 되비추기하는 미적 주체에게 요구되는 행위는 '기다림'과 '인내' 따위가 된다. '국어' 교과서에서는 이런 태도를 강조하는 글들을 쉽게 찾아 볼 수 있다. 대표적인 것으로 「유언」(로댕), 「시작과정」(서정주), 「시적 변용에 대하여」(박용철) 등을 들 수 있다.[8] 뒤의 두 글에 비해 「유언」에서는 기다림이나 인내가 영감에 기대지 않는 예술가로서의 처절한 투쟁의 방식으로 제시되고 있기는 하다. 하지만 '절대의 진실'을 추구하면서 "세속적인 혹은 정치적인 관계를 맺기 위해서 그대들의 시간을 잃어서는 안 된다"는 구절에서 알 수 있듯이 현실과의 분리를 기본적으로 전제하고 있다.

---

[8] "그러나 이러한 기억을 가짐으로 넉넉지 않다. 기억이 이미 많아진 때 기억을 잊어버릴 수가 있어야 한다. 그리고 그것이 다시 돌아오기를 기다리는 말할 수 없는 참을성이 있어야 한다. 기억만으로는 시가 아닌 것이다. 그것들이 우리 속에 피가 되고, 눈짓과 몸가짐이 되고, 우리 자신과 구별할 수 없는 이름 없는 것이 된 다음이라야 ─그 때에라야 우연히 가장 귀한 시간에 시의 첫 말이 그 한가운데서 생겨나고 그로부터 나아갈 수 있는 것이다"(박용철, 시적 변용에 대하여」, 『중등국어』(5), 문교부, 1950, 14면).
"그러나, 마지막 연만은 좀처럼 표현이 되지 않아 …(중략)… 이것은 며칠동안 그대로 있다가, 어느 날 새벽 눈이 띄어서 처음으로 마련되었습니다. 밖에선 무서리가 오는 듯한 늦가을의 상당히 싸늘한 새벽이었는데, 내가 안 자고 혼자 깨어 있다는 생각 끝에, 밖에서 서리를 맞고 있을 그놈을 생각하자, 그것은 용이히 맺어졌습니다"(서정주, 「시작과정」, 『고등국어』(Ⅰ), 1956, 문교부, 109면).

개성 없는 주체, 기다림의 주체가 특별한 위치에 서게 되는 것은 일반인과 비교되면서이다. 이효석은 「화초」에서 장미의 가장 아름다운 시간은 단 한 시간이라면서 "미의 시간이 얼마나 엄격하고 어처구니없고 애달픔이랴"라며 탄식한다. 그리고 "장미의 한 시간의 미를 참으로 옳게 바라보고 찾아내고 감상할 수 있음은 장미 재배에 수십 년의 조예를 닦은 전문가라고 한다." 절대미와 전문적 예술가, 일반미와 일반인을 대응시키고 있다. 아울러 그 밖의 사람은 장미를 어느 때나 일반으로 아름답거니 바라보는데 이것은 다행한 일이라고 말한다. 한 시간을 보고 버리기는 너무도 아깝기도 하고, 미의 변화를 보는 것도 미를 사랑하는 것이기 때문에 그렇다는 것이다. 이 텍스트를 통해 학생들은 미의 서열화를 내면화하고 최고의 미는 전문가의 몫이라고 생각하게 될 것이다.

감상하는 미적 주체에 대한 텍스트로 「예술의 감상」이 있다. 여기에서는 문예가 성립하기 위해서 작가의 창작과 더불어 독자의 창작이라는 이중의 창작이 있어야 하며, 독자는 자기의 체험 내용을 환기하여 창작가와 동일한 심경에 미도(味到)할 수 있다고 설명한다. 이 글은 '국어' 교과서에서 감상자로서의 미적 주체의 문제를 다루는 유일한 텍스트다. 여기서 우리는 교과서가 주로 미적 경험의 주체로 창작의 주체를 상정하고 있다는 점을 떠올리게 된다. 미적 주체로서 감상 주체를 내세우는 이 텍스트에서조차 감상자의 환기를 통한 창작이 창작가의 동일한 심경에 도달하는 것에 목표를 두고 있다고 보는데, 이는 감상 주체를 창작 주체의 테두리에서 벗어날 수 없는 존재로 이미 전제하고 있음을 의미한다. 즉 감상 주체가 창작 주체에 종속적인 것으로 미적 주체의 위계화를 전제한 것이다.

특별한 능력으로 '미'를 담지하는 예술가에 대한 평가도 텍스트마다 그 편차가 크다. 「대한의 영웅」(심훈)에서 예술가는 순진한 계몽운동가와 비교되면서 "물위의 기름처럼 떠돌아 다니는…또한 실사회에 있어서 한 군데도 쓸모가 없는" "거추장스런 존재", "나약한 인간"으로 치부되는가 하면, 앞에서도 살펴보았지만 「시인의 사명」(이헌구)에서 예술가는 화평한 시대에는 값비싼 문화의 장식이지만 국운이 불우한 시대는 예언자, 선지자의 값을 하는 존재이기도 하다. 「화초」에서는 절대미를 볼 수 있는 전문가로서의 예술가를 주목한다. 이러한 편차는 '현실'을 인식하는 태도와 관련이 깊다. 교과서에서 현실을 "건국기 새로운 생활원리, 교육의 이념을 세울 시기"(「독서에 대하여」, 김진섭)이며 "조국 재건도상"(「국어의 생활」, 조윤제)으로 규정할 때, 예술가는 거추장스런 존재, 나약한 인간 아니면 예언자, 선지자로 양분된다. 하지만 관조의 세계, 초월의 세계를 추구할 때의 현실은 세속적 현실을 의미한다. 예술가들은 "무미건조한 사막 같은 물질 세계"(「시조감상일수」)로부터 벗어날 때 관조의 세계, 미의 세계로 향하는 것이다. 이는 국가 만들기라는 정치적 현실 이외의 현실은 세속적인 현실로 치부됨으로써, 다시 말해 이념적 현실이 세속적 현실을 압도함으로써, 다양한 삶의 국면들이나 생활의 디테일로부터 발견되는 감수성 획득을 기대할 수 없게 만든다. 또한 세속/초월의 이분법적 도식은 오염/순수, 물질/정신의 이분법적 도식과 연동함으로써 예술가의 태도, 혹은 미에 대한 범주를 초월, 순수, 정신의 항목들에 고정시키는 결과를 유도한다. 이것은 국가 만들기라는 역사적, 정치적 현실에서 긍정적 예술가의 표상인 선지자, 예언자의 표상과 결합하여 넘나들 우려가 있다. 초월주의, 순수주의, 정신주의만이 선지자, 예언자의 특징으로 받아들여지게 된다. 다시 말하면, 이념적 현실과 세속적 현실이 이분법적으로 설정되고 있고 국가 만들기라는 현실에서 요구되는 예술인의 상인 선지자, 예언자 모델은 세속적인 현실에서 요청되는 관조적 자세를 취하는 예술인의 상을 구제한다. 국가 만들기라는 정치적 현실이 세속적 현실을 오염된 세계, 물질적 세계로 배제하면서 세속적 현실로부터 벗어나고자 하는 미적 주체를 적극적으로 끌어안는 것이다. 즉 관조적 주체 역시 초월/순수/정신의 항목을 공유하는 까닭이다.

당시 예술인들은 동시에 지식인의 범주에 속했다. 국가주의, 민족주의의 작동에 있어 청년이나 지식인에 관한 담론은 절대적인 역할을 수행한다. 예술가는 당시 한국 사회에서 지식인의 역할을 요구받았다는 것을 배경 지식으로 받아들인다면 교과서에 실린 "값비싼 문화의 장식" 같은 예술가에 대한 모욕적인 언사들이 가능한 까닭을 이해할 수 있을 것이다. 이렇듯 '국어' 교과서에서는 국가주의적 현실 인식을 바탕으로 예술과 예술인을 필요에 따라 이해했다.

4. '미'와 시간에 대한 인식

앞에서 교과서에서 제시하는 미적 태도로서의 관조는 세계 없는 또는 내면 없는 주체를 상정하고 있음을 살펴본 바 있다. 이 장에서는 이러한 주체를 내면화하게끔 하는 미적 이데올로기를 시간성과 관련하여 생각해 보겠다. 교과서에서는 시간성의 거세를 통해 '미'를 구성하는 텍스트들을 쉽게 볼 수 있다.

> 모든 것은 이미 지나간 것이므로, 꺼져버린 비늘 구름과도 같이 일률로 아름답고 그리운 것이다.…영원히 가버렸으므로, 지금에 있어서 잡을 수 없으므로, 이 한토막은 한없이 아름답다 — 신비가 있었다.[9]

---

9) 이효석, 「청포도의 사상」, 『고등국어』(Ⅰ), 1956, 문교부, 62면.

「청포도의 사상」에서 이효석의 위와 같은 말이나, 「백설부」의 김진섭의 "이 지상의 모든 아름다운 것은 슬픈 일이나, 얼마나 단명하며 또 얼마나 없어지기 쉬운가! 그것은 말하자면 기적 같이 와서는 행복같이 달아나 버리는 것이다"에서 시간성의 소거를 통해 미를 신비화하고 더욱 절박한 무엇으로 학생들에게 소개하고 있음을 알 수 있다. 양주동 역시 질화로에 관한 이야기를 하면서 영원히 잃어버린 시간에 대한 향수를 드러내는 수필 「노변의 향사」에서 이러한 입장을 견지한다.

이처럼 교과서에서는 아름다움이 지나간 것, 순간적인 것에 존재하는 것으로 인식되고 있다. 이것은 관조하는 주체와 관련이 깊다. 세계와 소통하지 못하는 세계 없는 주체, 텅 빈 주체인 관조하는 주체는 시간을 가지지 못하기 마련이다. 시간은 타자와의 관계를 통해서 성립하는 것이기 때문이다.[10] 시간성을 결여한 주체는 다시 말해 타자와의 관계를 결여한 주체이다. 당시 '국어' 교과서에서의 미적 주체가 발견할 수 있는 아름다움은 '시간'에서 말하자면 지나간 것이나 순간적인 것인데, 즉 이는 아름다움이 결코 현재나 미래에서 발견되거나 구성되지 못함을 의미한다. 이것은 현재의 타자성을 확보하지 못한 까닭에 타자성을 통한 주체 정립에 실패하였기 때문이다. 부재하는 주체가 시간을 구성할 수는 없는 일이다. 부재하는 타자성은 현재의 비어 있는 '나'를 의미할 뿐이다. 교과서를 통한 미적 경험이 허무주의, 나아가 운명주의적 경향을 띠는 맥락도 여기

---

[10] 타인이 없다면 시간의 분절은 가능하지 않다. 그래서 타인은 시간적 구분으로서 의식과 그 대상의 구분을 강화한다. 레비나스에 따르면 "시간은 나의 순간에 대해 외재적이며 또 관조에 주어지는 대상과도 다른 것이다. 시간의 변증법은 타인과의 관계의 변증법 자체이다. 즉 그것은 홀로 있는 주체의 변증법의 항들과는 다른 항들을 통해서 연구되어야만 하는 대화"로 본다(에마뉘엘 레비나스, 서동욱 옮김, 『존재에서 존재자로』, 민음사, 2003, 155~157면 참조). 들뢰즈에 따르면 타인이란 나의 지각장(시간과 공간의 장) 속에 놓여 있는 하나의 대상도 아니고 나를 지각하는 하나의 주체도 아닌, 지각장의 한 구조이며, 구조로서의 타인은 "가능세계의 표현"인 것이다(질 들뢰즈, 이정우 옮김, 『의미의 논리』, 한길사, 2000년, 472~482면 참조).

서 찾아볼 수 있다. 즉 주체성의 결여에서 비롯하는 것이다.

비어 있는 현재의 '나'는 원근법에 있어서의 소실점과도 유사하다. 현대성(모더니티)에 대한 연구 가운데 시각성과 관련된 연구가 활발히 이루어진 것을 참조하면, 소실점은 응시의 점이다. 그것은 한없이 멀어지는 무한성의 점이며, 따라서 재현될 수 없는 점이다. 또한 원근법의 소실점은 살아 있는 개인으로서의 구체적인 개별 관람자의 눈이 아니다. 그것은 특정한 개인이 아니라 추상적이고 보편적인 주체를 유혹하는 점이다.11) 현재에서 타자(세계)와 관계 맺지 못하고 외부에서 관조하는 주체는 불명확하고 아득해진 지나간 순간을 아름다운 순간으로 고정하면서 현재나 미래의 시간을 제거한다. 소실점이 무한한 가시적 공간을 조직하는 것처럼, 과거의 순간은 마치 과거와 현재, 미래라는 전 시간, 즉 영원성을 지배하는 시간처럼 군림한다. 즉 과거이면서 또한 순간적인 미지의 시간성은 시간의 근원성, 본질인 양 받아들여지면서 마찬가지로 미지의 시간성인 영원성이라는 허구의 시간성—타자가 부재하는 시간성이라는 의미에서—으로 연결되는 것이다.

미적 경험에 있어서의 무시간성을 내면화하는 것은 아름다움과 현실을 분리하는 데 기여한다. 현실이란 무수한 타자성들이 교차되는 공간이라고 볼 수 있다. 이때 무시간성을 아름다움의 시간적 개념으로 이해한다면 그것은 타자성의 배제이고 곧 현실에 대한 배제인 것이다. 정전으로 떠올려지는 문학작품들을 생각해 보면 순수의 세계나 샤머니즘의 세계, 토속이나 신화의 세계들에서 우리는 인생의 문제를 깨닫고 느끼는 것처럼 교육받았다.12) 그러나 인생의 문제는 사실 그런 것과 동떨어

---

11) 주은우, 『시각과 현대성』, 한나래, 2003, 191~216면 참조.
12) 교과서에서의 문학 텍스트의 정전화를 다루고 있는 글에는 한수영, 「교과서 문학 정전화의 이데올로기와 탈정전화」, 『문학동네』, 2006년 봄, 정재찬, 「현대시 교육의 지배적 담론에 관한 연구」, 서울대국어교육박사논문, 1996 등이 있다.

진 살아가는 현실의 문제라는 점을 떠올리면 시간을 선험적인 인식 틀로 받아들인 칸트를 떠올리지 않더라도 미적 경험에 있어서의 시간성의 문제의 중요성을 실감할 수 있다.

또한 순간은 영원과 결합되면서 빛나는 시간의 정점으로 인식된다. 진정한 아름다움은 금방 사라지는 것이지만 우리의 기억 혹은 내면 속에서 영원히 남는다. 순간성은 영원성을 통해서 안정감을 준다. 그런데 이러한 인식은 개별성과 보편성의 긍정적인 투쟁 과정을 삭제하고 곧바로 보편성이면서 개별적인 것의 결합을 동경하게 한다는 데 문제가 있다. 개별성과 보편성의 충돌은 자연스러운 것이며, 이로 인해 보편성이라는 것도 언제나 고유한 보편성으로 남아 있을 수 없는 법이다. 보편성을 담보하지 않는 개별성을 이단시하거나 개별성에서 보편성을 바로 연결시켜 가치를 평가하는 것은 개별성과 보편성 간의 운동성을 이해하지 못하고 있다는 점에서 적절하지 않다. 개별성과 보편성의 건강한 상승작용이 제한되는 것은 교과서가 전면적으로 수행하는 민족주의, 국가주의 이데올로기가 개인(학생)에게 흡수되는 패턴을 제공한다는 점에서 중요하다. 「예술의 성직」(문일평)에서 "예술의 성직(聖職)은 차라리 작자 개체의 생명을 연장함에 있는 것보다도 시대상을 반영하며, 민족성을 구현함에 있다고 하겠다."는 입장에서도 개체의 생명보다는 민족성의 구현을 상위 가치에 두고 있으며, 이병도는 「민족 정기론」에서 "민족정신은 소아와 보편아로써 구성되고, 이 두 아(我)의 통일 조화, 즉 소아를 민족아에 일치시킴으로써 진정한 민족정기, 민족정신을 발휘할 수 있는 것이다"라고 말하고 있다. 이러한 전면적이고 반강제적으로 주입되는 국가주의, 민족주의 이데올로기를 무리 없이 수용할 수 있었던 것은 교과서가 동시에 표면에 드러나지 않지만 미적 주체를 형성하는 데 상당한 공을 들인 덕분이라 하겠다.

5. 결론

 필자는 교과서가 국가 이데올로기관을 전면적으로 내세울 뿐만 아니라 그것을 받아들일 수밖에 없는 패턴들을 스스로 내장하고 있을 것이라는 가설로부터 접근했다. 그리고 그 계기들을 미적 경험의 구성에서 찾아보고자 했다.
 교과서는 텍스트들 간의 관계를 고려해 편집된 것으로 보인다. 문학 텍스트의 전후로 이해의 길잡이가 되는 텍스트가 배치되어 있거나 아예 하나의 텍스트 안에서 문학 텍스트와 그것을 해석하는 글이 함께 실려 있는 것도 있다. 문학교육의 효율성의 측면을 고려한 것이지만 그 배치에 있어 사적인 관계나 개인적인 취향이 반영되어 있어 문학 감상의 자율성을 보장해 주지 못하는 부분은 한계라 할 수 있다. 또한 두 텍스트들의 내용 관계를 살펴보면 단순히 자율성의 문제를 넘어선다. 잘못된 미적 선입견을 제공할 가능성 때문인데 이는 텍스트 연결 논리 자체에 일종의 배제의 논리가 품어지는 까닭이다.
 미적 경험에 있어서 주체성과 시간 의식을 살펴보았다. 기본적으로 교과서가 제시하는 미적 태도는 결벽증적인 관조의 태도이다. 현실로부터 주체를 분리하는 데 기여하는 관조의 태도는 엄밀히 말해 상상적인 것이다. 왜냐하면 관조의 행위 안에 미적 주체의 경험과 감정, 가치의 문제가 포함되기 때문이다. 교과서 속의 미적 주체는 세계 없는 주체, 주체 없는 세계가 되어 서로 되비추기만 할 뿐, 어떤 관계 맺음이나 소통은 불가능하다. 따라서 미적 주체에게 요구되는 것은 엄격한 '기다림'의 자세이다. '인내심'이야말로 미적 주체에게 요구되는 제일 덕목이 된다. 이러한 '인내심'은 국가 이데올로기가 국민을 호출할 때 요구되는 덕목이기도 하다는 점을 기억해야 한다. 또한 교과서에서는 미의 가치에 대한 일정한 서열을 전제하고 있고, 경험 주체에 있어서도 감상자보다는 생산자에 대한 텍스트가 월등히 많다. 감상자는 생산자로부터 독립적인 지위를 가지지 못하고 매개 대상을 통해 체험을 떠올려 생산자의 경지를 지향하는 자리에 위치하고 있다. 생산자 역시 현실 논리 앞에서 자유롭지 못하다. 초월적 세계를 지향하는 관조적 태도는 국가 만들기라는 정치적 현실에서 요구되는 선지자, 예언자적 예술가를 모델로 하는 것과 긴밀히 연결된다. 국가 만들기라는 이념적 현실은 세속적 현실을 철저히 물질 세계, 오염 세계로 규정하여, 이 세계와 대립하는 정신이나 순수의 가치를 선지자, 예언자의 태도로 전유한다.

교과서에서 아름답다고 하는 것은 시간적으로 볼 때 순간적이며 지나간 것들이 거의 대부분이다. 이것은 관조적 주체가 세계와 소통하지 못하고 타자성을 결여한 것에 따른 자연스러운 결과이다. 부재하는 현재성은 순간성이 영원성으로 옷을 갈아입는 순간에 채워지는 것처럼 보인다. 또한 이러한 순간성이 영원성 안에서 하나가 되는 것은, 개별성과 보편성이 하나가 되는 것을 미적 주체에게 자연스럽게 받아들이게끔 하여 교과서에서 전면적인 국가주의, 민족주의 이데올로기로의 투신을 무리한 것으로 이해하지 않도록 내적 계기의 패턴을 구성한다. 이 내적 계기는 정전을 형성하는 데 있어서도 유효하게 작동했으리라는 것을 어렵지 않게 짐작할 수 있다.

미적 경험은 결코 '미'의 영역에만 관여하는 것이 아니다. 미적 경험의 주체는 구성되는 동시에 세계를 같은 방식으로 구성한다는 점, 즉 미적 경험에 의해 구성된 주체는 그 자체로 그치는 것이 아니라 다시 미적 경험들을 재생산하며 세계를 구조화하고 이를 타자에게 제공한다. 이런 점에서 미적 경험의 구성은 문제적으로 다루어져야 하며 특히 교과서에서 세계를 투사하는 스크린으로서의 미적 경험의 구성은 더 많은 연구를 필요로 한다.

‖ 김신정 ‖

교과서 수록 시의 여성 재현 양상
― 제7차 교육과정 교과서를 중심으로

1. 서론

교과서에 실린 문학작품은 학생들로 하여금 문학과 문화에 대한 기본적인 취미와 관념을 형성하는 데 중대한 영향을 미친다. 특히, 한국의 교육 현실에서 교과서는 비판적 읽기의 대상이라기보다는 그 안에 담긴 내용을 숙지하고 때로는 암기해야 하는 섭렵의 대상으로 받아들여진다. 시험이라는 제도에 적응하고 그 절차를 무사히 통과하기 위해서 교과서의 이해는 뿐만 아니라, 인터넷과 영화, 비디오 등의 다양한 매체와 테크놀로지의 발전으로 인해 대부분의 학생들이 일상에서 문학작품을 대할 기회는 점차 사라져 가는 현실이다. 문학작품이 더 이상 매력적인 향수의 대상으로 다가가지 않는 근래의 학생들에게 교실 안의 문학 수업은 문학적 감수성과 사회상 및 문학상을 형성하는 데 절대적인 영향력을 행사한다.

일반적으로 교과서 소재 문학작품과 문학사의 정전(正典, Canon) 형성은 상호 연관 관계에 놓인다. 교과서 문학작품의 선정은 일차적으로 문학사의 주류적 평가에 따라 결정되며, 일단 선정된 작품은 독서와 강의, 시험 출제의 대상으로 반복적으로 학습됨으로써 정전으로서의 지위를 확고히 한다.[1] 한번 객관적 권위를 부여받은 문학작품은 계속해서 보존되고 재생산됨으로써 한국인의 문학적·문화적 지배관념을 구성하는 데 일정한 역할을 수행하게 되는 것이다. 특히 현대시의 경우, 정전의 확정과 그 영향력은 다른 장르에 비해 매우 뚜렷할 뿐만 아니라,[2] 수록 작품 또한 상대적으로 높은 비율을 차지한다. 근래 서사 장르에 비해 서정 장르의 퇴조가 급속하게 진행되고 있는 상황을 감안한다면, 교과

---

[1] 정전(正典, Canon)은 보통 국민교육의 대상으로 선택될 만하다고 여겨지는 저자와 글을 일컫는다. 그것은 한 공동체의 문화적 특질을 잘 표현하고, 그 삶의 표준과 이상을 잘 제시하는 것이다. 일반적으로 정전 형성의 요인으로는, 작품의 내재적 특질, 학계에서의 가치생산 활동, 학교와 문화자본의 재생산, 시대적 조건, 지배계급의 사회통제 방식 등이 거론된다(송무, 『영문학에 대한 반성 : 영문학의 정당성과 정전 문제에 대하여』, 민음사, 1997, 336~359면 참조). 이 가운데, 비평, 문학사적 평가 등을 통한 학계에서의 가치 생산 활동과 학교의 강의요목 선정 과정은 서로 영향을 미치는 관계에 놓여 있다. 다시 말해, 학계의 객관적 인준을 거친 이후에 교과과정으로 선정되며, 일단 '교과서 작품'으로 선택된 이후에는 해석과 평가 제도 등을 통해 더 광범위한 문화 자본의 유통 과정 속에 놓이게 된다. 그러나 엄밀히 말한다면, 강의 요목(syllabus)과 정전은 구별된다. 강의 요목이 특정한 제도적 맥락에서 학습용 텍스트로 선별한 것을 가리키는 반면, 정전은 '위대'하다고 간주되는 작품들의 상상적 총체를 의미한다. 특정한 시간과 공간에 제한되는 강의 요목은 정전이라는 상상적 목록에 접근할 수 있는 구체적인 통로를 제공한다. 그런 의미에서 존 길로리는, 정전이 강의 요목을 결정하는 것이 아니라 강의 요목이 상상적인 총체로서의 정전의 실재를 가정한다고 말하는 것이 보다 적절하다고 본다 (John Guillory, *Cultural Capital*, The University of Chicago Press, 1993, pp.28~31 참조).
[2] 예를 들어, 언론 매체나 여론조사 기관에서 실시하는 '한국인의 애송시·애송시인' 조사 목록과 한국시의 정전 목록은 거의 일치한다. 근대 시인 가운데서 김소월, 윤동주는 늘 '애송시' 목록의 수위를 다투는 시인이다. '한국인의 애송시' 목록이 크게 변화하지 않는 데는 몇 가지 이유를 생각해볼 수 있다. 일단, 학교교육과정을 통해서 형성된 정전의 영향력이 그만큼 강하다고 볼 수 있으며, 한편으로는 한국인의 낮은 독서율로 인해 교과서 이외의 시인들에 대한 인지도가 폭넓게 확산될 수 없는 상황을 반영한다. 또한 시 장르가 점차 대중들에게 가까이 읽히지 않는 상황도 이와 관련된 문제 중의 하나일 것이다.

서 수록 현대시 제재는 학생들에게 거의 유일한 시 감상의 기회를 제공한다고 해도 과언이 아닐 것이다.

교과서 수록 문학작품의 교육적 영향력과 사회·문화적 의미에 기본적으로 관심을 가지면서, 이 논문은 특히 교과서 수록 시에 나타난 여성 재현 양상을 살펴보는 데 목적을 둔다. 정전 구성 과정은 어느 문화권을 막론하고 남성 중심주의적인 시각에 의해 주도된다. 일단 문학사와 비평에서 여성 작가·시인을 다룬 경우가 극히 한정될 뿐만 아니라, 남성 작가·시인이 여성의 현실을 다룬 경우에도 남성 관념을 투사한 경우가[3] 대부분을 차지하기 때문이다. 현대시 제재에 한정해 한국의 교과서를 살펴볼 경우에도 남성 중심적인 경향은 쉽게 확인된다. 해방 이후 6차 교육과정까지 교과서에 자주 수록된 시인들은 대체로 김소월, 한용운, 김영랑, 조지훈, 박두진, 유치환, 서정주, 윤동주, 이육사, 박목월 등이며, 이들 외에 여성 시인으로는 노천명, 모윤숙, 김남조의 작품이 주로 교과서에 등장한다. 7차 교육과정에서는[4] 특히 문학 교과서를 중심으로 여성시가 과거에 비해 다양하게 수록되고 있어[5] 여성 문학의 교육적 가능성을 다소간 확대시키고 있다. 그간 상대적으로 소외되었던 현실을 감안한다면, 더 많은 수의 다양한 여성 작가의 교과서 진출은 분명히 환영할 만한 일일 것이다. 그러나 여성 교육, 더 나아가 양성 평등 교육의 관점에서 더욱 중요한 점은 몇 명의 여성 작가와 작품이 정전 목록에 더 추가되는가의 문제가 아니라, 실질적으로 여성이 정전 형성 과정에서 어떻게 재현되고 있는가의 문제이다. 실제로 여성에 대한 의식은 소수의 여성 문학작품에 의해 형성되기도 하지만, 또 한편 남성

---

[3] 송무, 앞의 책, 171면.
[4] 제7차 교육과정은 1997년 12월에 교육부에서 고시되었고, 2000학년도부터 초등학교에서 먼저 시행되었다.
[5] 구체적으로 강은교의 「우리가 물이 되어」, 나희덕의 「오분간」, 최영미의 「선운사에서」 등을 들 수 있다.

문학작품에 나타난 여성 이미지를 통해 많은 부분 영향을 받는다. 교과서에는 극히 소수의 생물학적 여성 시인·작가가 등장하지만, '여성'이라는 재현된 기호는 수많은 작품과 학습활동을 통해 교과서의 곳곳에 산재해있다. 따라서 교과서에 재현된 '여성'의 기호를 읽어내고 그 교육적 의미와 효과를 논함으로써, 문학교육 현장에서 젠더 관념이 어떻게 구성되고 있는가를 상세히 살펴볼 수 있을 것이다.

그런 점에서 이 논문은 최근 문학교육 연구에서 이루어진 여성시 및 여성 시조에 대한 연구 성과6)를 수용하면서 한편으로는 일정 부분 관점을 달리한다. 우선 김명순 시에 대한 남민우(2003)의 연구는 그간 문학교육 영역에서 거의 다루어지지 않았던 여성시의 교육적 위상에 대해 적극적으로 문제를 제기하고, 몇몇 소수의 여성 편향적 시인에 제한되었던 연구 대상을 확대하여 여성주의 시 교육의 새로운 가능성을 보여주었다. 또한 허왕욱(2004)의 연구는 문학 교과서에 수록된 여성 시조의 읽기 과정을 통해 문학작품 속에 구현된 '여성성'의 가치를 발견하고, 아울러 '여성성'과 문학작품의 형상화 과정 사이의 연관성에 주목하고 있다. 두 논문 모두 그간 문학교육과정에서 주목되지 않았던 여성의 관점을 작품 읽기에 도입하여 여성주의적 시각에 기초한 새로운 시도를 보여주고 있다고 평가할 수 있다.

그러나 두 논문이 "여성시가 지니는 고유한 특질"에 대한 인정 하에 여성 문학을 바라보고 있다는 점은 본고와 기본적으로 관점을 달리하는 부분이다. 본고에서는 '여성적 특질(feminity)' 역시 생물학적으로 결정되는 것이 아니라, 그 차이를 개념화하는 의미작용에 의해 구성되는 하나의 문화적 구성물이라고 판단한다. 따라서 '여성성'을 여성에게 내재

---

6) 남민우, 「여성시의 문학교육적 의미 연구-1920년대 김명순의 시를 중심으로」, 한국문학교육학회, 『문학교육학』 11호, 2003. 허왕욱, 「여성시조의 설정과 교과서에서 여성 시조 읽기」, 한국문학교육학회, 『문학교육학』 13호, 2004.

된 고정된 특성이라기보다는 역사적으로 구성되었고 상황에 따라 변화 가능한 일종의 개념으로 파악한다. 이러한 관점에서 본고는 생물학적 여성 시인의 작품에 대상을 한정하는 것이 아니라 아울러 남성 시인의 작품을 주요한 분석 대상으로 삼음으로써, 젠더 관계 속에서 규정되는 '여성', 그리고 담론 구성 과정에서 다시 호명되고 재생산되는 '여성'이라는 기호를 문제 삼게 될 것이다. 이를 위해 본고는 교과서 소재 시의 여성 재현 양상을 세 개의 범주로 나누어 살펴보고자 한다. 그것은 우선, 여성 화자를 내세운 남성 시인의 작품, 그리고 여성을 대상화한 남성 시인의 시, 마지막으로 여성 시인의 시이다. 이상의 연구 대상에 대한 구체적 분석과 탐구 과정을 통해 본고에서 관심을 갖는 부분은 '여성'이 한국 근대시의 '대표'와 '중심'을 구성하는 과정에 어떻게 관여되고 있는가의 문제이다. 기본적으로 이러한 관심에서 본고는, 우리 문학 교육의 기저에 흐르고 있는 일종의 이념형으로서의 '여성'을 의심스럽게 만들고, 고정된 젠더 관념을 뒤흔드는 작업에 기여하고자 한다.

2. 젠더화된 화자, 초월적 여성의 기호

한국인에게 가장 애송되는 시인 중의 하나인 김소월은 교과서에 가장 오랫동안, 그리고 자주 등장한 시인 가운데 한 사람이다. 1946년에 간행된 미군정기 『중등국어교본』에서, 1953년 한국전쟁기, 그리고 최근 7차 교육과정기의 국정 국어 교과서에 이르기까지, 김소월의 작품은 「엄마야 누나야」, 「금잔디」, 「진달래꽃」, 「가는 길」, 「초혼」, 「산유화」, 「접동새」 등 여러 편의 시가 수록되었다. 그 가운데서도 「진달래꽃」은 최다 수록작 가운데 하나로서 현대 한국인들에게 여러 세대에 걸쳐 학교에서 학습된 작품이다. 김소월과 더불어 교과서 수록 작품 상위 목록에 속하는 한용운의 경우, 「님의 침묵」, 「알 수 없어요」, 「나룻배와 행인」, 「당신을 보았습니다」 등의 작품이 지속적으로 다수의 국어·문학 교과서에 수록되었다. 한국 근대시의 정전으로서 김소월, 한용운의 시가 보여주는 뚜렷한 특징은 '여성성'으로 집약된다. 여성적 어조, 여성적 화자를 통해 이들은 식민지인의 고뇌와 상실, 사랑을 호소력 있게 형상화한 근대 서정시의 창작자로서 평가되어 왔다.[7] 이들과는 분류를 달리하는 카프 계열 시인으로서, 임화의 「우리 오빠와 화로」는 7차 교육과정에 따라 개정된 문학 교과서에서 새롭게 수록된 작품이다. 카프 계열의 중심인물이자 월북한 시인으로서 임화 시의 교과서 수록은 문학교육계의 괄목한 만한 변화를 보여준다.[8] 그러나 시인의 이력 면에서는 다소 이례적인 일이라고 하더라도, 임화 시 역시 남성 시인의 여성 화자 시

---

[7] 기존의 연구에서 김소월의 시에 나타난 여성성은 크게 두 가지의 관점, 즉 전통적 정서인 '한(恨)'의 표현이라는 관점과 민족주의적인 관점으로 해명되어 왔다. 또는 '나약하고 부정적인 여성주의'라는 부정적 평가의 관점과 '님을 향한 끈질긴 지향성'과 '저항성'이라는 긍정적 평가의 관점으로 나눌 수 있다. 90년대 후반 이후의 연구에서는 여성성이 지닌 '타자성'과 '주변성'에 초점을 맞추어 "근대적인 남성중심의 사유체계"에 저항한다거나 "근대적 사랑의 유형을 확립"했다는 점에서, 김소월 시의 여성성에 대해 적극적인 평가를 시도하고 있다(김소월 시의 '여성성'에 대한 새로운 해석은 문혜원, 「김소월 시의 여성성에 대한 고찰」, 『한국시학연구』 2호, 한국시학회, 1999, 78~97면. 심선옥, 「김소월 시의 근대적 성격 연구」, 성균관대 대학원 박사논문, 2000, 170~203면 참조). 이에 반해 한용운 시의 '여성성'에 대해서는 대체로 '적극적인 여성주의', '생산적 여성성'의 의미로 평가해왔다. 본고는 기본적으로 김소월, 한용운 시에 대한 기존 연구의 성과에 기반을 두고 있다. 본고에서 특히 관심을 갖는 부분은 두 시인의 시가 보여주는 젠더 교차(gender-crossing)의 특성과 아울러 그같은 특성이 궁극적으로 문학의 정전화 과정에서 어떻게 작동하고 있는가의 문제이다. 다시 말해, 다른 성의 목소리로 발화된 '여성'이 한국 근대시의 '중심'을 구성하는 과정에 구체적으로 어떻게 관여되고 있는가에 궁극적인 관심을 갖는다. 다만 본고에서는 주로 작품 해석 과정에 초점을 맞추었고, 젠더 교차와 한국 문학의 정전화 과정에 대해서는 고(稿)를 달리하여 좀더 구체화하고자 한다.

[8] 제7차 교육과정 국어·문학 교과서의 변화된 내용에 대한 간략한 서술은 본고의 5절 참조.

라는 점에서는 앞의 두 시인의 시와 동일한 특징을 보여준다. 세 시인의 주요 작품을 구성하는 '여성'의 원리를 통해 정전성의 특질을 해명하는 것이 이 절의 주요한 작업이 될 것이다.

남성 시인의 여성 화자 시는 전통적인 시가 유형 중의 하나이다. 연군가 계열과 유배 가사 이외에도 남녀 사이의 애정을 표현한 작품들에는 대체로 여성 화자가 등장하는 것이 보편화된 시적 관습이었다. 이러한 시적 관습은 특히 서정시 영역에서는, 한국 문학뿐만 아니라 중국 문학과 서양 문학을 막론하고 일반화된 시가 유형으로서 널리 창작되어 왔다. 예를 들어, 오비디우스(Ovid)의 『헤로이데스(Heroides)』에서 시인은 '버림받은' 여성의 목소리를 빌어 떠나간 남성에게 호소하는 방식을 취하고 있다.9) 오비디우스의 여성 화자는 시인 자신의 '버림받은' 처지와도 무관하지 않다.10) 황제에게 버림받아 흑해로 추방당한 오비디우스는 여성 화자의 사연과 애절한 목소리를 빌어 자신의 처지를 호소하고 있는 것이다. 한국을 비롯한 동양 문화권의 경우에도 충신연주지사(忠臣戀主之詞)의 문화적 전통에 속하는 연군가와 유배 가사 계열의 작품이 지속적으로 창작되어 왔다. 여성 화자 시가 유형을 통해 남성들은 주로

---

9) 서양 고전문학에서 흔히 '버림받은 여성'은 남성의 정체성을 표현하는 미학적 장치로 사용된다. 비참한 처지에 놓여 있는 여성의 목소리는 두 가지 면에서 알레고리의 효과를 얻는다. 그것은 우선 남성적 좌절감의 표현이며, 한편으로는 남성에게 자신의 권력을 상기시키는 또 다른 자아로서의 역할을 한다. 다시 말해, 여성은 남성에게 '영원한 권력'을 확인시켜주는 존재이다. 한국 고전문학의 경우에는, 충신연주지사에서 "자신을 타자적 존재로 인식하는 특정 남성이 자기 정체성을 효과적으로 표현하기 위"해 "문학적 수단으로"서 "여성적 정체성"을 사용한 경우를 확인할 수 있다(Lawrence Lipking, *Abandoned Women and Poetic Tradition*, The University of Chicago Press, 1988, p.xvi, pp. 130~136. 박혜숙, 「고려속요의 여성화자」, 『고전문학연구』 14집, 한국고전문학회, 1998, 21면 참조).

10) Linda S. Kauffman, *Discourse of Desire : Gender, Genre, and Epistorary Fiction*, Ithaca : Cornell University Press, 1986, p.49. 정인숙, 「남성작 여성화자 시가에 나타난 목소리의 의미」, 『한국문학이론과 비평』 제21집, 한국문학이론과비평학회, 2003, 107면에서 재인용.

비천한 것, 금지된 것, 잃어버린 것, '남성적'이라고 생각되지 않는 것, 억압된 내면의 감정을 '여성'의 목소리를 빌어 표현했던 것으로 보인다.[11] 남성적 정체성의 테두리 안에서는 소외되고 추방당한 자신의 처지를 선뜻 받아들이기 어려웠고, 남성으로서 표현하기 어려운 껄끄러운 감정을 '여성'을 통해 간접적으로 드러낼 수 있었던 것이다.

1920년대에 창작된 김소월, 한용운, 임화의 시는 남성작 여성 화자 시의 전통적인 유형을 보여주면서, 한편으로 근대시의 형성 과정과 식민지 시대라는 역사적 현실, 그리고 '여성'이라는 기호가 문화 전반에 급부상하고 젠더 관계가 변화하기 시작하는 복합적인 상황에 놓여 있다. 근대 초기의 시인들에게 '여성'은 '시적인 것'을 강화하는 효과적인 기제로 인식되었고,[12] 개인의 내면과 감정 표현이 문화의 중심적인 화두로 떠오르는 상황에서 시(문학, 예술), 여성, 감정은 서로를 자극하는 주요한 원천으로 작용하였다. 김소월과 한용운의 시가 연애시의 형식을 취하고 있다는 점, 그리고 1920년대 시에 여성 화자와 여성의 묘사가 빈번히 등장하고 있다는 점은 당대의 복합적인 문화·역사적 상황과 관련되어 있을 것이다. 그 시대에 여성을 말한다는 것은 근대적인 사회

---

11) Lawrence Lipking, op. cit., p.144. 중국 서정시가에 나타난 여성 화자의 의미에 대해서는 Grace Fong, "Engendering the Lyric : Her Image and Voice in Song", ed. Pauline Yu, *Voices of the Song Lyric in China*, University of California Press, 1994, pp. 107~110.

12) 시와 여성의 관계는 고(稿)를 달리하여 살펴보아야 할 만큼 시의 전통에서 오래된 역사를 지닌 주제이다. 시를 '여성적인(feminine)' 장르로 인식하는 관점은 서양과 동양 문화권에서 두루 지속되어 왔다. 한국의 경우, 근대시 형성 과정에서 주요한 역할을 하는 시인들 가운데 특히 김억은 한국시의 여성화에 지대한 영향을 미친 인물이라고 할 수 있다. 김억이 주로 '시적인 것'이라고 생각한 특질들은 흔히 '여성적인 것'으로 분류되는 통념들과 많은 부분 겹쳐 있다. 그에게서 '시적인 것'과 '여성적인 것'은 '감정'을 통해 매개된다. 김억에게 근대 서정시는 구체적으로 "까닭없이 울고만 싶은 듯한 감정", "아름다운 설움과 사랑의 하소연", "애상"을 불러일으키는 것으로 인식되었고, "여성의 보드랍은 감정"과 "여류의 특유한 곡조높은 노래"가 시적 감수성에 적합하다고 보았다(박경수 편, 『안서김억전집5 : 문예비평론집』, 한국문화사, 1987, 231~242면).

경험의 중심부에 가까이 접근해 있다는 것을 의미했으며, 남성 시인들은 여성을 통해서 비로소 근대의 성애적·미학적 코드를 발견하기 시작했던 것이다.13) 그런 점에서, 1920년대 시에 나타나는 여성 화자는 전통 시가 유형과 서로 비슷한 점과 다른 점을 동시에 공유하고 있다. 성별적 타자의 목소리에 의탁해 시인의 내면을 표출하고 있다는 점, 그리고 여성 화자가 대체로 버림받았거나 고통 받는 처지로 형상화된다는 점은 시대를 통괄하는 공통점이라고 할 수 있을 것이다. 그러나 연군가를 지은 사대부 양반이나 유배지의 충신들과 달리, 1920년대의 근대 시인들에게 여성은 단지 특정한 개인이거나,14) 혹은 비유적 표현, 예술적 형상화의 효과적인 수단으로 그치는 것이 아니라 당대의 현실을 생생하게 환기시키는 물질적 실감으로 다가갔던 것이다. 이것은 20년대 남성 시인의 여성 화자 시가 매우 낯익은 전통적인 표지를 달고 있으면서 동시에 근대의 새로운 문화현상과 밀접하게 뒤얽혀 있음을 의미한다.15)

그러나 이처럼 감정, 욕망, 도덕, 정치가 복잡하게 뒤얽힌 1920년대의 현실적 맥락 가운데서, 한국의 학교교육과정에서 강조되는 것은 주로 도덕과 정치적 차원이다. 한국 문학사와 학교교육 현장에서 1920년대는

---

13) 한용운 시에서 "날카로운 첫 키스의 추억", "향기로운 님의 말소리" 등과 같은 시구들은 1920년대 식민지 문화의 과감한 성애적 욕망의 표현들과 어떤 식으로든 관련을 맺고 있다. 그간의 연구에서 이같은 성애적 묘사와 남녀관계의 표현들은 민족적·종교적 절대자를 향한 초월적 기호들로 해석되어 왔다.
14) 전통적인 충신연주지사 계열의 시가에는 사대부 남성이 실제의 대상으로서 특정한 군주에 대한 간언이나 충심을 표현한 작품들이 대부분을 차지한다.
15) 김소월 시에 나타난 '근대적 사랑'에 대해서는 이미 유종호, 심선옥이 주목한 바 있다. 유종호는 김소월이 "낭만적 사랑의 이념을 정서적으로 완전히 합법화시켰다는 점"에서, 심선옥은 "자아를 파괴하지 않고, 자아와 현실을 극복하는 힘으로 전화되는 새로운 형태의 사랑을 창조"했다는 점에서 그 '사랑'의 의미를 평가한다(유종호, 「임과 집과 길」, 신동욱 편, 『김소월』, 문학과 지성사, 1981, 127면. 심선옥, 앞의 논문, 187~192면 참조).

오랫동안 '3·1 운동의 실패와 좌절'이라는 정치적 맥락 속에 요약되어 왔다. 식민지의 역사적 상황이 드리우는 무게 앞에서 남성작 여성 화자 시가 근거한 다차원적인 상황은 단선화된다. 즉, 사랑의 열정과 고뇌, 육체적 욕망과 고통은 '인고(忍苦)'와 '한(恨)', 역경의 극복과 같은 초월적 차원으로 이월된다. 이때 초월의 매개가 되고 있는 것이 바로 여성이다. 김소월 시에서 "죽어도 아니 눈물 흘리우리다"(「진달래꽃」)라고 맵싼 결기를 보여주는 여성 화자, 또한 한용운 시에서 "님은 갔지마는 나는 님을 보내지 아니하였습니다"(「님의 침묵」)라고 강인한 소망과 의지를 표현하는 여성 화자의 반편에는 성별적 타자로서의 '님'이 존재한다. 여성과 남성의 성별 차이는 충신-군주, 희생적 여인-남성적 영웅, 식민지 백성-빼앗긴 조국 등의 관습적 이항 대립 속에서 선명하게 재생된다. 그런데 이때 절절한 감정적 호소의 주체로서의 여성이 근거한 성별 차이는 역설적이게도 여성이 차이를 넘어서 존재한다는 사실에 있다. 그리움, 상실감, 기다림의 주체로서 여성 화자의 타자적 위치는 남성과의 성차를 뚜렷하게 부각시키는 방식으로 제시되고 있지만,16) 최종적으로 여성은 대립을 포용하는 통합적 주체로서 성립된다. 즉, 여성적 표지를 강하게 드러내는 남성시의 여성 화자는 여성이면서 여성이 아닌 존재로서 초월적 차원에 놓이게 되는 것이다. 여기서 초월적이고 통합적인 주체로서의 여성은 '민족', '전통', '종교', '계급' 등과 결부됨으로써 여성적 성별 기호의 차원을 넘어서게 된다. 한국 근대시의 초월 지향성과도 관련된 이같은 과정은 일반적 특질이나 상황을 여성적인 것으로 귀속시킴으로써 특수한 것으로 규정해버리는 여성화 전략에 바탕을 두고 있다. 가령, 사랑, 실연(失戀), 식민성, 육체적 고통, 현실적 역경과 같이 성별 구분을 떠나 누구에게나 다가갈 수 있는 일반적 상황을 '여성

---

16) 흔히 여성 화자 시의 특성으로 논의되는 여성적 어조와 성별 표지 등이 이러한 경향을 강화한다.

적 특성'과 결부시킴으로써, 감정 / 이성, 억압 / 지배, 여성 / 남성, 자연 / 문명, 전통 / 근대 등의 성별 구분을 매우 자명한 것으로 만드는 문화적 기제를 작동시킨다. 그리고 이항 대립의 한 짝들과 새로운 관계를 구성하는 '여성'이라는 기호는 '모성적 자연', '조국의 어머니', '영원한 여성' 등과 같은 조화와 통일성을 구현한 절대적 주체로서, 이미 "성별 차이를 넘어선 존재로서 성별화"[17]된다.[18]

김소월 시에 나타난 '인고(忍苦)'와 '정한(情恨)'의 여성, 그리고 한용운 시에 나타난 종교적·민족적 절대자로서의 '님'은 이처럼 여성이 초월적 존재로 성별화되는 과정에서 탄생한 새로운 기호들이다. 7차 교육과정에서 새로 수록된 임화의 「우리 오빠와 화로」역시 앞의 두 시인의 경우와는 현실적 맥락을 달리하지만, 성별적 이항 대립과 여성화 전략의 실례를 보여주는 작품이라고 할 수 있다.

  …(생략)… 오빠를 파란 얼굴에 피곤한 웃음을 웃으시며
  ……네 몸에선 누에 똥네가 나지 않니 – 하시던 세상에 위대하고 용감한 우리 오빠가 왜 그날만
  말 한 마디 없이 담배 연기로 방 속을 메워 버리시는 우리 우리 용감한 오빠의 마음을 저는 잘 알았어요
  천정을 향하여 기어올라가던 외줄기 담배 연기 속에서 – 오빠의 강철 가슴 속에 박힌 위대한 결정과 성스러운 각오를 저는 분명히 보았어요
  …(생략)…
  오빠 – 그러나 염려는 마세요
  저는 용감한 이 나라 청년인 우리 오빠와 핏줄을 같이 한 계집애

---

17) 리타 펠스키, 김영찬·심진경 역, 『근대성과 페미니즘 : 페미니즘으로 다시 읽는 근대』, 거름, 1998, 95면.
18) 한국 사회에서 소비되는, 여성의 신화적 기호 가운데 '슈퍼 우먼', '억척 모성', '민족의 어머니' 등은 기본적으로 이같은 이항 대립에 바탕을 두고 그것을 넘어선 존재로서 성별화하는 과정을 통해 탄생된 기호들이다.

이고
    영남이도 오빠도 늘 칭찬하던 쇠같은 거북무늬 화로를 사온 오빠의 동생이 아니예요…(생략)… 그리고 오빠……
    저뿐이 사랑하는 오빠를 잃고 영남이뿐이 굳세인 형님을 보낸 것이겠습니까
    슬ㅎ지도 않고 외롭지 않습니다
    세상에 고마운 청년 오빠의 무수한 위대한 친구가 있고 오빠와 형님을 잃은 수없는 계집아이와 동생
    저희들의 귀한 동무가 있습니다
    그리하여 이 다음 일은 지금 섭섭한 분한 사건을 안고 있는 우리 동무의 손에서 싸워질 것입니다
    오빠 오늘 밤을 새워 이만 장을 붙이면 사흘 뒤엔 새 솜옷이 오빠의 떨리는 몸에 입혀질 것입니다
    이렇게 세상의 누이동생과 아우는 건강히 오늘 날마다를 싸움에서 보냅니다
    영남이는 여태 잡니다 밤이 늦었어요 — 누이동생

                                - 임화, 「우리 오빠와 화로」 중에서

    임화의 「우리 오빠와 화로」는 카프의 방향 전환에 따른 대중화 전략의 차원에서 적극적으로 기획된 이른바 '단편 서사시' 계열의 작품이다. 노동 운동을 하는 '오빠'가 체포된 후, 남아 있는 '누이 동생'의 목소리를 통해 사건이 이야기되는 이 시에서 '희생적 여성'과 '영웅적 남성'의 이항 대립은 되풀이된다. "용감한 이 나라 청년인 우리 오빠와"와 오빠의 친구들은 '누이 동생'의 묘사적 진술과 그들에 대한 무한한 존경과 사랑의 감정을 통해서 전달되며, 어린 '아우' 또한 "우리들의 조그만 '피오닐' 조그만 기수"로서 미래의 '용감한 청년'으로 형상화된다. 반면, '아우'와 더불어 오롯이 남게 된 '누이 동생'은 오직 "위대하"고 "용감한 청년"의 일을 위해서 기다림과 견딤의 자세를 가다듬으며, "이만장"

의 "봉투"를 붙이는 노고와 "날마다"의 "싸움"을 기꺼이 감수한다. '누이 동생'은 결국, "오빠—그러나 염려는 마세요", "슬ㅎ지도 않고 외롭지도 않습니다"라고 개인적 감정을 절제하면서 "모든 어린 '피오닐'의 따뜻한 누이"라는 초개인적 존재로 초월되기에 이른다.

 김소월, 한용운, 임화의 여성 화자 시는 시인의 이력과 창작 배경 면에서 나타나는 차이에도 불구하고, 몇 가지 공통적인 수사적 특징을 보여준다. 구체적으로, 시적 공간의 한 편에 여성의 고통과 근심, 슬픔이 존재하며, 다른 한 편에는 영웅, 애인, 또는 절대자로서의 남성이 배치되고 있다는 점, 무엇보다 남성의 시선을 통과한 여성의 목소리를 통해서만 영웅적 남성의 형상이 존재할 수 있다는 점, 마지막으로 절절한 감정으로 가득 찬 시적 공간 내에서 막상 여성 화자의 감정은 극도로 절제되거나 끝내는 초극되고 있다는 점 등을 공통점으로 들 수 있을 것이다. 세 시인의 시를 통해서 볼 때, 교과서에 수록된 남성작 여성 화자의 시는 결론적으로 '여성'을 통해서 정전으로서의 지위를 강화하고 있다고 요약할 수 있다. 이들 시에서 젠더화된 화자로서의 '초월적 여성'은 1920년대의 여성이 드러내는 생생한 질감의 살을 지우며, 보다 '숭엄한' 거대 서사와 결부되는 방식을 통해서 그 초월적 지위를 획득한다. 그러나 여성이 초월적 존재로 새롭게 형성되는 이 과정에서, 역설적이게도 여성은 여전히 타자의 위치에 자리하며 또한 엄격한 젠더 구분의 틀을 결코 벗어나지 못한다. 결국 한국 근대시사에서 하나의 이념형으로서의 여성이 생성되는 과정은 여성을 지극히 젠더화된 존재로 틀 지우는 과정, 그러한 방식으로 규정된 '여성성' 속에 일반적인 특질들을 귀속시키는 과정을 통해서 이루어진다.

3. '버림받은 여성'의 이중적 기호

교과서 수록 시에서 여성이 재현되는 방식은 시적 화자를 통해서뿐만 아니라 시적 대상을 통해서도 확인된다. 비록 남성의 시선을 통과한 방식이긴 하지만 남성 시인의 여성 화자 시에서 여성의 목소리가 전면에 등장하는 반면, 여성이 시적 대상으로 등장하는 시에서 여성은 남성 화자의 시선에 의해 부분적으로 가려지거나 변형된다. 7차 교육과정에 따라 개정된 문학 교과서 수록 시 가운데 백석의 「여승」(6종),[19] 서정주의 「신부」(4종), 조지훈의 「승무」(3종), 김소월의 「접동새」(3종) 등이 바로 여성이 시적 대상화되는 시에 해당된다. 이들 시에서 여성은 남성 화자가 이끌어가는 시 속 이야기의 주체로서, 매우 비참하고 딱한 사연의 주인공으로 등장한다. 앞 절의 여성 화자들과 마찬가지로 그녀들 역시 '버림받은' 여성들이다. 다만 앞 절에서 '위대한' 남성과 그를 기다리는 여성이 동시에 초월적·절대적 존재로 격상되었다면, 좀더 수동적인 위치에 놓인 이 절의 여성들은 남성적 시선의 베일 속에서 신비감을 유지하고 있다. '버림받은' 여인들은 그렇게 버려진 채로 영원히 떠도는 이야기의 주인공으로서 신화화된다.

新婦는 초록 저고리 다홍치마로 겨우 귀밑머리만 풀리운 채 新郎하고 첫날밤을 아직 앉아 있었는데, 新郎이 그만 오줌이 급해져서 냉큼 일어나 달려가는 바람에 옷자락이 문 돌쩌귀에 걸렸읍니다. 그것을 신랑은 생각이 또 급해서 제 新婦가 음탕해서 그 새를 못 참아서 뒤에서 손으로 잡아다리는 거라고, 그렇게만 알곤 뒤도 안 돌아보고 나가 버렸읍니다. 문 돌쩌귀에 걸린 옷 자락이 찢어진 채로 오줌 누

---

[19] 모두 11종의 『문학』 교과서 가운데 6종의 교과서에 중복 수록되었다. 이하 괄호 안의 숫자는 작품이 중복 수록된 교과서의 수를 가리킨다.

곤 못 쓰겠다며 달아나 버렸습니다.

   그러고 나서 四十年인가 五十年이 지나간 뒤에 뜻밖에 딴 볼일이 생겨 이 新婦네 집 옆을 지나가다가 그래도 잠시 궁금해서 新婦방 문을 열고 들여다보니 新婦는 귀밑머리만 풀린 첫날밤 모양 그대로 초록 저고리 다홍치마로 아직도 고스란히 앉아 있었습니다. 안쓰러운 생각이 들어 그 어깨를 가서 어루만지니 그때서야 매운재가 되어 폭 삭 내려앉아 버렸습니다. 초록 재와 다홍 재로 내려앉아 버렸습니다.
- 서정주, 「신부」 전문

   3인칭 서술자의 전지적 시점에서 서술되는 이 시에는 '新郞'과 '新婦'라는 두 주인공이 등장한다. 서술자의 진술은 주로 남성 주인공의 내면과 일치된 시점에서 이루어지고, 여성은 남성의 시선에 의해 '보여지는' 위치, "四十年인가 五十年"을 무작정 '新郞'을 기다리는 위치에 놓여져 있다. 남겨진 존재, 기다림의 주체로서의 여성의 운명은 오직 '신랑'에 의해서만 변화될 수 있다. '신랑'의 손길이 닿자마자 "그때서야" 비로소 '신부'에게 내려졌던 주술은 풀리지만, 기다림에 지쳐 "재로 내려앉"은 뒤에도 '신부'는 여전히 "초록재 다홍재"의 자취를 완전히 떨쳐버리지 못한다. 한편으로 그녀는 '신랑'의 손길이 닿기 전에 이미 죽은 존재였고, 또 한편으로는 목숨이 끊긴 뒤에도 여전히 '신부'로서의 운명을 벗어나지 못하고 있다. '버림받은' 존재로서의 '신부'는, 버려진 처지에서도 '신랑'이라는 존재에 강력히 묶여 있는 것이다. 여기에 남성적 서술자[20]의 시선은 '신부'를 시각적으로 대상화하는 데 효과적으로 기여한다. 여성은 두 명의 남성 - 도망간 '신랑'과 남성 서술자의 시선에 갇힌 채 '신부'로서의 운명에 순응한다. 그런데 이 시에서 '버림받은 신부'라

---
20) 서정주의 다른 시들에 참조해볼 때 이 시의 화자 역시 남성 서술자로 볼 수 있는 가능성이 높다. 특히 「新婦」가 수록된 『질마재 신화』에는 화자가 뚜렷하게 성별적 표지를 드러내는 시들이 여러편 수록되어 있다.

는 여성의 운명에 여성의 섹슈얼리티에 관한 소문과 통제가 개입되는 과정은 흥미롭다. '음탕'한 여인은 버림받아 마땅하며 여성의 섹슈얼리티는 궁극적으로 관리되어야 하는 위험한 것이라는 관념, 그러나 그러면서도 동시에 여성을 성적 대상화하는 남성 서술자의 시선에 의해 여성의 이미지는 만들어진다. 비극성과 에로티시즘, 그리고 불안과 두려움, 안쓰러움과 연민의 감정이 복합적으로 결합된 남성들의 시선에 의해서 '첫날밤에 버려진 신부'의 이야기는 신화화된다. 특히 이야기꾼으로서의 서술자의 위치는 언제든 '신부'를 극적인 모티프와 결합시키며 영원히 회자되는 비극적 이야기의 주인공으로 설정시키고 있다.

교과서에 등장하는 비운의 여주인공은 '버림받은 신부' 이외에도 '죽은 누이'(「접동새」, 김소월)와 '여승'(「여승(女僧)」, 백석·「승무(僧舞)」, 조지훈) 등이 있다. 김소월 시에서 '의붓 어미의 시샘에 죽어서 접동새가 된 누나'는 '악녀/성녀'의 오래된 설화적 모티프를 반복·변주하면서 '가엾은 누이'[21)]의 기호를 만들어낸다. 여기에 접동새 울음소리가 환기하는 강렬한 청각적 이미지는 '가엾은 누이'의 기호를 확대시키는 역할을 한다. 그 외에도 조지훈의 「승무」는 비운의 여성을 대상화하는 남성 화자의 시선을 좀더 뚜렷하게 형상화하고 있다. 주로 '승무(僧舞)'를 추는 '여승'의 외적 묘사에 집중하고 있는 이 시에서 '여승'은 미와 순결, 그리고 세속적 번뇌와 종교적 해탈을 아울러 표상하는 대상이다. 아름다우면서 또한 연민과 경외심을 동시에 불러일으키는 '여승'은 남성의 결핍된 존재로서 만들어지는 또 하나의 초월적 기호라고 할 수 있다. '여승'을 대상화한 또 다른 작품인 백석의 시에는 비운의 여성으로서 '여승'

---

21) 「우리 오빠와 화로」를 비롯한 임화의 '네 거리' 계열의 시 역시 '가엾은 누이'의 변주로 볼 수 있다. 또한 한국근대문학사를 '풍속사'의 관점에서 분석한 이경훈의 논의에 따른다면, "오빠-누이 구조"의 변형으로도 볼 수 있다(이경훈,『오빠의 탄생 : 한국 근대 문학의 풍속사』, 문학과 지성사, 2003, 42~75면 참조).

의 사연이 소개된다.

> 여승(女僧)은 합장(合掌)하고 절을 했다
> 가지취의 내음새가 났다
> 쓸쓸한 낯이 옛날같이 늙었다
> 나는 불경(不經)처럼 서러워졌다
>
> 평안도(平安道)의 어느 산 깊은 금덤판
> 나는 파리한 여인에게서 옥수수를 샀다
> 여인은 나 어린 딸아이를 따리며 가을밤같이 차게 울었다
>
> 섶벌같이 나아간 지아비 기다려 십년(十年)이 갔다
> 지아비는 돌아오지 않고
> 어린 딸은 도라지꽃이 좋아 돌무덤으로 갔다
>
> 산꿩도 섧게 울은 슬픈 날이 있었다
> 산절의 마당귀에 여인의 머리오리가 눈물방울과 같이 떨어진 날이 있었다
>
> — 백석, 「여승」 전문

7차 교육과정에서 모두 11종의 문학 교과서 가운데 6종에 수록된 이 시는 교육 현장에서 비교적 문학교육적 가치를 인정받고 있는 작품이다. 특히, 임화로부터 촉발된 1930년대 '이야기 시'의 전통에 속하는 이 시의 특징은 시적 화자의 담담한 어조와 객관화의 시선, 그 가운데서도 백석 특유의 복합적인 이미지와 비유적 표현을 통해서 주관적 정서를 효과적으로 대상화하는 시적 방법에 기인한다. 가령, "가지취의 내음새가 났다", "가을밤같이 차게 울었다", "산꿩도 섧게 울은 슬픈 날" 등의 표현은 시적 공간 내에 청각과 후각, 시각적 이미지를 복합적으로 배치하여, 시적 대상을 감각적으로 환기시키는 역할을 하고 있다. 뿐만 아니라

'여인'의 복받치는 감정과 시적 화자의 감정을, 마치 사물을 건너다 보듯 시각적으로 대상화함으로써, 그들을 바라보는 독자의 감정마저도 시적 공간에 몰입시키는 효과를 낳는다. 그런데 이같은 감각적 이미지는 궁극적으로 '여인'의 비극적인 운명을 형상화하는 매우 효과적인 예술적 장치로 기여한다. 떠나간 남성과 그를 기다리는 여성의 대립 구조는, 여성을 형상화한 대부분의 시들과 마찬가지로 이 시에서도 되풀이되며 기다림의 고통에 지친 여성은 마침내 '여승'이 되어 세속을 등진다. 특히 시간을 역행하며 다시 돌아오는 회고자로서의 화자의 시점은 '여승'을 먼 거리에서 조망할 수 있는 안정된 자리를 제공한다. 파노라마처럼 펼쳐지는 시간의 풍경을 따라, 독자들은 풍경 너머의 초월적 공간에 놓인 '여승'의 삶을 거리를 두고 관찰할 수 있게 된다.

이상에서 살펴본 김소월, 조지훈, 서정주, 백석 등의 시에서 '여성'은 '죽음' 또는 '종교적 입사'에 의해 비극적 운명을 마무리한다는 공통점을 지닌다. 가난, 이별, 성(性), 자식의 상사(喪事) 등 애끊는 고통과 세속적 욕망을 제어하면서, '여성'은 현실의 번잡함을 넘어선 다른 세계-초월적 영역에 자리하게 된다. 이들의 고통, 욕망, 번뇌가 크면 클수록 그것과 대비된 초월적 세계는 더욱 강력한 크기로 다가온다. '버림받은 여성'은 '죽음'과 '종교'가 환기하는 영원성의 영역에서 가까이 범접할 수 없는 신비의 여성으로 상징화된다. 이들 네 명의 남성 시인들에게 '여성'은 이중의 기호로 작동하는 복합적인 존재라고 할 수 있다. 이들에게 '여성'은 일단 현실의 복잡성과 갈등을 가장 강렬하게 환기시키는 대상이다. 남성 시인들은 '여성'을 통해서 삶의 비참, 도저히 극복할 수 없는 가난, 풀리지 않는 인간관계의 갈등, 죽음이라는 인간의 유한성, 아울러 식민지 근대의 가속적인 변화를 읽는다. 그러나 동시에 이들 앞에 '여성'은 현실 안에서 현실을 초월하는, 그리고 근대성 자체 안에 있는 전근대적인 것을 상징하는 암호[22]로 반복적으로 불려 나온다. 현실

너머의 초월적 공간에서 '여성'은 근대의 피로에 젖은 남성들에게 위안과 정서적 충만의 대상으로 존재하는 것이다.

4. 여성의 '여성', 이상화된 여성성

　남성 시인들의 작품에 화자와 시적 대상으로서 등장하는 여성이 다수인 반면, 교과서에 수록된 여성 시인의 작품은 극히 소수에 불과하다. 해방 이후부터 6차 교육과정까지 '국어' 교과서에 수록된 여성시로는 노천명의 「만월대(滿月臺)」, 「장날」, 「촌경(村景)」, 「푸른 오월」, 「사슴」, 그리고 모윤숙의 「국군은 죽어서 말한다」, 「어머니의 기도」, 마지막으로 김남조의 「겨울 바다」, 「설일(雪日)」 등이 있다. 열거된 목록에서 확인할 수 있듯이, 일단 수록 대상이 특정한 몇몇 시인에 집중될 뿐 아니라 이들의 작품이 번갈아 수록되었다. 7차 교육과정에서는 강은교의 「우리가 물이 되어」와 김남조의 「설일」이 각각 3종의 교과서에 수록됨으로써 비교적 비중 있게 다루어졌고, 그 외에 나희덕의 「오분간」, 최영미의 「선운사에서」 등이 새로 추가됨으로써 여성시 수록 양상에 큰 변화를 보이고 있다.[23] 앞 세대의 시인들이 대체로 여성 문학인의 활동이 극히 한정되었던 '여류'문인 세대에 속한다면,[24] 7차 교육과정에서 이루어진 여성시의 다수 수록 양상은 1990년대 이후 여성 문학의 주목되는 성과에서 비롯된 결과일 것이다.

---

22) 리타 펠스키, 김영찬·심진경 역, 앞의 책, 98면.
23) 소설의 경우에도 양귀자의 「원미동 사람들」, 「한계령」, 신경숙의 「외딴 방」, 최윤의 「푸른 기차」 등 여성 작가의 작품이 많이 추가되었다.
24) 박정애, 「'여류'의 기원과 정체성」, 인하대학교 국어국문학과 박사논문, 2003, 39~40면 참조.

교과서 수록 시에 재현된 '여성'의 기호에 관심을 갖는 이 논문의 관점에서, 시인의 성별은 시에 재현된 '여성성'과 관련해서만 의미를 갖는다. 다시 말해, 이 글의 관심은 여성시 또는 여성 시인 자체에 있는 것이 아니라 성별을 총괄해 교과서에서 여성이 어떻게 재현되고 있는가에 있다. 이같은 관점에서 볼 때, 남성 시인들의 작품에서 여성이 '보여지는' 위치, 또는 대신 말해주는 위치에 놓이는 반면, 여성 시인들의 시에서 여성은 스스로 말하는 위치에 놓인다고 기대할 수 있다. 그러나 남성 시인의 시에 나타난 '여성'의 이미지가 그들의 부재하는 욕망의 기호로서 만들어진 것이라고 한다면, 여성이 스스로에 대해 지닌 이미지 역시 남성의 시선이나 사회적 통념으로부터 완전히 자유롭다고 볼 수 없다. 모든 여성 문학인의 글은 자율적인 여성에 의해서 쓰여진 것이라거나 혹은 모든 여성적인 것을 긍정적인 것으로 보는 시각을 부정하면서, 이 절에서는 '여성이 말하는 여성', '여성이 기대하는 여성'의 재현 양상에 주목하고자 한다.

해방 이후 국어·문학 교과서에 다수 수록된 모윤숙, 노천명의 시는 '섬세하고 감상적이며 모성적인' 의미로 분류되는 극히 '여성적인' 시의 유형에 해당된다. 김원주, 김명순, 나혜석 등 1세대 여성 문학인들이 여성에 대한 일반적인 사회적 편견으로 인해 크게 장애를 겪었던 데 비해, 2세대에 속하는 모윤숙, 노천명은 1930년대, 이미 제도화된 근대적 문학 공간이 소수의 여성에게 할당한 영역에서 비교적 안정된 활동을 지속할 수 있었다. 해방 직후에서 1990년대에 이르기까지 급격한 역사적 변화 과정 속에서도 오랫동안 두 시인의 시가 여성시를 대표했던 이유 또한 이들의 작품이 여성에게 배정된 특정한 역할을 충실하게 이행해왔기 때문이라고 볼 수 있다. "모가지가 길어서 슬픈 짐승이여"(「사슴」, 노천명)로 대표되는, 비극적이고 감상적인 여성의 형상, 그리고 모든 개인적 고통과 국가적 위기를 포용하는 통합적 주체로서의 모성(모윤숙의

「국군은 죽어서 말한다」, 「어머니의 기도」)은 두 시인이 내면화한 '여성성'의 특질을 집약하는 것이다. 이들 여성 시인이 스스로에게 부과한 '여성성'은 남성 시인이 규정한 '여성성'과 본질적으로 크게 다르지 않다. 어떤 면에서는 여성 시인들이 오히려, 남성의 시선에 의해 투과된 이미지와 자신을 동일시하며, 대상화된 여성의 기호를 창출하기도 한다. 특히 모윤숙은 특화된 여성성으로서의 '모성'을 '민족'이라는 거대서사에 결합시키며 근대의 젠더 분리 전략에 편승해나간 경우라고 할 수 있다. 모윤숙의 시는 남성 시인들의 작품에 나타난 '초월적 여성'의 기호를 더욱 적극적이고 전략적으로 내면화함으로써 '민족의 어머니'라는 이데올로기화된 기호를 재생산하고 있다.

   모윤숙, 노천명을 교과서 1세대 여성 시인이라고 부를 수 있다면, 2세대에 속하는 김남조,[25] 강은교, 나희덕, 최영미의 시는 좀더 폭넓은 작품 경향을 보여준다. 앞 세대의 경우, 교과서 수록은 일종의 여성 할당제의 차원에서 소수의 여성 작가에게 배분된 몫으로 보아야 할 것이다. 그에 비해, 7차 교육과정 교과서의 여성시는 시인이 '여성'이기 때문에 수록되었다기보다는, 주목받는 '시인'의 한 사람으로서 선택되었다는 의미가 강하다. 그럼에도 불구하고, 교과서에 수록된 이들 여성 시인들의 작품은 여성적 모티프와 관련해 일정한 경향을 보여주고 있다. 먼저, 최영미의 「선운사에서」는 가장 전형적인 여성적 테마의 하나라고 할 수 있는 '버림받은 여성'을 형상화한다.

   꽃이
   피는 건 힘들어도
   지는 건 잠깐이더군

---

[25] 김남조의 경우, '교과서 1세대'와 2세대에 걸쳐 연이어 교과서에 작품이 수록되는 시인이다.

골고루 쳐다볼 틈 없이
　　님 한 번 생각할 틈 없이
　　아주 잠깐이더군

　　그대가 처음 내 속에 피어날 때처럼
　　잊는 것 또한 그렇게
　　순간이면 좋겠네

　　멀리서 웃는 그대여
　　산 넘어 가는 그대여

　　꽃이
　　지는 건 쉬워도
　　잊는 건 한참이더군
　　영영 한참이더군

— 최영미, 「선운사에서」 전문

　　사랑의 시작과 끝을 꽃이 피고 지는 자연의 순환에 비유하고 있는 이 시는, 해마다 되풀이되는 계절, 다시 피는 꽃과 달리, 다시는 돌아오지 않을 사람("그대", "님")과의 이별을 절절히 표현하고 있다. 이 시의 백미라고 할 수 있는 부분은, 사랑의 열정과 이지러짐을 꽃의 피고 짊에 비유함으로써, 사랑 이전과 이후의 시간, 그리고 꽃이 떨어지는 극히 짧은 순간과 이별 이후의 긴 시간을 대조시키고 있다는 점에 있다. 최영미 시의 특장은 그녀의 시가 재현하는 어떤 '여성성'과 긴밀히 관련되어 있다. 그녀의 '여성'은 남성 시인의 여성 화자 시가 보여주는 에로틱하고 감정적인 면모를 더욱 강화시킨 존재이다. 여성 화자의 예민한 감수성의 표현은 시인의 성별과 겹쳐짐으로써 '사랑 끝에 혼자 남은 여성'의 아픔과 내면의 상처를 부각시키고 있다. 그런 점에서, 결국 최영미

시의 '여성'은 남성의 시선에 의해 보여지는 '여성'의 형상을 확대재생산함으로써 시적 전통에서 지속되었던 젠더 구분의 논리를 반복하고 있다고 말할 수 있을 것이다.

강은교, 나희덕, 김남조의 경우에도, 각 시인들의 시적 성취나 경향과는 관계없이, 교과서에 수록된 작품들은 대체로 어떤 의미로든 '여성성'이 강조되고 있는 시들이다. 예를 들어, 나희덕의 「오분간」은 모성으로서의 여성의 고유한 시간 경험을 그리고 있고, 김남조의 「설일(雪日)」과 강은교의 「우리가 물이 되어」에는 생명의 충일감과 조화로운 합일의 경험이 형상화되어 있다. 특히 강은교의 시는 물/불의 대립을 통해 궁극적으로 화합과 조화, 생명의 세계를 지향하고 있다.

우리가 물이 되어 만난다면
가문 어느 집에선들 좋아하지 않으랴.
우리가 키 큰 나무와 함께 서서
우르르 우르르 비오는 소리로 흐른다면.

흐르고 흘러서 저물녘엔
저 혼자 깊어지는 강물에 누워
죽은 나무 뿌리를 적시기도 한다면.
아아, 아직 처녀인
부끄러운 바다에 닿는다면.

그러나 지금 우리는
불로 만나려 한다.
벌써 숯이 된 뼈 하나가
세상에 불타는 것들을 쓰다듬고 있나니.

만 리 밖에서 기다리는 그대여
저 불 지난 뒤에

흐르는 물로 만나자.
푸시시 푸시시 불 꺼지는 소리로 말하면서
올 때는 인적 그친
넓고 깨끗한 하늘로 오라.

- 강은교, 「우리가 물이 되어」 전문

이 시에서 '물'은 생명과 운동의 상징이다. 죽은 목숨을 살려내고 쉼 없이 움직이며 '흐르는 물'은, '불'로 상징되는 갈등과 투쟁의 상태를 넘어서 궁극에는 조화와 포용의 공간에 닿고자 한다. 이때 갈등과 충돌을 넘어선 시원(始原)의 공간, 소외되지 않고 파편화되지 않은 정체성의 표상으로서의 자연은 '여성'의 이미지를 강하게 환기시키고 있다. 잉태 및 출산의 능력과 관련되어, 일반적으로 여성을 '훼손되지 않은 자연', 혹은 '원초적 생명의 공간'에 비유하는 일은 비단 한국 문학뿐만 아니라 동서양의 많은 작품에서 관행처럼 이루어져 왔다. 구체적으로, 시 장르에서 여성은 흔히 그 자체로 완전한 것으로서의 자연을 상징하며 근대적 갈등 및 대결의 삶과 대비되는 존재로 비유되었다. 그런데 이같은 경향은 비단 남성 작가들에게서만 그치지 않는다. 페미니즘, 특히 에코 페미니즘에서는 모성적 여성성을 여성적 글쓰기의 고유한 특질과 연결지어 해석해 왔다. 남성뿐만 아니라 여성 자신들에게까지 '여성'은 근대의 피폐한 삶의 너머에 있는, 지극히 안정되고 정서적으로 충만한 세계의 기호로 작용해왔던 것이다. 그러나 여성과 남성 모두에게 이러한 관점은, 여성적인 것을 여성의 특수한 경험이나 여성 텍스트에 내재된 특성으로 한정하고, 하나의 이상화된 것으로서의 여성적인 이미지를 고정시키는 결과로 귀결될 수 있다. 이렇게 고정된 여성의 형상은 성별 이분법의 논리를 다시금 강화하면서, 여성을 근대 바깥의 진공의 공간에 놓인 '순수'한 존재로 상상하는 하나의 패턴화된 이미지를 반복해 왔다.

　한국 교과서 가운데 가장 많은 교과서에 수록된 김남조와 강은교의 시는 이상화된 여성성, 혹은 특정화된 여성성의 이미지와 관련되어 있다. 비단 이들뿐만 아니라 교과서 수록 여성 시인의 시에서 '여성'은 많은 부분 '착한 엄마', '자애로운 어머니'를 닮아있거나 또는 '버림받은 여인'의 이미지를 재생산한다. 실제로 자족과 평안으로서의 '영원한 여성성', 그리고 실연의 슬픔에 잠긴 '비련의 여성'은 '생명', '자연', '감정' 등의 매우 친근한 시적 테마를 표현하는 데 편리하게 사용되어 온 것이 사실이다. 그러나 '여성적인 것'이란 무엇이며, 또한 '여성적인 것'에 관한 물음을 설정한다는 것 자체가 지니는 함의는 과연 무엇인가. 여성적인 것이란 여성의 경험과 목소리를 잘 드러내는 것을 의미하는가. 만약 그렇다면, 여성의 '어떤' 경험과 목소리를 드러내야 하는가. 이 같은 물음과 관련해 돌이켜 볼 때, 남성과 여성을 막론하고 우리 교과서 수록 시에 재현된 '여성'의 양상은 지극히 제한되어 있다. 교과서의 '여성'들은 여성적 경험의 일부, 혹은 젠더 구분을 넘어 어떤 인간이든 경험할 수 있는 삶의 부분을 드러내고 있지만, 그 제한된 기호가 반복적으로 재현될 때 '여성'은 관습적 메타포로 박제화된다. 따라서 문제는 '여성적인 것'의 정의를 찾고 여성적 특수성을 설정하는 것이 아니라, '여성'이라는 기호 자체에 놓인 복잡한 매개 관계를 드러내는 일일 것이다. 그리고 그것은 '여성'이 내포한 연관 관계에 주목하되 '여성'을 벗어나는 시선에 의해서 비로소 포착될 수 있을 것이다.

5. 여성과 문학의 정전성

제7차 교육과정에 따라 개정된 새 국어·문학 교과서는 이전 교과서에 비해 제재 면에서 큰 변화를 보인다. 카프 및 월북 작가뿐만 아니라 90년대 이후의 최근 작품, 그리고 학생이나 비전문인의 작품, 또한 조선족 작가와 북한 작가, 심지어는 친일 문학작품에 이르기까지, 시대와 지역, 작가의 연령과 이데올로기를 막론하고 다양한 작가·경향의 작품을 수록하고 있다. 여성의 경우에도, 일단 교과서에 수록된 여성 작가·시인의 작품이 크게 늘어났을 뿐만 아니라 새로운 세대의 작품까지 포괄하고 있어, 6차 교육과정 이전의 교과서와는 크게 변화된 면모를 보여준다.26) 다시 말해, 국어·문학교육의 강의 요목 구성이라는 면에서 7차 교육과정 교과서는 이전 시대에는 상상할 수 없었던 혁신적인 변화를 시도하고 있는 셈이다. 교과서 작품 수록 면에서 나타나는 이같은 변화는 크게는 90년대 이후 우리 사회의 변화와 국어교육 현장의 다각적인 모색 과정에서 비롯된 것이라고도 할 수 있고, 미시적으로는 교과서 집필 구성원이 대거 세대 교체됨으로써27) 그들 세대의 문화적 경험을 반영하는 작품들과 90년대 이후의 새로운 작품들이 다수 첨가되었다고 보는 것이 타당할 것이다.

그러나 교과서 수록 작품의 변화를 통한 강의 요목의 변화가 곧 한국문학의 정전성(canonicity)의 변화라고 보는 것은 이른 판단일 것이다. 정

---

26) 7차 교육과정 교과서 내용의 구체적 변화에 대해서는 박기범, 「제7차 교육과정에 따른 문학 교과서의 내용 분석 연구」, 『문학교육학』 11호, 한국문학교육학회, 2003, 93~106면 참조.
27) 7차 교육과정 교과서 집필진의 인적 정보에 대해서는 김창원, 「문학 교과서 개발에 대한 비판적 점검 – 제7차 고등학교 「문학」 교과서를 예로 들어」, 『문학교육학』 11호, 한국문학교육학회, 2003, 77~79면 참조.

전론의 학자들이 지적하듯이, 강의 요목이 바뀐다고 해서 쉽게 정전 구성의 변화가 일어나는 것은 아니다.[28] 정전은 현실로 존재하는 목록을 구현함으로써가 아니라 개별 텍스트들로 하나의 전통을 소급·구성함으로써 가상의 총체성을 이룩한다.[29] 그 전통에 새로운 작품이 추가되고 탈락되기도 하지만, 문화적 동질성으로서의 정전성은 기본적으로 크게 변화하지 않는다. 일반적으로 정전 목록이 변화되었다고 보는 것은 시대 변화에서 오는 인상에서 기인하는 바가 더욱 크다. 우리의 경우, 1946년 미군정청 문교부에서 첫 국정 교과서가 발간된 이후 1958년도 1차 교육과정기까지 극심한 정치적 변화 속에서 많은 작품들이 교과서에 수록되고 다시 탈락되는 변화를 겪지만, '순수문학'과 '민족주의' 담론을 중심으로 하는 정전성은 기본적인 주조를 이루고 있다.[30] 이후 수차례의 교육과정 개정에 따라 교과서 수록 작품 목록 또한 계속해서 변화하지만, 이 과정은 실상 '순수'와 '민족' 중심의 한국 문학 정전 구성이 교과서 작품이라는 제도적 장치를 통해 그 실질적인 기반을 확보하게 되는 과정이라고 할 수 있다.

카프 문인에서 친일 문학, 그리고 90년대 이후 젊은 작가의 작품에 이르기까지 다양한 성향의 작품을 수록하고 있는 7차 교육과정 교과서 역시 전반적으로 한국 문학의 정전성의 기본 주조에서 크게 벗어나지 않는다. 구체적으로, '좌익', '월북 작가'라는 표찰을 달고 정치적 이유로 그 수록이 금지되었던 임화의 「우리 오빠와 화로」는 90년대 이후 민

---

28) John Guillory, op.cit., pp.28~38 참조.
29) John Guillory, op.cit., pp.28~31. 송무, 앞의 책, 352면.
30) 정재찬은 한국전쟁 이전(1946)과 직후(1953)의 교과서 분석을 통해 본질적으로 정전 구성의 변화가 일어나지 않았음을 자세히 밝히고 있다. 아울러 순수와 민족이라는 이질적 담론의 결합이 해방 공간의 지배적 담론과 연결되면서, 한국문학의 정전 구성의 논리로 작용하고 있음을 증명한다. 현대시의 정전 구성에 대한 본고의 관심은 정재찬의 선행 연구에서 힘입은 바 크다(정재찬, 「현대시 교육의 지배적 담론에 대한 연구」, 서울대 국어교육과 박사논문, 1996, 13~51면 참조).

주화 운동에 대한 재평가와 권력 주체의 변화 과정 속에서 교과서로 '복귀'한 작품이다. 1946년 미군정기 교과서에 수록되었다가 이후 민족 범주의 분화 과정에 따라 반'민족'적인 '좌익' 시로 판정하는 과정에 임화 시에 대한 '배제'의 논리가 작동한다면,[31] 다시 '선택'의 과정은 임화 시를 '민족'의 범주 속에 포괄하는 논리를 통해 이루어진다. 이때 임화 시 '선택'의 논리에 작용하는 것은 비단 정치적인 이유만이 아니다. 한국 근대시 정전의 주류를 이루는 1인칭 화자의 언술 체계가 이 작품을, 주해와 섭렵을 최종 목표로 하는 교과서 작품으로 선택하는 데 하나의 촉매제로서의 역할을 하고 있는 것이다.[32] 90년대 이후 다수의 새로운 시들이 7차 교육과정 교과서에 수록되는 과정에서도 1인칭 화자의 언술 체계에 의존하는 전통적 서정시 유형은 우위를 차지한다. 실험적이고 난해한 모더니즘 또는 아방가르드 유형의 시보다는 상대적으로 안전하고 얌전하며 '알아듣기 쉬운' 전통적 서정시 유형이 교과서 작품으로 채택되는 경향이 강하다. 이같은 서정시 우위의 논리는 한국 문학의 정전 구성 논리 가운데 하나인 '순수'의 논리를 미학적으로 뒷받침해왔다고 볼 수 있을 것이다.

본고에서 중심 논제로 설정했던 '여성'은 한국 문학의 정전성을 구성하는 또 하나의 핵심 논리이다. 좀더 정확하게 말한다면, '여성'은 '순수'와 '민족'이라는 두 개의 대타항을 연결하고 보완하는 매개항으로

---

31) 1946년 미군정기 교과서에서 이병기가 임화의 「우리 오빠와 화로」를 선택한 논리와 그 이후 교과서에서 배제되는 과정에 대해서는 정재찬, 앞의 논문, 33면, 89면 참조.
32) 임화의 「우리 오빠와 화로」는 엄격히 말해 전통 서정시 유형과는 일정한 차이를 지닌다. 당대에 팔봉 김기진에 의해 '단편 서서사시'의 전형으로 꼽혔던 이 시는 "사건적, 소설적" 요소를 서정 장르에 포괄한 형식을 취하고 있다. 그러나 이 시에서 "사건"의 전달과 보고가 1인칭 화자의 언술 체계에 의존하고 있는 점, 특히 어린 '누이 동생'의 감정적 어조가 대중적 호소를 이끌어내는 데 중요한 역할을 하고 있는 점 등은, 이른바 '전통적 서정시'에서 주류를 이루는 단성 주체의 감정적 표현과 크게 다르지 않다.

작용한다. 우선, 시의 형식적 요소나 예술적 형상화 방법의 차원에서 받아들여지는 '여성'은 '예술을 위한 예술'을 옹호하는 '순수성'의 실현을 위한 효과적인 수단이다. '여성적인 것'을 어떤 특성화된 대상으로 고정시킴으로써 파생되는 이같은 형식미학의 논리는 예술뿐만 아니라 여성을 현실 너머의 초월적인 영역에 위치시킴으로써 '순수'한 존재로 설정하는 태도와 연결된다. '여성'은 또한 예술뿐만 아니라 민족을 순화되고 정화된 대상으로 탈바꿈시킨다. 교과서 수록 시에서 '여성'은 흔히 민족의 수난을 상징하는 '비련'의 대상이거나 식민지 삶의 비극적 축소판으로 등장한다. 또는 '민족'의 추상화 과정으로서 '전통'을 매개하는 구체적인 존재로 기능한다. 이같은 역할을 통해 여성은 세속적 욕망, 현실의 비참을 강렬하게 환기시키며 동시에 현실을 넘어서는 초월적 존재로 자리한다. '여성'은 '여성이면서 여성이 아닌' 존재, 즉 '민족', '전통', '종교', '자연' 등과 같은 거대 서사에 통합되거나 보편적 이념을 환기하는 존재로 새롭게 창조되는 것이다. 본고에서 분석한 세 가지 범주 가운데, 특히 '남성의 시선을 통과한 여성 화자'와 '남성 화자에 의해 포착된 여성'은 '순수'와 '민족'의 두 가지 차원에서 작동하는 한국 문학의 정전성을 가장 명확하게 보여주는 대상이라고 할 수 있다. 이들 시에서 '여성'은 시적 완성도의 효과적인 수단이면서, 동시에 민족의 보편적 고통과 이념을 환기하는 구체적인 대상으로 기능하고 있다. 그럼으로써, 예술의 자율성에 대한 옹호와, 다른 한편으로 예술이 시대의 요구에 복무해야 한다는 두 개의 논리는 '여성' 안에서 갈등 없이 통합된다.

  본고의 의도는, 교과서 수록 시에 나타난 여성의 재현 양상을 통해 한국의 교육과정에서 소비되는 '여성'의 기호를 탐색하는 데 있었고, 대표 작품의 분석 과정을 통해 교과서 작품에 작용하는 성별 이분법의 논리와 '여성'의 패턴화된 이미지를 확인할 수 있었다. 이 논문의 분석과정과 더불어, 일반적으로 교과서 수록 작품은 정전 형성의 기간을 담당한다는 점을 고려할 때, '여성'은 정전성을 구성하는 핵심 원리의 하나라고 말할 수 있을 것이다. 좀더 세분한다면, 남성의 시선을 통과한 여성 화자, 여성을 바라보는 남성 화자, 그리고 남성의 시선을 의식하는 여성 화자 등의 젠더화된 화자가 정전 형성 과정에서 중심적인 역할을 하고 있음을 확인할 수 있다. 그러나 본고는, 문학교육과정의 강의 요목이라고 할 수 있는 교과서 수록 시의 재현 양상에 초점을 맞추어 그 특질을 분석했다는 점에서 일정한 한계와 의의를 동시에 갖는다. 이 논문에서 도출한 작은 결론은, 교과서 수록 시가 다른 작품들과 맺는 관계의 속성, 아울러 그것이 생산하는 사회관계에 대한 분석을 통해 좀더 생산적인 논의를 이끌어낼 수 있을 것이다. 본고에서 제기한 여성과 정전성의 관계를 한국 문학사 형성의 메커니즘 속에서 규명하는 일은 차후의 과제로 남겨둔다.

부록

시대별 '국어' 교과서 개발 현황

1. 근대계몽기(1895~1910)

2. 일제강점기(1910~1945)

3. 건국기(1945~1955)

4. 중등 국어과 교과서 개발 상황

[부록] 시대별 '국어' 교과서 개발 현황

1. 근대계몽기(1895~1910)

책 명	편저자	발행권자	권책수	사용문자	학교급	정 가	인쇄 출판사	발행 연월일	판형	비 고	자 료
국민소학독본	학부편집국	학부	단권	국한문 혼용	초등	25전		1895.7.(오추)	한지 국판	갑오개혁 소학교령에 따른 최초의 신교육용 국어 교과서, 41단원	개화기 교과서총서
소학독본	학부편집국	학부	단권	국한문 혼용	초등	15전		1895.8.(중등)	국판	개화기 신식 국어 교과서, 명현의 用心, 行德 중심	개화기 교과서총서
국문정리	리봉운	학부	단권	순국문	초중등	2냥 5돈	국문국	1897.1.	한지 국판	문법교과서	대제각, 역대문법
신정심상소학	학부편집국	학부	3권 3책	국한문 혼용	초등	34/36/16전		1897.2.	국판	양장본, 3년 연속체제, 언문일치에 가까움, 생활 심, 가정 중심, 사회 중심의 교과서	개화기 교과서총서
초등소학	대한국민 교육회	김상만 고유상 주한영	8권 4책	국한문 혼용	초등	책당 1원 30전	경성 일보사	1906.12.30.	국판	국문교육의 본보기 교재로 우리말과 순활글교재, 중학년부터는 국한문혼용	아세아, 박봉배본
유년필독	현채	현채	4권 1책	국한문 혼용	초등	80전	휘문관	1907.5.5.	국판	한자에 국문토를 달음	아세아
초등여학독본	이원경	변형중	1권	국한문 혼용	초등	30전	보문사	1908.3.10.	국판	수신교재와 겸용, 한문현토	아세아
몽학필독	최재학		1권	순한문	초등				국판	사학용 교재	아세아
노동야학독본	유길준	유길준	미상 (권1)	국한문 혼용	초등 초보	30전	경성 일보사	1908.7.13.	국판	노동 야학 교재	아세아
초목필지	정곤수	안형중	2권 1책	국문	초보	40전	보문사	1908.6.20.	국판	보습학습교재성이 강함	아세아
최신초등소학	정인호	정인호	4권 2책	국한문 혼용	초등	각50전	보성사 우문관	1908.7.20.	국판	난이도를 조정하고 교수 지침을 포함시킴	아세아
초등소학	보성관	보성관	미상 (권1)	국문	초등		보성관		국판	순한글로 아주 후대 교재인듯	아세아
보통학교학도용 국어독본	학부	학부	8권 8책	국한문 혼용	초등	각2전	한국정부 인쇄국	1907.2.1.(1~5권), 3.1.(6권)	국판	일본인 참여관의 소산으로, 인쇄도 대일본도서주식회사에서 인쇄	아세아
신찬 초등소학	현채	현채	6권 6책	국한문 혼용	초등	1-3 : 15전 4-6 : 20전	보성사 일한인쇄	1909.9.23. 1909.10.20.	국판	유년필독이 금서가 되자 대용교재로 만듦	아세아
녀주독본	장지연	김상만	2권 2책	순국문		1질60전	휘문관	1908.4.5.	국판	여성 교양을 높이고자 함	아세아
유부독습	강화석	이준구	2권 1책	순국문		45전	황성 신문사	1908.7.	국판	문맹퇴치 정신 반영	아세아
국문초학	주시경	박문서관	단권	순국문	초등	10전	우문관	1908.2.15.	국판	49단원 구두점으로 띄어쓰기 대신함	주시경전집
국어철자첩경	한승곤	평양광명서관	단권	순국문		25전	경성 우문관	1908.2.15.	국판	국어철자교습용	역대문법
대한문전	최광옥 (유길준)	안악면학회		순국문	초중등	25전	보문사	1908.1.		유길준의 저서를 최광옥 이름으로 변개한 것임	역대문법
고등소학독본	휘문의숙 편집부	휘문의숙	2권 2책	국한문 혼용	중등	각 25전	휘문의숙	1906.11.30. 1907.1.20.	국판	애국애족 국가의식 고취	아세아
유년필독 석의	현채	현채	상하	국한문 혼용	교사용	합80전	중앙서관	1907.6.30. 1907.7.31.	국판	교사용 지도서	아세아
초등 작문법	원영의	이종정 이원상		국한문 혼용		20전		1908.10.	국판	명칭은 작문서나 실상은 한문 문법서임	역대문법
대한문전	유길준	유길준	단권	국한문 혼용	초중등	25전		1909.3.18.	국판	문법서	역대문법
초등국어어전	김희상	김희상	3권	국한문 혼용	초등			1909.3.20.	국판	국어문법서	역대문법
국어문법	주시경	주시경	단권	국한문 혼용	초중등	40전	박문서관	1910.4.15.	국판	표기 난맥 통일	역대문법

2. 일제강점기(1910~1945)

2.1. 일본어과(국어)

교육령/연대별	학교급별	교 과 서 명	발 행 연 도	권 수	비 고
1910 (조선교육령)	보통학교	普通學校國語讀本	1911년 완료	8권	
		普通學校習字帖	1913년 완료	4권	
	고등보통학교	高等國語讀本	1913년 완료	8권	
		高等習字帖	1913년 완료	4권	
	여자고등보통학교	확인 안 됨			
	교수법, 기타	國語敎授法	1912.8.3.	1권	
		速修國語讀本	1913.1.20.	1권	
1922 (신교육령)	보통학교	普通學校國語讀本	1923.1.15.	12권	
		普通學校書キ方手本	1925년 완료	7권	
	고등보통학교	新編高等國語讀本	1923~1925	10권	
	여자고등보통학교	新編女子高等國語讀本	1923~1925	8권	
	기타	日本語法及文法敎科書	1925	1권	
1930 (일부 수정)	보통학교	普通學校國語讀本 또는 國語讀本	1931~1937	12권	
		四年制 普通學校國語讀本	1931~1937	8권	
		實業補習學校 國語讀本	1931~1937	?	
		普通學校書方手本	1931~1937	?	
		書方手本	1931~1937	?	
		小學書方手本(文部省作)	1931~1937	?	
	고등보통학교	中等敎育國文讀本	1931~1937	12권	
		中等敎育漢文讀本	1931~1937	?	
	여자고등보통학교	中等敎育女子國文讀本	1931~1937	?	
1940 (개정 교육령- 국민학교령 이후)	초등교육	小學國語讀本(문부성저작)	1940.9.25.	12권	
		初等國語讀本(간이학교용)	1940.9.25.	?	
		初等國語(총독부 저작)	1943.9.15.(번각)	12권	
	중등교육	단선 학제로 변화하면서, 문부성 저작물 또는 검인정 교과서로 대체			

2.2. 조선어과 교과서

연 대	학교급별	교 과 서 명	발 행 연 도	권 수	비 고
1910 조선교육령	보통학교	朝鮮語讀本	1911	8권	통감 시대 국어에서 용어를 수정한 것
		普通學校學徒用 漢文讀本	1912.3.13.	?	(권4)
		普通學校朝鮮語及漢文讀本	1913~1919	5권	박붕배본
	고등보통학교	高等朝鮮語及漢文讀本	1914	4권	박붕배본
	여자고보	개발 안 됨			
1920 신교육령	보통학교	普通學校朝鮮語讀本	1925	6권	박붕배본
		普通學校 高等科 朝鮮語讀本	1925	?	도서일람표 참고
		普通學校 漢文讀本	1925	2권	(5,6학년용)
	고등보통학교	新編高等朝鮮語及漢文讀本	1925~1926	5권	박붕배본
	여자고보	女子高等朝鮮語讀本	1925	4권	박붕배본(3권 누락)
	기타	朝鮮語法及會話 外	1925		경성조선어연구회
1930 일부 수정	보통학교	普通學校 朝鮮語讀本	1933~1937	6권	박붕배본
	고등보통학교 여자고보	中等敎育 朝鮮語及漢文讀本	1933	6권	여자고보
1940년 이후	초등교육	初等朝鮮語讀本(簡易學校用)編纂 趣旨書	1939.6.22.	1권	편찬취지서
		初等朝鮮語讀本	1939년 이후	?	(권2)

(?는 권수를 정확히 파악하지 못한 것임.)

3. 건국기(1945~1955)

3.1. 초등 국정 교과서

시 기	연 도	책 명	발행자	저작자	비 고
미군정기	1945~1946	한글첫걸음	군정청학무국	조선어학회	
		초등국어교본(상,중,하)	군정청학무국	조선어학회	
	1946~1948	초등국어(학년당 2권)	군정청문부	군정청문부	박봉배본에서는 이 두 종류를 같은 것으로 보고 있으나 실제는 다름
정부수립	1948~1950	초등국어(학년당 2권) 〈바둑이와 철수〉〈학교와 들〉	문교부	문교부	
전시기	1951~1954	국어 (학년당 2권, 5~6학년은 3권으로 발행)	문교부	문교부	1) 51,52,53,54 1월과 9월에 발행함. 2) 발행시마다 내용 불규칙 3) 운크라 지원에 의함 4) 펴낸 곳이 일정하지 않음 5) 5-3, 6-3의 성격이 모호함 6) 판형은 변형 사륙판
전후	1954~1955	국어(학년당 2권)	문교부	문교부	1) 55년 3월본은 운크라 지원 2) 55년 9월본은 운크라 지원 없음 3) 판형은 국판(교과서판)

3.2. 중등 국정 교과서

시 기		연 도	책 명	발행자	저작자	비 고
미군정기		1946~1947	중등국어교본(상,중,하)	군정청문부	조선어학회	처음에는 학무국
		1948	중등국어(1,2,3)	군정청문부	군정청문부	권3은 정부 수립 이후 발행
정부수립기		1949~1950	중등국어①~⑥	문교부	문교부	건국기의 국어와 내용의 토대가 된 교과서임
전시기	중학교	1951~1953	중등국어(학년당 2권)	문교부	문교부	1) 운크라 지원으로 이루어진 임시 교과서의 성격이 강함 2) 변형 사륙판 3) 학년·학기의 교재 내용 중복되는 경우가 있으며, 보충 교재 부분을 두어 내용 보완하는 경우가 있음
	고등	1951~1953	고등국어(학년당 2권)	문교부	문교부	
전후	중학교	1953~1955	중학국어(학년당 2권)	문교부	문교부	판형 국판으로 변화 (55년은 운크라 지원이 부분적으로 이루어짐)
	고등	1953~1955	고등국어 I, II, III	문교부	문교부	판형 국판으로 변화(학년당 1권으로)

3.3. 검인정 교과서

시 기	과목(영역)	연 도	책 명	저작자	발행자(출판)	비 고
미군정기	국어	1946	신생국어독본	김사엽	경상북도교육협회	상,하2권
		1946	중등국어 신생교본	김사엽	경상북도학무국	초급, 고급
		1946	중등국어	이숭녕 방종현	민중서관	1,2,3
		1947	고급국어	사범대국문학회	범인사	1-6
		1948	국어	이극노 정인승	정음사	1,2
		1948	신편 중등국어	김병제	고려서적	1,2,3
	작문	1947	국어작문	고희준 조종하	창인사	
		1947	중등작문	오상순	백영사	
		1947	신중등작문	이성두	대양출판사	초급
		1947	중등글씨본	이철경	조선교학도세(주)	습자 과목
		1948	새 중등작문교본	윤태영	삼중당	
		1948	현대 중등글짓기	최영조	금룡도서	1,2
	문법	1945	중등조선말본	최현배	정음사	세로쓰기
		1946	중등조선말본	최현배	정음사	가로쓰기
		1946	국어문법	이상춘	조선국어학회	
		1946	한글독본	정인승	정음사	국어관련

시기	분류	연도	제목	저자	출판사	비고
미군정기	문법	1947	중등 새말본	장하일	교재연구사	
		1947	중학 국문법책	김근수	문교당	
		1947	신편 고등국어문법	정렬모	한글문화사	
		1948	중등 말본	김윤경	동명사	
		1948	중등 조선말본	최현배	정음사	
		1948	조선말본	최현배	정음사	
		1948	고등 국어문법	정렬모	고려서적주식회사	
	기타	1946	중등 한문독본	임창순	경상북도 학무국	1,2,3
		1946	중등 한문독본	김경탁	동방문화사	1,2,3
		1946	한글 문예독본	정렬모	신흥국어연구회	
		1948	고등국어 현대문감	조윤제	대학출판사	
		1948	고등국어 고대문감	조윤제	대학출판사	
		1948	국문학 고전독본	양주동	박문출판사	
건국기	국어	1949	중등국어	이병기	금룡도서주식회사	1,2,3,4,5,6
		1949	신생중등국어	조윤제	대학출판사	1,2,3
	작문	1949	국어작문	고희준 조중하	창인사	
		1950	모범 중등글짓기	이희승	신흥문화사	
		1950	중등작문	양주동 모윤숙 김동리 조연현	홍지사	1,2,3(각각의 발행 연도는 동일하지 않은 듯)
	문법	1949	고등말본	최현배	정음사	
		1950	중등국어문법	박태윤	서울문화사	하급용
		1950	중등말본(초급소용)	최현배	정음사	
	기타	1950	중등한문교본	김능근	문교도서	1,2,3,4
		1950	신수중등한문	김득초	탐구당	1,2,3,4
		1950	중등한문독본	김경탁	동방문화사	1,2,3,4,5,6
전시이후	작문	1952	중등작문	양주동 외	홍지사	
		1952	작문독본	이은상	정음사	
		1956	신편중등글짓기	김현명 김성배	교학도서	
		1956	고등문장교본	김용호	창인사	
	문법	1951	표준 우리말본	장하일	대동문화사	
		1953	표준 우리말본	정인승	을유문화사	
		1955	초급 국어문법	이희승	박문출판사	
		1954	고전문법	이숭녕	을유문화사	
		1956	고등국어문법	이숭녕	을유문화사	
		1956	표준 고등말본	정인승	신구문화사	
		1956	고등 문법	이희승	박문출판사	
	옛글 (문학)	1953	국어국문학사	이능우	홍지사	
		1953	국문학독본	김사엽	대동문화사	
		1954	가려뽑은 옛글	장지영	정음사	
		1955	증보 국문학사	김사엽	정음사	
		1956	고문 독본	김형규	백영사	
		1956	고등 고문선	이숭녕 조흔파	창인사	
		1956	고등 국문선	손락범 최창국	형설출판사	
		1956	옛글	구자균 김사엽	사조사	
		1956	고전 독본	양주동	탐구당	
		1956	새판 국문학사	김사엽	정음사	
	한문	1956	고등한문	이창기 정금화	창인사	

4. 중등 국어과 교과서 개발 상황

4.1. 국어과 교과서 개발 변천

교육과정	초등학교	중학교		고등학교	
		국정	검정	국정	검정
제1차	국정 학년당 2책	국어 6책	작문, 문법	국어3책	작문, 문법, 고전(옛글)
제2차	동일	국어 6책	작문, 문법	국어3책(인문, 실업계 나눔)	작문, 문법, 고전(옛글)
제3차	동일	국어 6책	작문, 문법	국어3책(인문, 실업계 나눔)	작문, 문법, 고전문학, 현대문학
제4차	동일	국어 6책	없음	국어3책, 문법	작문, 고전문학, 현대문학
제5차	읽기, 말-듣-쓰 분책	국어 6책	없음	국어2책, 문법	작문, 문학
제6차	읽기, 말-듣-쓰 분책	국어 6책	없음	국어2책, 문법	독서, 화법, 작문, 문학
제7차	저학년 3책 고학년 2책으로 분책	국어, 생활국어 각 6책	없음	국어2책, 문법	독서, 화법, 작문, 문학

4.2. 광복 이후의 문학 교과서

연대	책 이름	학교급	시기 구분	원제목	편/저자	발행연도	발행기관
1940	한글독본		미군정		정인승	1946.03.00	정음사
	高等國語 現代文鑑	고등	교수요목기		조윤제	1948.02.25	대학출판사
	高等國語 古代文鑑	고등/사범	교수요목기		조윤제	1948.09.20	대학출판사
	詳註 國文學古典讀本	중학상급이상	교수요목기		양주동	1948.10.15	박문출판사
	敎育 國文學史	고등/사범	교수요목기		조윤제	1949.02.28	동국문화사
1950	국어국문학사		교수요목기		이능우	1953.00.00	홍지사
	國文學 讀本	고등학교	교수요목기		김사엽	1953.04.05	대동문화사
	가려봅은 옛글		교수요목기		장지영	1954.04.05	정음사
	古代文鑑	고등/사범	교수요목기		조윤제	1954.04.25	동국문화사
	增補 國文學史	고등/사범	교수요목기		김사엽	1955.04.15	정음사
	고문독본	고등	1차		김형규	1956.00.00	백영사
	고등고문선	고등	1차		이숭녕 조흔파	1956.00.00	창인사
	고등국문선	고등	1차		손락범 최창국	1956.00.00	형설출판사
	옛글	고등학교	1차		구자균 김사엽	1956.03.00	사조사
	고전독본	고등학교	1차		양주동	1956.03.00	탐구당
	새판 國文學史	고등/사범	1차		김사엽	1956.04.15	정음사
	요령 국문학사	고등	1차		김옥봉	1959.03.01	오상중고등학교 학도 호국단
1960	바른 옛글	고등	1차		어문학회	1960.00.00	동일문화사
	우리 옛글	고등	1차		국어교육연구회	1960.00.00	한국검인정교과서
	가려봅은 옛글	고등학교	1차		장지영	1960.02.25	정음사
	고문교본	고등	1차		임헌도	1961.00.00	정연사
	교육 국문학사	고등 사범	1차		조윤제	1961.01.10	동국문화사
	표준 고등글본	고등 사범 실업	1차		이병기 정인승 백철 엮음	1961.03.05	신구문화사

연대	교과서명	학교급	차수	저자	발행일	출판사
1960	국문학사	고등학교	1차	구자균	1963.01.10	한국교과서주식회사
	고등 고문선	고등	2차	조흔파 외	1964.00.00	창인사
	바른 옛글	고등	2차	어문학회	1964.00.00	창인사
	표준 옛글	고등 사범 실업	2차	이병기 정인승	1964.01.10	신구문화사
	표준 옛글	고등 사범 실업	2차	이병기 정인승	1965.01.10	신구문화사
	고전독본	고등학교	2차	양주동	1966.01.10	탐구당
	고전	고등/인문계	2차	천시권	1967.00.00	고려문화사
	우리고전	고등	2차	한인석 이은정	1967.00.00	인학사
	최신 고전	고등/인문계	2차	조지훈 위충량	1967.12.05	양문사
	고전	고등/인문계	2차	이재수 서수생	1967.12.05	일한도서출판사
	모범 고전	고등/인문계	2-3차(68년 검정)	임헌도	1968.00.00	영지문화사
	우리 고전	고등/인문계	2-3차(68년 검정)	박병채	1968.00.00	박영사
	친우 고전	고등/인문계	2-3차(68년 검정)	박노춘	1968.00.00	친우문화사
	고전	고등	2-3차(68년 검정)	박성의 송민호	1968.00.00	광명출판사
	고전	고등/인문계	2-3차(68년 검정)	김기동 정주동 정익섭	1968.00.00	교학사
	고전	고등/인문계	2-3차(68년 검정)	이숭녕 남광우	1968.00.00	동아출판사
	고전	고등	2-3차(68년 검정)	한원영	1968.00.00	삼화출판사
	표준고전	고등/인문계	2-3차(68년 검정)	정병욱 이응백	1968.00.00	신구문화사
	고전	고등/인문계	2-3차(68년 검정)	김윤경	1968.01.10	문호사
	고전	고등/인문계	2-3차(68년 검정)	이용주 구인환	1968.02.00	법문사
	모범 고전	고등/인문계	2-3차(68년 검정)	김성재	1968.02.10	일지사
	표준고전	고등/인문계	2-3차(68년 검정)	지춘수	1968.02.20	진명문화사
1970	고전	고등/인문계	2-3차(68년 검정)	이재수 서수생	1970.01.10	일한도서출판사
	고전	고등/인문계	2-3차(68년 검정)	김기동 정주동 정익섭	1972.01.10	교학사
	표준고전	고등/인문계	2-3차(68년 검정)	정병욱 이응백	1975.01.10	신구문화사
	고전	고등/인문계	2-3차(68년 검정)	이숭녕 남광우	1975.01.10	동아출판사
	고전	고등	2-3차(68년 검정)	한원영	1975.01.10	삼화출판사
	고전	고등/인문계	3차(78.8.22 검정)	정병욱 이응백	1979.03.01	신구문화사
	고전	고등/인문계	3차(78.8.22 검정)	박성의 송민호	1979.03.01	고려서적주식회사
	고전	고등/인문계	3차(78.8.22 검정)	이기문	1979.03.01	한국능력개발사
	고전	고등/인문계	3차(78.8.22 검정)	전광용	1979.03.01	동아출판공사
	고전	고등/인문계	3차(78.8.22 검정)	김동욱 김태준	1979.03.01	민중서관
1980	고전문학	고등	4차(83년 검정)	김기동 박준규	1984.03.01	교학사
	고전문학	고등	4차(83년 검정)	이상익 김진영	1985.03.01	동아서적주식회사
	고전문학	고등	4차(83년 검정)	김동욱 김태준	1985.03.01	동아출판사
	고전문학	고등	4차(83년 검정)	김성배 진태하	1985.03.01	문호사
	현대문학	고등	4차(83년 검정)	김열규 유시욱	1985.03.01	동아출판사
	현대문학	고등	4차(83년 검정)	이재선	1985.03.01	학연사
	현대문학	고등	4차(83년 검정)	전광용 권영민	1985.03.01	교학사

연대	교과서명	학교급	차수(검정연도)	저자	발행일	출판사
	현대문학	고등	4차(83년 검정)	문덕수 김시태	1985.03.01	이우출판사
	문학	고등	5차(89년 검정)	김용직 박민수	1989.09.00	학습개발
	문학	고등	5차(89년 검정)	구인환	1990.03.01	한샘교과서(주)
	문학	고등	5차(89년 검정)	김열규 김태준 김동욱	1990.03.01	동아출판사
	문학	고등	5차(89년 검정)	김홍규	1990.03.02	한샘교과서(주)
	문학(상)	고등	6차(95년 검정)	박경신 김태식 송백헌 양왕용	1996.03.01	금성출판사
	문학(하)	고등	6차(95년 검정)	박경신 김태식 송백헌 양왕용	1996.03.01	금성출판사
	문학(상)	고등	6차(95년 검정)	김태준 류탁일 한성희 이용호	1996.03.01	(주)민문고
	문학(하)	고등	6차(95년 검정)	김태준 류탁일 한성희 이용호	1996.03.01	(주)민문고
	문학(상)	고등	6차(95년 검정)	오세영 서대석	1996.03.01	(주)천재교육
	문학(하)	고등	6차(95년 검정)	오세영 서대석	1996.03.01	(주)천재교육
1990	문학(상)	고등	6차(95년 검정)	구인환 김홍규	1996.03.01	한샘출판(주)
	문학(하)	고등	6차(95년 검정)	구인환 김홍규	1996.03.01	한샘출판(주)
	문학(상)	고등	6차(95년 검정)	우한용 박인기 정병헌 최병우	1996.03.01	동아출판사
	문학(하)	고등	6차(95년 검정)	우한용 박인기 정병헌 최병우	1996.03.01	동아출판사
	문학(상)	고등	6차(95년 검정)	최동호 신재기 고형진 장장식	1996.03.01	대한교과서
	문학(하)	고등	6차(95년 검정)	최동호 신재기 고형진 장장식	1996.03.01	대한교과서
	문학(상)	고등	6차(95년 검정)	김용직 박민수	1996.03.01	대일도서
	문학(하)	고등	6차(95년 검정)	김용직 박민수	1996.03.01	대일도서
	문학(상)	고등	6차(95년 검정)	김열규 신동욱	1996.03.01	(주)두산
	문학(하)	고등	6차(95년 검정)	김열규 신동욱	1996.03.01	(주)두산
	문학(상)	고등	6차(95년 검정)	박갑수 김진영 이숭원	1997.03.01	지학사
	문학(하)	고등	6차(95년 검정)	박갑수 김진영 이숭원	1997.03.01	지학사
	문학(상)	고등	6차(95년 검정)	김봉군 최혜실	1997.03.01	지학사
	문학(하)	고등	6차(95년 검정)	김봉군 최혜실	1997.03.01	지학사
	문학(상)	고등	7차(2002년 검정)	박경신 김성수 이용수 안학서	2003.03.01	금성출판사
	문학(하)	고등	7차(2002년 검정)	박경신 김성수 이용수 안학서	2003.03.01	금성출판사
	문학(상)	고등	7차(2002년 검정)	우한용 박인기 정병헌 최병우 외2인	2003.03.01	(주)두산
	문학(하)	고등	7차(2002년 검정)	우한용 박인기 정병헌 최병우 외2인	2003.03.01	(주)두산
2000	문학(상)	고등	7차(2002년 검정)	김창원 권오현 신재홍 장동찬	2003.03.01	민중서림
	문학(하)	고등	7차(2002년 검정)	김창원 권오현 신재홍 장동찬	2003.03.01	민중서림
	문학(상)	고등	7차(2002년 검정)	조남현 정성배 조세형 정수익 배성완	2003.03.01	(주)중앙교육진흥연구소
	문학(하)	고등	7차(2002년 검정)	조남현 정성배 조세형 정수익 배성완	2003.03.01	(주)중앙교육진흥연구소
	문학(상)	고등	7차(2002년 검정)	강황구 권형중 김대용 박정곤 이준	2003.03.01	상문연구사
	문학(하)	고등	7차(2002년 검정)	강황구 권형중 김대용 박정곤 이준	2003.03.01	상문연구사

4.3. 작문 교과서

연도	저자명	책명	출판사	비고	내용	문체	권수	과정	검인정기
					고등 작문				
1956.3.15.	김용호	고등 문장 교본	창인사	인정	머리말(생각하는 글), 1 문장서론, 2 시와 시론, 3 수필의 화단, 4 서간문, 5 소설의 세계, 6 논설문, 7 식사문, 8 희곡, 9 선전문, 10 조사 보고서, 〈부록〉	한자 병용 (괄호 처리)	64년판까지 동일한 내용	고등	
1965.1.10.	박종화 조연현 김동리	고등 작문	홍지사	인정	제1장 문장의 의미와 그 생명, 제2장 문장과 표현, 제3장 문장의 시대성, 제4장 창작, 제5장 문장의 실제적 활용	한자 병용 (괄호 처리)	56년 인정본, 56년판 서문이 들어 있음	고등	
1968.2.00.	김용호	인문계 고등학교 모범 작문	영지문화사	검정	1 言語와 文學, 2 작문을 위한 준비, 3 문장 형성의 과정, 4 기사법과 용어, 5 문체, 6 창작의 화원, 7 실용의 효과, 8 이론의 세계, 〈부록〉	국한문체	68년판	고등	67년 검정으로 표시됨
1968.2.10.	이범선 장순하 전학진 박상수	모범 작문	일지사	인정	1 作文의 基礎, 2 작문의 과정, 3 실용문 쓰기, 4 논설문 쓰기, 5 예술문 쓰기, 6 편집과 교정	국한문체		고등	
1969.1.10.	조지훈	인문계 고등학교 최신 작문	양문사	인정	1 문장의 이해, 2 表現의 실제, 3 실용적인 문장, 4 창작 문학, 5 문장의 표기, 〈부록〉	국한문체	69년판(머리말은 67년임)	고등	68.1.11 인정
1971.1.10.	박목월 전규태	인문계 고등학교 새로운 작문	정음사	인정	1 문장과 진실, 2 문장의 종류, 3 글의 구상, 4 관찰과 표현, 5 문장 표현의 기교, 6 자기를 위하여 쓰게 되는 문장, 7 특정한 상대를 위한 문장, 8 많은 상대를 향한 문장, 9 즐기는 문장, 10 생활을 위한 문장, 11 편집과 교정, 〈부록〉	한글전용	71년판	고등	68.1.11 인정
1972.1.10.	조연현 이희복	인문계 고등학교 표준 작문	어문각	검정	1 생활과 글, 2 실용의 글, 3 정서의 날개, 4 의견과 주장, 5 창작의 기쁨, 6 매스콤의 효용, 〈부록〉	한글전용	72,75년판	고등	68.1.11 검정
1974.1.10.	백철 정병욱 이어령	표준 작문	신구문화사	검정	1 언어와 표현, 2 생활의 주변, 3 논리와 설득, 4 창작의 세계, 5 사회생활과 전달	한글전용	74년판	고등	68.1.11 검정
1979.3.1.	손동인	인문계 고등학교 작문	지림출판사	검정	1 문장과 우리생활, 2 문장을 꾸미는 요령, 3 문장과 생활 현장, 4 문예 문장의 초대, 5 편집의 열쇠, 〈부록〉	한글전용	81년판	고등	78.8.22 검정
1979.3.1.	백철 정병욱 이어령	인문계 고등학교 작문	신구문화사	검정	1 우리말 우리글, 2 생활의 기록과 전달, 3 논리적 사고, 4 예술과 창작, 5 원고 교정 편집	한글전용	79,82,84년판	고등	78.8.22 검정
1984.3.1.	이응백 유병석	고등학교 작문	보진재	검정	1 작문의 예비, 2 작문의 절차, 3 문단의 구성, 4 글의 진술 방식, 5 논리와 글, 6 나와 글, 7 편집과 교정	한자 병용 (괄호 처리)	87,90판	고등	83.7.29 검정
1984.3.1.	김종택 이상태	고등학교 작문	형설출판사	검정	1 작문의 기초, 2 작문의 과정, 3 단어와 문, 4 문단의 구성, 5 구상의 방법, 6 문단의 진술, 7 표현의 기교, 8 여러 종류의 글, 9 글의 격식, 10. 퇴고와 편집	한자 병용 (괄호 처리)	85년판	고등	83.7.29 검정
1984.3.1.	김동리 손소희 오태현	고등학교 작문	(주)노벨문화사	검정	1 글과 생활, 2 주제 있는 글, 3 글의 개요, 4 정확한 글, 5 신문의 구성 방식, 6 신문의 진술 방식, 7 효과적인 표현, 8 여러 가지 글, 〈부록〉	한자 병용 (괄호 처리)	88년판	고등	83.7.29 검정
1989.8.00.	이상태	고등학교 작문	형설출판사	검정	1 작문의 특성, 2 작문의 원리, 3 단어와 문장, 4 문단, 5 구상의 방법, 6 진술, 7 표현의 기교, 8 여러 종류의 글, 〈부록〉	한자 병용 (괄호 처리)	89년판	고등	89.8.19 검정
1990.3.1.	이익섭	고등학교 작문	학연사	검정	1 작문의 필요성, 2 작문의 절차, 3 단어와 구, 4 문장, 5 문단, 6 글의 진술 방식, 7 표현의 기교, 8 여러 종류의 글, 9 퇴고와 교정, 10 좋은 글의 길, 〈부록〉	한자 병용 (괄호 처리)	94년판	고등	89.8.19 검정
1990.3.1.	정진권	고등학교 작문	(주)현대문학	검정	1 삶과 글, 2 글의 단위, 3 글의 진술, 4 글의 표현, 5 글짓기의 과정, 6 글의 실제(1)–개인적인 글, 7 글의 실제(2)–사회적인 글, 〈부록〉	한자 병용 (괄호 처리)	94,95년판	고등	89.8.19 검정
1990.3.1.	김은전 김대행	고등학교 작문	(주)교학사	검정	1 작문의 원리, 2 글쓰기의 계획, 3 표현의 첫 단계, 4 상황에 맞는 글쓰기, 5 목적에 맞는 글쓰기, 6 대상에 따른 글쓰기, 7 효과적인 글, 8 글의 평가와 보완	한자 병용 (괄호 처리)	95년판	고등	89.8.19 검정

일자	저자	학교급/과목	출판사	구분	목차	한자	판	구분	검정
1990.3.1.	강윤호 이병호 최현섭	고등학교 작문	동아출판사	검정	1 작문의 이해, 2 작문의 과정, 3 표현의 단위, 4 글의 구성, 5 글의 진술, 6 글의 표현, 7 여러 가지 글, 〈부록〉	한자 병용 (괄호 처리)	95년판	고등	89.8.19 검정
1990.3.1.	김상태	고등학교 작문	태림출판사	검정	1 작문의 필요성, 2 작문의 기초, 3 작문의 원칙, 4 진술의 네 가지 유형, 5 작문의 과정, 6 표현의 기술, 7 수사법, 8 작문의 실제 9 부록	한자 병용 (괄호 처리)	95년판	고등	89.8.19 검정
1990.3.1.	권영민 김기혁	고등학교 작문	(주)지학사	검정	1 글이란 무엇인가, 2 글의 단위, 3 글쓰기의 준비, 4 글의 진술 방법, 5 글쓰기의 실제 6 여러 가지 글, 7 원고, 편집, 교정, 〈부록〉	한자 병용 (괄호 처리)	95년판	고등	89.8.19 검정
1996.3.1.	최웅 김진세 유태수 김용구	고등학교 작문	청문각	검정	1 우리말과 우리글, 2 글쓰기의 준비, 3 글쓰기의 과정, 4 논리적인 글쓰기, 5 아름다운 글쓰기, 6 글의 수준 높이기, 7 글의 마무리, 8 글쓰기의 본보기, 〈부록〉	한자 병용 (괄호 처리)	2000년판	고등	95.9.30 검정
1996.3.1.	정대림 주경희	고등학교 작문	태림출판사	검정	1 작문의 특성, 2 작문의 원리, 3 단어와 문장, 4 문단의 이해, 5 작문의 진술 방식, 6 효과적인 표현, 7 전달의 글, 8 표현의 글, 〈부록〉	한자 병용 (괄호 처리)	2000년판	고등	95.9.30 검정
1996.3.1.	성낙수	고등학교 작문	(주)신원문화사	검정	1 작문의 특성, 2 작문의 과정, 3 작문의 구성, 4 작문의 표현, 5 작문의 실제, 6 작문의 태도, 〈부록〉	한자 병용 (괄호 처리)	2001년판	고등	95.9.30 검정
1996.3.1.	김용직 박민수	고등학교 작문	(주)천재교육	검정	1 작문의 본질, 2 작문의 과정과 절차, 3 작문의 구성, 4 작문의 표현, 5 작문의 기술, 6 작문의 실제, 〈부록〉	한자 병용 (괄호 처리)	97년판	고등	95.9.30 검정
1996.3.1.	박경현 이주행 윤희원 이석주 이충우 김현중	고등학교 작문	금성출판사	검정	1 작문의 특성, 2 작문의 과정과 절차, 3 글의 전개, 4 글의 표현, 5 정보 전달을 위한 글쓰기, 6 논증 및 설득을 위한 글쓰기, 7 친교 및 정서 표현을 위한 글쓰기, 8 문학적인 글쓰기, 〈부록〉	한자 병용 (괄호 처리)	99년판	고등	95.9.30 검정
1996.3.1.	이익섭	고등학교 작문	학연사	검정	제1부 작문의 특성, 1 작문의 필요성, 2 작문의 기본 방향, 제2부 작문의 원리, 3 글의 단위, 4 작문의 절차, 5 글의 진술 방식, 6 표현의 기교, 제3부 작문의 실제, 7 여러 종류의 글, 8 좋은 글의 길	한자 병용 (괄호 처리)	97년판	고등	95.9.30 검정
1996.3.1.	이상억 이심형 이근표	고등학교 작문	대한교과서	검정	1 작문의 이해, 2 작문의 상황, 3 내용의 조직과 전개, 4 표현하기, 5 글의 진술 방식과 글쓰기, 6 고쳐쓰기 〈해설 및 모범 예문〉, 부록	한자 병용 (괄호 처리)	97년판	고등	95.9.30 검정
1996.3.1.	이상태	고등학교 작문	형설출판사	검정	1 작문의 특성, 2 작문의 원리, 3 단어와 문장, 4 문단, 5 구상의 방법, 6 진술 양식, 7 표현의 기교, 8 여러 종류의 글, 〈부록〉	한자 병용 (괄호 처리)	98년판	고등	95.9.30 검정
1996.3.1.	권영민	고등학교 작문	(주)지학사	검정	1 글쓰기의 의의, 2 글의 기본 요소, 3 글쓰기의 준비, 4 글의 서술 방법, 5 글쓰기의 단계, 6 여러 가지 글쓰기, 〈부록〉	한자 병용 (괄호 처리)	01.02년판	고등	95.9.30 검정
1996.3.1.	김봉군 우한용	고등학교 작문	법문사	검정	1 작문의 특성, 2 작문의 원리, 3 작문 내용의 조직, 4 글의 서술 방법, 5 효과적인 표현, 6 작문의 실제, 7 작문의 평가, 〈부록〉	한자 병용 (괄호 처리)	97, 00년판	고등	95.9.30 검정
1996.3.1.	권두환	고등학교 작문	도서출판 태성	검정	1 작문의 특성, 2 작문의 단위, 3 작문의 절차, 4 표현의 방식, 5 서술의 방법, 6 작문의 실제, 〈부록〉	한자 병용 (괄호 처리)	2001년판	고등	95.9.30 검정
1997.3.1.	박영목	고등학교 작문	한샘출판(주)	검정	1. 작문의 특성, 2 작문의 상황, 3 작문의 과정과 절차, 4 내용의 창안, 5 내용의 구성, 6 내용의 전개, 7 글의 표현과 수정, 8 여러 종류의 글, 〈부록〉	한자 병용 (괄호 처리)	2001년판	고등	96.6.11 검정
2003.3.1.	박경현 민현식 서 혁 김봉군 이석주 이주행 이경복 윤희원 최영환	고등학교 작문	(주)금성출판사	검정	제1부 작문의 이론, 1 작문의 본질, 2 작문의 계획, 3 작문 내용의 조직과 전개, 4 작문 내용의 표현과 고쳐쓰기, 제2부 작문의 실제, 5 정보 전달을 위한 글쓰기, 6 설득을 위한 글쓰기, 7 친교를 위한 글쓰기, 8 정서 표현을 위한 글쓰기, 9 정보화 사회에서의 글쓰기, 〈부록〉	한자 병용 (괄호 처리)	03년판	고등	02.7.30 검정
2003.3.1.	임홍빈 서정목 한재영 이석록 최미숙 최지현	고등학교 작문	(주)두산	검정	1 글쓰기의 본질, 2 글쓰기의 과정, 3 글쓰기의 태도, 4 정보 전달을 위한 글쓰기, 6 설득을 위한 글쓰기, 7 친교 표현을 위한 글쓰기, 8 정서 표현을 위한 글쓰기, 9 정보화 사회에서의 글쓰기, 〈부록〉	한자 병용 (괄호 처리)	03년판	고등	02.7.30 검정

날짜	저자	종류	출판사	구분	내용	한자	판/권	학교급	비고
2003.3.1.	박영목 김상호 허익	고등학교 작문	(주)교학사	검정	1 작문의 본질, 2 작문의 원리와 태도, 3 정보 전달을 위한 글 쓰기, 4 친교 표현을 위한 글 쓰기, 5 정서 표현을 위한 글 쓰기, 6 친교를 위한 글 쓰기, 7 정보화 사회에서의 글 쓰기, 〈부록〉	한자 병용 (괄호 처리)	03년판	고등	02.7.30 검정
2003.3.1.	이익섭 이은경	고등학교 작문	학연사	검정	1 글쓰기의 본질, 2 글쓰기의 과정과 절차, 3 글쓰기의 단위와 표현 기법, 4 글쓰기의 태도, 5 정보 전달과 설득을 위한 글쓰기, 6 정서 표현을 위한 글쓰기, 7 친교 및 자기 소개를 위한 글쓰기, 8 정보화 사회에서의 글쓰기, 〈부록〉	한자 병용 (괄호 처리)	03년판	고등	02.7.30 검정
2003.3.1.	김대행 이성영 염은열	고등학교 작문	(주)천재교육	검정	1. 작문의 특성, 2 상황 분석하기, 3 문제 해결하기, 4 내용 생성하기, 5 내용 조직하기, 6 표현하기, 7 평가 및 고쳐쓰기, 8 여러 가지 글쓰기, 〈부록〉	한자 병용 (괄호 처리)	03년판	고등	02.7.30 검정
		중학 작문							
1947.4.25.	오상순	중등 작문	백영사				미확보	중등	
1948.1.12.	윤태영	새 중등 작문 교본	삼중당	인정	제일 마음의 거울, 제이 아름다운 마음, 제삼 문장의 극치, 제사 개성에 대하여, 제오 관찰, 제육 삼다주의, 제칠 재료를 찾아, 제팔 구성을 읽기, 제구 글을 쓸 때에, 제십 묘사라는 것, 제십일 여러 가지 기교, 제십이 굳게 하는 기교, 제십삼 반복의 기교, 제십사 미화의 기교, 제십오 비유의 기교, 제십육 제목 붙이기, 제십칠 서두 쓰기, 제십팔 문장의 중심이라는 것, 제십구 사생문 쓰기, 제이십 서사문 쓰기, 제이십일 서정문 쓰기, 제이십이 감상문 쓰기, 제이십삼 논문 쓰기, 제이십사 기행문 쓰기, 제이십오 일기 쓰기, 제이십육 편지 쓰기	한자 병용 (괄호 처리)	단권 85쪽	중등	
1957.4.25.	오상순	중등 작문	백영사	인정	1 말과 글과 생활, 2 일기, 3 편지, 4 기행문, 5 수필, 6 평론문, 7 창작, 8 기사법과 추고, 9 문집	한자 병용 (괄호 처리)	단권	중등	
1952.4.00.	양주동 모윤숙 김동리 조연현	중등 작문	홍지사	인정	권1 : 1 작문의 기초, 2 문장의 종류, 3 글의 모양, 4 글의 성립, 〈부록〉 개인 문집, 예문 권2 : (55년판은 양주동이 빠짐) 1 작문의 기초, 2 문장의 종류, 3 문체, 4 문장의 구성과 생명, 〈부록〉 동인 문집 권3 : 1. 작문의 기초, 2 문장의 종류, 3 실용문, 4 문체, 5 문장의 구성과 생명, 〈부록〉 교우회지(53년판은 김영랑이 포함되어 5인 공저임)	한자 병용 (괄호 처리)	53년판은 김영랑 포함 5인 공저(3권), 55년판은 양주동이 빠진 3인공저(2권 확보)	중학	
1955.3.30.	박목월	새 중등 작문	대학사		권1 : 글이란 무엇인가?, 2 시와 소설, 3 무엇을 어떻게 쓸까?, 4 어떻게 표현하나?, 5 찬찬히 살펴보자, 6 모범문집 (중요한 예문)	한자 병용 (괄호 처리)	2-3권 미확보	중학	
1956.1.10.	이헌구 백 철 이무영 조흔파 조영암	국어 작문	창인사	인정	미확보			중학	
1956.3.20.	박종화 곽종원	중등 작문	민교사	인정	권1 : 머리말, 1 중학생의 생활, 2 노오트 기록, 3 감상을 적은 글, 4 편지, 5 학급 문집, 6 시를 읽고, 시를 쓰고, 7 보고 온 것을 적은 글, 8 바른 글, 9 연하장, 10 생활과 작문 (중요한 예문)	한자 병용 (괄호 처리)	2-3권 미확보	중학	
1956.3.20.	최영조	현대 중등 작문	금룡도서 주식회사	인정	권1 : 머리말, 1 글이란 무엇이냐?, 2 좋은 글, 3 글 쓸 준비, 4 감 고르기, 5 글 다듬기, 6 노트와 메모, 7 기록하는 글, 8 일기문, 9 수필, 10 감상문, 11 설명문, 12 편지, 13 신고, 14 문집	한자 병용 (괄호 처리)	2-3권 미확보, 이 교재는 59년 3월 20일에는 문화당으로 출판사 바뀜	중학	
1956.3.20.	김광식	국어 작문	동국문화사	인정	1 말과 글, 2 생활과 글, 3 노오트와 신고 쓰기, 4 일기 편지 쓰기, 5 편지, 6 체험과 관찰, 7 감상문과 설명문, 8 기사법과 추고, 9 문집	한자 병용 (괄호 처리)	단권	중학	
1956.3.25.	양주동	생활 작문	탐구당	인정	1. 표준말과 사투리, 2 오월의 수필, 3 개성과 관찰, 4 문학과 인생, 5 운문과 산문, 6 고전과 현대, 7 실용 문장을 익히자, 8 여러 가지 서식, 9 실용 문장을 익히자, 10 기념 문집을 꾸며 보자	한자 병용 (괄호 처리)	1-2권 미확보	중학	

발행일	저자	분류	출판사	인정	내용	비고	구분	검정
1956.4.15.	정비석 장만영	중등 작문	정음사	인정	권1 : 머리말, 1 작문은 왜 필요한가?, 2 작문은 어려운 것인가?, 3 원고 쓰는 법, 4 글을 잘 지으려면, 5 글 고치기, 6 일상생활과 글, 7 편지와 생활, 8 편지 쓰기 지도, 9 반성을 위한 생활 일기, 9 작품 감상, 10 문집은 어떻게 엮을까?, 12 회의의 서기가 되었다면, 13 본보기의 글 묶음 2권 : 1 시를 쓰는 마음, 2 말과 글, 3 글 쓰는 태도, 4 글의 솜씨, 5 글 다듬기, 6 사교 편지의 요령, 7 전보문은 어떻게 쓰나, 8 학급 신문의 필요, 9 스크랩 뿍을 만들자, 10 새로운 학습활동, 11 사회생활과 표어, 12 사회생활과 포스타, 13 글 맛보기 3권 : 1 글을 쓰기 이전의 준비, 2 글의 종류, 3 실용적인 편지의 필요, 4 엽서 쓰기 지도, 5 감상문, 6 수필문, 7 서정문, 8 사생문, 9 기사문, 10 기행문, 11 식사문, 12 논설문, 13 대화의 묘미, 14 학생 신문의 갈질, 15 신문과 잡지의 편집, 15 작품 감상	한자 병용 (괄호 처리)	3권 2권은 60,3, 3권은 61,1월 발행 본임	중학
1956.4.24.	이헌구 윤태영	중등 글짓기 생활	장왕사	인정		한자 병용 (괄호 처리)	권2만 확보(3권1일 듯), 2권은 앞장 낙장	중학
1959.3.20.	최영조	현대 중등 작문	문화당	인정	최영조(1956) 동일	한자 병용 (괄호 처리)	2-3권 미확보	중학
1963.1.10.	양주동	생활 작문	탐구당	인정	권1: 씨를 뿌리는 마음, 2 새 살림의 이모 저모, 3 즐거운 하룻길, 4 펜을 잡기 전에, 5 모래 위의 발자국, 6 드높은 가을 하늘, 7 스포오츠, 8 새 해 새 마음, 9 보살피는 눈초리, 10 주어 모은 이삭들	한자 병용 (괄호 처리)	권2-3권확보	중학
1963.1.10.	이헌구 백 철 이무영 조흔파 조영암	중등 작문	창인사	인정	권 2 : 1 글의 표현, 2 실용 글쓰기, 3 편지글과 전보글, 4 창작 글쓰기, 5 오려 붙이기, 6 학급 문집의 편집	한자 병용 (괄호 처리)	56년 검인정판, 머리말은 56년, 권 3 미확보	중학
1964.1.10.	김현명 김성배 (이희승 감수)	신편 생활 글짓기	교학도서 주식회사	인정	권1 : 1 표현과 작문, 2 자기가 만족할 때까지, 3 어떻게 쓸가?, 4 기사문, 5 감상문, 6 설명문, 7 편지, 8 일기, 9 서식, 10 문집, (예문 감상문)	한자 병용 (괄호 처리)	2-3권 미확보	중학
1965.00.00.	김용호 김영기 임헌도	모범 중학작문	영지문화사	인정	권2 : 1 작문의 근본 목적, 2 글짓는 과정, 3 실용적인 글짓기, 4 문학적인 글짓기, 5 학급 신문과 스크랩북, 〈부록〉	국한문체	권1은 71년판, 권3 미확보	중학	65-78 검인정
1965.12.10.	신학균 김성배 김현명	중등 작문	교학도서 주식회사	인정	권 1 : (74년판) 권 2 : 1. 바른 표현, 2 편지와 전보, 3 카아드와 서류 기입, 4 용지의 이용과 글씨, 5 선전과 광고, 6 시와 창작, 7 받아 쓰기, 8 연구와 조사 보고, 9 글다듬기, 10 스크랩북 만들기 권 3 : 1 문학과 인생, 2 서식과 글씨, 3 각종 실용문, 4 문장과 개성, 5 수필과 기행문, 6 창작의 즐거움, 7 문장의 요소, 8 논문쓰기, 9 가필 정정, 10 신문 잡지의 편집	국한문체	권1은 74년판임 권2, 권3의 집필자 순서를 바꾸어 표시함, 권1 미확보	중학	65-78 검인정
1966.1.10.	윤태영 조병화	중학 작문	장왕사	인정	권1(68년판) : 1 글은 생활품이다, 2 서식의 글을 어려워함 없이 쓴다, 3 원고지를 쓰는 약속을 지킨다, 4 행사와 회의의 기록을 쓴다, 5 보고 온 생각에서 쓴다, 6 강하게 느낀 것을 쓴다, 7 글을 반성하며 쓴다, 8 글의 자취를 모은다, 지도 계통 일람표 권2(66년판) : 1 생활과 글, 2 그리듯이 글을 쓴다, 3 설명하듯이 글을 쓴다, 4 연구와 조사한 것을 잘 추려서 보고문을 쓴다, 5 원고용지에 바른 글을 쓴다, 6 실생활에 필요한 글을 쓴다, 7 요약한 글을 쓴다, 8 오고가는 소식을 쓴다, 9 새로운 것을 찾아 쓴다, 10 스크랩 북을 만들어 사용한다. 권3 : 1. 생활을 글로 쓰기 전에, 2 생각이 잘 나타나게 쓴다, 3 실용문을 쓴다, 4 개성적인 글을 쓴다, 5 교우회지를 만든다	한자 병용 (괄호 처리)	권3 미확보 (78년 국정 교과서주식회사본 확보)	중학	65-78 검인정

발행일	저자	책명	출판사	구분	내용	표기	비고	학년	비고2
1966.1.20.	이은상 이병호 이명권	중학 작문	삼화 출판사	인정	권1 : 1. 새 살림, 2 글은 이렇게, 3 즐거운 소풍, 4 생활을 적은 글, 5 관찰 기록, 6 동시의 세계, 7 한글날에, 8 일기와 메모, 9 새해 맞이, 10 나의 글모음 권 2 : (72년판)	한자 병용 (괄호 처리)	권2(72년판) 3권 미확보	중학	
1967.00.00.	김동욱 최인욱	새 중학작문	을유문화사	인정	1. 좋은 문장과 올바른 표현, 2 편지 쓰기, 3 시와 정서, 4 여러 가지 선전, 5 수필문 쓰기, 6 기행문, 7 연구 조사와 보고서, 8 소설, 9 스크랩북 만들기, 〈부록〉	국한문체	권1, 권3 미확보	중학	65-78 검인정
1971.1.10.	김용호 김영기 임헌도	모범 중학작문	영지문화사	인정	권1 : 글은 왜 짓는가?, 2 무엇을 어떻게 쓸까, 3 여러 가지 글짓기, 4 문집, 5 쓰기와 교정, 〈부록〉	한글전용	권2-3미확보	중학	65-78 검인정
1971.1.10.	백철 정병욱 이어령	표준 작문	신구문화사	인정	권1 : (배우기 전에, 이 책의 구성과 이용 방법), 1 즐거운 학교 생활, 2 생활의 기록, 3 우리들의 글 권2 : 1. 생각의 기록, 2 관찰과 조사의 기록, 3 생활의 표현, 4 감동의 표현	한글전용	65년 검인정 권3 미확보(권1은 71,75년판, 권3는 71,72년 판)	중학	65-78 검인정
1971.1.10.	박종화 곽종원	중학교 작문	민교사	인정	1 글 쓰는 순서, 2 연구 조사한 것을 적은 글, 3 선전문과 광고문, 4 보고문 쓰기, 5 여러 가지 편지글, 6 바른 표기와 문장 기호, 7 시와 시조, 8 나의 스크랩 북, 9 카아드의 이용, 10 창작, 〈인용한 예문의 원작자 소개, 중요한 예문, 중학생을 위한 문학작품 독서 목록〉 권3 : 1 수필, 2 추고와 교정, 3 일상생활에 필요한 서식, 4 희곡, 5 라디오 드라마, 6 창작, 7 실용편지, 8 논문쓰기, 9 학급 신문, 10 문학과 인생 부록	한글전용	68년 검인정본, 권1 미확보, 민교사 56년초 동일저자, 출판사 변화 정도 고려해야)	중학	65-78 검인정
1971.1.20.	이은상 이병호 이명권	중학 작문	삼화 출판사	인정	권1(71년) : 65년판과 내용 동일 권2(72년판) : 1 삼일절, 2 바른 표현, 3 시의 세계, 4 편지글, 5 견학 기록과 연구 기록, 6 가을과 독서, 7 독서를 하고 나서, 8 운동회와 학예회, 9 수필을 쓰려면, 10 학급 글모음	한글전용	65년판과 동일한 내용-한글전용	중학	65-78 검인정
1974.1.10.	김현명 김성배 신학균 공저	중학 작문	교학도서 주식회사	인정	권1 : 1. 글과 생활, 2 신고서와 원서, 3 메모와 일기, 4 노우트 정리, 5 구성과 표현, 6 감상문, 7 행사와 보고, 8 관찰과 기록, 9 바른 표기와 문장 부호, 10 문집 만들기 권2 - 권3 : 미확보(65년판과 내용은 동일할 듯)	한글전용	65년판과 동일한 내용-한글전용	중학	65-78 검인정
1974.1.10.	장만영 정비석 허웅	새로운 중학 작문	정음사	인정	권1 : 1. 작문이란 어떤 것인가, 2 작문은 어렵지 않다, 3 글을 잘 지으려면, 4 글 학생 생활과 글, 5 부지런히 노우트하자, 6 반성을 위한 생활 일기, 7 문집을 어떻게 엮을까, 8 회의의 서기가 하는 일	한글전용	66년 검인정본, 권2-3미확보	중학	65-78 검인정
1975.1.10.	양주동 이병주	새 생활 작문	탐구당	인정	권1 : 1 희망의 첫걸음(3월), 2 즐거운 새살림(4월), 3 즐거운 하룻길(5월), 4 가다듬는 재미(6월), 5 산으로 바다로(7-8월), 6 드높은 가을 하늘(9월), 7 단풍에 붙인 시(10월), 8 보살피는 눈 파고드는 맘(11월), 9 묶은 달력, 새 달력(12-1월), 10 주워 모은 이삭들(2월) 권2 : 1 사진 그림 글, 2 예술제를 앞두고, 3 생각을 가다듬어, 4 펜을 잡기 전에, 5 즐거운 생활 기록, 6 독서 주간 준비, 7 체육 대회 보고, 8 읽은 뒤의 설것이, 9 비슷한 말 알맞은 말, 10 우리들의 발자취 권3 : (미확보)	한글전용	65년 검인정본, 권3 미확보 (권2는 76년 판본)	중학	65-78 검인정
1978.1.10.	윤태영 조병화	중학 작문	국정 교과서 주식회사	인정	1 생활을 글로 쓰기 전에, 2 생각이 잘 나타나게 쓴다, 3 실용문을 쓴다, 4 개성적인 글을 쓴다, 5 교우 회지를 만든다	한글전용	권1-2 미확보	중학	65-78 검인정
1978.1.10.	조지훈 박남수	최신 중학 작문	국정 교과서 주식회사	인정	1 생활과 글, 2 글 쓰기 전에 알아둘 일, 3 글을 잘 지으려면, 4 글 다듬기, 5 글 쓰는 생활, 6 기록의 여러가지, 7 원서, 신고서 쓰는 법, 8 문집 만들기, 〈주요 예문 차례〉	한글전용	66년 검인정본, 권2-3미확보	중학	65-78 검인정

초기의 교과서에서는 인쇄 교정이 철저하지 않아서 번호가 누락되거나 겹친 것들이 있다.(작성-허재영)

찾아보기

강감찬 267, 271
강은교 337
개발주의 86
개조(改造)인간 89, 113
거대 담론 225
검・인정(檢・認定) 145
검인정 제도 22, 41
경제개발 5개년 계획 86, 262, 294
고교 평준화 제도 120
고황경 165
공산주의 84, 238
공허한 애국주의 109
과거의 기억 99
곽종원 69
관조 308
교과서 문학 282, 286
교과서 작가 286
교과용 도서 일람표 36
교수요목 40, 43, 56, 146, 176
『교육 50년사』 115
교육목표 251
교육인적자원부 46
구인회 157
국가 만들기 180, 186, 197, 204, 312
국가 이데올로기 56, 70, 252, 300, 302
국가제도 252, 299
국가보안법 159
국가재건최고회의 87, 91, 123
국가주의 49, 81, 86, 257, 261, 302, 313, 316
국가주의 교육 118, 138
국가주의 교육론 126
국공내전(國共內戰) 167
국민 공통 기본 교육 79
국민 만들기 95, 109, 114
국민교육헌장 69, 92, 93, 116, 126, 131, 239, 264

국민소학독본 24, 28
국민정신 67, 278
국수주의 233
국시(國是) 176
국어교육 55
국어교육연구소 46
국적 있는 교육 133, 134, 136, 264
국정(國定) 41, 89, 112, 145
국정 교과서 54, 82
국정교과서제 22, 137
국제연합한국재건위원단 41
군사 독재 246
군사 정권의 결의 88
권력 225
권력의 메커니즘 226
근대계몽기 교과서 정책 23
근대성 336
근대시 326
근대식 학제 24
근대화 96, 117, 197, 239
근면・자조・협동 195
급진개화론 100
기술 교육 278
김광섭 161, 303
김광희 72
김기석 92, 108
김남조 76, 321, 337
김동리 76, 161, 286
김동인 286
김명순 338
김소월 321, 323, 332
김억 303
김영랑 161, 321
김영봉 121
김원룡 69
김원주 338

찾아보기 363

김유정　296
김정호　231
김정흠　72
김진섭　314
김진현　75
김춘수　76

나혜석　338
나희덕　337
낙관주의　212, 216, 217
남성 시인　325
남성 화자　332
노천명　321, 337

단결력　228
단군　183, 238
단군 민족주의　183
단일 민족의식　183, 228
대한교과서주식회사　46
도덕 교육　278
도덕재무장운동(MRA)　93
독립　193
듀이　62, 256

레드 콤플렉스　144, 229
류달영　95
릴라 간디　202

마사 너스봄　232
맹신적 애국심　109
멸사봉공(滅私奉公)　95, 101, 208, 228, 268
모더니즘　346
모성　339
모성적 여성성　342
모윤숙　321
무시간성　315
문교40년사　127
문교장관　161
문민정부　77
문식성　30

문일평　216
문학 정전　277
문학교육　280
미군정기　39
미시 권력　225, 226
미적 경험　299, 300
미적 이데올로기　313
미적 주체　311, 314
민족　291, 339, 347
민족 공동체 의식　241, 242, 271
민족 국가　203
민족 중흥　87, 96
민족문화　155
민족성　204, 316
민족주의　179, 186, 203, 227, 261, 288, 289, 302, 313, 316, 345
민주 시민　133, 278
민풍(民風)　105

바둑이와 철수　254
바람직한 인간　249
박두진　321
박목월　321
박붕배　36
박완서　80
박익수　92
박정희　228, 234, 264
박종홍　69, 91, 92, 97
박태원　157
박형규　92, 108
반공 교육　270, 278
반공독본　85, 174, 290
반공적 민족주의　188
반공주의　49, 60, 144, 164, 175, 181, 186, 187, 198, 227, 228, 258, 261, 290
반일주의　258
발전 교육론　117, 126, 137, 138
발전 이데올로기　181, 193, 199, 291
백낙준　168, 170
백석　332

버림받은 여성　336
보통학교 시행령　25
부르디외　167
북진 통일　185
분단　227
붉은 악마　113
붉은산　292
비상계엄령　70
빨갱이 콤플렉스　83

사회개조　87
사회유기체설　131
삼민주의　236
상상의 공동체　95, 229
새마을 교육　278
새마을 어린이　265
새마을운동　70, 91, 143, 194, 264, 266, 294
생산성의 도덕　93
서재필　100
서정주　76, 161, 286, 321, 332
선우휘　286
성웅 이순신　104
세계 평화　238
세종대왕　235, 271
소설 동의보감　80
소월　303
소학교령　21, 26
소학독본　24
손명현　92
손진태　216
수출 드라이브형　122, 294
수학능력시험　78
순수　289, 347
순수문학　345
순수소설　288, 293
식민사관　98
신민(臣民)적 존재　103
신정심상소학　24, 254
실용주의적 교육　255
심정적 애국주의　87, 103, 109

심훈　63, 286
쑨원　236

아렌트　309
아방가르드　346
안중근　235
안호상　161, 221
알퐁스 도데　287
애국 애족　271
애국적 파토스　113
애국주의　84, 108, 227, 228
애치슨 라인　174
양계초　98
양주동　314
어린이상　251
언어교육　280
에디슨　236
에코 페미니즘　342
여성 문학　321
여성 시조　322
여성 화자　325
여성성　322, 324
여성시　322
열린 교과서　51
예(禮)　256
오비디우스(Ovid)　325
오영수　286
오정희　80
온달　267
올림픽　72, 270
유관순　235
유달영　92
유신 교육　278
유신 체제　235, 285
유엔(UN)　60, 171
유진오　286
유치진　75, 76, 92, 95, 109, 286
유치환　321
윤동주　321
윤봉길　271

이념 교육 282
이범석 148, 163
이병기 150
이상 221
이상적인 국민상 129
이순신 101, 102, 233, 260, 267
이순신 영웅 만들기 94
이숭녕 151, 152
이승만 159, 182, 239, 257, 258
이승복 동상 118
이원조 158
이육사 321
이은상 76, 92, 94, 104
이주홍 286
이태준 151, 152, 156
이한빈 92, 94
이헌구 165
이효석 75, 285, 311
이희승 151, 152, 153, 309
인간 자본론 117, 118
인간개조 87
인정제 22
일민주의(一民主義) 59, 84, 100, 143, 159, 181, 186, 198, 210, 257
일반명령 제4호 56
일제 식민지 잔재 204
일하는 어린이상 262
임화 153, 324

자유발행제 22
자주 193
자주국방 271
자주적인 어린이 269
재건국민운동본부 87, 90, 91, 92
저축하는 어린이상 266
적대적 타자 108
전광용 291
전국 교육감회의 치사 125
전국중앙학도호국단 137
전국문화단체총연합회 161

전두환 228, 270
전시독본 169
전시생활 169
전시하교육특별조치요강 168
전조선문필가협회 147
전체주의적 교육 148
전체주의적 주체 97
전통 213, 204
전통지향주의 207
전통주의 217
정비석 111
정인보 101, 147, 161
정전 148, 283, 320, 344
정한모 76
정한숙 75, 286, 292
제1차 경제개발5개년계획 123
제1차 교과과정 국어과 교육목표 85
제1차 교육과정 61
제2경제 116, 126, 127
제2차 교육과정 64, 66
제3공화국 263
제3차 교육과정 69
제4차 교육과정 69
제5공화국 72, 285
제5차 교육과정 73
제6차 교육과정 76, 78, 92
제7차 교육과정 80
제7차 국어과 교육과정 79
제국주의 208
제도적 장치 112
젠더 관계 326
조국 근대화 87
조만식 158
조선교육령 32
조선교육심의회 149
조선문학가동맹 147
조선문화건설협회 151
조선민족청년단 161, 163
조선어 급 한문 31
조선어학회 40, 150, 252

조연현 161, 221, 303
조지훈 161, 321, 332
주시경 154
주요섭 221
주체의 호명 96
중등국어교본 40, 146, 153
지방장관회의 유시 132
지배 이데올로기 278
진단학회 40
진보적 낙관주의 207
진보주의 교육사조 62
진보주의 216, 217

착한 어린이상 272
채만식 157
천관우 111
철수와 영이 254
청년 60
청년문학가협회 157
청록파 75, 286
초월적 여성 331
최무선 232, 271
최상덕 290
최영 231, 267
최영미 337
최찬식 286
최태호 160, 168
최현배 216
최호진 92
친미주의 148, 168, 187
친일 문인 148
친일 문학 345
친일 편찬자 222
친일파 148, 187, 204

카프 324

탈식민주의 204, 206
태완선 69, 92, 94
통과의례 109, 112

통일 238
튼튼한 어린이 263

파농 213
페미니즘 342
편수관 89
포스트모던 204
푸코 225
피천득 75, 76

학도호국단 162
한국검정교과서협회 46
한국교육위원회 56
한용운 321, 324
해외 문학 286
허윤석 290
헌장 그림책 129
혁명의 기본 목표 88
호국문예 292
호미 바바 222
홍명희 147, 153
홍웅선 160
홍익인간 42, 184, 186, 256
화랑도 정신 184
황순원 65, 286, 303
휴머니즘 290

10·26 사태 73, 236
10월유신 134, 135, 195, 286
12·12 사태 71
3·1 운동 193, 261
4·19 의거 64
5·16 혁명 88, 190, 192, 235
5·18 민주화운동 71, 73
6·10 항쟁 73
6·25 전쟁 241
6·29 선언 73

저자 소개 (가나다순)

강진호 성신여대 국문과 교수
김신정 인천대 국문과 교수
김예니 한양여대 강사
방금단 성신여대 강사
오성철 서울교대 초등교육과 교수
장영미 한양여대 강사
정영진 건국대 박사과정 수료
차혜영 한양대 국문과 교수
최윤정 건국대 강사
한영현 세명대 강사
허재영 단국대 교양과 교수

글누림 학술 총서 1
국어 교과서와 국가 이데올로기

초판 1쇄 발행 2007년 8월 13일 | **초판 3쇄 발행** 2010년 9월 17일
지은이 강진호 외
펴낸이 최종숙 | **책임편집** 권분옥 | **편집** 이태곤 이소희 김주헌 양지숙
펴낸곳 도서출판 글누림 | **등록** 제303-2005-000038호(등록일 2005년 10월 5일)
주소 서울시 서초구 반포 4동 577-25 문창빌딩 2층
전화 02-3409-2055 | **팩시밀리** 02-3409-2059 | **전자우편** nurim3888@hanmail.net
ISBN 978-89-91990-54-8 93370

정가 18,000원
* 잘못된 책은 교환해 드립니다.